金冲及文丛

二十世纪中国史纲
增订版（第三卷）

金冲及 著

生活·讀書·新知 三联书店

Copyright © 2021 by SDX Joint Publishing Company.
All Rights Reserved.
本作品版权由生活·读书·新知三联书店所有。
未经许可,不得翻印。

图书在版编目(CIP)数据

二十世纪中国史纲:四卷/金冲及著.—增订版.—北京:生活·读书·新知三联书店,2021.4 (2025.6 重印)
(金冲及文丛)
ISBN 978-7-108-07118-7

Ⅰ.①二⋯ Ⅱ.①金⋯ Ⅲ.①中国历史-二十世纪 Ⅳ.①K26

中国版本图书馆 CIP 数据核字(2021)第 044277 号

目 录

第十六章　中国人从此站立起来了　815
　　　　　中华人民共和国的成立　820
　　　　　新中国的第一年　824
　　　　　最初阶段外交格局的形成　845

第十七章　抗美援朝战争　850
　　　　　艰难而果断的决策　853
　　　　　五次战役　858
　　　　　国内的抗美援朝爱国运动　865
　　　　　朝鲜战争期间的台湾问题　869
　　　　　边谈边打到停战协定的签订　873

第十八章　大规模社会改革和国民经济的恢复　880
　　　　　土地改革和其他民主改革　881
　　　　　镇压反革命　895
　　　　　"三反""五反"运动　898
　　　　　国民经济全面恢复　906

第十九章　社会主义基本制度的建立　915
　　　　　过渡时期总路线的提出　920
　　　　　人民代表大会制度的建立　929
　　　　　热气腾腾的社会主义工业化建设　934
　　　　　农业和手工业的合作化　942
　　　　　资本主义工商业的社会主义改造　965
　　　　　努力创造和平的国际环境　977
　　　　　社会主义基本制度建立的深远历史意义　989

第二十章　社会主义建设在曲折中前进（上）　998
　　　　　初期的成功探索　999
　　　　　从整风到反右派　1013
　　　　　"大跃进"的发动　1023
　　　　　农村人民公社化运动　1044
　　　　　炮打金门和西藏平叛　1049
　　　　　纠"左"的初步努力　1059
　　　　　庐山会议的逆转　1068
　　　　　"反右倾斗争"的严重恶果　1075

第二十一章　社会主义建设在曲折中前进（下）　1088
　　　　　"大兴调查研究之风"　1092
　　　　　"七千人大会"　1102
　　　　　经济和政治的全面调整　1109
　　　　　"重提阶级斗争"　1119
　　　　　中苏关系的破裂　1128
　　　　　社会主义教育运动　1133
　　　　　五年调整的成功　1145

十年探索中两个发展趋向　1168
第二十二章 "文化大革命"的十年动乱（上）　1173
　　　"文化大革命"为什么会发生　1175
　　　"文化大革命"的开始　1183
　　　在"全面夺权"的日子里　1204
第二十三章 "文化大革命"的十年动乱（下）　1241
　　　从九大到十大　1242
　　　打开对外关系的新局面　1265
　　　围绕四届人大的激烈斗争　1275
　　　邓小平主持的全面整顿　1287
　　　一举粉碎"四人帮"　1311

第十六章 中国人从此站立起来了

一九四九年在中国大地上发生的，并不只是一个政权代替了另一个政权、一种政治力量代替了另一种政治力量。它是中华民族历史上前所未有的社会大变革。美国学者费正清在他的名著《美国与中国》一书中写道："一九四九年以来的中国革命，从其牵涉到的人数或从其变革的广度和速度来说，是历史上最大的一次。对世界外部地区来说，这也是现代一次最少为外人所知的事件。"[1]

中国人民政治协商会议开幕式上，毛泽东说了一段令人难忘的话：

> 诸位代表先生们，我们有一个共同的感觉，这就是我们的工作将写在人类的历史上，它将表明：占人类总数四分之一的中国人从此站立起来了。[2]

这段饱含深情的话，说出了当时亿万中国人的共同心声，使许多人听到时禁不住热泪盈眶。如果不是经历了那么多的屈辱和苦难，如果不了解先人们为了这一天的到来曾付出多么大的代价，是很难理解这种感情的。著名学者任继愈教授曾经很感慨地写道：

---

[1]〔美〕费正清：《美国与中国（第四版）》，商务印书馆1987年5月版，第259页。
[2]《毛泽东文集》第5卷，第343页。

"只有历尽灾难、饱受列强欺凌的中国人，才有刻骨铭心的'翻身感'。经过百年的奋斗，几代人的努力，中国人民终于站起来了。这种感受是后来新中国成长起来的青年们无法体会得到的，他们认为中国本来就是这样的。"

新中国的成立，结束了一个旧时代，开始了一个新时代。中国的社会结构和它的前途命运，在这以前和这以后发生了根本的变化。这种划时代的变化，集中起来就是：实现了民族独立、人民解放和国家统一（除了台湾和香港、澳门以外），开始为祖国繁荣富强和人民共同富裕而奋斗。

第一，民族的独立。

中国人等待这一天到来，已经太久太久了。中华民族创造过灿烂的古代文明，对人类进步作出过巨大贡献，可是在近代却大大落伍了，受尽外国列强的欺凌和侮辱，被看作世界上的"劣等民族"。国家已濒临灭亡的边缘。辉煌的过去同冷酷的现实之间形成如此强烈的反差，使中国人对这种屈辱生活格外觉得难堪而无法忍受。"振兴中华"这个响亮的口号，由孙中山先生在一八九四年中日甲午战争期间响亮地喊出来后，成为一代又一代中国人顽强追求的目标。

但是，面对着内外反动势力的重重压迫，要使中华民族从这种近乎绝望的困境中摆脱出来，实在太艰难了。有些没有骨气的人曾经灰心丧气，以为中国处处不如人，已经不能对它再抱多大希望。但有志气的中国先进分子却从来没有灰心过。他们咬紧牙关，不惜抛头颅、洒热血，不管前进道路遇到多少艰难和挫折，始终顽强地进行不屈不挠的斗争。他们是中华民族足以自豪的脊梁。

在极端深重的民族危机面前，谁能够领导人民抵抗外来的侵略,把祖国从危难中拯救出来,谁就能够取得人民发自内心的信任和支持;否则,就会被人民所抛弃。这是理解中国近代历史发展的钥匙。

中国人民正是在实际生活中一步一步了解中国共产党的。这个党在成立的第二年,就旗帜鲜明地提出打倒帝国主义和封建军阀的政治主张。这以前,中国人还不曾有过这样明确的认识。抗日战争时期,中国共产党发起并坚持抗日民族统一战线。这场战争的胜利,是一百多年来中华民族反对外国侵略取得的第一次完全胜利。新中国成立前夜,中国人民解放军到达的地方,驻扎在中国领土上的外国军队被迫完全撤走。北京、天津、上海等地先后收回美国、英国、法国和荷兰兵营的地产权,征用兵营及其他建筑。中国国门的钥匙——海关管理权完全回到中国人自己手里。中央政府发布指示,规定外轮一般不准在中国内河航行。帝国主义列强在中国原来享有的种种特权,被一一取消。耀武扬威的洋人得以在中国土地上为所欲为的日子,一去不复返了。屈辱的一页从此翻了过去。中国人重新找回自己的尊严。人们扬眉吐气,对祖国的明天充满希望。

第二,人民的解放。

从国内社会生活来看,在两千多年的封建统治和一百多年的半殖民地半封建社会中,占中国人口绝大多数的劳动人民被压在社会的最底层,过着牛马不如的生活,遭人冷眼蔑视,没有任何政治权利可言;到新中国将要诞生的时候,随着国民党政府财政经济的总崩溃,物价飞涨,百业凋敝,更陷入难以生存的地步。新中国结束了这种状况,人民当家做了自己国家和社会的主人。《共同纲领》确定中国人民在政治上的平等地位和平等权利。人们相互之间都称"同志"。中国共产党坚决地站在占人口绝大多数的劳动人民一边,同时紧紧团结一切愿意为建设新中国出力的社会力量。人民政府是为人民办事的。工人、农民、知识分子以及其他各阶级阶层的人民，享有政治、经济和文化上的民主权利，能够通过各种途径和形式管理国家事务。著名社会学家费孝通教授在参加北平市第一次各界人民代表会议后，生动地描述了他那种以前没有过的强烈感受：

> 我踏进会场，就看见很多人，穿制服的，穿工装的，穿短衫的，穿旗袍的，穿西服的，穿长袍的，还有位戴瓜帽的——这许多一望而知不同的人物，会在一个会场里一起讨论问题，在我说是生平第一次。这是什么意思呢？我望着会场前挂着大大的"代表"二字，不免点起头来。代表性呀！北平住着的就是这许多形形色色的人物。如果全是一个样子的人在这里开会，那还能说是代表会么？[1]

确实，过去被人瞧不起的穿着"短衫"和"工装"的工人农民，现在能够同穿着"西服"和"长袍"的人坐在一起，平等地共商大事，是过去根本无法想象的，是整个社会大变革中富有象征性的一个缩影。它把民主从过去少数人的权利，变成多数人能享受的权利，这才是真正的人民民主。费孝通教授写道，这样的经历"在我说是生平第一次"，反映出这场社会大变革的广度和深度确实是中国历史上从来不曾有过的。

第三，国家的统一。

---

[1]《费孝通文集》第6卷，群言出版社1999年10月版，第96—97页。

中国的老百姓，以往常被讥笑为"一盘散沙"。新中国在全国范围内将社会各阶层人民以空前规模组织起来，建立起各级工会、农民协会、青年团、学联、妇联、街道居民委员会等，深入到社会的基层，形成一个巨大的几乎无所不包的网络，随时可以将民众动员起来协助人民政府完成各项工作，根本改变过去那种散漫无组织的状态。中央政府的政令能够雷厉风行地推行到全国各地，包括边疆地区，万众一心地一致行动。全国人民的大团结，形成人民政府最广泛的社会支柱。一切为了人民，一切依靠人民，这是人民政府的力量源泉。没有这一条，人民共和国一起步就能冲破重重困难，顺利发展，使人耳目一新，是根本办不到的。

新中国的建立，使已解放的广大地区实现前所未有的统一。国家成为统一的整体，在全国范围内可以通盘筹划，可以一直贯彻到基层，密切协作，一致行动。这是中国人民多年来梦寐以求而没有实现过的局面。著名历史学家胡绳写道："在中国的土地上已经根本改变了旧中国由于帝国主义列强的互相争夺，由于各个军阀、官僚集团的互相争夺，由于国家内部的阶级矛盾和民族矛盾，由于落后的封建经济而产生的四分五裂的状态。新中国的法律和政令普遍实施于全国各地区。国内人民间的团结、各民族间的团结日益加强。这是建立在人民民主基础上的统一，这种统一局面是中国近代历史上从未有过的，甚至是中国历史上从未有过的。"[1]如果国家还像过去那样四分五裂或者各行其是，而不能在统一意志下，采取步伐一致的行动，那么新中国以后那样的发展是不可想象的，中国的现代化也是难以做到的。

---

[1] 胡绳主编：《中国共产党的七十年》，第644页。

还有一个十分重要的问题：中国是一个多民族国家，各族人民都是新中国的主人。中国的民族关系有着自己的特点：境内的各民族在千百年的漫长岁月中已形成相互依存不可分离的关系，少数民族离不开汉族，汉族也离不开少数民族，许多民族还长期在同一个地区杂居。这些特点是历史地形成的，是现实生活的主流。《共同纲领》把民族区域自治作为国家的一项基本政治制度确定下来。自治区是统一国家的一部分，可以在不违背中央统一政令的前提下自定本区域内政治、经济、文化等各种条例。这是新中国在民族问题上的成功创造。如果不实行这样的制度而实行联邦制，中国的民族团结和国家稳定不可能有后来的局面。它的重要性，随着时间的推移，人们已看得越来越清楚了。

民族独立，人民解放，国家统一，是三个要点。一九四九年以后的中国历史，就是在这个和以往不同的全新基点上起步的。

中华人民共和国的成立

一九四九年十月一日，是新中国诞生的日子。

这天下午二时，经中国人民政治协商会议选举产生的中央人民政府委员会第一次会议在北京中南海勤政殿召开，中央人民政府宣告成立。会议接受《中国人民政治协商会议共同纲领》为中央人民政府的施政方针。在《中华人民共和国中央人民政府组织法》中规定："中央人民政府委员会对外代表中华人民共和国，对内领导国家政权"；"中央人民政府委员会组织政务院，以为国家政务的最高执行机关；组织人民革命军事委员会，以为国家军事的最高统辖机关；组织最高人民法院及最高人民检察署，以为国家的最高审判机关及检察机关。"[1]这是新中国成立初的政权组织形式。中央人民政府委员会第一次会议，选举林伯渠为秘书长，任命周恩来为政务院总理兼外交部长，毛泽东为中央革命军事委员会主席，朱德为中国人民解放军总司令，沈钧儒为最高人民法院院长，罗荣桓为最高人民检察署检察长，责成他们从速组成各政府机关，推行各项政府工作。

接着，首都三十万军民在天安门广场隆重举行庆祝中华人民共和国中央人民政府成立典礼，通常称为"开国大典"。接受检阅的人民解放军有一万九千二百七十三人。新华社在当天报道了大典盛况。此时此刻的历史性情景值得在这里转录下来：

> 下午三时，中央人民政府秘书长林伯渠宣布典礼开始。中央人民政府主席、副主席、各委员就位，乐队奏义勇军进行曲，毛泽东主席宣布说："中华人民共和国中央人民政府已于本日成立了。"毛主席亲自开动有电线通往广场中央国旗旗杆的电钮，使第一面新国旗在新中国首都徐徐上升。这时，在军乐声中，五十四门礼炮齐鸣二十八响。毛主席宣读中央人民政府公告（见另电）。
>
> 毛主席宣读公告完毕，阅兵式开始。阅兵式由中国人民解放军朱德总司令任检阅司令员，华北军区司令员兼京津卫戍区司令员聂荣臻将军任阅兵总指挥。朱总司令驱车检阅各兵种部队回到主席台上宣读人民解放军总部命令。受阅部队随即分列经主席台前由东向西行进，前后历时三小时。受阅部队以海军

---

[1]《中共中央文件选集》第18册，中共中央党校出版社1992年10月版，第570、571页。

两个排为前导,接着是一个步兵师、一个炮兵师、一个战车师、一个骑兵师,相继跟进。空军包括战斗机、蚊式机、教练机共十四架在全场上空由东向西飞行受阅。在阅兵式中,全场掌声像波浪一样,一个高潮接着一个高潮。

阅兵式接近结束时,天色已晚。天安门广场这时变成了红灯的海洋。无数的彩色火炮从会场四周发射。欢呼着的群众在阅兵式完毕后开始游行。当群众队伍经主席台附近走出会场时,"人民共和国万岁"、"毛主席万岁"口号声响入云霄。毛主席在扩音机前大声地回答着:"同志们万岁!"毛主席伸出身子一再地向群众招手。群众则欢呼鼓掌,手舞足蹈,热情洋溢,不能自已。当游行的队伍都已有秩序地一一走出会场时,已是晚间九点二十五分。举着红灯游行的群众像火龙似的穿过全城,使新的首都浸在狂欢里直到深夜。[1]

《人民日报》在报道开国大典同天发表的文章饱含深情地写道:"经历过无数次深重灾难的中华民族与中国人民将永远记得这个可珍贵的时刻:它宣布了旧中国完全死亡,宣布了人民的新中国的诞生。中国,中国人,将不再是屈辱的殖民地与殖民地奴隶的代名词,而要永远地受到全世界爱好和平民主的人民的尊敬了。中国人民从此有了屹立于世界和平民主阵营的祖国,有了真能保护自己、代表自己的政府。"[2]

开国大典后,中央人民政府各机构立刻开始组建,到十一月一日正式开始办公。新中国的政府机关,是在打碎旧有的政权机构后

---

[1]《人民日报》1949年10月2日。

[2] 林韦:《记中央人民政府成立盛典》,《人民日报》1949年10月2日。

重行组建起来的，处在草创阶段，许多事情都要从头做起。

但新中国的诞生同俄国十月革命有很大的不同：它是在长时间内依靠人民军队先在一块块解放区内建立政权，积累起经济建设和政权建设的初步经验，培育出一批管理人才，再夺取全国政权的。由于各项工作有原已建立的地方性政府在那里负责管理，所以在新政府筹组过程中，整个工作并没有发生停顿或中断。

当然，从原来分散的、主要在农村的地方性政权，到建立全国性的中央政府，这是一次质的飞跃。政务院是国家政务的最高执行机关，不设国防部，军事工作由中央人民政府所属的人民革命军事委员会负责。政务院各部门是以华北人民政府的机构作为基础建立的，但并不等于现成地把它拿来使用。华北人民政府的职能只是管辖华北五省（河北、山西、平原、察哈尔、绥远）二市（北平、天津），现在要管理全国，自然有很大不同：政务院有些部门在华北人民政府中是没有的，需要组建，如外交部；有些工作部门原来虽有机构，但在新情况下需要细分，如中央财经委员会所属各部委；还有些部门过去是由人民革命军事委员会管理的，如公安部、铁道部，改隶政务院后，也要经过必要的调整。

政务院各部门的领导人员，有不少由中国共产党外的人士担任。这一方面因为中国共产党对如何管理这样大的一个国家在许多方面缺乏经验，而党外人士中确有许多在这些方面有经验有知识的人才，如担任副总理兼轻工业部部长的黄炎培、财经委员会副主任马寅初、邮电部长朱学范、司法部长史良、文化部长茅盾、教育部长马叙伦、林垦部长梁希、华侨事务委员会主任何香凝、海关总署副署长丁贵堂等；另一方面因为这样做有利于团结并带动社会各阶级、阶层的人士，共同为建设新中国而努力。

新政府各部门的工作人员，大体上由三类人组成：一类是长期参加革命工作的干部；一类是原来在国民党政府机构工作而留下来的人员；一类是从学校出来的青年学生和社会上被埋没的知识分子。这三类人各有长处和短处，正好相互取长补短，协同工作。

新政府在政权机关、军事制度、经济政策、文化教育政策、民族政策、外交政策等方面，已有《共同纲领》可资遵循，一开始就能有条不紊地开展工作。

在建立中央政府机构的同时，还把人民民主专政的政权一直建立到基层，把全国人民空前有效地组织起来。

万事起头难。新中国的诞生是中国历史上翻天覆地的社会大变动。许多事情处于草创时期，既没有现成的答案，也缺乏成熟的经验。它的基本格局一旦确定下来，对中国日后的发展就会产生极为深远的影响。当时战争还在进行，戎马倥偬，各方面的工作千头万绪，时间又不容许久拖不决。如果那时轻率地作出一些错误决定，它所造成的恶果将十分严重。半个多世纪过去了，回头来看，可以惊奇地发现当年作出的那些重大决策是符合中国实际国情的，是经得起时间考验的。它的影响不仅在今天让人能强烈地感受到，并且还将延续到将来。这是新中国缔造者们留给后人的一笔丰厚遗产，是他们对中华民族作出的难以估量的贡献。

新中国的第一年

新中国已经诞生。全世界都在注视着：它究竟能不能站住脚？能不能迈开大步前进，还是会坚持不住而失败？

这种想法，不是一点理由也没有。一个独立、统一、人民当家作主的民主共和国虽已建立，它面对的考验依然是严峻的。三个突出的问题摆在面前：第一，国民党政府在大陆上仍有白崇禧、胡宗南等集团的一百五十万军队，盘踞在以广州为中心的华南地区和以重庆为中心的西南地区，准备顽抗。在各地，还有二百万武装土匪。他们盘踞山林，为非作歹，荼毒一方，很多并不站在明处，而是藏在暗处，在当地有着盘根错节的社会关系，有的还是从多少年前一直传袭下来的，铲除它谈何容易。第二，在战争已经结束的地区，人民政府面对的是国民党政府留下的财政经济总崩溃、物价上涨完全失控、投机活动异常猖獗的烂摊子。国民党政府对这些束手无策，人们正注视着新中国有没有能力扭转这种仿佛已积重难返的局面。严重的自然灾害和城市中的大批失业现象，也给人民政府带来很多困难。第三，新中国的国际环境也很复杂。美国政府当时对新中国抱着敌视态度，实行禁运和封锁。苏联对中国共产党并不完全放心，担心它成为第二个"铁托"。周边的民族独立国家对新中国缺乏了解，还存在不少疑虑。如果在外交工作中处理不当，就会陷于孤立，或者重新沦为别国的附庸。

怎样应对同时从四面八方涌来的这许多棘手问题，使人民政府真正站住脚跟，确实极不容易。何况新中国创建伊始，不仅需要处理当前的大量繁复而紧迫的问题，还必须有更长远的眼光，建立起一整套和旧中国根本不同的新制度和新格局。这些制度和格局处理得恰当与否，对中国此后的发展将有长远的影响。所有这些，都必须很快作出决断。中国共产党和中央人民政府在如此复杂的环境中，冷静而果断地沉着应对，在不长时间里取得了惊人的成功。

我们先来看前面两个问题，也就是军事和财政经济问题。

军事上的进展是顺利的。人民解放军以雷霆万钧之势，喊出

"斩草除根，不留后患""一人止步，万人遭难""一时动摇，万世受苦"等口号，[1]大举南下。进军的重点，是要消灭白崇禧和胡宗南两个军事集团，解放华南地区和西南地区。

白崇禧是国民党政府华中军政长官，军事指挥灵活，素有"小诸葛"之称。所部有二十二个军共三十五万多人，其中包括战斗力较强、以往没有受到沉重打击的桂系精锐第七军和第四十八军。白崇禧的总部在武汉、长沙相继解放后移驻湘南的衡阳。此外，在广东地区还有华南军政长官余汉谋所部七个军，约十一万人，但战斗力并不强。

为了力争干净全部地歼灭白崇禧集团，不让它撤往境外或海南岛、台湾，留下更多后患，中国人民解放军采用"远距离包围迂回"这个以往没有实行过、出敌意外的作战方针。

这个方针的确立有一个过程。一九四九年七月，第四野战军曾采取过去常用的诱敌深入、近距离迂回包围的作战方针，企图捕歼白崇禧部主力于湘赣边境的浏阳、醴陵以东地区。白崇禧发现解放军主力正向它两翼迂回，立刻下令全线撤退。这次战役在七月十九日结束，只歼灭了白部四千六百人，没有达到预期的目的。毛泽东在这次战役快结束时的七月十六日为中央军委起草了一份电报，提出：

> 和白部作战方法，无论在茶陵、在衡州以西什么地方，在全州、桂林等地或者他处，均不要采取近距离包围迂回方法，而应采远距离包围迂回方法，方能掌握主动，即完全不理白部

---

[1] 穆欣：《南线巡回》，生活·读书·新知三联书店1953年11月版，第115页。

的临时部署，而远远地超过他，占领他的后方，迫其最后不得不和我作战。因为白匪本钱小，极机灵，非万不得已决不会和我作战。因此，我们应准备把白匪的十万人引至广西桂林、南宁、柳州等处而歼灭之，甚至还要准备追至昆明歼灭之。[1]

根据这个作战方针，第四野战军主力及第二野战军一部分兵三路：西路军从湘西的常德取道芷江，直插柳州，切断白崇禧部西逃贵州的道路；东路军从江西赣州南下合围广州，再以一个兵团向桂南挺进，切断白部南退雷州半岛和海南岛的道路；中路军从湘中向白部主力集结的湘南推进。由于中路军一线兵力有限，同白部主力大体相等，诱使白崇禧作出错误判断。白在十月二日召开的国民党非常委员会军事小组上报告湘南军事时称："我军兵力优于敌人，且颇集结，敌人则分散"，"可以在此打一胜仗，然后南下侧击南雄西南犯之匪，俾由被动转为主动，否则处处待敌优势兵力来攻，岂非坐以待毙？"蒋介石也表示同意，认为"舍此无复转机"。[2]四日，白部主力十三个师北上，集中在衡阳、宝庆一线，企图乘中路军立足未稳，组织反击。这个错误判断使他付出了沉重代价。白部的反击还未开始，就发现解放军的西路军已从湘西的芷江东进，东路军也已多路攻入粤北，自身有被合围的危险。白崇禧被迫又在六日黄昏匆忙地下令撤退。但他的精锐主力第七军和第四十八军各两个师却受到插入它背后的解放军一个师凭有利地形顽强阻击，难以迅速撤出。中路军主力兼程前进，在八日将这四个师全部合围，经过激战，到十一日上午全歼慌乱中的该部两万九千多人。连同其他

---

[1]《毛泽东文集》第5卷，第308—309页。
[2]《徐永昌日记》第9卷，第438、439页。

战斗，共消灭白部四万七千人，其中俘虏三万八千人，包括将级军官十七人。这次战役被称为"衡宝战役"。

"衡宝战役是进军解放中南进程中具有决定意义的一仗。"[1]《长江日报》在十月十六日发表社论，称这次战役的胜利"为我军渡江以来华中最大的一次战果，前后方闻捷欢腾，实为开国伊始前线指战员对于中央人民政府的隆重献礼"。[2]

东路军进入广东后，没有经过大的战斗，便歼灭余汉谋集团，在十月十四日解放了广州。

白崇禧集团这时还有兵力十五万人，退据它的老根据地广西，但精锐已失，士气低落。第四野战军继续实行大迂回大包围的作战方针：西路军从湘西南下，经黔东南进入桂西，切断白集团退云南的道路；东路军的第四兵团西进桂南，防止白部退入雷州半岛及海南岛，改称南路军；中路军从湘南奔袭桂林，称北路军。经过一个多月战斗，到十二月十四日终于全歼已被合围而陷入混乱的白崇禧集团，胜利结束广西战役。

一九五〇年二月，第四野战军开始用帆船渡海登陆海南岛，得到长期在当地坚持游击战争的琼崖纵队密切配合，到五月一日解放全岛。同月，第三野战军又解放了浙江沿海的舟山群岛。

西南地区的川滇黔康等省，在抗日战争时期被称为"大后方"。蒋介石对它抱有很大期待，希望能据以顽抗，等待国际局势变化，伺机再起。广州解放前夕，国民党政府迁往重庆。蒋介石也从台湾飞往重庆。但今昔易势，这些期待只能落空。当时担任国民党政府行政院政务委员和陆军大学校长的徐永昌在一九四九年十月十五日

---

[1]《中国人民解放军第四野战军战史》，解放军出版社1998年10月版，第537页。
[2] 转引自《中国人民解放军全国解放战争史》第5卷，第388页。

的日记中写道："余以为如照常理，重庆可保一个月，最长亦不过两个月。敌如先解决沿海以迄滇黔取包围手段，渝地或能延长。总之，国际或敌人内部无变化，我大陆最多亦不过保持半年左右。"[1]

西南地区的重心在四川（当时包括重庆）。自古"蜀道难"，入川主要是两条路：一条由陕西越秦岭南下，一条由鄂西经三峡溯长江西上，后一条路尤为艰险。国民党当局判断解放军主力将沿前一条路入川。胡宗南集团从陕西南撤后，也将主力部署在北线的川陕边境。

解放军仍本着远距离包围迂回的作战方针，贺龙率第十八兵团从秦岭南下，作出正面进攻的架势，牢牢吸引住胡宗南集团，刘伯承、邓小平率第二野战军主力却隐蔽南下，突然从贵州迂回川南，对国民党西南守军发起南北夹击。十一月间，第二野战军主力先后解放贵阳和重庆。十二月九日，国民党云南省政府主席、云南绥靖公署主任卢汉，西康省政府主席刘文辉，西南军政长官公署副长官邓锡侯、潘文华，率部分别在云南昆明和四川彭县起义。慌忙地退缩到成都平原的胡宗南集团和国民党其他军队已成瓮中之鳖，兵无斗志。在重庆、成都停留了二十六天的蒋介石，将国民党政府迁往台湾后，在十二月十日匆忙地飞离成都。西南作战从战役发起到结束，为时不过五十七天，前进约一千五百公里，消灭国民党残余军队约九十万人，其中包括投降俘虏四十多万人，起义四十多万人。

为了完成祖国大陆的统一，解放西藏的问题提到议事日程上来。考虑到西藏地区民族关系的特殊情况，一九五〇年五月十七日，中共中央致电西南局，提出："军事进攻的同时，利用一切可

---

[1]《徐永昌日记》第9卷，第442页。

能，进行政治争取工作是十分必要的。这里基本准备是西藏方面，必须驱逐英美帝国主义的侵略势力，准许人民解放军进入西藏。我们方面则可承认西藏的政治制度，连同达赖的地位在内，以及现有的武装力量、风俗习惯概不变更，并一律加以保护。"[1]但西藏地方政府中一部分顽固势力不但拒绝谈判，杀害了解放军派出的联络人员，还将藏军三分之二的兵力布防于昌都地区，企图凭险阻止解放军渡金沙江西进入藏。十月间，解放军渡过金沙江，发动昌都战役，歼灭藏军主力，解放昌都地区，打开了入藏大门。在这种情况下，一九五一年春，西藏地方当局派出以阿沛·阿旺晋美为首的代表团到北京，同中央人民政府代表团开始谈判。五月二十三日，双方签订《中央人民政府和西藏地方政府关于和平解放西藏办法的协议》，西藏宣告和平解放。人民解放军进驻拉萨、日喀则、江孜等地。这是新中国民族政策的胜利，从而实现了祖国大陆领土和主权的统一。

消灭国民党在大陆的军队后，一九五〇年初，全国仍有土匪武装二百六十多万人，其中一半以上在西南地区，其次是中南地区。这些武装土匪打家劫舍，无恶不作，对社会危害极大；他们还有明显的政治性质，不少土匪部队受到国民党当局的委托，很多骨干经过国民党败退前举办的"游击干部研究班"等培训留置下来。如果不迅速剿除，势必严重威胁新解放区的政权建设、社会改革和经济恢复工作。因此，解放军从一九四九年五月起，先后抽调一百五十多万兵力执行剿匪和工作队的任务。一九五〇年二月十八日，中共西南局书记邓小平在给中共中央的报告中提出："剿匪已成为西南

---

[1] 转引自《中国人民解放军战史》第3卷，军事科学出版社1987年7月版，第392页。

全面的中心任务，不剿灭土匪，一切无从着手。"[1]在各级党委一元化领导下，各地组织剿匪委员会，采取"集中兵力，重点进剿""组织军事进剿、政治攻势、发动群众三者之密切协同""开展捕捉匪首运动与镇压匪首工作""争取少数民族参加剿匪"等做法，取得明显成效，到这年十二月底告一段落。[2]一九五二年底，大规模剿匪活动结束。这项工作，对巩固人民政权、建立一个稳定安宁的社会秩序、保证经济恢复和发展，有着重要意义。

经济方面问题的解决更加复杂艰难得多。中国共产党对处理全国性的以及大城市中的经济问题，以往几乎完全没有经验。在新中国面对的社会经济问题中最紧迫的是两个：一是物价飞涨，一是灾情严重。这两个问题都是多年积累而成的痼疾。

国民党政府在经济上留下的是一个千疮百孔的烂摊子。新中国成立前夜，在一九四九年的一月、四月、七月，就有过三次物价大波动。当人们刚刚欢庆过新中国诞生只隔了半个月，从十月十五日开始，华北由粮食带头，上海由纱布带头，又掀起物价的大幅度上涨。纱布、粮食的价格在一个月内都上涨两倍以上。上海十一月中旬的物价比七月底平均上涨两倍，有些商品上涨五六倍。物价的飞涨，使人民生活受到严重威胁，人心开始波动。这是关系到人民政权建立起来后能否站住脚跟的大问题。

为什么物价会出现如此猛烈的上涨？除了历史遗留的种种问题外，主要原因在于：大规模军事行动还在进行，财政赤字太大，钞票发行太多。当时，人民解放军还在向华南和西南大举进军，军费

---

[1]《邓小平军事文选》第2卷，军事科学出版社、中央文献出版社2004年7月版，第284页。

[2] 贺龙、邓小平、张际春、李达：《一年剿匪工作总结》，见《从延安到北京》，中央文献出版社1993年5月版，第618—622页。

开支在财政开支中所占比重将近一半。新解放区迅速扩大,国民党政府的旧人员和起义军队等都要妥善安置,使军队和吃公家饭的人数激增至七百五十万,这个数字以后还在迅速增加。而在新解放区,因为战争结束不久,只有一部分地方开始征收公粮;城乡交流需要有一个恢复过程;城市工商业处境还很困难,一时难以征收到应有的税收。在七月到十一月中旬这段时间内,财政总收入只占总支出的百分之三十四点六,赤字竟达百分之六十五点四。为了弥补赤字,只得大量增发纸币。十一月底的货币发行额是七月的六倍以上,致使币值大跌,物价猛涨。而新解放的城市,多年来几乎已变成投机商人的大赌场。这些投机资本的放肆活动,又对物价飞涨起了推波助澜的作用。

这是胜利发展过程中的困难,一时是难以完全避免的。中央财经委员会主任陈云在此前说过:"目前货币发行计划,应当首先保证军费供应,其次才是物价稳定。物价上升的原因是巨大的财政赤字,迫使我们增发货币,而要缩小甚至消灭财政赤字,决定性的关键是解放战争早日在全国范围取得胜利。胜利到来愈快,我们才愈有可能减少以至消灭财政赤字,控制货币发行,从而逐步稳定物价。"[1]周恩来在十一月十八日政务会议讨论物价问题时也坦率地说:"我们应当说,今天的困难都是为胜利而负担的。""为什么物价上涨呢?基本上还是因为开支很大,票子发得很多,物价当然会上涨。为什么开支很多呢?因为我们所解放的地区扩大了,在这些新地区内一开始又不可能收入得很多,而负担就会增加。所以这种负担的增加是必然的过程,胜利的过程。它与国民党反动派的物价

---

[1] 薛暮桥:《杰出的经济工作领导者——陈云同志》,《陈云与新中国经济建设》,中央文献出版社1991年5月版,第30—31页。

上涨、负担增加的没落过程是完全相反的。""我们必须向人民说清楚,这种胜利的负担一时还是不可避免的。"[1]

说一时"不可避免",不等于无所作为。稳定物价的关键,是看国家手中掌握着多少市场主要物资。中央人民政府采取了两项有力措施:"一方面是加紧物资调运,将粮食、纱布、煤炭等调集于重点地区;另一方面尽量设法紧缩通货,统一现金管理。"[2]

打击投机商的兴风作浪,是稳定物价的必要条件。"当时在上海(天津也有类似情况),资本家看到粮食紧张,于是囤积居奇。据估计,当时上海存粮不到一亿斤,要保证在冬季以前存粮达到四亿斤,需要多方设法。"[3]由于城乡关系已发生根本改变,各解放区已可互相支援,能实行全国范围内的物资大调运(这是国民党政府无法做到的),陈云领导下的中财委从华东各省和东北、华中、四川等地赶运大米到上海,国家手中掌握的可以作为商品调用的粮食、纱布等物资大大超过投机商那点经济力量。手里掌握物资后,抛售时机也十分重要。由于货币增发,要把物价稳定在十月以前的水平是不可能的。到十一月中旬,物价已涨了两倍,涨势渐趋稳定。陈云及时地果断决策,经毛泽东、周恩来批准后,发出给各地财委的紧急指示:"在目前物价已经涨了两倍的情况下,稳住的可能已经存在,各地均应以全力稳住。"指示要求赶运粮食和纱布给主要城市,"预定十一月底十二月初于全国各主要城市一齐抛售。""各大城市应将几种能起收紧银根作用之税收,于十一月

---

[1] 周恩来在第6次政务会议上的发言记录,1949年11月18日。
[2] 《薛暮桥回忆录》,天津人民出版社1996年7月版,第201页。
[3] 周太和:《建国初期财经战线上的三大决策和实施》,《陈云与新中国经济建设》,第104—105页。

二十五日左右开征。""对于投机商人,应在此次行动中给以适当教训。"[1]投机商错误地估计形势,最初仍将人民政府抛售的物资大量购进,甚至不惜借来高息贷款用以购粮,结果粮价却不涨反跌,吃了大亏。等到收缩银根、物价平稳,投机商人吐出主要物资时,国家又乘机买进。这样就把物价基本上稳住了。"上海一位有影响的民族资本家事后说:'六月银元风潮,中共是用政治力量压下去的,这次仅用经济力量就能压住,是上海工商界所料想不到的。'"[2]这是正确运用商品规律、驾驭复杂多变的市场取得的成功。

当然,为了从根本上使物价得到稳定,必须改变财政收支严重不平衡的状况。除了增加税收、发行折实公债、厉行节约以外,这时还有两个有着关键意义的原因。

第一,大陆的军事行动基本结束,人民解放军开始整编复员,军费开支大大减省。没有这一条,要做到财政收支基本平衡是不可能的。中央人民政府人民革命军事委员会还作出《关于一九五〇年军队参加生产建设工作的指示》,借以改善军队的生活,并节省一部分国家的开支。如王震率领进入新疆的第二军,"宣布现有部队不换防,不调动,要认真担负起保卫边疆、建设边疆的光荣任务。""这一年共种了三十五万亩土地,当年收获的粮食可供部队粮用三个月。"[3]这自然很大减省了财政开支,对消除财政赤字,制止通货膨胀起了重要作用。

第二,政务院在一九五〇年三月三日颁布《关于统一国家财政

---

[1]《陈云文选》第2卷,人民出版社1995年5月版,第30、31页。

[2]薄一波:《若干重大决策与事件的回顾(修订本)》上卷,人民出版社1997年12月版,第83、84页。

[3]穆廉:《喀什春秋》,政协喀什地区工作委员会编《喀什文史》第6辑,第21、22页。

经济工作的决定》。过去，由于战争时期各解放区一直处于被分割状态，财政经济工作只能实行政策上统一领导、业务上分散经营的方针。"一九四九年各个解放区连成一片之后，随着货币的统一，交通邮电管理、部分物资调度、物价管理、税则税目税率规定等等也陆续实现统一。但就财政经济的全部工作来说，基本上仍旧是分散管理。财政收支并未规定统一管理办法，公粮、税收大多由各大区或省市管理。这不利于财力物力的统一使用，不利于节约支出、平衡收支、紧缩通货，不利于建立物价稳定的正常秩序。"[1]政务院《决定》的主要内容有三：一是统一全国财政收支，使财政收入的主要部分集中到中央，统一调度使用；二是统一全国物资调度，清理全国仓库物资，实行国家的重要物资的统一调度；三是统一全国现金管理，一切军政机关和公营企业的现金，除留若干近期使用者外，一律存入国家银行。这三项措施调整了中央与地方的经济权限，形成统一领导、分级管理的体制。它的共同效果，是避免因当时十分有限的财力物力过分分散使用而造成很大浪费，达到能集中起来办大事的目的。当然，这样做会产生过于集中的弊病，带来新的困难。但它对把物价稳定下来、扭转当时极端困难的经济局势这个最紧迫的问题起了重大作用。陈云为《人民日报》写了《为什么要统一财政经济工作》的社论，针对人们中一些目光短浅的疑虑，写道："应该克服小困难，以避免大困难。"[2]

这年四月，全国财政收支果然出现接近平衡的新局面。长期以来民众深恶痛绝、国民党政府一筹莫展的恶性通货膨胀和物价飞涨的状况，终于根本改变。"如以一九五〇年三月的批发物价指数为

---

[1]《薛暮桥回忆录》，第204—205页。
[2]《陈云文选》第2卷，第72页。

一百，当年十二月下降为八十五，一九五一年十二月为九十二点四，一九五二年十二月为九十二点六。用不到一年的时间把形势险恶的市场物价完全稳住，这不能不说是一个奇迹。"[1]人们已经有十多年没有过上这样安定的生活了，松了一大口气，兴高采烈，大大提高了对人民政府的信任和支持。中国人民银行的存款总额，一九五〇年九月比一九四九年十二月增加了十二倍以上。经济稳定大大有利于社会稳定，而社会稳定反过来又有利于经济稳定。毛泽东曾高度评价这次平抑物价、统一财经的意义："不下于淮海战役。"[2]

随着恶性通货膨胀被制止、银根紧缩和物价稳定，社会经济生活中另一个新问题又很快暴露出来：物价下降以后，各地市场一时出现反常的粮食、纱布等重要消费品供过于求的现象；在旧中国畸形经济环境中发展起来的私营工商业，一时适应不了变化了的环境而陷入严重困难。上海是私营工商业最集中的地方。到四月中旬，全市倒闭的工厂有一千多家，停业的商店有两千多家，失业的工人有二十万以上。"据统计，一至四月份，在十四个城市中有二千九百四十五家工厂倒闭。在十六个城市中有九千三百四十七家商店歇业。"[3]"全国失业的工人逾百万。这种状况，激化了一些社会矛盾，失望和不满的情绪在一部分工人和城市贫民中迅速蔓延。"[4]它已不仅是经济问题，也是严重的社会问题，引起全国上下的忧虑。

对产生这种状况的原因，陈云在全国政协一届二次会议上这样

---

[1] 梅行：《我国过渡时期经济战线的三大战役》，《陈云与新中国经济建设》，第15页。

[2] 薄一波：《陈云的业绩与风范长存》，《人民日报》1996年4月10日。

[3] 郭今吾主编：《当代中国商业》（上），中国社会科学出版社1987年4月版，第27页。

[4] 薄一波：《若干重大决策与事件的回顾（修订本）》上卷，第98页。

说明：

目前工商业界发生了许多困难，这是由于以下几种情况而来的。第一是通货和物价的稳定，暴露了同时又停止了过去社会上的虚假购买力。这就是说，人们在过去十余年的通货膨胀时期，为了避免钞票跌价的损失，不愿存放钞票，宁愿竞购和囤积并不是为了消费的货物。现在这种情况已经起了变化，他们不但不再囤积货物，而且将过去囤积的货物吐到市场上来。这样就使市场上若干物资一时供过于求，生意不好，许多工商界者发生困难。这种情况是暂时的，原来囤积的货物一经销完，供求关系即将走向正常状态。第二是过去适合于半殖民地半封建经济发展起来的若干工商业，由于帝国主义的统治以及封建主义和官僚资本主义在中国的消灭，许多货物失去市场，另有许多货品也不合人民需求的规格。这种情况引起了一部分工商业的倒闭，从而发生一部分工人失业的现象，需要救济及转业。第三是许多私营企业机构臃肿，企业经营方法不合理，成本高，利润少，甚至还要亏本。这也引起许多工商业发生缩小营业，甚或停工歇店的现象。必须重新调整，才有出路。第四是经济中的盲目性，同一行业内部盲目竞争，地方与地方之间供求不协调，这也引起许多企业减产、停工和倒闭。至于因为长期战争，人民购买力大为降低，使得工商业不景气，则是人人共知的现象。

所有这些，都是历史遗留给我们的。这些问题现在之所以突出，是因为长期间存在的半殖民地半封建的经济情况现在发生了根本的变化。变化虽然有痛苦，但这种变化的性质，却并不是坏的,它将走向新生,走向重建,走向繁荣,走向健全的新民主主义经济的建立。[1]

除了这些基本原因外,中共中央和中央人民政府也从自身进行检查:从工作上说,平抑物价、催缴税金和紧缩银根等措施有些过猛,对投机资本的活动和正常的工商经营活动没有谨慎地区别开来,产生一些副作用;从更深的思想观念层次来看,一些干部忘记了新民主主义经济指导方针是公私兼顾、劳资两利,歧视私营工商业,成了"只公不私"。

同民族资产阶级的关系要又联合又斗争,又限制又照顾。对它们中的不法行为要斗争,也要适可而止。对它们有利于国计民生的一面,要保护,要扶持,做到各得其所。

为了统一思想认识,中共中央在一九五〇年四月召开全国统战工作会议。毛泽东在工商组讨论会的一份发言记录稿上写了不少批语,着重谈了如何正确对待私营工商业的问题。在与会者发言记录讲到"今天斗争对象,主要是资产阶级"处,写道:"今天的斗争对象主要是帝国主义、封建主义及其走狗国民党反动派残余,而不是民族资产阶级。"在与会者发言谈到对私营工商业的限制和排挤处,写道:"应限制和排挤的是那些不利于国计民生的工商业,即投机商业,奢侈品和迷信品工商业,而不是正当的有利于国计民生的工商业,对这些工商业当它们困难时应给以扶助使之发展。"在与会者发言讲到"私营工商业要求划分阵地,要河水不犯井水,我们不允许"处,写道:"应当划分阵地,即划分经营范围。"[2]

---

[1]《陈云文选》第2卷,第101—102页。
[2]《毛泽东文集》第6卷,第49—51页。

为了实现国家财政经济状况的根本好转，一九五〇年四月，中央决定调整工商业。调整工商业的实际工作包括三方面的内容：调整公私关系，调整劳资关系，调整产销关系。其中，重点是调整公私关系。各级政府和有关部门主要采取了以下措施：第一，对私营工业扩大加工订货和产品收购，解决它们在原料、资金和产品销售方面的困难，帮助它们维持和恢复生产。全国私营工业产值中，加工、订货、包销、收购部门所占比重从一九四九年的百分之十一点五上升到一九五〇年的百分之二十七点三。占全国私营工业生产总值比重将近三分之一的棉纺业，一九五〇年下半年为国家加工的部分占它生产能力的百分之七十以上。第二，调整价格和经营范围。调整价格后，私营商业批购转售已可获得较多的利润。在保证市场稳定的条件下，还适当收缩了一些国营商业机构。第三，调整税收，适当减轻私营工商业的税额。第四，调整劳资关系，用协商的方法解决有关劳资双方利益的各种问题。第五，中国人民银行逐渐增加对私营工商业的贷款。到这年九月，调整工商业的任务基本完成。[1]

当时的市场萧条，相当程度上是城乡商品流通渠道堵塞所造成，并不是真正的生产过剩。因此在调整工商业期间，中央人民政府用很大力量发展城乡物资交流，特别是收购并销售过去滞销的农村土特产品，扩大商品流通，促进市场繁荣。这成了活跃中国经济的关键。华东、华北等地区举办了土特产展览会或交流会。上海、天津等地生产的毛巾、袜子、胶鞋、绒衣、搪瓷用品、热水瓶、手电筒乃至自行车等大量销往农村。中财委秘书长薛暮桥不久后在

---

[1] 苏星：《新中国经济史》，第131—136页。

一篇文章中写道:"这个运动打破了因战争和通货膨胀而造成的多年来的城乡交流停滞状态,使农民多余的农产品和土产品得到销路。农民的收入增加之后,就反过来提高了他们对城市工业品的购买力,城市工业品立刻找着了广大的市场,因而就加速了城市工商业的进一步的好转。""这一经验证明,新中国工业的发展,必须建立在国内市场的基础上。"[1]陈云在总结一九五〇年财经工作时说:"去年在经济战线上,我们是税收、公债、货币回笼、收购四路'进兵',一下子把通货膨胀制止了。三月物价稳定,五月中旬全国各地工商业者都叫喊货卖不出去。于是我们发了两路'救兵',一为加工订货,二为收购土产。起决定作用的是收购土产,因为收购土产,就发出了钞票,农民有了钱就可以买东西。到九月全国情况就改观了,霓虹灯都亮了。"[2]

新中国第一年中严重影响社会民生的另一个突出问题是:自然灾害给人民造成的深重苦难。

说是自然灾害,其实很大程度上也出于旧中国留下的人为因素。由于国民党统治时期水利长期失修,加上连年战乱的破坏,当时的灾情无论在地域面积或严重程度上都十分惊人。其中,除小部分旱灾外,都是水灾。一九四九年,全国被淹耕地达一亿二千一百五十六万亩,因灾减产粮食二百二十亿斤,灾民四千万人,重灾区灾民达一千万人。华东地区灾情最为严重,被淹土地占全部耕地的五分之一。

一九五〇年六月,又发生淮河大决口的严重灾情。皖北地区连续七天大雨后,津浦铁路两侧一片汪洋,数百里河堤全部失去作

---

[1]《薛暮桥学术论著自选集》,北京师范学院出版社1992年7月版,第175页。

[2]《陈云文选》第2卷,第128页。

用，村庄被淹没，怀远县县城的城墙也看不到了，许多灾民挤在一块高地上求生，干部情绪低落。有一份报告淮北灾情的电报中写道："由于水势凶猛，来不及逃走，或攀登树上，失足坠水（有在树上被毒蛇咬死者）。或船小浪大，翻船而死者，统计四百八十九人。"这次被淹没的耕地达三千一百万亩，冲塌房屋几十万间，灾民九百九十五万人，其中断炊的达一百零九万人。

新中国成立不久，政务院就先后作出《关于生产救灾的指示》《关于一九五〇年水利春修工程的指示》等，并在水利部下设立黄河水利委员会、长江水利委员会、淮河水利工程总局，各省设水利局，各专区各县设水利科（局）。一九五〇年夏，连续降雨，汛情紧急，中央防汛总指挥部成立，政务院副总理董必武任主任，水利部部长傅作义和军委作战部长李涛任副主任。淮河大决口后，中央人民政府下了一定要根治淮河的决心。毛泽东在一份灾情电报上给周恩来写了批语："除目前防救外，须考虑根治办法，现在开始准备，秋起即组织大规模导淮工程。"[1]这时，淮河中游水势依然猛涨。八九月间，在北京召开治淮会议，提出蓄泄兼筹的治淮方针。政务院确定成立治淮委员会。周恩来在政务会议上听取傅作义关于治淮问题的报告后激动地说："水灾是非治不可。如果土地不洪就旱，那就土改了也没有用。"他统筹全局后指出：治淮的"总的方向是，上游蓄水，中游蓄泄并重，下游以泄水为主。从水量的处理来说，主要还是泄水"。"这次治水计划，上下游的利益都要照顾到，并且还应有利于灌溉农田，上游蓄水库注意配合发电，下游注意配合航运。总之，要统筹兼顾。"[2]接着，又发布《政务院关于治

---

[1]《建国以来毛泽东文稿》第1册，中央文献出版社1987年11月版，第440页。
[2] 周恩来在第57次政务会议上的发言记录，1950年11月3日。

理淮河的决定》。

这样,从第二年二月起,在百废待兴、国家人力物力财力十分有限的情况下,一场规模空前的群众性的治淮工作开展起来了,参加治淮的工程技术人员最多时达到一万五千人,大批解放军投入治淮救灾工作。人民政府还提出"生产自救、节约渡荒、群众互助、以工代赈,并辅之以必要的救济"的救灾方针,取得明显成效。

除救灾外,救济城市失业者也是一项繁重而艰难的任务。旧中国本来就留下庞大的失业大军。新中国成立后,在经济改组过程中,一部分不适应社会需要的工厂倒闭,又增加了失业人数。一九五〇年七月,全国已登记的失业工人达一百六十六万四千人,占城市职工总数的百分之二十一,此外还有不少失业的知识分子。其中,以上海、南京、武汉、重庆等重要城市最为严重。拿上海来说,这一年初失业工人已近十二万人,他们的生活极为困难,连续发生有人因生活没有出路而自杀的现象。政务会议两次讨论了这个问题,确定长期救济用以工代赈(如修筑公共工程等)为主要方法;同时,还提出生产自救、还乡生产、发放救济金、转业训练、介绍就业等多种办法。到九月底,全国失业工人和失业知识分子得到救济的,已达半数以上。

建立新中国是同建设一个新社会紧紧联系在一起的。在旧社会,许多贫苦民众被压在社会底层,受尽种种非人折磨,有了冤屈也无处申诉。这种状况不改变,很难谈得上人民当家做主人。新中国成立后第一年,政府在帮助他们从苦难中解脱出来、荡涤旧社会留下的污泥浊水方面,做了大量富有成效的工作。

妇女是"半边天",但男尊女卑在旧社会被看作天经地义。解放初期,许多地方的高音喇叭中常播放着著名女歌手郭兰英唱的

《妇女自由歌》:"旧社会好比那黑格洞洞的苦井万丈深,井底下压着咱们老百姓,妇女在最底层。"一九五〇年五月一日,中央人民政府公布施行《中华人民共和国婚姻法》,废除包办、强迫等婚姻制度,禁止重婚、纳妾和童养媳,禁止干涉寡妇再嫁。这是新中国颁布的第一部法律,是中国妇女解放运动史上的一件大事。

妓院是旧社会最惨无人道的黑暗场所之一。新中国成立后,先在北京市经过调查,拟订出进行封闭的具体办法。一九四九年十一月二十一日,北京市第二届各界人民代表会议作出《关于封闭妓院的决议》。《决议》通过后,在十二小时内封闭妓院二百二十四家,收容妓女一千二百八十八人。接着,全国各地也陆续采取措施,封闭妓院,对妓女进行收容和教养,帮助她们医治疾病,学会一种生产技术,重新走上社会。

鸦片烟毒,也是旧中国遗留的相当普遍的社会丑恶现象。当时吸毒者约两千万人。一九五〇年二月二十四日,政务院公布《关于禁止鸦片烟毒的通令》,严格规定:"在军事上已完全结束地区,从一九五〇年春起应禁绝种烟;在军事尚未完全结束地区,军事一经结束,立即禁绝种烟,尤应注意在播种之前认真执行。""从本禁令颁布之日起,全国各地不许再有贩运制造及售卖烟土毒品情事,犯者不论何人,除没收其烟土毒品外,还须从严治罪。""吸食烟毒的人民限期登记(城市向公安局,乡村向人民政府登记),并定期戒除。隐不登记者,逾期而犹未戒除者,查出后予以处罚。"[1]贻害中国一百多年的鸦片烟毒的清除工作,在全国范围内取得巨大成功。

对横行一方、欺压民众、人人为之侧目的"东霸天""西霸天"

---

[1]《建国以来重要文献选编》第1册,中央文献出版社1992年5月版,第128、129页。

之类的地痞流氓和黑社会等恶势力，各地也采取措施，进行有力打击。社会风气焕然一新。

这些都是谁都看得到的变化，又是大家历来深恶痛绝却似乎难以解决的问题。因此，到处传颂："新旧社会两重天。"人们这种切身感受，比千言万语的宣传所收到的效果要大得多。

在文化教育工作方面，适应许多人要求使自己的思想跟上新社会发展的需要，最显著的成绩是开展全国规模的群众学习运动，学习社会发展史和《中国革命和中国共产党》等，人民的政治文化水平明显提高。参加各地人民革命大学和政治训练班的人数达四十七万。对旧有高等学校课程进行谨慎而有步骤的改革。中小学生中工农子弟的比重大大增加，还创办了许多工农速成中学。卫生工作实行"预防为主"的方针。原来在解放区出版的以工农兵为主人公的文学作品，在全国范围内大量发行，使读者在眼前打开了一个崭新的天地。"文艺工作者团结在'面向工农兵'的方针之下，在全国范围内所做的普及工作是有成绩的。在这里起了一定的作用的，就是广大民间艺人的力求进步和诚心合作。""改革旧形式，充实新内容的努力，在中国固有的文艺各部门内，到处可以看见。"[1]

当中华人民共和国成立满一年的时候，也就是一九五〇年九月三十日，周恩来总理在国庆庆祝大会上所作的报告中，满怀豪情地回顾了新中国第一年走过的历程，说道：

> 在中国，历史上只有一个政府，曾经在一年内做了这么多有利于人民的工作；只有一个政府，曾经在一年内驱逐了那么

---

[1] 茅盾：《争取发展到更高的阶段》，《新华月报》第2卷第6期，1950年10月15日。

多的强盗式的"军队"和"政府",而代之以纪律严明和蔼可亲的人民军队和廉洁而讲道理的人民政府;只有一个政府,曾经在一年内剥夺了帝国主义国家的特权,消灭了可恨的特务机关,停止了无限期的通货膨胀,而给予人民一种欣欣向荣的气象;这个政府,就是中央人民政府。

国内外的人民都看到:经过了这一年,中国已经比过去几百年甚至几千年经历了更重要的变化;旧面貌的中国正在迅速地消失,新的人民的中国已经确定地生长起来了。[1]

在短短一年内能够做那么多富有成效的事情,实在是个奇迹。尽管在前进中还存在种种困难,尽管工作中也有这样那样的缺点和错误,例如各地党和政府在城市管理、工厂管理等方面严重缺乏经验,有的还沿用以往管理农村和军队的方式去管理,不少干部在执行工作任务时犯有官僚主义特别是命令主义的错误,有些地方存在着违反政策等现象,但新中国已显示出旺盛的生命力。各项工作,总体说来都在有条不紊地进行。人民信任自己的国家。它不但站稳了脚跟,并且在人们面前展现出美好的前景。

最初阶段外交格局的形成

社会大变革需要有稳定的秩序。不仅在国内如此,在国与国之间也希望有一个相对稳定的环境,以便能集中力量推进国家的建设和

---

[1]《周恩来选集》下卷,人民出版社1984年11月版,第49、31页。

社会的改造。其中最重要的是两点:一是力求有一个和平的国际环境、和睦的周边环境;二是独立自主,不畏强暴,排除任何外来干预。

外交工作主要是处理国家与国家、政府与政府之间的关系。如何开辟外交工作的新局面,是新中国成立时面对的极端重要而又陌生的问题。一切都需要另辟蹊径,从头做起。新政府的外交工作,一开始就树立起自己的鲜明特点,那就是独立自主。

周恩来在外交部成立大会上,充满民族自豪感地宣告:"中国一百年来的历史是一部屈辱的外交史。我们不学他们。我们不要被动、怯懦,而要认清帝国主义的本质,要有独立的精神,要争取主动,没有畏惧,要有信心。"他又严肃地提醒大家:"但不要盲目冲动,否则就会产生盲目排外的情绪。""外交不能乱搞,不能冲动,遇事要仔细想,分析研究,看是属于哪一类性质,其后果如何,分析好的一方面,同时也要分析坏的一方面,要培养思考的能力。"[1]这以前,随着人民解放军在大陆取得基本胜利,一百多年来帝国主义列强的在华特权已从根本上被拔除。这是中国社会大变革的一项重要内容。

新中国一成立,外交工作面对的第一个问题是要同其他国家建立正常的外交关系,走向国际社会。人民政府向所有国家表示了善意。毛泽东在开国大典宣读的《中央人民政府公告》中说:"本政府为代表中华人民共和国全国人民的唯一合法政府。凡愿遵守平等、互利及互相尊重领土主权等项原则的任何外国政府,本政府均愿与之建立外交关系。"[2]当天,周恩来以外交部长的名义向各国政府发出公函,送去这个公告。这是新中国的第一个外交文件,是向

---

[1]《周恩来外交文选》,中央文献出版社1990年5月版,第5页。
[2]《毛泽东文集》第6卷,人民出版社1999年6月版,第2页。

外国政府发出的第一个照会。

《公告》表明的是新中国的愿望。就是对美国和英国,毛泽东在一九四九年四月的一份内部电报中也提出:"如果美国及英国能断绝和国民党的关系,我们可以考虑和他们建立外交关系的问题。"[1]但那时,世界范围内已进入第二次世界大战后的冷战时期,形成社会主义和资本主义两大阵营的对立。这种对立和冲突越来越剧烈。美国政府当时对新中国抱着敌视的态度,不仅自己不肯承认,还竭力阻挠其他西方国家承认新中国。在经济往来上,美国政府对新中国也实行严格的贸易限制。在这种情况下,如果急于要求这些国家承认,如果期待得到它们的经济援助,势必屈从它们的要求,会使自己陷入被动。因此,中央人民政府决定:它们如果要同新中国建立外交关系,就得按平等原则进行建交谈判。若是条件尚不成熟,宁可把它放在下一步再说。这就是毛泽东所说的"另起炉灶"和"打扫干净房子再请客"。

新中国成立前夜,毛泽东在《论人民民主专政》中还提出"一边倒"的主张:"积四十年和二十八年的经验,中国人不是倒向帝国主义一边,就是倒向社会主义一边,绝无例外。"这个声明不只是出自意识形态和社会制度方面的考虑,也因为在当时美国对华继续敌视而苏联对新中国还不很放心的情况下,如果不表示这样鲜明的态度,就只能使即将诞生的中华人民共和国在国际社会中得不到任何有力支持而处于自我孤立的境地。邓小平不久后在一封信中说:"我们提出的外交政策的一面倒,愈早表现于行动则对我愈有利(毛主席说,这样是主动的倒,免得将来被动的倒)",[2]也是这

---

[1]《毛泽东文集》第5卷,第285页。
[2]《邓小平文选》第1卷,第134页。

个意思。

中华人民共和国成立的第二天,苏联便致电表示决定同新中国建立外交关系。第一个承认新中国的是社会主义的苏联,这是十分可贵的。接着,保加利亚、罗马尼亚、朝鲜、匈牙利、捷克斯洛伐克、波兰、蒙古、德意志民主共和国等人民民主国家,在十月底前相继同中国建立了外交关系。随后,同阿尔巴尼亚、越南又正式建交。这就冲破了某些西方国家打算在国际社会中孤立新中国的企图。

"一边倒"当然不是放弃民族独立,一切听从他人,去当别的国家的附庸。周恩来在外交部成立大会上说:"外交工作有两方面,一面是联合,一面是斗争,我们同兄弟之邦并不是没有差别。换言之,对兄弟国家战略上是要联合,但战术上不能没有批评。"他又说:"就兄弟国家来说,我们是联合的,战略是一致的,大家都要走社会主义的道路。但国与国之间在政治上不能没有差别,在民族、宗教、语言、风俗习惯上是有所不同的。所以,要是认为同这些国家之间毫无问题,那就是盲目的乐观。"[1]

一九四九年十二月和一九五〇年一月,毛泽东、周恩来先后抵达苏联访问。新中国在对外关系中特别关心的是世界和平问题。毛泽东同斯大林会谈时,一开始就提出:目前最重要的问题是建立和平,中国需要和平的环境,把经济恢复到战前的水平,并从总体上使国家稳定。两国经过艰苦而曲折的讨论,签订了《中苏友好同盟互助条约》。这个条约的中心内容是:密切两国在政治、军事、经济、文化、外交上的合作,以共同制止帝国主义国家的重新侵略。苏方给予中方三亿美元的低息贷款,并在上海对中方提供空中保护。毛

---

[1]《周恩来外交文选》,第2、6页。

泽东将条约提交中央人民政府委员会批准时说:"这次缔结的中苏条约和协定,使中苏两大国家的友谊用法律形式固定下来,使得我们有了一个可靠的同盟国,这样就便利我们放手进行国内的建设工作和共同对付可能的帝国主义侵略,争取世界的和平。"[1]

可见,新中国外交工作从一开始就特别看重独立自主、和平这两个问题。以后,在此基础上形成了独立自主的和平外交政策。

毛泽东和周恩来访苏期间,又有十三个国家先后宣布承认中华人民共和国。其中七个国家,经过谈判,在一九五〇年十月底前同中国建立起相互间的正式外交关系。它们中包括:一类是亚洲新独立的民族主义国家印度、印度尼西亚、缅甸;另一类是北欧的瑞典、丹麦、芬兰和中欧的瑞士,这是第一批同新中国正式建交的不同社会制度的国家,是新中国外交工作的重要突破。以后四年内,中国又同巴基斯坦、阿富汗、尼泊尔等分别建交。这样,直接同中国接壤的周边国家大体上都同新中国建立起正式外交关系。同周边国家建立起稳定的睦邻友好关系,对刚刚诞生的人民共和国有着至关重要的意义。

经过一年的努力,中华人民共和国最初阶段对外关系的基本格局大体上确定下来。这一切,进行得井井有条,有力地捍卫了国家的独立、安全和尊严,把屈辱外交一扫而光,使新生的人民共和国一开始就以独立自主、热爱和平而又不畏强暴的崭新风貌屹立在世界的东方。

---

[1]《人民日报》1950年4月13日。

第十七章　抗美援朝战争

正当中国人民全力以赴地为巩固人民政权、恢复国民经济而努力的时候，一片浓密的乌云突然在中国东北边境上空出现，那就是朝鲜战争，并且严重威胁新中国的安全。它不能不把新中国的很大注意力转移到抗美援朝的问题上来。

这是新中国成立以来最重大的对外战争、政治斗争和军事斗争。它的发生，并不是完全没有精神准备，因为世界范围内的冷战对峙局面已经形成并日趋紧张，因为美国政府当时实行着敌视新中国的政策，但没有想到事情会发生得那么快。这场战争，是新中国本来不愿见到的。

就在朝鲜战争发生前一个多月，中国在一九五〇年五月十九日成立了由周恩来担任主任的中央军队整编复员委员会，决定在一年内复员一百二十万人。六月六日至九日，中共中央在北京举行七届三中全会。毛泽东在会上提出了书面报告。报告中说：中苏条约的签订，"一方面使我们能够放手地和较快地进行国内的建设工作，一方面又正在推动着全世界人民争取和平和民主反对战争和压迫的伟大斗争"。全会的注意力集中在争取国家财政经济状况的基本好转上面，说："我们现在在经济战线上已经取得的一批胜利，例如财政收支接近平衡，通货停止膨胀和物价趋向稳定等等，表现了财政经济情况的开始好转，但这还不是根本的好转。要获得财政经济情况的根本好转,需要三个条件,即:(一)土地改革的完成;(二)现有工商业的合理调整;(三)国家机构所需经费的大量节减。"[1] 毛泽东在会上讲话中提出"不要四面出击"的主张。

朝鲜战争是在六月二十五日发生的。二十七日,美国总统杜鲁门发表声明,在扩大朝鲜战争的同时,毫无理由地单方面粗暴干涉中国内政,声称:"在这种情况下,共产党部队的占领福摩萨(引者注:指台湾),将直接威胁太平洋地区的安全,及在该地区执行合法与必要职务的美国部队。据此,我已命令第七舰队阻止对福摩萨的任何攻击。作为这一行动的应有结果,我还要求福摩萨的中国政府停止对大陆的一切海空行动。第七舰队将监督此事的实行。"[2] 美国政府这种任意侵犯中国主权和领土完整的错误决策和野蛮行径,理所当然地激起中华民族的极大愤慨。它造成的恶果,深刻地影响了以后二十年间的中美关系。

中国政府的反应是迅速而强烈的。第二天,周恩来以外交部长名义发表声明,严正宣布:"杜鲁门二十七日的声明和美国海军的行动,乃是对于中国领土的武装侵略,对于联合国宪章的彻底破坏。""不管美国帝国主义者采取任何阻挠行动,台湾属于中国的事实,永远不能改变。"[3]

美国仍继续扩大在朝鲜的军事行动。六月三十日,杜鲁门命令美军参战。七月二日,美军先头部队在南朝鲜釜山登陆,立即投入前线作战。麦克阿瑟被任命为"联合国军"总司令。美国和其他国家的陆海空军相继参战。同朝鲜毗邻的中国东北地区,是中国

---

[1]《毛泽东文集》第6卷,第67、70页。
[2][美]《杜鲁门回忆录》第2卷,第395页。
[3]《人民日报》1950年6月29日。

重工业基地。第四野战军入关南下后，辽阔的东北地区只留下第四十二军在北满从事生产建设，兵力十分空虚，一旦有事，显然无法应付。中国政府在七月间决定将原在广东、河南的战略预备队第三十八、三十九、四十军调往东北，和第四十二军合组成东北边防军，作为"以防万一"的准备。

九月十五日，美国军队在麦克阿瑟指挥下，在朝鲜西海岸的仁川港大举登陆，企图切断并围歼已深入朝鲜半岛南部的朝鲜人民军主力。九月下旬，美军大举北犯，推进到三八线附近，美国飞机一再侵犯中国领空，九月二十二日在安东市区投掷重磅炸弹十二枚。中国东北的安全受到严重威胁。

整个局势的发展使中国忍无可忍。十月一日，《人民日报》发表周恩来总理在国庆庆祝会上的讲话。他以斩钉截铁的语言宣布："中国人民热爱和平，但是为了保卫和平，从不也永不害怕反抗侵略战争。中国人民决不能容忍外国的侵略，也不能听任帝国主义者对自己的邻人肆行侵略而置之不理。"[1] 接着，中国政府又得到消息说，美国瓦克将军指挥部队越过三八线，向中国边境推进。局势越来越紧急了。十月三日凌晨一时，周恩来紧急约见印度驻华大使潘尼迦，向他郑重提出两点意见。一点是："美国军队正企图越过三八线，扩大战争。美国军队果真如此做的话，我们不能坐视不顾，我们要管。请将此点报告贵国政府总理。"另一点是："我们主张朝鲜事件应该和平解决，不但朝鲜战事必须即刻停止，侵朝军队必须撤退，而且有关国家必须在联合国内会商和平解决的办法。"[2] 印度政府随即将这次谈话的内容通报给美国国务院。

---

[1]《周恩来选集》下卷，第37页。
[2]《周恩来外交文选》，第25、27页。

周恩来这两次声明，表明中国人是讲理的，在采取军事行动前是预先打了招呼的，是被迫作出那种抉择的。这就在政治上立于主动地位，得到更多人的同情。它又表明中国人说话是负责的，绝不是"说说而已"，说了是算数的。这两点，以后在国际上留下很深的印象。

艰难而果断的决策

尽管中国政府已提出郑重的警告，美国政府，特别是它在远东的统帅麦克阿瑟却以为这只是虚声恫吓，以为刚刚建立的新中国根本没有力量也决不敢同拥有现代武器装备的美军作战，并不在意。杜鲁门的女儿在为她父亲撰写的传记中写道："'中国或苏联进行干涉的可能性如何？'父亲问。'可能性很小，'麦克阿瑟将军说，'要是他们在头一两个月内进行了干涉，那倒是有可能决定战局的。我们现在不再担心他们干涉了。我们无须毕恭毕敬地站着不动。中国人在满洲有三十万军队，其中也许不到十万至十二万五千人部署在鸭绿江沿岸。只有五六万人可以渡过鸭绿江。他们没有空军。既然我们在朝鲜有自己的空军基地，因此，如果中国人试图攻下平壤，那一定会遭到最大的伤亡。'"[1]麦克阿瑟在自己的回忆录中也写道："由于我们的基本上无敌的空军具有随时可以摧毁鸭绿江南北的进攻基地和补给线的潜在威力，所以我本人的军事上的估计是，没有任何一个中国军事指挥官会冒这样的风险把大量兵力投入已被破坏殆尽的朝鲜半岛。这样，他们要冒的由于给养短缺而毁灭

---

[1]〔美〕玛格丽特·杜鲁门：《哈里·杜鲁门》，生活·读书·新知三联书店1976年12月版，第227—228页。

的风险就太大了。"[1]

傲慢的美国政府,总是自以为具有足以压倒一切的实力,可以为所欲为。他们不把中国政府的一再警告当真,悍然将军队大举越过三八线,向鸭绿江、图们江推进并且推进得很快,熊熊烈火燃烧到中国边境。朝鲜政府和金日成首相在十月一日两次邀请中国出兵支援。这是千钧一发的时刻。中国军队是出发到朝鲜参战,还是隔岸观火,已到了必须当机立断、作出决定的时刻了。

要下抗美援朝这样的大决心,确实极为不易。

中国人历来是爱好和平的。新中国刚刚成立。中国共产党和全国民众都渴望能有一个和平的环境,建设自己的国家。旧中国和长年战乱留下的满目疮痍正亟待医治,物资极端缺乏,方方面面都存在许多严重困难。行将相遇的对手是美国这个世界上的头号强国,中国军队过去没有同它交过手,武器装备、后勤供应等条件相差很远。一九五〇年,美国钢产量是八千七百万吨,中国只有六十一万吨。美军一个师有九百五十九门火炮、一百四十多辆坦克、三千八百多辆各种车辆;志愿军一个军只有五百二十二门火炮,临时配有一百辆左右汽车,没有坦克。制空权和制海权更全在对方手里。一旦参战,还要准备对方对中国的大城市和工业基地进行大规模的空袭,甚至会把战争扩大到中国大陆,需要承担极大的风险。这些,都不能不郑重考虑。

毛泽东对这个问题已想了很久。他在十月二日起草了一份致斯大林的电报稿,一开始就说:"我们决定用志愿军名义派一部分军队至朝鲜境内和美国及其走狗李承晚的军队作战,援助朝鲜同志。

---

[1] [美]《麦克阿瑟回忆录》,上海译文出版社1984年3月版,第265页。

我们认为这样做是必要的。因为如果让整个朝鲜被美国人占去了，朝鲜革命力量受到根本的失败，则美国侵略者将更为猖獗，于整个东方都是不利的。"[1]但由于中国领导层对问题还有不同意见，这个电报没有发出去。

当时提出不同意见的理由主要是："（1）我们的战争创伤还没有治愈；（2）土地改革工作尚未完成；（3）国内的土匪、特务还没有彻底肃清；（4）军队的装备和训练尚不充分；（5）部分军民存有厌战情绪等。"[2]这些都是实情。

中共中央政治局连续开会。毛泽东在会上说："你们说的都有理由，但是别人处于国家危急时刻，我们站在旁边看，不论怎样说，心里也难过。"彭德怀在会上说："出兵援朝是必要的，打烂了，等于解放战争晚胜利几年。如美军摆在鸭绿江岸和台湾，它要发动侵略战争，随时都可以找到借口。"[3]会后，周恩来在全国政协常务委员会上的报告中，对为什么作出这样决定作了详细的说明：

> 中朝是唇齿之邦，唇亡则齿寒。朝鲜如果被美帝国主义压倒，我国东北就无法安定。我国的重工业半数在东北，东北的工业半数在南部，都在敌人轰炸威胁的范围之内。从八月二十七日到昨天（引者注：指十月二十三日）这两个月间，美帝国主义的飞机已侵入我国十二次。最近不仅在鸭绿江，而且已飞到宽甸来示威、侦察、扫射和轰炸。如果美帝打到鸭绿江边，我们怎么能安定生产？

---

[1]《毛泽东军事文集》第6卷，第106页。
[2]《彭德怀军事文选》，中央文献出版社1988年9月版，第321页。
[3]《彭德怀自述》，第257、258页。

鸭绿江一千多里的防线，需要多少部队！而且年复一年，不知它哪一天打进来。这样下去怎么能安心生产建设？况且敌人如果将朝鲜侵占了，也不会就此罢手。所以，从朝鲜在东方的地位和前途的展望来说，我们不能不援助；从唇齿相依的关系来说，我们也不能不援助。这是敌人把火烧到了我们的大门口，并非我们惹火烧身。

朝鲜问题对于我们来说，不单是朝鲜问题，连带的是台湾问题。美帝国主义与我们为敌，它的国防线放到了台湾海峡，嘴里还说不侵略不干涉。它侵略朝鲜，我们出兵去管，从我国安全来看，从和平阵营的安全来看，我们是有理的，它是无理的。

美帝国主义用武力压迫别国人民，我们要使它压不下来，给它以挫折，让它知难而退，然后可以解决问题。我们是有节制的，假如敌人知难而退，就可以在联合国内或联合国外谈判解决问题，因为我们是要和平不要战争的。必须由朝鲜人民自己解决自己的问题，外国军队必须退出朝鲜，如果解决得好，美帝国主义受到挫折，也可以改变台湾海峡的形势和东方的形势。我们力争这种可能，使国内外人民一致起来，动员起来。

还有另一种可能，敌人愈打愈眼红，打入大陆，战争扩大。敌人孤注一掷的可能性是存在的，因为美帝有疯狂的一派，我们应该做这方面的准备。我们并不愿意战争扩大，它要扩大，也没有办法。我们这一代如果遇着第三次世界大战，为了我们的子孙，只好承担下来，让子孙永享和平。不过我们绝不挑起世界大战。我们应力争前一种前途，力争和平。但也准备应付后一种可能,应付世界大战。[1]

说要准备"应付世界大战",显示了新中国不畏强暴的决心和气概,因为美国确实存在"疯狂的一派",例如主张扩大战争的麦克阿瑟之类,决不能不做必要的防备。中国是力争和平的,但只有具有那样的决心和准备,才有可能在抵抗中"给它以挫折,让它知难而退,然后可以解决问题",才有可能制止世界大战的发生,得到和平。以后的事实充分证明了这一点。

十月八日,毛泽东以中国人民革命军事委员会主席的名义发布命令,将东北边防军队改为中国人民志愿军,任命彭德怀为司令员兼政治委员。同一天,派周恩来前往苏联,同斯大林洽谈出动空军支援和提供武器装备。那时,苏联能不能出动空军支援是大家特别关心的问题,因为美国在朝鲜已完全握有制空权,可以对中朝军队的前线和后方进行不间断的狂轰滥炸以至低空扫射,使中朝军队的作战和后勤供应受到严重威胁。斯大林表示可提供武器装备,但说苏联空军不能进入朝鲜境内,以免飞机被击落而造成国际问题。在这种情况下,是否仍决心赴朝参战?中共中央又在十月十三日召开政治局紧急会议。当晚,毛泽东致电在苏联的周恩来:

> 与政治局同志商量结果,一致认为我军还是出动到朝鲜为有利。……我们采取上述积极政策,对中国,对朝鲜,对东方,对世界都极为有利;而我们不出兵,让敌人压至鸭绿江边,国内国际反动气焰增高,则对各方都不利,首先是对东北更不利,

---

[1]《周恩来选集》下卷,第51—54页。

整个东北边防军将被吸住，南满电力将被控制。总之，我们认为应当参战，必须参战，参战利益极大，不参战损害极大。"[1]

中国人下了最大的决心。十月十九日夜晚，中国人民志愿军四个军和三个炮兵师共二十六万人，在没有空军掩护的条件下，分别从安东（今丹东）、长甸河口、辑安等地，雄赳赳，气昂昂，跨过鸭绿江，入朝参战。

五次战役

中国军队从来没有同全副现代武器装备的美国军队交过手。美国军队也从来没有遇到过中国志愿军这样的对手。第一仗十分重要。

美军一直错误地判断中国军队不敢入朝参战，也没有发现中国志愿军已经隐蔽地大举入朝，仍骄横地长驱直入，这就便于志愿军出其不意地给以突然打击。当时担任美国陆军副参谋长的李奇微事后写道："至于中国人的干预，麦克阿瑟对他们的威胁简直是置若罔闻，而且，他显然忽略了中国军队已大批越过鸭绿江的最初的明显迹象，或者对这些迹象没有引起重视。""中国部队很有效地荫蔽了自己的运动。他们大都采取夜间徒步运动的方式；在昼间，则避开公路，有时在森林中烧火制造烟幕来对付空中侦察，此外，他们还利用地道、矿井或村落进行荫蔽。每个执行任务的中国士兵都能做到自给自足，携带由大米、豆类和玉米做成的干粮（他们怕做饭的火光暴露自己的位置）以及足够的轻武器弹药，因而可以坚持

---

[1]《毛泽东军事文集》第6卷，第117页。

四五天之久。四五天之后，根据战斗发展的情况，他们或者得到补充，或者撤至主要阵地，由新锐部队替换他们。中国人没有留下一点部队运动的痕迹，所以，统帅部怀疑是否有敌人大部队存在是有一定道理的。"[1]

志愿军在朝鲜初战的困难确实很多：时间仓促，准备不充分，山大林密，道路不熟，语言不通，散敌难俘，没有制空权等。但部队士气高涨，坚决勇敢，善于隐蔽，敢于近战，特别是夜战和拼刺刀是对方十分害怕的。

他们在朝鲜战场上打的第一仗，是十月二十四日在温井伏击战中歼灭南朝鲜军一个营和一个炮兵中队，接着又击溃南朝鲜一个团。但这一仗仍没有引起对方的重视。

对美军的第一个打击，落在骑兵第一师第八团的头上。这个师是美国华盛顿时代建立的，因为屡立战功而把骑兵这个番号保留了下来，尽管部队早已摩托化了。志愿军在云山设伏，打了一个围歼战，特别是实施夜间白刃战，使美军的优势火力无从发挥，消灭了该团一半以上的建制兵力和很大一部分装备。这一仗出乎美军的意料之外，打得它措手不及，引起极大慌乱。美方承认："美军与中共部队第一次灾难性的遭遇，导致了第八集团军的全面撤退"。[2] 美军主力全部撤至清川江以南。彭德怀鉴于志愿军粮弹消耗殆尽，在十一月五日结束战役。为了避免过早暴露实力，志愿军在取得胜利后不仅没有乘胜追击，反而将主力后撤三十至五十公里。这就是抗美援朝的第一次战役。

---

[1]［美］李奇微：《朝鲜战争》，军事科学出版社1983年10月版，第61、66页。
[2]［美］波茨：《韩战决策》，转引自姚旭《从鸭绿江到板门店》，人民出版社1985年9月版，第35页。

这次战役，经过十三个昼夜的战斗，歼敌一万五千八百多人，把它从鸭绿江边赶到清川江，粉碎了麦克阿瑟要在十一月二十三日感恩节前占领全朝鲜的计划，稳定了朝鲜战局。初战的胜利关系重大。它打破了美军不可战胜的神话，初步摸清了它的长处和弱点，大大鼓舞了中朝军民的胜利信心。彭德怀在总结第一次战役时说："我们在过江以前，听说敌人是如何厉害，但经过这次战役，使部队认识了敌人战斗力并不强，敌人离开了飞机大炮，攻不能攻，守不能守。只要我充分利用夜间实行大胆的迂回包围，穿插作战是可以歼灭敌人的。"[1]

　　但是，麦克阿瑟并没有从中得出必要的教训。美国国务卿艾奇逊写道："在十月的最后几天和十一月初，攻击第八集团军的中国军队是强大、装备精良、有战斗力的，但他们似乎从地面上消失了。""十一月十七日麦克阿瑟报告参谋长联席会议，他将于二十四日发动总攻以攻占鸭绿江一线，他的空军轰炸已迫使敌人的支援部队不能进入战场。""参谋长联席会议发了一个警告的电报，希望他到了鸭绿江河谷的高地上就停下来。他置之不理，认为'完全不可能'。在疯狂的乐观热潮中，他飞到清川江的第八集团军司令部，宣布在西北面发动总攻，并宣称：'倘能成功，这实际上将结束战争。'"[2]

　　中国人民志愿军的兵力这时已得到进一步加强：原在山东的第九兵团三个军开入朝鲜，担负东线作战任务，志愿军总数已达九个军、三十八万多人。当时已入隆冬，战场气温降至零下二十摄氏度，冰雪厚积，美机空中搜索没有找到大批志愿军的踪迹。麦克阿瑟集中

---

[1]《彭德怀军事文选》，第337页。
[2][美]《艾奇逊回忆录》下册，上海译文出版社1978年4月版，第320、322、323页。

五个军共二十多万人，气势汹汹地大举北犯，称为"钳形攻势"，力图迅速结束战局。彭德怀看清了对方的弱点。他在自述中写道：

> 我们当时采取了故意示弱，纵敌、骄敌和诱敌深入的战术。我以小部兵力与敌保持接触，而我主力控制在北镇东西地区，利用有利地形，在离敌进攻出发地三十公里左右，隐蔽构筑反击阵地。十一月中旬×日，麦克阿瑟坐飞机侦察，其总部又对所属广播："要加紧准备，打到鸭绿江，回去过圣诞节。"我军判断敌即将进攻，一切准备就绪。十一月二十日前后，敌向我猛烈进攻，我按上述部署作战。以小部队节节抗击，引敌进攻。待敌进至云山、龟城线我预定战场反击阵地前沿，时近黄昏，乘其立足未稳之际，又是一天疲劳之时，以小部插入敌人后方，我兵力、火力预先适当配备，以排山倒海之势冲入敌阵，用手榴弹、刺刀和敌短兵混战，使敌优势火力不能发挥，我军奋勇冲杀，打得敌军人翻马倒，车辆横七竖八，阻塞于途。此种打法，敌军未见过，也是出敌不意，是我争取第二次战役胜利的正确战术方针，舍此没有第二种好办法。[1]

敌军在突然遭到南北夹击的情况下，无力支持，被迫在十一月二十九日起全线退却。西线是敌军主力所在。他们慌忙地退向三所里、龙源里这个南撤必经的险要隘口，却遭到抢先插入该地的志愿第三十八军的顽强阻击，在白刃战中死伤惨重，只得丢弃大量重装备退走。那是"关键的一仗"。彭德怀在通令嘉奖电中兴奋地写道：

---

[1]《彭德怀自述》，第259—260页。

"中国人民志愿军万岁！卅八军万岁！"[1]随志愿军进行战地采访的著名作家魏巍所写通讯《谁是最可爱的人》，在全国产生巨大的振奋人心的影响。这次战役，在西线共毙伤俘敌军两万三千多人，缴获和击毁各种火炮五百余门、坦克一百余辆、汽车两千余辆；在东线共毙伤俘敌军一万三千多人，取得了由防御转入进攻的主动权。美国前总统胡佛在广播演说中说："联合国军在朝鲜被共产党中国打败了。现在世界上没有任何军队足以击退中国人。"[2]

当中朝军队转入大举进攻时，麦克阿瑟从乐观一变而为惊慌失措。他在十二月三十日给参谋长联席会议的报告中十分沮丧地甚至带着绝望的口吻写道："如果没有最大数量的地面部队的增援，本军不是被迫节节后撤，抵抗力量不断削弱；就是被迫困守在滩头堡阵地里，这样做，固然在某种程度上可以延长抵抗时间，但除了防御外，没有任何希望。这支小小的军队，在目前的情况下，事实上是不宣而战的战争中面对着整个中国，除非积极地、迅速地采取行动，胜利的希望是渺茫的。而实力不断地消耗，以致最后全军覆没，那是可以预期的。"[3]

十二月六日，中国人民志愿军和朝鲜人民军收复平壤。

第二次战役在十二月二十四日结束。这是扭转朝鲜战局的战役。志愿军和人民军共歼敌三万六千多人，其中美军两万四千多人，收复了朝鲜民主主义人民共和国在三八线以北的几乎全部国土，粉碎了美国企图占领全朝鲜的战略企图。它确定了抗美援朝战争的胜利基础。战役结束时，中朝军队同被分隔在敌后的朝鲜人民

---

[1] 江拥辉：《三十八军在朝鲜》，辽宁人民出版社1989年2月版，第156页、卷首照片。
[2] 转引自谭旌樵主编《抗美援朝战争》，当代中国出版社1990年9月版，第84页。
[3] ［美］《杜鲁门回忆录》第2卷，第460页。

军实现了胜利会师。

接着,志愿军和人民军又在十二月三十一日发动第三次战役,突破三八线,在一九五一年一月四日占领汉城,歼敌一万九千多人,把战线向南推进到三七线。这时,美国和其他几个国家陆续向朝鲜战场增援。志愿军的困难也增加了。彭德怀在《自述》中写道:"志愿军入朝后,连续经过三次大战役,又值严冬,历时三个月,既无空军,又缺高射炮掩护,敌人利用飞机轰炸,长射程大炮轰击,我在白天根本不能通行,也未曾休息一天,疲劳之甚可想见。运输线延长,供应非常困难。战斗的和非战斗的减员,已接近部队的半数,急需休整补充,准备再战。"[1]当时朝鲜气温已下降到零下三十摄氏度。由于后勤供应线不断遭受严重破坏,前线将士生活极端艰难,有些部队每天只吃一餐苞米或稀饭,有些部队鞋烂了就剪毯子裹脚,靠坚忍不拔的精神来忍受和战胜困难。在这种情况下,如果不顾一切地冒险推进,必将招致重大损失。因此,志愿军总部只以三个军进入汉江以南,接近三七线后就停止攻击;主力仍位于汉江以北的三八线一带,一面休整待机,一面在那里构筑工事,防敌反攻,并准备长期作战。

这个决策是正确的。敌军没有经过激烈战斗就从汉城南撤,多少有"诱敌深入"的打算,希望重演"仁川登陆"的故伎。志愿军也有着自己的弱点。彭德怀总结说:"我们在三次战役中完全没有飞机、坦克,极少大炮,几乎没有反坦克武器,运输工具很少和兵站机构极不健全;而敌人则有强大的空军、坦克部队、炮兵和运输力量。"[2]他们看到志愿军和人民军停止攻击前进,就在一月

---

[1]《彭德怀自述》,第261页。
[2]《彭德怀军事文选》,第365页。

二十五日起掉过头来,集中十六个师又三个旅,二十三万多人,在坦克、炮兵、空军全力支援下,向北发起全线反攻。中朝军队在冰天雪地中顽强抗击,靠"一把炒面一把雪"维持生活,给对方巨大杀伤后,在三月十四日撤出汉城,转移到三八线以北。敌军倚仗的只是优势装备,进攻精神并不强,每天平均只能前进一千米。四月二十一日,第四次战役结束,历时八十七天。"这次战役中,敌人为了夺回第三次战役中丧失的阵地,不得不付出惨重的代价,伤亡七万八千余人,超过前三个战役的总和,平均每天前进不到一公里半。美国记者写道:'美国第八集团军一些军官认为,中国军队在防御方面,比广为人知的进攻方面干得更出色一些。'"[1]

第四次战役快要结束的时候,杜鲁门宣布撤销骄横不可一世的麦克阿瑟所担任的盟军总司令、联合国军总司令、美国远东总司令、美国远东陆军总司令四项职务,由李奇微接替。

第五次战役几乎是紧接着第四次战役在四月二十二日开始的,中间没有间隔。那时,杨得志、李志民率领的第十九兵团和陈赓率领的第三兵团,分别在三月中旬和四月上旬到达朝鲜。志愿军和人民军以十五个军的兵力实施反突击。经过五十天奋战,歼敌八万二千人,解放了三八线以南的开城地区,并粉碎了敌军企图从侧后登陆的计划。这次战役的规模很大,但战线的变动不大。志愿军"六十军之一个师,在转移时,部署不周,遭敌机和机械化兵团包围袭击,损失三千人。这是第五次战役的第二阶段,所遭受的损失,也是全部抗美援朝战争中的第一次损失"。[2]

第五次战役到六月十日结束。在朝鲜战场上已形成相峙和拉锯

---

[1] 姚旭:《从鸭绿江到板门店》,第262页。
[2] 《彭德怀自述》,第262页。

的局面。从双方力量对比来看,谁也不能把对方打败以至消灭。随着美军伤亡人数不断增加,美国国内的反战呼声日益高涨。六月十二日,曾任驻华美军总司令的魏德迈在参议院作证时说:"朝鲜战争是一个'无底洞',看不到联合国有胜利的希望。"[1]二十三日,苏联代表马立克在联合国提出停战谈判的建议。七月十日,停战谈判在开城举行(不久后移至双方实际控制线上的板门店进行)。

从此,朝鲜战争形成一个很长时间的边打边谈的局面。

国内的抗美援朝爱国运动

抗美援朝战争是不是会严重影响新中国的经济建设?这是不少人曾经有过的担心。事实出乎人们意料之外。在国内掀起的抗美援朝运动的热潮,大大激发了全国民众的爱国热情和民族自豪感,化为实际行动。它不但没有妨碍,而且有力地促进了国内的生产建设。

中国是一百多年来饱受外国列强压迫和欺凌的国家。以往的悲惨遭遇依然深深地烙在中国人的心头。人们对这个问题比其他什么问题都更加敏感。美国把战火燃烧到中国的大门口,唤起了人们积存胸中的新仇旧恨。"抗美援朝,保家卫国"的口号,深深地打动了人们。这种热血沸腾并化为实际行动的激情,也许是没有亲身经历过的人难以完全体会到的。

志愿军刚刚出动,中共中央就在一九五〇年十月二十六日发出《关于在全国进行时事宣传的指示》,指出:"宣传的基本内容有二:(一)我国对美军扩大侵朝,不能置之不理;(二)我全国人民

---

[1] 美新社电,转引自姚旭《从鸭绿江到板门店》,第77页。

对美帝国主义应有一致的认识和立场,坚决消灭亲美的反动思想和恐美的错误心理,普遍养成对美帝国主义的仇视、鄙视、蔑视的态度。"[1]根据这个指示,各机关、团体、学校、工厂和部队都由专家或干部作有系统的报告,进行热烈的讨论,还出大幅墙报,购置有关书报,组织街道宣传,掀起学习时事的热潮,使人们懂得抗美援朝就是保家卫国,提高爱国热情,增强民族自尊心和自信心,形成空前的团结一致的局面。

为了支援前线,各地广泛动员参军参战。据不完全统计,抗美援朝期间,仅东北地区就动员了近四十万人参军(其中约三十万人参加志愿军),七十多万人组成大车队、担架队,还有汽车司机、铁路员工、医务人员等四万五千人,前往担负战场勤务。为了建设现代化的国防,中央军委和政务院在一九五〇年十二月一日和一九五一年六月二十四日两次发出招收青年学生、工人参加各种军事干部学校的决定,报名参加的青年达到五十八万多人,其中包括相当数量的大学生,圆满完成了招生任务。拿广州来说,"共两万两千多人报名参加军干校,被批准录取的男女青年共三千三百三十八人,分别输送到陆军、空军、通信兵、铁道兵等兵种"。[2]著名民族资本家吴蕴初的女儿、复旦大学学生吴志莲报名批准后,进入空军学校。毛泽东也把自己的儿子毛岸英送上朝鲜前线,并在那里牺牲。

全国掀起捐献热潮。北京仁立公司的毛纺厂是华北第一家民族资本家经营的毛纺织厂,率先捐献相当于一架喷气式飞机的款项,

---

[1]《建国以来重要文献选编》第1册,第436页。
[2] 黄穗生:《广州抗美援朝运动概述》,《支援抗美援朝纪实》,中国文史出版社2000年10月版,第214页。

并把这架飞机命名为"仁立"号。豫剧著名演员常香玉率香玉剧社在河南、湖北、湖南、广东的六个城市进行长达半年的义务演出，将所得捐献购买了一架战斗机。许多工厂的工人每月捐献一至三个或五至六个工作日的工资，捐出奖金的一部或全部，有的还参加义务劳动或加班生产作为捐献。到一九五二年五月底，各界人民的捐款可折合战斗机三千七百多架。

中共中央在一九五一年二月二日发出《关于进一步开展抗美援朝爱国运动的指示》，把"发起订立爱国公约"作为当前爱国运动的重心之一。《指示》说："许多地方人民创造了订爱国公约的办法，这个经验应争取在全国各地各界人民中普遍推广（已经订立过的可以不再订，但必要时可另作补充）。爱国公约的内容，可由各地各界群众按具体情况和需要自行议定，不要强求一律，但不应过繁，使群众记不住，亦不应过简，使群众觉得无新鲜之处。"[1]

订立爱国公约这种群众自己创造的形式，很快在全国普遍开展起来。它把人们抗美援朝、保家卫国的爱国热情同自己的实际行动结合起来，并且用公约的形式固定下来，作为行动的准绳，使抗美援朝运动更加深入人心。

爱国公约的内容，最普遍的是在工业、农业、商业、交通等各条战线开展生产竞赛和增产节约活动。东北齐齐哈尔市机床厂劳动模范马恒昌生产小组，向全国工厂职工提出生产竞赛挑战。山西省劳动模范李顺达领导的互助组，向全国农村发出爱国竞赛挑战书，号召努力多产粮棉来支援前线。武汉工人提出"车间就是战场，工人就是战斗员，开快机器，多做一件活，就等于多消灭一个敌人"

---

[1]《建国以来重要文献选编》第2册，中央文献出版社1992年6月版，第26页。

的口号。鞍山钢铁厂是全国的重点企业，又接近抗美援朝前线，工人、干部和工程技术人员的热情更高：

> 老英雄孟泰把行李搬到工厂，昼夜守在高炉旁。许多干部、工程技术人员亲临生产第一线，克服重重困难，如期完成了各项军工任务。鞍钢在极其艰苦的情况下，先后生产了大批军锹、军镐、炮弹钢、副油箱等，并不断改进技术，提高质量。工人们提出：工厂就是战场，机器就是枪炮，我们在后方多流汗多生产，志愿军就能少流血，多杀敌。在爱国主义和国际主义的旗帜下，鞍钢的干部、工人、知识分子团结一心，并肩战斗，你追我赶，力争上游，不断创造出惊人的新纪录，爱国主义生产热潮一浪高过一浪。
>
> 不仅提高了产量，而且将日伪时期的"预备精炼炉"改为平炉，缩短了冶炼时间，钢锭成本下降百分之十以上。一九五一年试制自熔烧结矿成功，解决了贫矿炼铁问题，弥补了鞍山矿源以贫矿为主的缺陷。到一九五二年，鞍钢已经修复了六座铁矿和选矿厂、三座高炉、六座平炉、七座焦炉、十个轧钢厂和钢铁制品厂；这些厂矿的投产，使鞍钢初具钢铁联合企业的规模，主要技术经济指标均已达到历史最好水平。[1]

中国抗美援朝总会先后组织了三次中国人民赴朝慰问团；两次邀请中国人民志愿军归国代表团回国，到二十四个省区，向四千多万听众报告志愿军在前线作战的事迹；还利用广播、报刊、小册子、

---

[1] 孙秉侠、齐晓明：《鞍钢工人的贡献》，《支援抗美援朝纪实》，第674页。

开会传达等方式扩大宣传,有力地推动了抗美援朝爱国运动和国内各项事业的发展。

周恩来总理对国内的抗美援朝爱国运动作了很高的评价。他说:

> 这对全国人民的抗美援朝,同样是一个重大的动员。这次动员的深入、爱国主义的发扬,超过了过去任何反帝国主义运动,这是一个空前的、大规模的、全国性的、领导与群众结合的运动,它的力量将是不可击破的。中华民族的觉醒,这一次更加高扬起来了,更加深入化了。[1]

抗美援朝战争发生后,美国对华实施全面的封锁禁运,颁布管制对华输出战略物资等法令,冻结中国政府在美资产。还有三十六个国家参加对华的封锁禁运。这给中国经济造成了很大困难。中国政府开展反对封锁禁运的斗争,积极发展对外贸易,取得了明显成效。这也是当时对西方反华势力的一场大斗争。

朝鲜战争期间的台湾问题

朝鲜战争发生后,美国的武装干涉使台湾局势发生了重大变化。

台湾问题完全是中国的内政,是中国内战遗留的问题。当人民解放军准备进入福建时,中共中央军委就在一九四九年六月十四日致粟裕、张震的电报中指出:"请开始注意研究夺取台湾问题,台

---

[1]《周恩来军事文选》第4卷,第230页。

湾是否有可能在较快时间内夺取，用什么方法去夺取，有何办法分化台湾敌军，争取其一部分站在我们方面实行里外结合，请着手研究，并以初步意见电告。"[1]一星期后，中共中央又电告华东局、粟裕等，要把"准备占领台湾"作为我们几个月内四大工作之一。

中国大陆全部解放后，蒋介石率领国民党政府一批军政人员退据台湾，在五月二十日发布戒严令，限制进入境内，实行军事管制；随后，又自行恢复担任"总统"职务，对处于混乱状态中的国民党进行整顿，把权力集中在蒋介石、陈诚、蒋经国手中。

渡海解放台湾是一个艰巨的任务，又有过进攻金门岛失利的教训，需要在各方面做好充分的准备。一九五〇年二月七日，粟裕在华东军政委员会第一次会议上报告说："解放东南沿海诸岛，特别是解放台湾，是一个极其重大的问题，是中国战史上从来没有的一个最大的现代化战役。如果没有足够的渡海的船只和适当优越的装备，以及充分的物资供应，那是很难攻占的。"[2]他提出了各项措施，并积极从事准备。六月上旬，粟裕在中共七届三中全会上报告了对台作战问题。毛泽东在会上宣布：解放台湾之战由粟裕指挥。

就在这个月的下旬，随着朝鲜战争的爆发，尽管中国人民志愿军并没有入朝作战，杜鲁门却已下令美国的第七舰队开入台湾海峡阻止解放军对台湾的进攻。这完全是毫无理由粗暴干涉中国内政的行为。这时，蒋介石以为是一个有利的时机，提出要派兵去朝鲜参战。美国国务卿艾奇逊在回忆录中写道：六月二十九日，"我带着蒋委员长的提议回到白宫。他表示愿在南朝鲜投入三万三千人的军队，由美国运送和提供后勤支持。总统看来赞同此意，我则反对，

---

[1]《粟裕传》，当代中国出版社2000年8月版，第848、849页。

[2]《粟裕文选》第3卷，第40页。

理由是这些军队对保卫福摩萨比保卫南朝鲜更有用。"[1]第二天,在杜鲁门主持的专门会议上又讨论了这个问题,参谋长们同意艾奇逊的意见,会议决定不接受蒋介石的建议。麦克阿瑟在七月三十一日飞往台湾,同蒋介石会面。据他自己说,此行的目的是"以便确定那里的军事防卫力量"。蒋介石再一次提出出兵朝鲜的问题。麦克阿瑟在回忆录中说:"在讨论到的问题中有一个问题是国民党中国迅速而慷慨地提出要派遣军队去参加朝鲜的联合国部队。然而,一切有关方面都认为,在这个时间采取这样的行动可能会严重地危害福摩萨的防卫,因此这样做是不妥当的。在我指挥下的美国部队与国民党中国部队已做好一切安排以取得双方之间的有效配合,目的是为了更好地应付敌人可能十分愚蠢地试图发动的任何进攻。"他谈到对蒋介石的看法:"他那抵制共产党统治的不屈不挠的决心引起我由衷的钦佩。"[2]八月二十五日,他在写给一个退伍军人协会年会的祝贺词中,又把台湾比作"一个不会沉没的航空母舰和潜水艇供应船,坐落在一个非常理想的位置上"。[3]

这些,都是中国作出抗美援朝决策以前的事,完全是美国政府单方面干涉中国内政,根本不是什么"惹火烧身",更谈不上因抗美援朝而妨碍了解决台湾问题。

由于美国第七舰队的强行进入台湾海峡,原来计划中的解放台湾的军事行动难以进行,使蒋介石集团得到了喘息机会。从一九五一年起,美国向台湾提供大量援助,对人口不多、面积不大的台湾地区稳定财政、抑制通货膨胀起了重要作用。随着蒋介石等

---

[1] [美]《艾奇逊回忆录》上册,第276页。
[2] [美]《麦克阿瑟回忆录》,第239页。
[3] [美]《艾奇逊回忆录》上册,第293页。

撤往台湾，大陆资本和人才大量流入，台湾地区的经济逐步得到恢复和发展。

对台湾经济的恢复和发展起作用的，还有一个不可忽视的因素，就是国民党当局鉴于大陆失败的教训，进行了土地改革：

> 台湾光复后，把日据时代的地主占有制完全保留下来，从日本人手中接收的公地，也多由地主包揽而后转租给农民，因此土地占有不均现象十分严重。百分之五十六点零一的耕地为只占农村人口百分之十一点六九的地主所有，而占农村人口百分之八十八点三一的农民只占有百分之二十二点二四的耕地。国民党当局吸取了在大陆失败的惨痛教训，决定在台湾实行土地改革，以巩固其统治。在一九四九年到一九五三年间，先后实施了三个改革步骤：一、三七五减租：耕地租金降到土地主要作物全年收获量百分之三十七点五为限；二、公地放领：将从日本人手中收回的公地出售给农民；三、实行"耕者有其田"：地主持有土地超过三公顷部分，出售给"政府"，再按公地放领方式出售给佃农，分十年支付。这些土地改革措施，较为彻底地打破了农村封建土地制度，这是因为国民党当局与本地地主没有什么瓜葛，这些政策不会损害到自身的利益，却有利于缓和农村社会矛盾，巩固其统治地位。主持这项工作的陈诚采取权威手段坚持实行。
>
> 改革的结果，一方面在一定程度上减轻了农民的负担，公地承领农户得到较大利益，自耕农在农民总数中从原来的百分之三十三增加到百分之五十二，激发了农民的生产积极性，农业经济得到稳定的成长，农业盈余转向工业投资；另一方面由

于采取对地主妥协的政策,向他们补偿地价,其中百分之七十是实物债券,分十年偿付,百分之三十是四大公司(水泥、纸业、农林及工矿公司)的股票。于是,有些拥地较多的地主,如板桥林家、高雄陈家、鹿港辜家等取得了大量股票,成为工商巨头,在工业上获利很大。而另一些地主也转营工商业,这有助于工商业发展的资本积累,为以后民间企业的发展提供了有利的条件,这是当时当权者所未曾预料到的。

土地改革是五十年代台湾经济方面最重大的事件,它和"美援"共同奠定了战后台湾经济发展的基础。[1]

在政治上,国民党当局把它在大陆实行的白色恐怖移植到台湾,在戒严体制下实行严密的特务和警察控制,残酷镇压一切反对它的言论和行为,任意进行搜捕和屠杀,其中包括本省人和外省人。美国的军事顾问团和第十三航空队进驻台湾。蒋介石还提出"反攻大陆,雪耻复国"的口号,宣传所谓"一年准备,两年反攻,三年扫荡,五年成功"。

就这样,在美国政府的积极干预下,台湾问题被拖延下来,形成了海峡两岸长期对峙的局面。

边谈边打到停战协定的签订

朝鲜战争的第五次战役结束后一个月,双方的停战谈判开始了。这次谈判的时间延续了两年之久。在这段时间内,一直是边谈

---

[1] 陈孔立主编:《台湾历史纲要》,九洲图书出版社1996年4月版,第452—453页。

边打,军事斗争和外交斗争交织在一起。

中国是爱好和平并坚持和平政策的。朝鲜战争发生后,中国政府曾一再提出建议,要求和平解决朝鲜和远东问题。停战谈判开始后,中国派外交部副部长李克农和部长助理乔冠华去朝鲜参加谈判工作,夏衍回忆道:

> 我记得李克农、乔冠华到板门店去谈判之前,恩来同志对他们作了全面指示之后,引用了一句古语:"行于所当行,止于所不可不止。"前一句话的意思是该做的就应该做,后一句的意思是该停的时候就应该适可而"止"。周总理指出:抗美,是保家卫国,是"当行"的爱国主义的正义战争;援朝,则是社会主义国家应尽的国际主义义务。可是,当侵略者伤亡惨重、被迫求和的时候,那么我们就得审时度势,把战争停下来,争取在和平的环境中进行新中国的建设。当行则行,当止则止,这是周总理在外交上的一贯思想。[1]

为什么停战谈判会拖了两年?原因在于:美国不甘心把当时双方的实际控制线,也就是接近朝鲜战争发生前的三八线,作为军事分界线,总想在谈判中取得更多一些土地。他们不断横生枝节。当谈判进入实质性问题讨论时,提出:作为他们"海空军优势的补偿",要求朝中方面将阵地后撤三十八公里至六十八公里,让出一万二千平方公里的土地。这个无理要求,自然受到朝中方面的拒绝。美方一度中止谈判,并从八月十八日开始发动"夏季攻势"。

---

[1] 夏衍:《永远难忘的教诲》,《研究周恩来——外交思想与实践》,世界知识出版社1989年9月版,第22页。

经过一个月的激战，突入二至八公里，却付出伤亡七万八千多人的代价（其中美军两万多人）。九月间，他们又发动"秋季攻势"，到十二月二十二日结束，又损失七万九千多人。这次攻势失败后第三天，双方恢复谈判。周恩来对谈判对方了解得十分透彻。他在十一月二十二日的一次报告中说："美国在朝鲜问题上不能不谈判停战，由于内政外交原因，他不能不拖一下，但不敢破裂，而只能破坏。破坏多了，得承认错误。拖得久了，得转弯让步。目前谈成的可能性增长，但拖的可能性还存在，全面破裂的可能性不大。""我们的谈判方针是：争取公平合理的就地停战，使之成为和平解决朝鲜乃至远东问题的第一步。不怕破裂，也不怕拖。愿和，但也不急。"[1] 停战谈判恢复后，经过半年多的激烈争论，双方在确定军事分界线、实现停火和监督停火这些棘手问题上，都已初步达成协议。但在剩下的战俘遣返问题上，由于美方坚持无理要求，谈判又陷入僵局。一九五二年十月八日，美方蛮横地单方面宣布中止谈判，致使停战谈判中断达半年多之久。

中国和朝鲜领导人深知："战场上得不到的东西，在谈判桌上也得不到。"那时，双方的战线已大体稳定在三八线一带。志愿军转入持久作战、阵地防御，集中力量构筑阵地，特别是大力挖掘坑道，要求做到能够"七防"：防空、防炮、防毒、防雨、防潮、防火、防寒。"在志愿军党委领导下，在战争实战中群众又不断地将坑道工事改进和发展，由主要阵地发展到一般阵地，由掏通土山到凿穿坚石，由一线到二线，从前沿到纵深，逐渐形成了以坑道为骨干的防御体系。""经过艰苦持久的劳动，终于在二百五十余公里的

---

[1] 周恩来在青年团一届二次中央全会上的政治报告记录，1951年11月22日。

防御正面，在东西海岸，在战地纵深，筑成了巨大规模的交织连贯的'地下长城'。全部工程土石方为六千万立方公尺，如果把它筑成一立方公尺的土墙，可以环绕地球一周半，等于从连云港到西安之间的一条石质隧道。以坑道为骨干结合野战工事支撑点式的防御体系是集体的发明，这一防御体系的出现，不仅使我军可以以劣势装备与现代武器的敌人对垒，而且可以逼近敌人而屹立不动；不仅防御中可以在敌人猛烈炮火下减少自己伤亡，给予敌人大量杀伤消耗，而且使我军进攻敌人有了可靠的冲击出发地，可以突然给予敌人歼灭性打击。"[1]

当美国再度中止谈判后第六天，也就是十月十四日，敌军向上甘岭发动了一年来规模最大的攻势。上甘岭的总面积不过三点七平方公里。他们在一个半月里，每天平均发射炮弹两万四千多发（最多时一昼夜竟达三十余万发），出动飞机十多架次，出动坦克三十至七十辆，进行摧毁性射击。"两个高地的土石均被炸松一至两米，走在上面，松土没膝，像走入土灰里一样。地面阵地全被摧毁，许多岩石坑道被炸短三至四米。"[2]但是，志愿军依托坑道工事，坚守阵地，不断反击。在四十三天里，打退对方九百多次冲击，歼敌两万五千多人，阵地依然屹立不动。上甘岭战役震动了全世界。这场战斗打了半个月后，美国通讯社就承认："联军所牺牲的人和消耗的军火，已使联军司令官们震惊了。而且若在最后公布全部损失时，还将使公众震惊。"

上甘岭战役中，涌现出一大批以黄继光为代表的优秀中华儿女。他在冲向敌人中心火力点时，手雷全部用完，身体又多处负伤，仍

---

[1] 姚旭：《从鸭绿江到板门店》，第115、116页。
[2] 洪学智：《抗美援朝战争回忆》，解放军文艺出版社1990年11月版，第256页。

一跃而起，用胸膛堵住敌人正在猛然扫射的机枪射口，英勇牺牲，为后续反击部队的冲锋开辟了道路。志愿军总部给他追记特等功，追授特级战斗英雄称号。朝鲜政府也授予他"朝鲜民主主义人民共和国英雄"称号和一级国旗勋章、金星奖章。

战场上的失败，迫使美国不得不又一次回到谈判桌前来。一九五三年四月二十六日，中断了半年多的停战谈判终于在板门店复会。为了加速战争的结束，五月到七月间，朝中军队连续发动了三次夏季攻势，把战线向南推移，使美国感到战争再拖延下去，不能更多地得到什么，只会给自己带来更多损失。美国国内的反战运动又日益高涨。七月二十七日，接替李奇微担任总司令的克拉克不得不在板门店同朝中方面正式签订军事停战协定。克拉克后来说："在执行我政府的训令中，我获得了一项不值得羡慕的荣誉，那就是我成了历史上签订没有胜利的停战条约的第一位美国陆军司令官。我感到一种失望的痛苦，我想，我的前任，麦克阿瑟与李奇微将军一定具有同感。"[1]

一九五八年十月，中国人民志愿军全部撤出朝鲜回国。

抗美援朝战争使全世界重新认识了新中国。中国人已不再像过去那样任人欺凌，已不再是以往西方人眼中的"东亚病夫"。它热爱和平，但决不能容忍别人强加于自己的威胁和侵略。新中国诞生刚刚一年，却和朝鲜人民一道，经过两年零九个月的英勇激战，迫使美国在停战协定上签字，将军事分界线重新推回到三八线，使举世为之震惊。美国国务卿艾奇逊在回忆录中说，这场战争中"美国伤亡的数字"是：死三万三千六百人，伤十万三千三百人，失踪或

---

[1] [美]马克·克拉克：《从多瑙河到鸭绿江》，转引自谭旌樵主编《抗美援朝战争》，第329页。

被俘五千一百人，合计十四万二千人。[1]这是他们在最初根本没有想到的。中国人民志愿军先后入朝参战的部队达二百九十万人，也付出巨大伤亡的代价。朝中军队在战斗中不仅组成和壮大了各项新的兵种，而且取得了现代化战争的丰富经验，增强了战斗力。

这个胜利，是在对方拥有现代武器装备，特别是完全掌握着制空权的条件下取得的，打破了美国军队不可战胜的神话，极大地提高了中华民族的民族自信心和民族自豪感，对远东及世界局势产生了巨大而深远的影响。"它雄辩地证明：西方侵略者几百年来只要在东方一个海岸上架起几尊大炮就可霸占一个国家的时代是一去不复返了。"[2]

中国军队的现代化在实战中也取得重大进步。拿空军来说，飞行员大多来自陆军，训练时间短，又没有空战经验；对方不仅飞机数量有极大优势，飞行员又有丰富的实战经验。一九五一年一月二十一日，双方进行了第一次空战。二十九日，大队长李汉击落第一架敌机。九月起，开始大机群空战，先后涌现出王海、刘玉堤、赵宝桐、张积慧等战斗英雄。其中张积慧击毙被美国称为"成绩最高的喷气机王牌驾驶员"的戴维斯少校，使美国远东空军司令威兰中将在一项特别声明中称这件事"是对远东空军的一大打击"。志愿军空军司令员刘震写道：到一九五二年五月底，在空战中"击落敌机一百二十三架，击伤敌机四十一架，我机被敌击落八十四架，击伤二十八架，敌我损失比为一点四六比一"。[3]

从此，帝国主义再也不敢轻易地作出以武力侵犯新中国的尝

---

[1]［美］《艾奇逊回忆录》下册，第556页。
[2]《彭德怀军事文选》，第445页。
[3]《刘震回忆录》，解放军出版社1990年10月版，第357、368页。

试，保证中国的经济建设和社会改革得到了一个长时间内相对稳定的和平环境。这是中国人在抗美援朝战争中以付出重大牺牲换得的。在世界仍充满动荡的今天回头来看，更深深感到当年抗美援朝的决策和中国人民为此作出的牺牲，有着何等重大而深远的意义。

第十八章　大规模社会改革和国民经济的恢复

前面说到，年轻的人民共和国在第一年内不但已站稳脚跟，而且充满一派朝气蓬勃的气象，这是谁都看到的事实。但在这种情况下，能不能立刻开始大规模的经济建设？条件尚不具备。这不但因为抗美援朝战争的突然发生，更根本的，是由于中国社会内部还面对两项艰巨任务迫切需要完成：一项是大规模的社会改革，一项是国民经济的全面恢复。

大规模社会改革是指：新中国成立虽然标志着中国近代民族民主革命的胜利，但民主革命还有大量任务在前一阶段中还没有完成，旧社会遗留的不少严重束缚人民、令人难以忍受的旧制度仍有待逐步清理，其中最重要的是全国范围内土地制度的改革还有待进行。

旧中国的社会经济本来十分落后，连年战火更使它遭受严重破坏。新中国成立时，疮痍满目，民生凋敝，全国的工农业生产跌入最低谷，人民生活十分穷困，处于百端待理的状况下。

路只能一步一步地走。如果这两项任务没有完成，展开大规模的经济建设是不可能的。

三年抗美援朝战争，对年轻的人民共和国是一次严峻考验。它不但没有削弱以致拖垮新中国，相反，倒是进一步激发出中华民族蕴藏着的巨大力量，对社会改革和经济恢复起了有力的促进作用。

这两项工作和抗美援朝战争同步迅猛发展，加快完成，这是许多人没有想到的。

土地改革和其他民主改革

中国革命的根本目的，是要推翻旧社会，建设一个人民当家作主的新社会。新中国成立后，在广大国土上开展了中国历史上从来不曾有过的大规模社会改革。由于中国人口的绝大多数在农村，这场社会改革中最重要的自然是农村土地制度的改革。

封建土地所有制下农民的极端贫穷和毫无权利，是中华民族被侵略、被压迫、长期落后的根源，是中国民主化、工业化、现代化的根本障碍。在新中国建立以前，老解放区中已有一亿二千五百万农业人口（约占全国农业人口的三分之一）的地区进行了土地改革。"建国后，由于广大新解放区残敌尚未肃清，社会秩序很不安全，城市工作又很繁重，一九四九年冬至一九五〇年春只在华北的城市近郊及河南部分地区进行了土地改革。"[1]

但其他广大农村地区仍为全面推行土地改革积极进行了准备，主要是：减租减息，清匪反霸，打开政治局面，树立政治优势，建立政权基础。当时担任中南局秘书长的杜润生说："这一步实质上是政治斗争，是为了建立农民的政治优势和组织优势，把农村称霸一方的封建势力代表和国民党的武装匪徒扫除。如果不摧毁反动势力，就建立党组织，就分配土地，光搞经济，不搞政治，群众就会感觉没有政治依靠。我们可以一面摧毁敌人的基层统治，一面通过

---

[1] 柳随年、吴群敢主编：《中国社会主义经济简史》，黑龙江人民出版社1985年5月版，第37、38页。

斗争发现积极分子，建立政权。第一步是先建立农会，第二步再分配土地。"[1]当时先走这一步是十分必要的。

一九五〇年二月二十八日，毛泽东、周恩来访苏期间，政务院发出刘少奇起草的《关于新解放区土地改革和征收公粮的指示》，提出不同地区分批实行土地改革的具体部署，规定：这年秋收以后，在江苏、浙江、安徽、福建、江西、湖北、湖南、广东、陕西九省和甘肃、宁夏、青海三省的汉人地区，凡是准备工作已经充足、群众的觉悟与组织已达应有水平的地区，由各省人民政府决定开始实行分配土地的改革；广西、云南、贵州、四川、西康、绥远六省，在一九五一年秋收以后由各省人民政府决定实行；新疆和全国各少数民族居住的地区以及少数民族与汉人杂居的地区，则在一九五一年秋收以后另行决定；所有新解放区，在实行分配土地之前，应一律实行减租。

一九五〇年六月六日至九日，中共中央召开七届三中全会。毛泽东在报告中指出：土地改革的完成是国家财政经济状况基本好转的首要条件。刘少奇在会上作了关于土地改革的报告。六月十四日，全国政协一届二次会议召开，中心议题就是土地改革。刘少奇在会议第一天作《关于土地改革问题的报告》。他说：

> 土地改革的基本内容，就是没收地主阶级的土地，分配给无地少地的农民。这样，当作一个阶级来说，就在社会上废除了地主这一个阶级，把封建剥削的土地所有制改变为农民的土地所有制。这样一种改革，诚然是中国历史上几千年来一次最

---

[1]《杜润生自述：中国农村体制变革重大决策纪实》，人民出版社2005年8月版，第8页。

大最彻底的改革。

土地改革的基本目的,不是单纯地为了救济穷苦农民,而是为了要使农村生产力从地主阶级封建土地所有制的束缚之下获得解放,以便发展农业生产,为新中国的工业化开辟道路。[1]

六月三十日,中央人民政府委员会通过并公布施行《中华人民共和国土地改革法》,成为新解放区土地改革的基本法律依据。《土地改革法》既总结了以往几个历史时期处理土地问题的经验,又充分考虑到新中国成立后的新情况。新区的土地改革和过去老区的土地改革,情况有很大不同。"过去老区的土地改革,是在残酷的战争环境,谁胜谁负还不明朗的条件下进行的,土地改革的直接目的是尽量满足农民对土地的要求,动员农村的人力物力参加和支援人民解放战争,争取战争的胜利。新区的土地改革,是在人民解放战争已经取得决定性胜利、统一的人民政权已经建立、全国转入和平的经济建设的条件下进行的。土地改革除了满足农民的土地要求,必须服从和服务于尽快恢复与发展国民经济,实现国家财政经济状况的根本好转这一中心任务。"[2]因此,在具体政策上比建国前有若干重要修改,主要是:(一)对富农由征收多余土地财产,改为保存富农经济;(二)对地主只没收他们的土地、耕畜、农具、多余的粮食及其在农村中多余的房屋,其他财产不予没收,不再采用"挖浮财"那些做法;(三)提高小土地出租者保留土地的标准;(四)在土地改革中切实团结和保护中农。

---

[1]《刘少奇选集》下卷,人民出版社1985年12月版,第32、34页。
[2] 苏星:《新中国经济史》,第143—144页。

《土地改革法》公布后，政务院又先后颁布《农民协会组织通则》《人民法庭组织通则》《关于划分农村阶级成分的决定》，以保证《土地改革法》的具体实施。

当时全国耕地的占有状况，据建国初期国家统计局的调查统计，占农户总数百分之三点七九的地主占有总耕地的百分之三十八点二六，占农户总数百分之三点零六的富农（其中主要是半地主式富农）占总耕地的百分之十三点六六；而占全国总农户百分之五十七以上的贫雇农仅占耕地总数的百分之十四（其余是中农占有的土地）。也就是说，地主人均占有土地为贫雇农的二三十倍。这种状况在各地区并不平衡。西南的四川一些地区，土地绝大部分集中在地主手中；中南区土地占有集中的地区，地主占有土地的百分之四十至五十，最多的占百分之六十至七十；华东区，土地占有相对比较分散。但不管哪个地区，封建地主土地所有制都占着主导地位。[1]

地主阶级在农村的统治，不仅表现为残酷的地租、重利以及种种超经济剥削，还表现为勾结官府以及利用农村宗法社会遗留的人身依附，几乎控制了农村中的一切权力。农民在农村里被压得抬不起头来，没有任何地位可言，受尽冤屈也无处申诉。这种黑暗的社会结构，不用革命手段加以铲除，没有别的出路。

为了加强对土地改革的领导，中央土地改革委员会由刘少奇负责，各级土地改革委员会领导成员由各级党委和政府主要领导人担任，还组织土改工作队，经过短期培训，协助农民协会开展土地改革工作。"千军万马奔赴了土地改革前线，共产党和人民政府派出

---

[1] 吴承明、董志凯主编：《中华人民共和国经济史》第1卷，中国财政经济出版社2001年12月版，第217页。

了大批干部和工作队下乡帮助农民进行翻身斗争。他们来自机关，来自学校，来自工厂，来自部队。他们认真地学习了政策，发出了共同的誓言：坚持执行土地改革法，遵守土地改革干部八项纪律，帮助农民推倒封建大山！中南区参加土地改革工作干部的统计图表指明：曾有五十四万五千余名干部参加过土地改革。"[1]土改工作队还吸收各民主党派和科学、文化、艺术界人士及大专院校师生等参加，如复旦大学师生到安徽五河县的土改工作队就由著名历史学家周予同教授担任大队长。他们在土改中受到教育。著名哲学家、清华大学教授冯友兰一九四九年冬在北京郊区参加土改后写道："在这次土改中，首先要解决的问题，是'谁养活谁'。""你无缘无故分去佃农的劳动果实，你不劳而获，这就叫剥削。经过这次参加土改，我了解了剥削的真实意义，也了解了农村划阶级的标准，这个标准就是看剥削和剥削的程度，受剥削和受剥削的程度。"[2]

从一九五〇年秋收后开始，土地改革运动在新解放区分批分期地陆续展开：一九五〇年冬至一九五一年春，在华北、华东、中南、西北等约一点二八亿农业人口地区，进行第一批土改；一九五一年冬至一九五二年春，在华南、西南等约一点一亿农业人口地区，进行第二批土改；一九五二年冬至一九五三年春，主要在约三千万农业人口的少数民族地区，进行第三批土改。

土地改革是中国广大地区社会结构的大变动，把地主阶级控制下的旧农村变成农民当家作主的新农村，是一场激烈的阶级斗争。进行的方法是有领导地放手发动群众，划分阶级，没收和分配土地；然后，经过复查，发给农民土地证。对地主分子，也分给他

---

[1]《中南土地改革的伟大胜利》，中南人民文学艺术出版社1953年12月版，第94—95页。
[2] 冯友兰：《三松堂自序》，生活·读书·新知三联书店1984年12月版，第135、136页。

们一份土地，把他们逐步改造成为自食其力的劳动者。政务院副秘书长廖鲁言在《三年来土地改革运动的伟大胜利》中有一段概括的叙述：

> 为了深入地发动群众，各地都组织了大批的土地改革工作队到农村中去，每年达三十万人以上。土地改革工作队到农村以后，一般采用了访贫问苦、诉苦串连与召开农民代表会议、举办农民积极分子短期训练班相结合的方式，逐步深入地而又广泛地把农民组织起来，由少数人的贫雇农小组逐步发展到包括中农在内的群众性的农民协会。经过多次的农民群众大会与农民代表会议，以诉苦的方式，用农民群众自己亲身的经历教育农民，启发农民的阶级觉悟；并向农民解释政策，以提高农民的政治觉悟与政治水平，然后由广大农民群众自觉地行动起来，与地主阶级进行面对面的尖锐的斗争，逼使地主阶级在群众的威力面前屈服低头，没收地主阶级的土地及耕畜、农具、粮食等财产，分配给无地少地及缺乏生产资料的农民，实现土地改革。三年来经验证明，没有广大农民群众的放手发动，土地改革是不能真正彻底实现的。不放手发动群众，单纯依靠行政命令，从上而下的所谓"和平土改"、"官办土改"，一定不能真正地打倒地主阶级，不能真正地实现土地改革，当然更谈不到土地改革成绩的巩固了。[1]

为什么必须放手发动群众，"与地主阶级进行面对面的尖锐的

---

[1]《中国土地改革史料选编》，第842页。

斗争"，而不能实行所谓"和平土改"？杜润生有个说明："中国共产党的土地改革，不讲政府恩赐，而是要推翻封建统治，树立农民群众在农村中的政治优势，提高农民阶级自觉性，发动阶级斗争，使群众自求解放，实现'土地还家'。这就要求不同于旧时代的'改朝换代'，不同于某几个皇帝君王用恩赐办法，'均土地，抑豪强'，实行'让步政策'。而是要粉碎旧的反动统治权，代之以人民政权，彻底推翻乡村的旧秩序，使上层和下层、中央和地方整合在一起。使中央政府获得巨大的组织动员能力，以及政令统一通行等诸多好处。这对于一个向来被视为'一盘散沙'的农业大国来说，其意义尤为重大。"[1]

到一九五二年冬、一九五三年春，广大新解放区除新疆、西藏等少数民族地区外，如期完成了土地制度的改革。

在整个土地改革中，共没收征收土地约七亿亩，分配给约三亿多无地和少地的农民。获得经济利益的农民约占农业人口的百分之六十到七十。土改前，农民为耕种这七亿亩土地，每年要给地主缴纳三千万吨以上粮食的地租。土改后不再缴了。他们还获得大批耕牛、农具、粮食、房屋及其他生产资料。这就使广大农民有条件也有兴趣去积极从事农业生产。农民们欢天喜地地说："过去头顶地主的天，脚踏地主的地，现在都成为我们的了。"他们又说："分了地，出了气，翻了身，见了天。"[2]

土地改革后，农民因为在自己的土地上耕种，生产积极性空前高涨。国家又宣布实行低农业税率。农村中到处是一派兴旺气象：兴修水利，大量购买耕畜和农具，增施肥料，精耕细作。据国家

---

[1]《杜润生自述：中国农村体制变革重大决策纪实》，第 20 页。
[2] 杜润生主编：《中国的土地改革》，第 559—561 页。

统计局的统计，一九五二年同一九四九年相比，粮食产量增长百分之四十四点八，棉花增长百分之一百九十三，油料增长百分之六十四，大大解放了农村生产力。

随着农业生产的发展，农民的购买力提高，迫切需要从城市购买更多的纱布、日用品和农业生产资料。城市经济的恢复，也需要从农村购买更多的粮食和工业原料。原来在农村积压或没有很好开发的土特产，有了广泛的需求。加强城乡物资交流便成为新中国面对的重要课题。人民政府在这方面采取了许多重要措施：恢复和发展交通运输；加强城乡间的商品收购和运销业务；积极经营农村土特产品的收购和出口；发展农村供销合作社；发放农业信用贷款；在各地举办城乡物资交流大会，发展农村集市贸易等。城乡物资交流的广泛开展，扩大了商品流通，促进了市场繁荣，对国民经济的恢复和发展起了重大作用。

土地改革后，农民生活有了比较明显的改善。举例来说，中南地区土地改革展览会中陈列了武汉市喻桥乡贫农陈友汉家里搬来的实物："在解放以前，他的土地很少，无耕牛农具，每年只收七担谷，一年之中吃野菜、麦皮、杂粮达八个月之久，一年全家只吃四斤油、七斤盐。现在，他家有田地十五亩四分，农具齐全，全年有米吃，今年（引者注：指一九五三年）他家收谷三十二担，一年中能吃四十八斤油、二十八斤盐。"[1]解放前，大多数农民穿的是破衣烂衫，有的已千补百衲；土改后，许多人添了新衣。农村文化也有了发展，农村小学的学校数和学生数显著增加，成年男女农民参加冬学人数也逐年增加。

---

[1]《中南土地改革的伟大胜利》，第133页。

由于摧毁了地主阶级的统治，巩固了革命政权，过去彼此分散、有如一盘散沙的广大农民组织了起来，土改中涌现出来的积极分子大批担任乡、村基层组织的干部，农民成了农村的主人。

对大城市郊区的农业土地、少数民族地区和侨乡的土地改革，作出了特殊的规定和处理。

土地改革，消灭了统治中国几千年的封建制度的根基。没有这场深刻的社会大变动，不把占中国人口绝大多数的农民从长期的封建压迫下解放出来，中国的民主化、工业化和现代化是根本谈不上的。当然，要把分散的个体经济改造成社会化大生产的经济，要清除封建社会的小生产的政治和思想影响，仍是很长时期的历史任务。

在农村的土地制度改革同时，在城市中也开展了多方面的民主改革。其中最重要的是国营工矿交通企业中的民主改革和生产改革。

开展国营工矿交通企业中的民主改革有一个过程。旧中国的工矿企业中，普遍存在着封建把头制，其中搬运、煤矿、建筑等行业更为严重。对这些企业中的封建势力，在刚解放的时候，为了不打乱原有的生产机构，便于接收，先采取"原封不动"的政策，这在当时是必要的。随着没收官僚资本，建立国营经济，一些企业先后经过登记反动党团骨干、调整人事等方式，运用自上而下的行政力量进行过一些清理，不同程度地触动了工人群众痛恨的封建把头制、侮辱工人的搜身制等，取得初步成效。但一般说来，绝大多数企业还没有在放手发动群众的基础上，自下而上地进行系统的、有组织的、比较彻底的民主改革。[1]

---

[1] 庞松：《毛泽东时代的中国》第1卷，中共党史出版社2003年11月版，第133页。

恢复和发展生产，必须充分发挥有了翻身感的广大工人在企业中当家作主的作用。一九五〇年二月六日，中国搬运工会第一届代表大会要求政府颁布命令，废除搬运业中的封建把头制度。三月三十一日，政务院讨论通过了废除各地搬运业中封建把头制度的决定。以后，在煤矿、纺织业等企业中相继废除了这类制度。与此同时，在国营企业实行管理民主化，建立工厂管理委员会，吸收工人参加管理，还把一批有经验的工人提到行政和生产负责岗位上来。工人真正感到自己是企业的主人了。

随着企业中党、团、工会组织的逐步健全和工人觉悟的逐步提高，一九五一年十一月五日，中共中央发布《有关厂矿交通等企业开展民主改革的指示》，提出：

> 我们必须用足够的力量，发动与依靠工人群众，有领导、有计划、有步骤地争取于一九五二年底以前对工厂、矿山和交通等企业部门，首先对国营工矿交通等企业内的残余反革命势力，加以系统地清理，并对于国营企业内所遗留的旧制度，进行或者进一步地完成必要的和适当的民主改革。[1]

这两项任务有联系又有区别。因此，《指示》强调指出：在民主改革中，工人群众对于过去勾结反动势力、欺压扰害工人的流氓、工头、职员的斗争，应该积极加以领导和赞助，但必须把这种对象和镇压对象加以区别，切不可笼统地"打倒一切"；对于曾经有过压迫工人的行为或其他轻微劣迹，但并非反革命分子的老技术工

---

[1]《建国以来重要文献选编》第2册，第454页。

人、技术人员和专家、高级职员等，必须在运动的各个阶段加以保护，根据团结为主的原则，采用批评与自我批评的方法，当作工人阶级内部的问题来解决；运动应该利用不妨碍生产的间隙时间去进行，时间不要拖得太长，以免不必要地影响生产并造成僵持追逼的现象。

接着，就开展企业的生产改革。国营企业民主改革的结果进一步提高和加强了工人的生产积极性、劳动热情和主人翁态度，为企业的生产改革提供了必要条件。"生产改革是民主改革的继续，它所要解决的主要是企业的科学管理问题。"[1]汪道涵讲到当时上海的情况：

> 生产改革是在民主改革的基础上进行的，它的延续时间要比民主改革更长一些。一九五二年在民主改革基本完成以后，接着就开始生产改革。它的主要内容是：（一）建立健全企业管理机构，实行科学分工，建立生产管理和技术管理的责任制度。当时从官僚资产阶级手中接收过来的企业里，相当普遍地不同程度地存在着无人负责的混乱状态，不建立生产责任制，工业的恢复和改造就无法迈开步子。（二）改革原企业不合理的工资制度。上海的官僚资本主义企业中，工资差别很大，多的达一百多级，同一产业部门没有统一的工资标准。通过工资改革在可能范围内进行调整，为将来建立全国统一的合理的工资制度打下初步基础。一九五一年全国各大行政区开始调整工资，并推行按劳分配的八级工资制。（三）开展生产竞赛运动。

---

[1] 迟爱萍：《新中国第一年的中财委研究》，复旦大学出版社2007年10月版，第435页。

没收官僚资本后，职工群众成为国家和企业的主人，劳动积极性空前高涨，生产竞赛随之开展起来。[1]

大规模的社会改革有力地促进了生产力的解放，促进了国民经济的恢复和发展，两者是不可分割的。

中国是一个统一的多民族国家。据一九五三年普查的统计，少数民族人口共三千五百多万人，约占全国人口的百分之六，但分布的地区约占全国总面积的百分之六十。这是中国的重要国情。各民族的情况有很大不同，有的处在封建农奴制社会，有的处于奴隶社会，有的停留在原始公社社会。他们的历史传统、风俗习尚、宗教信仰以至语言文字等有许多不同。汉族和各少数民族两千多年来在经济、文化、政治上密切联系和相互交流，近代又在反抗外国侵略的共同斗争中紧紧凝聚在一起，汇合成伟大的中华民族；但由于历史的原因，各民族之间还存在着一些矛盾和隔阂。因此，在推进少数民族地区的社会改革时需要格外慎重。

进入少数民族地区的人民解放军和干部，特别注意尊重少数民族的风俗习惯和宗教信仰，给他们带去医药、物资和外面信息，努力为当地民众做好事做实事，出现了前所未有的民族团结的融洽局面。

《共同纲领》中规定：各少数民族聚居的地区实行民族的区域自治，建立各种民族自治机关。一九五〇年四月三日，中共中央发出《关于在民族杂居地区成立民族民主联合政府的指示》，提出："政府凡在处理关涉到少数民族的工作问题时，必须和少数民族的

---

[1]《上海解放四十周年纪念文集》，第111页。

委员充分协商，力求取得他们的同意，然后作出决定。"六月十日，又转发乌兰夫、刘格平的一个意见，指出："在少数民族广大群众的觉悟未提高前，不要轻言改革。"[1]新解放区的土地改革中，也将少数民族地区土改的时间推迟或者暂不进行，并且作出许多特殊规定。

西南是少数民族聚居相当集中的地区，又地处边陲。当时担任中共中央西南局第一书记的邓小平对民族问题十分重视，把它摆在很高的位置。他在这年七月二十一日作了《关于西南少数民族问题》的长篇讲话，把问题谈得很透彻，并且提出"一切事情都要经过他们上层"的意见。他说：

> 在少数民族里面，正是由于过去与汉族的隔阂很深，情况复杂，所以不能由外面的力量去发动少数民族内部的所谓阶级斗争，不应由外部的力量去制造阶级斗争，不能由外力去搞什么改革。所有少数民族内部的改革，都要由少数民族内部的力量来进行。改革是需要的，不搞改革，少数民族的贫困就不能消灭，不消灭贫困，就不能消灭落后，但是这个改革必须等到少数民族内部的条件具备了以后才能进行。
>
> 所有这一切工作，都要掌握一个原则，就是要同少数民族商量。他们赞成就做，赞成一部分就做一部分，赞成大部分就做大部分，全部赞成就全部做。一定要他们赞成，要大多数人赞成，特别是上层分子赞成，上层分子不赞成就不做，上层分子赞成才算数。为什么？因为在少数民族地区，由于历史的、

---

[1]《建国以来重要文献选编》第1册，第170、277页。

政治的、经济的特点,上层分子作用特别大。

我们有些同志往往采取激进的办法,以为不通过上层分子能够搞得更好。事实上不是搞得更好,而是搞得更坏,不是搞得更快,而是搞得更慢,因为阻力大。对上层分子的工作做好了,推动他们进步了,同我们的合作搞好了,这样,在他们的帮助下来推进工作,就要顺当得多。[1]

一九五二年八月,中央人民政府在总结建国以来推行民族区域自治经验的基础上,公布了《中华人民共和国民族区域自治实施纲要》,并着手筹备建立相当于省一级的自治区。地区以下的民族自治政权也陆续建立起来。

国内原来还有一些西方列强凭借他们的在华特权而经营的大型企业。"新中国成立以后,不少外商由于对新中国存有疑虑,纷纷抽逃资金。特别是朝鲜战争爆发以后,以美国为首的西方国家对中国的经济封锁、禁运升级,也导致了这些国家在华投资企业的困难。(在美国政府宣布冻结中国在美一切资产后)一些美资企业被中国政府征用。其他外资企业自愿转让给中国政府。例如美孚石油公司、上海美商电力公司等企业,就是通过征用方式转变为国营企业的;开滦煤矿、颐中烟草公司等企业,则是通过转让的形式变成国营企业的。"[2]

经过这样一系列的大规模民主改革,在中国社会的各个层面,特别是原来压在社会最底层的大多数劳苦民众中,充满了"解放"的感觉。

---

[1]《邓小平文选》第1卷,第164、168、169页。
[2] 吴承明、董志凯主编:《中华人民共和国经济史》第1卷,第196页。

镇压反革命

为了涤荡旧社会留下的污泥浊水，进行大规模的社会改革，一项不可缺少的重要工作是镇压反革命。当时，人们把抗美援朝、土地改革、镇压反革命称为"三大运动"。

为什么要在这个时候，开展一场大张旗鼓的镇压反革命运动？主要有三个原因：第一，国民党统治时期，在各地都有一批直接压在百姓头上为非作歹、横行不法的恶霸势力。不少善良的老百姓在他们的欺压下，倾家荡产，甚至家破人亡。这些人是反动统治的重要社会基础。人民群众长期以来对他们切齿痛恨。新中国成立初期，一时还来不及对他们进行全面清理。但只要这些人依然存在，他们的威风没有打下去，有的人继续带着匕首打群架，有的继续开局聚赌和敲诈勒索，有的还或明或暗地对老百姓示威恐吓，民心就无法安定，社会治安就无法保障，各种社会改革就难以顺利推进。第二，国民党势力败退前在大陆上安排留下为数不少的潜伏特务分子，各地也有不少仇视新中国的反动分子，都在伺机破坏。朝鲜战争爆发后，他们以为"第三次世界大战"将要爆发，蒋介石将要"反攻大陆"，"变天"的日子将要到来，活动更加猖獗。他们在许多地方破坏工厂、铁路，烧毁仓库、民房，散布谣言，杀害革命干部和积极分子。一九五〇年这一年，全国有四万多干部和群众惨遭杀害，广西一省被杀的干部就达三千多人。山东军区政治部副主任黄祖炎也在一次会议上被反革命分子开枪杀害。第三，旧中国有许多秘密团体，如"一贯道"就有一千万信徒。这些秘密团体之所以存在，主要是因为社会不安定。以后这些团体为日本人所利用，又为蒋介石所利用。新中国成立后，"一贯道""九宫道"等反动会道门仍在大肆活动。一九五〇年秋,北京市公安局还成功破获帝国主义间谍秘密测绘地图预谋在国庆节用迫击炮轰击天安门的重大案件。

面对这样严峻的状况,不少地方却没有采取有力的措施,发生了过分宽大的偏向。发生这种偏向在认识上的原因是:有些干部在胜利后骄傲轻敌,以为那么多国民党军队已被消灭,这点残余的反革命分子没有什么了不起,因而麻木不仁,丧失警惕;有的人担心坚决镇压反革命会"引起震动和恐慌";还有人认为,人民已经胜利了,应该仁慈宽大。这种状况,引起民众的不满。当时担任政务院政法委员会副主任的彭真在向中央人民政府委员会所作的一次报告中说:

> 人民责备我们"宽大无边""有天无法",说:"天不怕,地不怕,就怕共产党讲宽大";"人民政府什么都好,就是对坏人这样客气,看着坏人残害老百姓,不给老百姓作主,不好"。有的工人义愤填膺地质问干部说:"看:我们竞赛几个月,特务放一把火就完蛋了;再不镇压,说什么我们也不竞赛了。"有的说:"政府睡着了","连敌我都不分"。有的人说政府"姑息养奸,贻害人民","简直不像个人民政府的样子"。
>
> 人民群众是公道的,聪明的。人民称赞抗美援朝做得好,土地改革做得好,物价金融稳定得好,城市管理和民主建设都很好,只是认为对于反革命分子过于宽大。的确,在这个问题上,我们过去还没有做得很好,并且有一个时期,有些地方做得很不好。特别是美国帝国主义者发动侵朝战争之后,问题表现得更清楚了。[1]

---

[1] 彭真:《论新中国的政法工作》,中央文献出版社1992年2月版,第13、14页。

镇压反革命的对象，主要是土匪、恶霸、特务、反动党团、反动会道门等五个方面中的反革命分子。一九五一年二月二十一日，中央人民政府公布《中华人民共和国惩治反革命条例》，使镇压反革命斗争有了法律武器和量刑标准。这方面的政策，被概括为："首恶必办，胁从不问，抗拒从严，坦白从宽，立功者受奖。"

镇压反革命，采取了放手发动群众的方针，在城市在乡村都大张旗鼓，广泛宣传，努力做到家喻户晓。"广大人民群众控诉、检举和自动捕捉反革命分子的活动，是这一运动的显著特点。"[1]许多潜伏特务、血债累累的恶霸分子被群众检举揭发出来，纷纷落入法网，受到严厉惩处。

在镇压反革命工作中，毛泽东一直强调要做到"打得稳，打得准，打得狠"。他指出："所谓打得稳，就是要注意策略。打得准，就是不要杀错。打得狠，就是要坚决地杀掉一切应杀的反动分子（不应杀者，当然不杀）。"在"稳、准、狠"三个字中，他认为最重要的是"准"。只有打得准，才能打得稳和打得狠。一九五一年三月三十日，毛泽东又在一个批语中写道："山东有些地方存在着劲头不足的偏向，有些地方存在着草率从事的偏向，这是全国各省市大体上都存在的两种偏向，都应注意纠正。特别是草率从事的偏向，危险最大。因为劲头不足，经过教育说服，劲头总会足起来的，反革命早几天杀，迟几天杀，关系并不甚大。惟独草率从事，错捕错杀了人，则影响很坏。请你们对镇反工作，实行严格控制，务必谨慎从事，务必纠正一切草率从事的偏向。"[2]

从五月起，由于镇压反革命运动已达到预期目的，实行"谨慎

---

[1] 罗瑞卿：《三年来镇压反革命工作的伟大成就》，《新华月报》1952 年 10 月号。

[2]《毛泽东文集》第 6 卷，第 117、120 页。

收缩"的方针，集中力量处理积案，并且采取两项措施：一是严格规定捕人杀人的批准权限；二是对犯有死罪的罪犯绝大部分采取判处死刑缓期执行的政策。它的精神是："集中力量打击了那些罪大恶极、怙恶不悛、为人民群众所十分痛恨的反革命首恶分子，而对于罪恶尚不十分严重而又愿意改悔的反革命分子，则采取了宽大处理的方针"。[1] 到这年十月，全国规模的镇压反革命运动基本结束。它以大规模群众运动的方式，打击国民党政府在大陆的潜伏力量和各种流氓、黑社会势力，安定社会秩序，发动并教育群众，这对巩固刚刚建立不久的人民政权起了不可缺少的重要作用。

"三反""五反"运动

进行大规模社会改革，还有一项强大有力的行动，就是一九五一年冬开始在全国范围内开展的"三反"和"五反"运动。它反对的对象，是国家干部中贪污、浪费、官僚主义的腐败现象和不法资本家行贿、偷税漏税、偷工减料、盗骗国家财产、盗窃国家经济情报的违法行为。这是又一次触及社会方方面面的移风易俗的大扫除。

这场运动是从"三反"运动开始的，而"三反"运动又是随着增产节约运动而来的。

当一九五二年快要来临时，抗美援朝战争已呈现长期化的态势。要同拥有高度现代化装备的美军长期对峙，中国军队必须尽快改善自身的装备状况，包括加强空军、海军、装甲兵、炮兵等兵种

---

[1] 罗瑞卿：《三年来镇压反革命工作的伟大成就》，《新华月报》1952年10月号。

的建设。新的一年又是大规模经济建设从事准备的最后一年，许多耗资巨大的重点建设项目将相继开工。财政收入增加有限，支出却势必大幅度增加，这是摆在中国人民面前一个异常尖锐的矛盾。

解决这个矛盾的办法，不能依赖外援，也不能像有些国家那样靠剥夺农民和掠夺殖民地，只能依靠增产节约。这是新中国积累资金的主要来源，是唯一可靠的道路。一九五一年十月二十三日，政协第一届全国委员会第三次会议在北京开幕。毛泽东在开幕词中提出：增加生产，厉行节约，以支援中国人民志愿军，是中国人民今天的中心任务。周恩来在为会议作总结时，要求所有企业、部队、机关、团体："在编制上、工作上、人事上、作风上都要检查，能精简节约的都要精简节约，不必要的财政开支一定要减少，一切物资器材要查清。这样，才能把国家的人力、物力和财力用到最适当、最需要的地方。"[1]

在增产节约运动的深入检查中，各地揭发出大量令人震惊的贪污、浪费和官僚主义现象。这是中国共产党在全国范围内成为执政党后面对的新问题。在建国后短短两年时间内，这个问题竟会发展到相当严重的地步，是原来没有料想到的。这年十一月一日，东北局书记高岗在给中央的报告中详细地谈到已经揭发出来的各种贪污蜕化行为，提出必须开展一个群众性的民主运动，才能收到最大的效果。十一月二十日，毛泽东在为中共中央转发这个报告的批语中，第一次提出："在此次全国规模的增产节约运动中进行坚决的反贪污、反浪费、反官僚主义的斗争。"[2]

"三反"运动一开始，轰动全国的是刘青山、张子善案件。

---

[1] 周恩来在政协第一届全国委员会第三次会议上的总结发言记录，1951年11月1日。
[2] 《建国以来毛泽东文稿》第2册，中央文献出版社1988年11月版，第513页。

十一月二十九日，华北局向毛泽东并中共中央报告了天津现任地委书记兼专员张子善和前任地委书记刘青山利用职权，盗用公款，盘剥民工，贪污挪用专区地方粮、宝坻县救济粮、干部家属补助粮，任意挥霍，腐化堕落，并焚毁证据等严重罪行。刘、张二人是分别在一九三一年和一九三三年入党的老干部，都曾被国民党逮捕入狱，坚贞不屈，但在进城后却蜕化变质。二人的这些罪行，在"三反"前已激起干部和群众的不满，但在他们欺上压下的家长式统治下，一直没有得到公开揭露。刘青山还说："老子们拼命打了天下，享受些又怎么样？"[1]事发后，河北省报经周恩来总理批准，将二人逮捕。多数人都主张应对他们判处死刑。公审前，有人提出鉴于他们在战争年代出生入死、有过功劳，可否不判死刑，给他们一个改造的机会。毛泽东说："正因为他们两人的地位高，功劳大，影响大，所以才要下决心处决他们。只有处决他们，才可能挽救二十个、二百个、二千个、二万个犯有各种不同程度错误的干部。"[2]一九五二年二月十日，经河北省人民法院公审，并经最高人民法院核准，判处刘、张二人死刑，立即执行。

刘青山、张子善罪行的揭露和中央的坚决态度，在全国引起极大震动。十一月三十日，毛泽东在批转华北局关于刘、张贪污罪行报告的同一天，给西南局第一书记邓小平并告各中央局的电报中指出："反贪污、反浪费一事，实是全党一件大事，我们已告诉你们严重地注意此事。我们认为需要来一次全党的大清理，彻底揭露一切大、中、小贪污事件，而着重打击大贪污犯，对中小贪污犯则取教育改造不使重犯的方针，才能停止很多党员被资产阶级所腐蚀的

---

[1]《人民日报》1951年12月30日。
[2] 薄一波：《若干重大决策与事件的回顾（修订本）》上卷，第157、158页。

极大危险现象,才能克服二中全会所早已料到的这种情况,并实现二中全会防止腐蚀的方针,务请你们加以注意。"十二月八日,他又在一个电报中指出:这场"三反"斗争,必须"发动广大群众包括民主党派及社会各界人士去进行",必须"大张旗鼓"去进行。[1]

十二月一日,中共中央作出《关于实行精兵简政、增产节约、反对贪污、反对浪费和反对官僚主义的决定》。三十一日,中央直属机关总党委召开党、政、军、团、群等机关处长级以上几百名干部参加的党委扩大会议,由薄一波和安子文宣布中央决定,限期发动"三反"斗争,十天后向中央作出报告;对运动进展慢的单位点名批评。一九五二年一月一日,中央人民政府在中南海举行团拜时,毛泽东在祝词中说:"祝我们在新开辟的一条战线上的胜利,这就是号召我国全体人民和一切工作人员一致起来,大张旗鼓地、雷厉风行地开展一个大规模的反对贪污、反对浪费、反对官僚主义的斗争,将这些旧社会遗留下来的污毒洗干净。"[2] 这样,一场轰轰烈烈的"三反"斗争便在全国范围内迅猛展开了。据统计,全国县以上党政机关参加"三反"运动的有三百八十三万多人。在运动高潮中,出现过在各单位分配打"虎"任务和逼供信等偏差,但较快得到了纠正。

"三反"运动,对整个社会来说,是一场移风易俗的社会改革运动,大大提高了人们对贪污腐败的警惕性,教育并挽救了大批干部,清除了少数腐化分子,对形成健康的社会风气有很大作用,对刚刚在全国执政不久的中国共产党更有着重大的警示意义。邓小平当时讲到西南地区"三反"运动后的情况说:"人变了、社会变了、

---

[1]《毛泽东文集》第6卷,第190、191页。

[2]《人民日报》1952年1月3日。

风气也变了。事实证明,不进行三反运动不行。但是,早进行条件不成熟,而再迟一点更不行。所以,这个时期条件成熟了。"[1]

"五反"运动是在"三反"运动中引发出来的。"三反"运动揭发出来的贪污分子中,每个受贿者背后总有一个行贿者,这些人大多是不法资本家。在运动深入开展中,不法资本家的行贿、偷税漏税、盗骗国家财产、偷工减料、盗窃经济情报的"五毒"行为被越来越多地揭发出来,激起人们极大的愤怒。

随着调整工商业和城乡市场的扩大,资本主义工商业在一九五一年有了显著发展,全国盈余比一九五〇年几乎增长一倍,被资本家称为"黄金时代"。但在这种好转的形势下,一部分不法资本家又忘乎所以,为牟取暴利而不择手段地进行违法犯罪活动。"据当时了解,私营工商业不仅偷税漏税现象普遍,而且在承建国家工程、完成加工订货任务中偷工减料、弄虚作假、营私舞弊,严重地损害了国家和人民的利益。例如,在治淮水利工程中,承包商竟然不顾工程质量,用旧料充新料、次料充好料,从中赚取不义之财。在运往抗美援朝前线的军需物资里,有不法厂商制造和贩卖的变质罐头食品、伪劣药品、带菌急救包,造成一些战士致病、致残,甚至断送了生命。他们拉拢、收买党和国家机关工作人员。少数被他们收买的干部从他们那里领取干薪、干股,或者拿回扣、佣金,充当坐探、代理,同他们合伙进行违法犯罪活动。"[2]许多卑劣行径,特别是运往抗美援朝前线的变质、伪劣、带菌医药用品而造成志愿军战士致残或死亡的罪恶行为,确实令人发指。

一九五二年一月五日,毛泽东为中共中央起草的转发北京市委

---

[1]《邓小平西南工作文集》,中央文献出版社、重庆出版社2006年12月版,第543页。
[2]薄一波:《若干重大决策与事件的回顾(修订本)》上卷,第168—169页。

关于"三反"斗争报告批语中写道:

> 一定要使一切与公家发生关系而有贪污、行贿、偷税、盗窃等犯法行为的私人工商业者,坦白或检举其一切犯法行为,特别注意在天津、青岛、上海、南京、广州、武汉、重庆、沈阳及各省省城用大力发动这一斗争,借此给资产阶级三年以来在此问题上对于我党的猖狂进攻(这种进攻比战争还要危险和严重)以一个坚决的反攻,给以重大的打击,争取在两个月至三个月内基本上完成此项任务。[1]

这个运动,首先在华北最大的工商业城市天津开展起来。一月四日,在天津市工商联节约检查分会的动员大会上,天津工商联主任委员、著名民族资本家李烛尘在报告中说:现在全国正在大张旗鼓地开展的"三反"运动中,"希望我们工商界也来一道参加这一运动,能够自动坦白、揭发和检举行贿、漏税、诈骗国家资财的行为"。他并且说:"行贿的人应该和受贿的人同样处理。""我们民族资产阶级和小资产阶级的工商业者,正是我们中华人民共和国主人翁之一,为了我们祖国的富强壮大,我们必须在工人阶级领导下,树立起主人翁的态度,把这些腐蚀损害人民政权的毒素病菌彻底清除,使人民政权进一步巩固起来。"[2]四天内,天津工商界共检举坦白贪污、行贿、偷税漏税的案件六千一百十五件。

一月二十六日,中共中央正式发出《关于首先在大中城市开展"五反"斗争的指示》,要求:"在全国一切城市,首先在大城市和

---

[1]《毛泽东文集》第6卷,第192页。
[2]《文汇报》1952年1月11日。

中等城市中，依靠工人阶级，团结守法的资产阶级及其他市民，向着违法的资产阶级开展一个大规模的坚决的彻底的反对行贿、反对偷税漏税、反对盗骗国家财产、反对偷工减料和反对盗窃经济情报的斗争，以配合党政军民内部的反对贪污、反对浪费、反对官僚主义的斗争，现在是极为必要和极为适时的。"[1]"五反"运动便同"三反"运动一起发展起来了。

运动一开展，工商业者十分紧张。上海是中国资产阶级最集中的城市。按照中央原来的部署，为了慎重，准备华东地区晚一些开展这场斗争。但是，社会上的运动一起来，上海的"五反"运动很快就跟着开始了，而且火力极猛，资本家中已发生自杀事件。中央派薄一波到上海，罗瑞卿到广州，帮助指导当地运动的发展。周恩来总理在修改审定中共中央一份电报时，增写一段话，批评武汉市"打击大工商业户面过大，而且工比商大"的偏向，要他们"仔细加以检查"。[2]他在报告毛泽东后，在为中共中央起草的批示中，将一批上海最大的民族工商业者定为守法户，并在政务会议上举一位大工商业家为例说："他对国家的负担有一千亿（引者注：指旧人民币，一万元相当于新人民币一元），违法虽然不小，但与一千亿比起来，那是很小的。""我们办事要公道。"[3]薄一波回忆道："有一件事值得提一提，就是荣毅仁先生家当时是上海最大的民族工商户，在'五反'中也发现了一些问题，应该划到哪一类？我和陈毅同志反复商量过。陈毅同志说，还是定为基本守法户好。我同意他的意见，并报告了周总理，周总理又转报毛主席，毛主席说，

---

[1]《建国以来重要文献选编》第3册，中央文献出版社1992年6月版，第53页。

[2] 中共中央致中南局电，1952年4月21日。

[3] 周恩来在第138次政务会议上的发言记录，1952年5月30日。

何必那么小气？再大方一点，划成完全守法户。这个'标兵'一树，在上海以至全国各大城市产生了很大影响。"[1]

不只是对荣毅仁如此，对其他知名的政治表现较好的民族工商业家也是如此。"刘靖基先生的安达、大丰两个纺织厂，资方自评为半守法半违法户，工人代表讨论认为可定为基本守法户，市里批准为守法户。郭棣活先生的永安棉纺公司，资方出于争取过关的心理，在申报偷漏税数目上持'宁多不少'的态度，市里一一核实，将不属于五反范围的尽予剔除，并定为守法户。刘鸿生先生，号称'火柴、水泥、煤炭大王'，当时他因病休息未参加'五反'，由他的儿子刘念智等代表他父代问题，但他心里七上八下十分不安。市委给以关心，耐心向他讲明政策。后来刘氏企业，全都定为守法户，刘先生非常感动。一九五六年他去世时，给家人留下遗嘱：定息只能拿少部分，其余全部捐献国家。"[2]

五月份以后，"五反"运动基本结束，转入定案处理和工商业调整工作。在前一阶段的运动中，也有过打击面过宽、"逼供信"等偏差。六月十三日，政务院发布《关于结束"五反"运动中几个问题的指示》，要求各地实事求是地做好定案处理工作，纠正计算偏高偏广的现象，并允许资本家申诉和进行复查。在打退不法资本家的违法行为后，及时保护守法和基本守法的民族资产阶级，继续调动并发挥他们的积极性。这样处理的结果，在工商业中，守法户约占总户数的百分之十至十五，基本守法户占百分之五十至六十，半守法半违法户占百分之二十五至三十，严重违法户占百分之四，完全违法户占百分之一。对基本守法户只退违法所得的一部分，对

---

[1] 薄一波：《若干重大决策与事件的回顾（修订本）》上卷，第179页。
[2] 《谷牧回忆录》，中央文献出版社2009年1月版，第157—158页。

半守法半违法户只退违法所得而不再罚款。这样，就稳定并团结了占总户数百分之九十五的私营工商业者。

"三反""五反"运动，在国民经济恢复时期占有重要的历史地位。它是建国初期大规模社会改革运动的组成部分，有利于清除旧社会遗留的污毒，树立起健康的新道德和新风尚，在人们头脑中留下很深的印象，有力地刹住了当时正在蔓延滋长的那种危险倾向，推进了正在开展的增产节约运动。它还巩固了社会主义经济在国民经济中的领导地位，在资本主义企业内部建立起工人监督，有些企业将资本家违法所得转为公股而实行公私合营，公私和劳资关系都发生变化。这些，为全国大规模经济建设的开始、保证中国向社会主义社会前进提供了重要条件。

国民经济全面恢复

在抗美援朝和大规模社会改革的同时，经过全国人民的努力，到一九五二年，国民经济得到全面恢复和初步发展。在短短三年内，在如此紧张而头绪纷繁的环境中，能够实现这样的目标，几乎令人难以置信。

一九四九年建国时，"机器大工业产值占工农业总产值的百分之十七，农业和手工业占百分之八十三。工业弱小落后，是一个典型的农业国"。而且，"呈现很重的半殖民地半封建的工业特征，工业部门结构、工业布局呈畸形发展。生产资料产值不到百分之三十，消费资料工业产值占百分之七十以上，仅属修配型工业；百分之七十以上的工业偏集于占国土面积不到百分之十二的东部沿海狭长地带，大部分又聚集于上海、天津、青岛、广州和辽宁中、南部及苏南的少数城市"。[1]

国家统计局编的《新中国五十年》生动地描述了当时中国在经济上这种极端落后的状况："一九四九年刚从半殖民地半封建的枷锁中彻底解放出来的新中国可谓是满目疮痍、百业待兴，整个经济基本处于瘫痪状态。工业整体上处于手工作业的状况，根本谈不上工业体系，工业产品少得可怜；农业还停留在手工耕作、靠天吃饭的水平上；交通运输工具落后，畜力车和木帆船等民间运输工具仍然大量使用；邮电通信技术装备非常落后，电话电报多用于手工方式操作，约有一半左右的县没有自动电话，约有三分之一的县不通电报和长途电话，广大内地普遍处于十分闭塞的状态；市场上商品严重匮乏，加上物价暴涨，大多数人民的温饱问题还没有解决。新中国就是在这样的情况下艰难起步的。"[2]

日本侵华战争和国民党政府的财政经济总崩溃，使原本十分落后的工农业生产更大大倒退。工业生产的状况，李富春说过："一九四九年的生产量与历史上的最高年产量比较，煤减少了一半以上，铁和钢减少了百分之八十以上，棉纺织品减少了四分之一以上。总的来讲，工业生产平均减产近一半。"[3]再看农业生产，广大刚解放的地区，农村已陷入破产境地，灾情又极端严重，全国粮食产量比抗战前降低百分之二十一，棉花产量约相当于抗战前产量的百分之五十四点四，耕畜减少了百分之十六。各地的交通运输遭到严重破坏，城乡交流近乎隔绝，市场萧条。据联合国"亚洲及太平洋社会委员会"统计，这年中国人均国民收入二十七美元，不及印

---

［1］中国工业经济联合会编：《中国工业现代化进程》，中国经济出版社1999年9月版，第5页。
［2］国家统计局编：《新中国五十年》，中国统计出版社1999年9月版，第7页。
［3］《李富春选集》，中国计划出版社1992年5月版，第96页。

度的一半。如果国民经济不能迅速恢复和发展，从事大规模经济建设是无从谈起的。

新中国刚成立，毛泽东在一九五〇年就提出这样的设想：三年五年恢复，十年八年发展。一九五一年一月二十九日，他在政治局会议上说：今后大计，应该是三年准备，十年建设。所谓三年准备，应当是由一九五〇年算起，已经过去一年了。二月，他又要求：争取在一九五三年开始十年建设。

恢复国民经济的工作千头万绪，从何着手？新中国第一年起，人民政府在狠抓稳定物价、统一财经、调整工商业的同时，把兴修水利和铁路作为工作的重点。周恩来说过："我们要恢复经济从哪里着手呢？""兴修水利和兴修铁路这两项工作是为我们工农业发展开辟道路的工作。"[1]

"农业的恢复是一切部门恢复的基础，没有饭吃，其他一切就都没有办法。轻工业的原料，输出的产品，现在绝大部分都要依靠农业。"[2] 在完成了土地改革的地区，如何增加农业生产和提高农民生活水平，是整个国民经济恢复和发展的基础。水利是农业的命脉，可以用来灌溉、航行，还可以用来发电，更重要的是关系着农业单位面积的增产。一九五〇年的水利工作是以治理连年泛滥成灾的淮河为重点。以后，就从防洪防汛、减少灾害提高到保持水土，发展水利。"国家用于水利建设的经费，与国民党政府水利经费最高年份相比，一九五〇年相当于他们的十八倍，一九五一年相当于他们的四十二倍，一九五二年相当于他们的五十二倍。"[3] 在三年

---

[1] 周恩来向十八个专业会议代表和政府各部门负责人所作报告记录，1951年8月22日。
[2] 《周恩来选集》下卷，第5页。
[3] 许涤新：《中国过渡时期国民经济的分析（1949—1957）》，人民出版社1962年2月版，第28页。

内，全国参加水利建设的总人数达到两千万人，完成的土方约十七亿立方米，荆江分洪和官厅水库等工程都是在这时开工的。"相当于十条巴拿马运河或二十三条苏彝士运河的水利工程修建起来了。"[1]拿华北地区来说，灌溉面积比一九四九年增加一倍。水利成为促进农业生产恢复和发展的重要因素。这是中国有史以来从未有过的大规模水利建设。

交通事业关系着城乡交流。它使农村和城市之间的生产可以得到交流，便于为城市提供粮食和工业原料，为农村提供纱布和许多生产资料，而农村又可以为城市的工业品提供市场。这个问题不解决，工业生产的恢复和发展是不可能的。其中，运输量大而又快捷的铁路最为重要。

新中国成立初，铁路工作首先抓修复工程，特别是津浦、京汉、粤汉、陇海、同蒲、京绥等几条干线，还抢修国民党军队撤退时破坏的淮河大桥、湘江大桥、珠江大桥等。经过铁路职工和人民解放军铁道兵团的共同奋战，抢修工作以惊人的速度进展，到一九四九年底，铁路里程的百分之八十已经通车。

一九五〇年起，又着手兴修三条铁路：成渝铁路、天（水）兰（州）铁路和柳州到镇南关（后改名睦南关）的铁路。成渝铁路是清朝末年以来四川人民强烈期待并受全国关注的一条铁路，也是新中国建成的第一条新线铁路。在旧中国，"一九三六年五月成立成渝铁路工程局，一九四六年开始动工，而且时修时辍。至一九四九年底解放前夕，完成的建筑安装工作量仅为全部工程的百分之十四，连一寸钢轨还未铺设"。[2]四川一解放，尽管新的社会秩序

---

[1]《我们伟大的祖国向着和平建设的大道前进》（社论），《人民日报》1952年10月1日。
[2] 孙连捷：《天府修铁路，蜀道不再难》，《共和国的记忆》，人民出版社1994年9月版，第525页。

还没有巩固，就决定修建成渝铁路。经中央批准后，在一九五〇年六月十五日举行开工典礼。最初投入施工的是解放军组成的五个军工总队共三万二千多人。以后，又有十万民工参加施工。到一九五二年七月一日，全线修成通车，是完全用中国的器材修建的。一九五二年七月起，又动工兴修从陕西宝鸡到四川成都的宝成铁路。这几条铁路的兴修，对活跃西南、西北的物资交流，改善全国铁路布局，起了重大作用。到一九五二年，全国共修复铁路近一万公里，新建铁路一千四百七十三公里。三年间，修复的公路三万多公里，新建公路两千多公里。内河货运量，一九五二年比一九五〇年增加一倍多。这就初步改变了解放前"行路难"的状况。

对经济建设的其他方面，也统一作出部署。对农村，主要是在已完成土地改革的广大地区努力增加农业生产和提高农民生活水平，并奖励劳动互助组的发展。在城市，要求提高和发展工业生产，首先是轻工业生产，并推行经济核算制，注意团结原有的技术人员，改善企业管理。在此基础上，努力扩大城乡交流，活跃国内市场。

这些经济恢复工作，是在抗美援朝战争正在激烈进行的同时开展的。战争爆发后的一九五一年，抗美援朝的军事开支占了国家财政总支出的百分之三十，还需要做好应对可能发生的各种更严重情况的准备。周恩来形象地比喻道：陈云同志肩上好像挑着一担鸡蛋，一头是保障战争的需要，一头是继续保证物价的稳定，哪一头塌了，整担鸡蛋就都打烂了。这自然大大加重了恢复国民经济的困难。

新中国在中国共产党领导下，不仅勇敢地迎接这种挑战，并且进一步提出"边打、边稳、边建"的方针。"经济建设费在全部国家预算中，一九五〇年占百分之二十五点五；一九五一年占百分之二十九点五；一九五二年占百分之四十五点四。"[1]经济建设的财政投入每年都有不小增长。打这样一场大仗，又在国内开始建设工作，而财政赤字比原先并没有多少增加。周恩来充分肯定这个成绩。他说："收税的机关是一两个，花钱的机关是一大堆，这的确不是一件容易搞的工作。所以掌握财政经济的同志，特别是陈云同志，在这方面的确是兢兢业业。我们能够保持这样一个平衡，在反动政权下面是不可设想的事情。"[2]经济建设费在国家预算中占这样高的比重，也是旧中国从来不曾有过的。

一九五二年已是为大规模经济建设从事准备的最后一年。这一年，全国国内生产总值为六百七十九亿元；工业总产值三百四十九亿元，比上年增长百分之三十点一，其中钢增长百分之五十，原煤增长百分之二十四点五，发电量增长百分之二十八点零七；全国农业总产值四百八十四亿元，比上年增长百分之十五点二，其中粮食增长百分之十四点零八，棉花增长百分之二十六点四八；全国基本建设投资总额比上年增长百分之八十五点七。这一年，全国市镇人口已从一九四九年的五千七百六十五万人增加到七千一百六十三万人，增加一千四百多万人，人口城市化水平从百分之十点六四提高到百分之十二点四六。

在一九四九年至一九五二年这三年间，全国工农业总产值平均年递增率达百分之二十一点一。其中增长得最快的是国有工业："从一九四九到一九五二年，国有工业的产值由三十六点八亿元增

---

[1] 许涤新：《中国过渡时期国民经济的分析（1949—1957）》，第27页。
[2] 周恩来向十八个专业会议代表和政府各部门负责人所作报告记录，1951年8月22日。

长到一百四十二点六亿元,按可比价格计算,增长了二点六倍。"[1]这些都是中国历史上闻所未闻的奇迹。

中央财经领导小组办公室编写的《中国经济发展五十年大事记》把一九五二年的状况同一九四九年比较,总结道:

> 至一九五二年底,全国工农业总产值比一九四九年增长百分之七十七点五,其中工业总产值增长百分之一百四十五,农业总产值增长百分之四十八点五,工农业主要产品的产量均已超过历史最高水平。[2]

在工农业恢复和发展的基础上,国家财政收支不但达到平衡,并且略有节余。"三年恢复时期,财政总收入为三百八十二亿零五百万元,总支出为三百六十六亿五千六百万元,结余十五亿四千九百万元。"[3]不仅保证了战争的需要和物价的稳定,而且开始了对重点建设的投资。

人民生活水平在这个时期有了显著提高。"一九五二年全国各地区职工的平均工资比一九四九年增加了百分之六十至一百二十,工人的工资收入一般已达到或超过抗日战争以前的水平。从一九五一年起,全国一百个职工以上的工厂矿山企业已普遍地实行了劳动保险制度。人民的购买力有很大提高。全国人民在一九五一年的购买力比一九五〇年提高了百分之二十五左右。"[4]全国农业

---

[1] 中国工业经济联合会编:《中国工业现代化进程》,第7页。
[2] 中央财经领导小组办公室编:《中国经济发展五十年大事记》,人民出版社、中共中央党校出版社1999年10月版,第51—52页。本书中各年产值数字,除另注明者外均引自该书。
[3] 陈如龙主编:《当代中国财政》(上),中国社会科学出版社1988年9月版,第81页。
[4] 薄一波:《中华人民共和国三年来的成就》,《新华月报》1952年10月号。

人口人平均乡村社会商品（包括消费品和农业生产资料）零售额，一九五二年比一九五〇年增长百分之四十一点五，平均每年递增百分之十八点五。在农业生产条件较好的地区，农民口粮已以稻米、面粉等细粮为主；多数地区的农民由过去以糠菜为主变成以玉米、高粱等粗粮为主。过去农民买不起的搪瓷面盆、热水瓶、细布、胶鞋等，也开始比较普遍地购进。

透过这些数字不难看到：这样高的增长速度，虽有恢复的性质，依然是惊人的。它使整个国家呈现出蒸蒸日上的生机和活力。对遭受了百年屈辱和苦难的中国人来说，抬起了头，不仅感到有了安定的生活，而且对未来充满希望。这是人们普遍的心理。

文教事业也有新的发展。旧中国百分之九十的人是文盲。新中国成立后的三年内，开展了大规模的扫除文盲活动；小学生增加一倍多；创办工农速成中学；高等学校进行院系调整，大幅度提高工科的比重，培养大规模经济建设所需要的人才；在知识分子中开展思想改造运动。对戏曲工作，提出"百花齐放，推陈出新"的方针。新的文艺作品，在电影方面有《白毛女》《钢铁战士》《赵一曼》《翠岗红旗》等，话剧有《龙须沟》等；歌曲有《歌唱祖国》《中国人民志愿军战歌》等；戏曲有《梁山伯与祝英台》《罗汉钱》《将相和》等；长篇小说有《铜墙铁壁》《新儿女英雄传》等。大部分文工团改成专业剧团。这段时间内进行了对电影《武训传》的批判。它的目的是借此提倡用马克思观点研究历史人物，是有积极意义的；但存在片面性、粗暴和上纲过高，开了用政治批判来解决学术问题的不好的先例。在卫生工作方面，确定了"面向工农兵、预防为主、团结中西医"三大原则，在全国范围内开展了大规模的爱国卫生运动。

毛泽东在一九五二年八月的一次会上说:"我们国家有前途,有希望。过去我们想,国民经济是否三年可以恢复。经过两年半的奋斗,现在国民经济已经恢复,而且已经开始有计划的建设了。"[1]

尽管发生了抗美援朝战争,恢复国民经济的艰巨任务,仍在三年内按原计划超额完成,这确是许多人原来没有想到的。民主革命遗留的任务也已基本完成。中国展开大规模经济建设的基本条件已经具备。中华人民共和国历史揭开了新的一页。

---

[1] 毛泽东在中国人民政治协商会议第一届全国委员会第38次会议上的讲话,1952年8月4日。

第十九章　社会主义基本制度的建立

　　开始大规模经济建设,把中国建成一个繁荣富强的现代化国家,是几代中国人一百多年来梦寐以求的理想。中国近代的民族民主革命也好,新中国最初几年的社会改革和经济恢复也好,都是为实现这个目标扫清障碍、创造必要的前提。离开这些前提,不首先集中力量解决这些问题,现代化便不可能实现。

　　中国的大规模经济建设,是在经济十分落后的基础上起步的。这是它的重要特点。一九五二年,全国农业总产值仍明显高于工业总产值,中国仍是一个落后的农业国家。"从工业来看,我国在一九五二年的工业水平,不仅落后于苏联一九二八年的水平,而且落后于东欧各人民民主国家的第一个五年计划的水平。作为国家经济发展水平主要标志的现代工业在工农业总产值中的比重:中国一九五二年是百分之二十六点七;苏联一九二八年是百分之四十五点二;波兰一九四九年是百分之六十五点五;捷克一九四八年是百分之七十五。按人口平均的工业产品产量,一九五二年,我国比苏联和几个主要资本主义国家都落后很多。钢:中国是二点三七公斤,苏联是一百六十四点一公斤,美国是五百三十八点三公斤,日本是八十一点七公斤;发电量,中国是二点七六度,苏联是五百五十三点五度,美国是二千九百四十九度,日本是六百零四点一度;棉布:中国是五点四米,苏联是二十三点六米,美国是五十五点四米。工业水平落后,还表现在许多工业部门还未建立起来。"[1]从这样低下的社会生产力水平出发进行大规模经济建设,又缺乏必要的建设人才、经验和资料,其艰难可想而知。

是不是可以等条件更好、更有经验的情况下再开始大规模的经济建设?当然不能。国际和国内的局势也不容许那样做。有志气的中国人没有被困难吓倒,而是下定决心,迎难而上。从一九五三年起,这场大规模经济建设,就热气腾腾地在中国大地上全面铺开。这是人们在中国国土上从来没有看见过的令人振奋的景象。这一年,《人民日报》发表元旦社论,兴奋地写道:

> 一九五三年将是我国进行大规模建设的第一年。
>
> 国家建设包括经济建设、国防建设和文化建设,而以经济建设为基础。
>
> 工业化——这是我国人民百年来梦寐以求的理想,这是我国人民不再受帝国主义欺负不再过穷困生活的基本保证,因此这是全国人民的最高利益。全国人民必须同心同德,为这个最高利益而积极奋斗。[2]

一九五三年也是开始实行发展国民经济的第一个五年计划的第一年。进行大规模的有计划的经济建设,对中国人来说是一件陌生的工作:没有编制长期经济建设计划的经验;对全国资源情况缺乏调查,统计资料很少,而这是确定一些重大建设项目所必需的;抗美援朝战争仍在进行;苏联援助建设的重点工程项目没有完全敲定

---

[1] 柳随年、吴群敢主编:《中国社会主义经济简史》,第94页。
[2] 《迎接一九五三年的伟大任务》(社论),《人民日报》1953年1月1日。

下来，还存在许多不确定因素。所以，第一个五年计划只能是边编制，边实行，不可能在有了一个完善计划后才起步。"从开始编制到正式颁布的四年间，大的修改有六次。"[1]

第一个五年计划编制的经过大致是这样的：先在陈云主持下，由各财经部门分别搞出五年期间工作的初步设想材料。这是计划编制工作的重要基础，但还缺少一个整体性的考虑。一九五二年七月初，周恩来写信给毛泽东，提出："在七月份我拟将工作重心放在研究五年计划和外交工作方面。""对五年计划，当着重于综合工作，俾能向中央提出全盘意见，并准备交涉材料。"[2]这里讲的"交涉材料"，是指准备同苏联谈判的材料。经过一个月左右的紧张工作，周恩来执笔写成《三年来中国国内主要情况的报告》，并提出五年计划的方针和任务。在此基础上，由他主持在八月中旬写成《中国经济状况和五年建设的任务》，对五年建设的方针和各项主要指标作了详细的阐述。八月十五日，周恩来率领中国代表团（成员有陈云、李富春等）访问苏联，同斯大林和苏共中央交换意见，并商谈要求苏联给予的援助。当五年计划的大致方针确定后，第一个五年计划的具体编制工作在陈云、李富春主持下进行。计划草案初稿，又经毛泽东、刘少奇、周恩来、李富春等在广州用二十来天时间仔细地审核修改。最后，在一九五五年七月召开的第一届全国人民代表大会第二次会议上正式审议通过。

第一个五年计划以苏联帮助中国设计的一百五十六个建设项目为中心，有限额以上的建设项目六百九十四个。它的中心环节是重

---

[1] 董志凯、吴江：《新中国工业的奠基石——156项建设研究》，广东经济出版社2004年5月版，第110页。

[2] 《周恩来书信选集》，第474页。

工业，主要是能源（煤炭、电力、石油）、原材料（钢铁、有色金属、基本化学工业）、机器制造（机床、重型机床、锅炉、电机、汽车、飞机、船舶、兵器）等空白和薄弱的工业。

在国民经济恢复时期，中国发展生产首先强调的是农业和轻工业，因为这是人民生活所需要，积累资金也比较快。刘少奇在一九五一年七月的一次讲话中就说过："经济建设要有步骤，先搞什么，后搞什么，总要有个先后轻重。首先恢复农业以及一切可能恢复的工业。""其次发展农业和轻工业以及必要的可能的重工业，如造点机器、汽车，然后发展重工业。然后依靠重工业再进一步去发展农业和轻工业"。[1]当时也是那样做的。而到制定第一个五年计划时却改变为突出强调"五年建设的中心环节是重工业"，那是什么原因呢？只要看一看当时中国经济的实际情况就可以明白。

半殖民地半封建旧中国遗留下来的经济结构，不仅极端落后，而且是畸形的。"当时，工业产值在工农业总产值中的比重不到百分之三十（引者注：其中现代工业的产值只占百分之十七）；而重工业尤为落后，其产值在工业产值中只占百分之四十。"[2]以钢为例，如前所述，中国一九五二年人均产量只有二点三七公斤，而同期苏联已达到人均一百六十四点一公斤。再拿机械工业来说，"旧中国的机器工业，即使是机器工业最发达最出色的上海，也是带有殖民地性质的，大多数机器工厂只能为英美进口机器做些修补性的工作，最多也只能做些小的普通的机器，而不能独立地制成成部的或成套的重型机械"。[3]中国人不但不能造飞机、汽车、拖拉机，

---

[1]《刘少奇论新中国经济建设》，中央文献出版社1993年10月版，第203、204页。
[2] 周传典等主编：《当代中国的钢铁工业》，当代中国出版社1996年12月版，第47页。
[3] 李翼：《新中国的第一座重型机器厂》，《人民日报》1953年1月1日。

连块手表也不能造,都要向外国购买。朝鲜战争发生后,重工业如此落后的状况更难同国防需要相适应。而轻工业那时由于受到原料和市场等条件的限制,已有的那点设备的利用率还很低,仍有增产潜力。可见,当国民经济得到恢复、国家有了一定经济力量后把重工业作为经济建设的中心环节,是符合当时中国国情的实际需要的,而不是简单地照搬苏联模式。

上面所说这种状况不改变,就没有中国经济的独立自主可言,也没有巩固的国防可言,更没有现代化可言,甚至会受制于人。这是关系国家生死存亡的问题。李富春在《关于发展国民经济的第一个五年计划的报告》中对这一点作了说明:

> 只有建立起强大的重工业,即建立起现代化的钢铁工业、机器制造工业、电力工业、燃料工业、有色金属工业、基本化学工业等,才可能制造现代化的工业设备,使重工业和轻工业得到技术改造;才可能供给农业以拖拉机和其他现代化的农业机械,供给农业以充足的肥料,使农业得到技术改造;才可能生产现代化的交通工业,如火车头、汽车、轮船、飞机等等,使运输业得到技术改造;才可能制造现代化的武器装备保卫祖国的军队,使国防更加巩固。同时,只有在发展重工业的基础上,才能够显著地提高生产技术,提高劳动生产率,不断增加农业生产和消费品工业的生产,保证人民生活水平的不断提高。[1]

---

[1]《李富春选集》,第135—136页。

初步建立起这样一批重工业骨干企业，今天看起来也许很平常，但在当时的中国，确实是令人兴奋的重大突破。

把重工业作为五年建设的中心环节，是不是意味着忽视农业和轻工业？不是。周恩来在全国政协常委会上作了说明："所谓集中主要力量，不是集中一切力量，不是要冒进；不是搞重工业，其他问题都不搞了。"他说："轻工业是保证（人民）需要的。"现在人民的购买力一天比一天提高，"既然有这样大的购买力，就要逐步地满足他们的需要，就要相应地发展轻工业。同时，轻工业发展了，就便于积累资金。所以对轻工业的相应发展，我们国家是不能忽视的"。他又说："发展农业这个问题也是大家很清楚的。不发展农业，我们的粮食就不够吃。"所以，"要经常注意，不能忽视"。[1]这种思路同苏联显然有着区别。在中国大规模经济建设刚起步的时候，就能敏锐地注意到这些问题，实在很不容易。

进行这样大规模的经济建设，对中国人来说，有些方面连常识都没有，但又不能等待有了足够成熟的条件后再动手。这样，困难自然很多很大，建设工作只能边摸索边大胆地向前闯，有些缺陷也难以完全避免。但就在这样的条件下，取得的成就依然令人振奋。

过渡时期总路线的提出

进行现代化建设，有一个方向问题：是社会主义现代化，还是资本主义现代化。这个前提，在一开始就得弄清楚。

在中国建立社会主义制度，并不是新问题，也不是突然提出来

---

[1] 周恩来在政协第一届全国委员会常务委员会第49次（扩大）会议上的报告记录，1953年9月8日。

的。"中国共产党从来把实现社会主义作为自己的政纲。它认为，中国要确保国家的独立和统一，发展国民经济，实现繁荣富强，使劳动人民免遭剥削和贫困，只有社会主义才是唯一的出路。"[1]这是人所共知的。绝大多数中国人也希望走共同富裕的道路，不愿出现建设成果主要被少数人享有那种贫富悬殊的状况。新民主主义社会本来就是向社会主义社会的过渡阶段。《共同纲领》中的经济部分已规定要在实际上保证向这个前途走去。

为什么过渡时期总路线是在一九五三年快到来时考虑提出的呢？除了第一个五年计划和大规模经济建设将要开始以外，更重要的是：同一九四九年相比，中国社会经济结构内部公私经济比重已发生转折性变化、在工商业领域内社会主义力量已超过资本主义这一现实。这个变化在长时间内是悄悄地逐步演进的，最初并没有被清晰地认识到。一九五二年八月，周恩来在准备去苏联商谈第一个五年计划时准备的报告提纲中，有一段极其值得注意的话，说明中国的社会经济形态已经和正在逐步发生变化：

> 工业总产值公私比重，已由一九四九年的百分之四十三点八与五十六点二之比，变为一九五二年的百分之六十七点三与三十二点七之比。私营商业在全国商品总值中的经营比重，已由一九五〇年的百分之五十五点六降为一九五二年的百分之三十七点一，但在零售方面，私商经营一九五二年仍占全国零售总额的百分之六十七。

> 毫无疑问，国营工商业今后的发展将远远超过私营工商业

---

[1]《胡乔木文集》第2卷，人民出版社1993年7月版，第252页。

的发展，而且会日益加强其控制力量。[1]

何况，数量上已不再占优势的私营工业，大部分又承办着加工业务，接受国家订货和收购包销产品；私营商业也开始为国营商业代销。随着大规模经济建设的开始，扩大国有经济的步伐更在大大加快。第一个五年计划中的一百五十六项重点工程都是国有经济，属于社会主义性质。农村中互助合作的发展，也在迅速地增加社会主义因素。

这是一个关键性的事实。人的认识总是需要在实践中不断接受检验和校正。人们原来以为，中国社会将在未来的某一天通过宣布国有化这样"严重的社会主义步骤"而一步跨入社会主义。刘少奇在一九五一年七月说过："采取进入社会主义的步骤，第一步是实行工业国有化，就是将私人工业收归国有。小工厂、手工业一下子还不能国有化，要把三十人以上的工厂收归国有。这是严重的社会主义步骤，一步就进入社会主义，其性质是破坏资本主义私有制，所以，没有准备好就不能走这一步。工业国有化是一天早晨的事，全国人民代表大会一通过，第二天就执行。土地改革法通过了好久没有实行，工业比农业集中，好实行。对私有制逐步动摇是错误的，先不动让它发展，以便到那一天拿过来。"[2]这反映了当时许多中央领导人的共同认识。

实际生活却表明：从新中国成立开始，中国事实上已经在逐步向社会主义过渡。到一九五二年，无论在工业和商业中，社会主义成分不仅早已控制着国民经济的命脉，而且在数量上也已取得优

---

[1] 周恩来：《三年来中国国内主要情况及今后五年建设方针的报告提纲》，1952年8月。
[2] 《刘少奇论新中国经济建设》，第210—211页。

势,这种优势地位还在不停地大幅度加强。农业方面,随着互助合作组织的发展,集体经济的比重也在迅速上升。这个原来没有认识到的新的事实,不能不引起中共中央极大关注,觉得需要对事情重新考虑,并作出新的决断。

毛泽东最早谈到如何向社会主义社会过渡的新设想,正是在一九五二年九月二十四日听取周恩来报告同苏联商谈第一个五年计划情况的那次中央书记处会议上。薄一波当时记录下毛泽东在会上的讲话:

> 十年到十五年基本上完成社会主义,不是十年以后才过渡到社会主义。二中全会提出限制和反限制,现在这个内容就更丰富了。工业,私营占百分之三十二点七,国营占百分之六十七点三,是三七开;商业零售是倒四六开。再发展五年,比例会更小(资小我大),但绝对数字(指资)仍会有些发展,这还不是社会主义。五年以后如此,十年以后会怎么样,十五年以后会怎么样,要想一想。[1]

薄一波在回忆录中写道:

> 毛主席的这些话,给我极深的印象。因为这不仅是初次听到他对我国如何向社会主义过渡的论述,更感到这是他依据形势的发展变化所作出的新的判断。对于他的论点,中央其他领导同志没有提出异议,并连续召开中央书记处会议进

---

[1] 薄一波给田家英的信,1965年12月30日。

行了讨论。[1]

显然，这正是从事实的发展中找到的新答案。那是一个异常重要的决断，并且没有任何历史先例可援，所以中共中央和毛泽东采取十分慎重的态度，不急于作出结论。十月间，刘少奇率领代表团前往莫斯科参加苏联共产党第十九次代表大会。毛泽东委托刘少奇就这个问题征求斯大林的意见。刘少奇在十月二十日给斯大林的信中，再次引用周恩来八月间带去的那个报告中关于公私经济力量比重变化的数字，接着写道：

> 在十年以后，中国工业将有百分之九十以上是国有的，私人工业不到百分之十，而这些私人工业又大体都要依赖国家供给原料、收购和推销它们的成品及银行贷款等，并纳入国家计划之内，而不能独立经营。到那时，我们就可以将这一部分私人工业不费力地收归国家经营。
>
> 在征收资本家的工厂归国家所有时，我们设想在多数的情形下可能采取这样一种方式，即劝告资本家把工厂献给国家，国家保留资本家消费的财产，分配能工作的资本家以工作，保障他们的生活，有特殊情形者，国家还可付给资本家一部分代价。
>
> 我们估计：到那时，中国的资本家可能多数同意在上述条件下把他们的工厂交给国家。[2]

---

[1] 薄一波：《若干重大决策与事件的回顾（修订本）》上卷，第221页。
[2]《建国以来刘少奇文稿》第4册，中央文献出版社2005年4月版，第526页。

信中还谈了农业和手工业合作化的问题，并说明这是中国共产党所设想的怎样过渡到社会主义去的大体方法。这些意见得到斯大林的同意。

毛泽东接着在一些会议上和外出调查时，又多次谈到如何向社会主义过渡的问题，听取各方面的意见。经过九个多月的酝酿和准备，他在一九五三年六月十五日中央政治局会议上，正式提出过渡时期的总路线，并且作了比较系统的阐述。这年八月十一日，历时两个月的全国财经会议结束时，明确宣布了党在过渡时期的总路线。十二月，经中共中央批准、由中央宣传部制发的关于党在过渡时期总路线的学习和宣传提纲中，引用毛泽东的话，对这条总路线作出经过反复斟酌后的表述：

> 从中华人民共和国成立，到社会主义改造基本完成，这是一个过渡时期。党在这个过渡时期的总路线和总任务，是要在一个相当长的时期内，逐步实现国家的社会主义工业化，并逐步实现国家对农业、对手工业和对资本主义工商业的社会主义改造。这条总路线是照耀我们各项工作的灯塔，各项工作离开它，就要犯右倾或"左"倾的错误。[1]

这是中国共产党对如何向社会主义过渡的新认识和新决策。它的中心内容，被概括为"一体两翼"或"一化三改"。"一体"和"一化"，指的是社会主义工业化。"两翼"或"三化"，指的是对农业、对手工业和对资本主义工商业的三大社会主义改造。所说的"一个

---

[1]《建国以来重要文献选编》第4册，中央文献出版社1993年7月版，第700—701页。

相当长的时期内",当时的估计是十到十五年。

把社会主义工业化规定为在中国建立社会主义基本制度的主体,这一点十分重要,是不能忽略的。而"三大改造"是它的两翼,不是主体,更不是全体。

它体现了发展生产力和变革生产关系的辩证关系。社会主义工业化,自然是大大提高生产力水平,同时也扩大了整个国民经济中的社会主义比重,对建成社会主义基本制度起着决定性的作用。"三大改造",是变革生产关系,解放生产力,又对社会主义工业化起了有力的推进作用。

在这条总路线正式提出前后,其他中央领导人也在各种场合作报告,对它进行阐述。其中,讲得最多的是周恩来。

他在全国财经会议的预备会议上说到向社会主义过渡是一个自然的过程:

> 我们新民主主义的制度是一个过渡的制度,这个社会是一个过渡的社会。这个过渡时期的每时每刻都在增长社会主义成分:国家经济的发展就是增加社会主义成分;半社会主义合作社的增长也在增加社会主义成分;公私合营企业的发展也是增加社会主义成分;农业里边的互助合作的增加也是增加社会主义成分;经济集体主义已有了雏形,有了胚胎。最后走完了这个过渡阶段,就到达了社会主义社会。[1]

他在政协第一届全国委员会第四十九次常务委员会扩大会议

---

[1] 周恩来在全国财经会议预备会议上的报告记录,1953年6月12日。

上，对为什么要在这个时候提出过渡时期总路线作了说明：

> 这个问题本来不是一个新的问题。从中华人民共和国成立时起，我们就认定新民主主义要过渡到社会主义。《共同纲领》中虽然没有写社会主义的前途，但这是因为考虑到当时写上去还不成熟。所谓不成熟，不是说在领导分子中间还不了解，而是说还要经过对广大群众的宣传教育。现在提出这个问题，是为了把它更明确起来，使它具体化。
>
> 为什么现在把这个问题明确化？因为过去几年忙于抗美援朝、土地改革、镇压反革命、三反、五反、思想改造等各种社会改革运动。现在，朝鲜战争已经停止，各项社会改革已基本完成，国家已经转入建设，并且经过将近四年的摸索，已经可以肯定，经过国家资本主义这样一个形式去完成对于私营工商业的社会主义改造是一个比较健全的方针和办法。
>
> 由新民主主义到社会主义虽然是一场革命，但可以采取逐步的和平转变的办法，而不是在一天早晨突然宣布实行社会主义。在过渡时期中，要使社会主义成分一天一天增加。过去我曾与盛丕华先生说过，将来是"阶级消灭，个人愉快"。就是说采取逐步过渡的办法，做到"水到渠成"。[1]

他在全国组织工作会议上，又针对党内的一些模糊认识说：

> 这一点，不仅在党外有些人不明白，就是我们党内很多同

---

[1] 周恩来在政协第一届全国委员会常务委员第49次（扩大）会议上的报告记录，1953年9月8日。

志，有时在思想上也是模糊的。大概有两种模糊的想法：一种想法，就是认为新民主主义革命胜利了，大概要停顿一个时期，到另外一个时候，有那么一天，宣布社会主义革命，宣布资本主义生产工具国有化、土地国有化，这才叫社会主义革命。这样，中间就造成一种停止状态、不变状态。这是不可能的，也是不应该的。这种想法是错误的。另一种想法，就是认为像东欧兄弟国家一样，人民民主革命胜利了不久，就宣布实行社会主义化，就把多少人以上的工厂没收，国有化，这是一种快的办法，不是经过很长时期。……我们一下子采取东欧的办法，宣布国有化，取消资本主义的私人所有制是不行的。这会给我们国家经济生活造成很大的混乱，使工人、店员失业，我们没有法子担负。这是一种急躁冒进的、盲动的办法。但是那种停止不变的、等待的想法也是错误的，那是右倾的错误。所以我们既不能等待，也不能冒进。因此，我们就要明确认识我们过渡时期的任务和路线，根据中国的情况，依照马克思主义的普遍真理，逐步地过渡到社会主义。这就是毛主席在二中全会决议上已经指示了的方向，现在更把它明确化起来。[1]

邓子恢不久后也说："新民主主义革命已经结束，已经成功；现在进入社会主义，已经开始走向社会主义，但又还没有到达，这就是过渡时期。"[2]

这些坦率而实在的话，把问题讲得很透彻，说明这条总路线是适应历史需要提出的，是推动历史前进的。中共十一届六中全会通

---

[1] 周恩来在中共第二次全国组织工作会议上的政治报告记录，1953年9月29日。
[2]《邓子恢自述》，人民出版社2007年11月版，第193页。

过的《关于建国以来党的若干历史问题的决议》中,也作出这样的论断:"历史证明,党提出的过渡时期总路线是完全正确的。"

人民代表大会制度的建立

人民代表大会制度,是新中国的根本政治制度。

胜利结束经济恢复时期而进入大规模建设时期,按照《共同纲领》的规定,应当召集全国人民代表大会和地方各级人民代表大会,选举中央和地方的人民政府。在全国人民代表大会上,还要通过宪法和国家建设计划。这是既定的目标,是中国政治生活中的大事。

在这以前的三年时间里,忙于进行巨大的社会改革和经济恢复工作,实行人民代表大会制度的条件还不具备。在这种情况下,采取由中国人民政治协商会议的全体会议代行全国人民代表大会职权、而由地方各级人民代表会议逐步代行地方各级人民代表大会职权的办法。同时,由于还没有制定宪法,中国人民政治协商会议《共同纲领》暂时代替了宪法的一部分作用。这在当时是完全必要的过渡办法。但它已不适合大规模社会主义建设时期的需要。全国绝大多数人民在经过土地改革和其他社会改革以后,已经具备选举自己政府的条件,需要经过这样的普选,把人民满意和认为必要的人选为代表和政府成员。人民民主权利的发挥,将更加密切人民政府同人民群众之间的联系,大大提高人民群众的积极性,顺利推进建设计划的实现。

一九五三年一月十三日,当第一个五年计划开始实行时,中央人民政府委员会举行会议,作出《关于召开全国人民代表大会及地方各级人民代表大会的决议》，规定："于一九五三年召开由人民用普选方法产生的乡、县、省（市）各级人民代表大会，并在此基础上接着召开全国人民代表大会。在这次全国人民代表大会上，将制定宪法，批准国家五年建设计划纲要和选举新的中央人民政府。"[1]

为了进行普选，首先进行了中国历史上第一次人口普查。以一九五三年六月三十日二十四时为标准来计算，全国人口为六亿零一百九十一万二千三百七十一人，其中大陆居民为五亿八千零六十万人（本书以后所引全国人口总数，都按大陆人口总数计算）。在人口普查基础上，进行选民登记。各地都张贴了红色的选民榜。当时，能不能领到选民证是人们极其关注的事情。领到的就觉得自己是国家的主人而十分自豪。参加投票的占选民的百分之八十五点八八。到一九五四年六月至八月，各地先后经过民主选举产生各省、直辖市和自治区人民代表大会代表和全国人民代表大会代表。人口普查时，各地自报民族名称有四百多个，经国家研究后确认了五十三个少数民族（以后，一九六五年珞巴族被国务院确认为单一少数民族，一九七九年基诺族被确认为单一少数民族，中国五十五个少数民族的识别工作基本完成）。

一九五四年九月十五日，中华人民共和国第一届全国人民代表大会第一次会议在北京隆重开幕。它是在过渡时期总路线提出后不久举行的。这次大会最重要的任务是制定宪法。大会通过的第一部《中华人民共和国宪法》规定："中华人民共和国是工人阶级领导的、以工农联盟为基础的人民民主国家。""中华人民共和国的一切权力属于人民。人民行使权力的机关是全国人民代表大会和地方各级人

---

[1]《建国以来重要文献选编》第4册，第16—17页。

民代表大会。""中华人民共和国是统一的多民族的国家……各少数民族聚居的地方实行区域自治。""中华人民共和国依靠国家机关和社会力量,通过社会主义工业化和社会主义改造,保证逐步消灭剥削制度,建立社会主义社会。"大会接受中国共产党在过渡时期的总路线,《宪法》的序言中写道:"从中华人民共和国成立到社会主义社会建成,这是一个过渡时期。国家在过渡时期的总任务是逐步实现国家的社会主义工业化,逐步完成对农业、手工业和资本主义工商业的社会主义改造。"[1]这就把过渡时期总路线在国家的根本大法中规定下来,成为全国人民共同的意志和奋斗目标。《共同纲领》的历史任务已经完成了,需要这样一部宪法来代替。这是中国第一部社会主义性质的宪法,它的意义十分重大。

大会选出毛泽东为中华人民共和国主席,朱德为中华人民共和国副主席,刘少奇为全国人大常务委员会委员长,宋庆龄等十三人为副委员长;决定周恩来为国务院总理。

毛泽东在这次大会的开幕词中有几句十分有名的话:"我们正在做我们的前人从来没有做过的极其光荣伟大的事业。我们的目的一定要达到。我们的目的一定能够达到。"[2]充分表达出中国人民那种自豪感和坚定决心。

十二月下旬,政协举行第二届全国委员会第一次会议。会议通过《中国人民政治协商会议章程》。其中写道:"中国人民政治协商会议全体会议代行全国人民代表大会职权的任务已经结束。但是中国人民政治协商会议,作为团结全国各民族、各民主阶级、各民主党派、各人民团体、国外华侨和其他爱国民主人士的人民民主统一

---

[1]《建国以来重要文献选编》第 5 册,中央文献出版社 1993 年 11 月版,第 520、522 页。
[2]《毛泽东文集》第 6 卷,第 350 页。

战线的组织，仍然需要存在。""中国人民政治协商会议全国委员会根据《中国人民政治协商会议章程》的总纲，就有关国家政治生活和人民民主统一战线的重要事项，进行协商和工作。"[1]会议选举周恩来为政协第二届全国委员会主席。

人民代表大会制度、多党合作和政治协商制度、民族区域自治制度，这三项中华人民共和国的基本政治制度，在一九五四年确立了起来。

在人口普查中，人们注意到一个新的问题：新中国成立后，人口迅猛增长。全国人口总数在一九五三年底已近六亿，到一九五四年超过六亿，达到六亿零二百六十六万人，比一九四九年底增加六千零九十九万人。这在当时是可以理解的，建国后，国内环境由长期战乱转入和平安定，人民生活明显改善，医疗卫生防疫工作和妇幼保健事业得到改善。危害人民生命的急性传染病得到一定的控制。因此，人口出生率从一九五〇年至一九五四年一直保持在千分之三十七以上的高水平，而人口死亡率却自一九四九年的千分之二十下降到一九五四年的千分之十三点一八。[2]但人口增长速度过快的负面影响已经显现，加重了社会负担，不利于经济发展。

最早提出这个问题的是时任政务院副总理的邓小平。他在一九五三年八月就写信指示卫生部帮助群众节育。一九五四年五月二十七日，全国妇联副主席邓颖超写信给邓小平说："目前我国人口出生数相当高，首先在机关中的多子女母亲和已婚干部的自愿节制生育实行避孕者中，推行有指导的避孕，是可行而又必须的。"邓小平在信上批示："我认为避孕是完全必要的和有益的"，"应采

---

[1]《建国以来重要文献选编》第5册，第705、708页。
[2] 国家统计局编：《新中国五十年》，第533页。

取一些有效的措施。"[1]卫生部据此先后发了两个文件。

一九五四年九月,邵力子在第一届全国人大第一次会议上发言,主张要节制生育、控制人口增长和传播避孕知识。十二月,刘少奇在一次座谈会上明确表示:"现在我们要肯定一点,党是赞成节育的。""人口增加后有没有困难?有困难,困难很多,而且一下子解决不了。""因此,应当赞成节育,不应反对。反对的理由都不能成立。"[2]

一九五五年七月,北京大学校长、著名经济学家马寅初在第一届全国人大第二次会议上作了《控制人口与科学研究》的发言。第二年九月,周恩来在中共八大所作关于第二个五年计划的报告中说:"我们赞成在生育方面加以适当的节制。卫生部门应该协同有关方面对于节育问题进行适当的宣传,并且采取有效的措施。"[3]这是中国共产党第一次在公开发表的文献中提出节育问题。同年十一月,他在中共八届二中全会上更着重地谈了这个问题,说:"昨天我在政治局会议上说了,要提倡节育。这个问题的发明权本来是邓小平同志的,后来邵力子先生在人民代表大会上讲了。我们的党和青年团要用一定的力量宣传这个问题。这实际上是广大人民所需要的,首先是城市人民所需要的。""我觉得甚至提倡晚婚也是有好处的。"[4]

"计划生育"的问题是毛泽东在一九五六年提出来的,这比节制生育又进了一步。他在这年十月同南斯拉夫妇女代表团谈话时说:"社会的生产已经计划化了,而人类本身的生产还是处在一种

---

[1] 常崇煊主编:《当代中国的计划生育事业》,当代中国出版社1992年3月版,第6页。

[2] 《刘少奇选集》下卷,第171、172页。

[3] 《周恩来经济文选》,中央文献出版社1993年2月版,第324页。

[4] 《周恩来选集》下卷,第231页。

无政府和无计划的状态中。我们为什么不可以对人类本身的生产也实行计划化呢?我想是可以的。我们有一位民主人士叫邵力子,他就提倡节育。"[1]

在这种情况下,一九五五年和一九五六年的人口出生率都有下降:从一九五四年的千分之三十七点九七,下降到一九五五年的千分之三十二点六,再下降到一九五六年的千分之三十一点九。

热气腾腾的社会主义工业化建设

过渡时期总路线的"一体两翼",说明社会主义工业化是中国向社会主义过渡的主体。社会主义是建立在现代化大生产基础上的。衡量中国是不是已具有建立社会主义制度的基本条件,首先决定于社会主义工业化是否取得重大进展,是否在国民经济中处于优势地位,而不是别的。它是对整个国民经济实行社会主义改造的物质基础。离开这一条,别的什么都谈不上。

中国是在经济极其落后的基础上起步,开展大规模工业建设的。毛泽东在一九五四年六月说过一段现在常被引用的话:"现在我们能造什么?能造桌子椅子,能造茶碗茶壶,能种粮食,还能磨成面粉,还能造纸,但是一辆汽车、一架飞机、一辆坦克、一辆拖拉机都不能造。"[2] 既缺乏经验,又缺乏资金和必要的技术,要进行这样大规模工业建设的困难不难想象。但它有几个十分重要的条件:新中国的成立实现了民族独立和人民解放,人民大众成了国家的主人,有着强烈的自豪感和使命感,长期蕴藏着的巨大积极性和

---

[1]《毛泽东文集》第7卷,人民出版社1999年6月版,第153页。

[2]《毛泽东文集》第6卷,第329页。

创造力像火山一样突然喷发出来，这是无穷的力量源泉；二是中国共产党提出正确的奋斗目标，并且有着强大的动员和整合能力，能够把全国的力量集中起来，办成几件前人无法做到的大事；三是经过前三年的准备，遭长期战乱破坏的国民经济已经得到恢复，政治上已形成统一而稳定的局面，这是进行大规模建设必需的环境；四是当时也得到苏联很大的帮助，特别是有许多技术专家来到中国参加建设工作。没有这些条件，要在如此落后的基础上开展大规模的建设是难以做到的。

中国的社会主义工业化建设，特别是重工业建设，从一九五二年就开始着手。其中特别受人们关注、在初期被称为"重中之重"的是鞍山钢铁公司"三大工程"的建设：八百毫米的大型轧钢厂、一百四十毫米的无缝钢管厂和九百、十八立方米的七号高炉。中国近代工业建设中所需的大型钢材，多年来一直依赖从国外进口。这座大型轧钢厂建成后，可以把鞍钢原来所产的大批钢坯制成建筑铁路、桥梁及各种大型建筑所必需的大型钢材，如钢轨、工字钢、槽钢、方钢及轧制无缝钢管所用的钢坯等。无缝钢管在新中国即将到来的大规模经济建设中，无论勘探地下矿藏，开采石油，建设火力发电厂、炼油厂与化学工厂，还是生产火车头、轮船、飞机、汽车和拖拉机，都是不可缺少的重要器材，以往也只能从国外进口，无缝钢管厂建成后，便能解决这方面的需要。改建鞍钢炼铁厂第七号高炉，不仅可使这座停止生产已久的高炉复活，并且将把它改建成中国第一座自动化高炉。《人民日报》从一九五三年一月三日起，连续三天分别介绍这"三大工程"。中共中央发出"全国支援鞍钢"的号召，国内有五十五个城市、一百九十九个企业从人力、物资、设备等方面支援鞍钢。这"三大工程"在一九五三年十月至十二月

相继竣工。十二月二十四日,毛泽东写信给鞍钢全体职工祝贺:

> 鞍山无缝钢管厂、鞍山大型轧钢厂和鞍山第七号炼铁炉的提前完成建设工程并开始生产,是一九五三年我国重工业发展中的巨大事件。
>
> 我国人民现正团结一致,为实现我国的社会主义工业化而奋斗,你们的英勇劳动就是对于这一目标的重大贡献。[1]

一九五五年八月,大型综合性钢铁基地武汉钢铁公司开工兴建。一九五七年,另一个大型综合性钢铁基地包头钢铁公司也开工兴建。

中国第一个大型合金钢生产基地北满钢厂,是一九五四年四月在黑龙江富拉尔基破土动工的。一九五六年八月,炼出了第一炉合金钢。一九五七年十一月,全厂落成。"一九五八年二月,投产不久的北满钢厂便生产出我国第一批大口径厚壁火炮材料用钢。"以后,"作为国家大型合金钢生产基地,北满钢厂曾先后为新中国自己制造的第一门火炮、第一辆坦克、第一颗原子弹、第一枚洲际导弹、第一艘核潜艇提供了重要部件用钢"。[2]它的建成,使新中国具备了生产重武器用钢的能力。

有色金属方面,建成山东铝厂,开始建设甘肃白银有色金属公司和云南东川铜矿生产基地。

中国第一座现代化大型露天煤矿辽宁阜新海州露天煤矿,是一九五三年七月建成投产的。

---

[1]《毛泽东书信选集》,第474页。

[2] 刚煊:《北国璀璨明珠》,《共和国的记忆》,第511页。

一九五二年，决定在上海筹建电机厂、汽轮机厂和锅炉厂三大动力厂。三厂通力合作，在一九五五年六月生产并组装成新中国第一套六千千瓦火力发电机组，开创了中国自行制造大型成套动力机械设备的纪录，开始建立起中国的发电设备生产基地。

中国第一汽车制造厂于一九五三年七月在吉林长春兴建。"一九五六年七月十二日，从总装备线上开出了国产第一辆解放牌汽车，就此结束了中国不能制造汽车的历史。"[1]这个厂成为中国汽车工业的摇篮。

洛阳拖拉机厂的兴建，开始了中国人自己制造拖拉机的历史。"一九五九年七月二十日，中国第一台拖拉机披着彩带，在敲锣打鼓的人们的护送下，'隆隆'地开出'一拖'厂门。"主管农业的谭震林副总理兴奋地说："一个耕地不用牛的时代开始了！"[2]

富拉尔基和太原等重型机器厂的建成，使中国能够自行制造重型采矿设备、工程机械等，大大提高了机械设备的自给能力。

中国过去从来没有自己制造过飞机，只能做些修理工作。一九五四年七月，南昌飞机厂制造的第一架初级教练机试飞成功。一九五六年七月，沈阳飞机制造公司生产出第一架新型喷气式歼击机。一九五七年，又生产出中国第一架多用途民用飞机。

就连第一块国产手表，也是一九五五年三月在天津原来生产木钟和闹钟的华北钟厂和华威钟厂共同组成的手表试制小组中自行研制诞生。

这些只是举例。在第一个五年计划期间，"全国同时开展了一万多个工矿建设单位的施工，苏联援建的一百五十六个项目中有

---

[1] 刘国光主编：《中国十个五年计划研究报告》，人民出版社2006年3月版，第79页。
[2] 田鹏：《新中国第一台拖拉机》，《共和国的记忆》，第342、343页。

六十八个全部或部分建成投产，从而使我国的社会经济结构和国民经济面貌发生了重大变化。"[1]它是全国各族人民辛勤劳动的成果。在这些工作中，来中国参加建设的三千多名苏联专家的帮助发挥了重要作用。

此外，在铁路建设方面，除对原有干线进行技术改造外，宝（鸡）成（都）铁路修成通车，兰（州）新（疆）铁路修到玉门以西，鹰（潭）厦（门）铁路动工兴建。重要的公路，如施工极为艰险的康藏公路和青藏公路在一九五四年十二月全线通车，"二呀么二郎山"的歌声传遍全国。这些铁路和公路的建成，加强了西北、西南广大地区同全国各地的联系。武汉长江大桥在一九五五年九月开工，两年内建成通车。在水利建设方面，继续治理淮河，开始兴建黄河三门峡水利电力枢纽工程，并举办其他一些大型的和许多中、小型的水利工程，如安徽佛子岭和浙江新安江等水库，对防御洪水和灌溉田地开始发挥作用。其中，新安江水电站是中国第一座自行设计和自制设备的大型水力发电站，它的坝高一百零五米，当时为全国第一，水库容量也是全国最大的。一九五六年十二月三十日，全国所有县通了电报，百分之九十五以上的县通了电话。其他轻工业、农业和城市建设也取得重大进展。

激动人心的捷报一个接一个传来，气势恢宏的大规模经济建设在人们面前活生生地一步步展开。这在旧中国不但从来没有见过，甚至连想也没有想到过，使中华民族感到难以抑制的扬眉吐气，对新中国充满自豪。全国人民热情高涨，兴奋地投身到这场大规模建设的洪流中去。多少人为它无私地奉献出自己的青春年华。

---

[1] 刘仲藜主编：《奠基——新中国经济五十年》，中国财政经济出版社1999年12月版，第108—109页。

还有一件重要的事：陈云批示将一批企业从上海迁移到内地。当时担任国务院第三办公室副主任的谷牧回忆道："解放后，上海由于帝国主义对我国的封锁，经济发展遇到较多的困难，特别是在旧中国环境下形成的商业服务业在解放初期崇尚节俭的环境中显得相当萧条。同时内地的经济发展又缺乏技术、缺乏人才、缺乏经验。陈云同志的批示，一箭双雕，解决了上述两个问题，上海和内地有关地区都十分拥护，使我们的组织落实工作很顺利。记得上海约有二百七十多家轻工、纺织工厂迁往河南、陕西、甘肃等省，还有些服装加工、饮食服务业也到内地生根开花，远的到了内蒙古。在'一五'计划期间，上海对内地支援是很大的。有份资料说，当时上海有二十一万人支援内地，其中工程技术人员二万三千多人，熟练技术工八万人，还有五万多人的设计、建设、安装队伍参加重点工程建设，对于内地的发展起了很大作用。可以说上海，还有辽宁，是新中国工业经济发展征程中的重要始发基地。"[1]

从一九五三年到一九五六年，全国工业总产值平均每年递增百分之十九点六，农业总产值每年递增百分之四点八，这种增长速度是相当高的。经济效益比较好，重要经济部门之间的比例比较协调，市场繁荣，物价稳定，人民生活继续得到明显改善。第一个五年计划原定的主要指标在一九五六年提前一年完成，为中国的社会主义工业化奠定了坚实基础。中国的面貌发生巨大变化。

城市人口大幅度增长。一九四九年全国城镇人口为五千七百六十五万人，一九五七年增长到九千九百四十九万人，每年平均增长率达到百分之七点零六；城镇人口比重从原来的百分之十点

---

[1]《谷牧回忆录》，第162—163页。

六,增长到百分之十五点四。这是向城市化最初跨出的重要一步。

"一五"时期的建设规模,基本上是同当时的国力相适应的,国民收入中积累率大体保持在百分之二十至二十五之间,基本建设投资在国家财政支出中的比重在百分之三十五至四十之间。

大规模的经济建设,把重视现代科学技术、重视知识分子的问题日益突出地提到新中国面前。从一九四九年八月到一九五五年十一月,从海外归来的高级知识分子多达一千五百三十六人,其中包括许多著名的科学家和作家,如李四光、华罗庚、钱学森、老舍、吴阶平、汪德昭、邓稼先、吴仲华等。但当时的知识分子工作中,特别是一九五五年的肃反运动(这次运动是从错误批判"胡风反革命集团"的冤案开始的,涉及不少知识分子,造成不良后果)后,存在不少问题。周恩来把问题归结为对知识分子的六个"不":"估计不足,信任不够,安排不妥,使用不当,待遇不公,帮助不够。"[1]这些,妨碍了知识分子在社会主义建设中作用的充分发挥。

一九五六年一月,中共中央召开关于知识分子会议。周恩来在会上作了《关于知识分子问题的报告》。他说:

> 我们所以要建设社会主义经济,归根结底,是为了最大限度地满足整个社会经常增长的物质和文化的需要,而为了达到这个目的,就必须不断地发展社会生产力,不断地提高劳动生产率,就必须在高度技术的基础上,使社会主义生产不断地增长,不断地改善。因此,在社会主义时代,比以前任何时代都

---

[1] 周恩来在中央关于资本主义工商业社会主义改造的问题会议上关于知识分子问题的讲话记录,1955年11月24日。

更加需要充分地提高生产技术，更加需要充分地发展科学和利用科学知识。

周恩来在这以前不久到欧洲参加了前后持续近三个月的日内瓦会议，亲身感受到现代科学技术的突飞猛进。他在报告中说：

> 现代科学技术正在一日千里地突飞猛进……各个生产部门的生产技术和工艺规程，正在日新月异地变革。……我想在这里稍微多说一点科学方面的事情，这不但因为科学是关系我们的国防、经济和文化各方面的有决定性的因素，而且因为世界科学在最近二三十年中，有了特别巨大和迅速的进步，这些进步把我们抛在科学发展的后面很远。[1]

他在报告中响亮地提出"向现代科学进军"的口号，要求确定科学发展的远景规划，并且提出改进知识分子工作的各项措施。

会后，集中全国的优秀科学家共同制订出十二年科技发展远景规划。中国许多尖端科技项目（如原子能的和平利用、无线电电子学中的新技术、喷气技术、生产过程自动化和精密仪器等）的集体攻关，就是从这时候起步的。

社会主义基本制度所以能够顺利地在中国大地上建立起来，决不能忘记社会主义工业化取得的巨大成就和所起的决定性作用，决不能忘记无数为祖国美好未来在工业战线和科技战线上忘我奋战的优秀中华儿女。这正是今天的年轻人的父辈们以至祖辈们当年度过

---

[1]《周恩来选集》下卷，第159—160、181页。

的难忘岁月。他们使社会主义在中国取得越来越大的优势，从事的是实现过渡时期总路线的主体工程。中国的社会主义，主要的是靠人们苦干实干的辛勤劳动干出来的。

农业和手工业的合作化

农业是国民经济的基础。农民占着当时中国人口的百分之八十以上，他们原来靠一家一户分散劳动，在土地改革后大体上仍属于小生产者和小私有者。这种生产活动基本上靠人畜劳动，靠人力灌溉，用的是古老的农具和肥料，有的连耕畜也没有。"个体经济是一种分散、落后又不稳定的经济。它一方面，在生产发展上不可避免地受其本身的局限性的制约；另一方面，同社会化大生产的社会主义经济增长又存在着矛盾。"[1]它在中国有如汪洋大海一般，并且有着几千年根深蒂固的传统影响。小生产者的一些意识形态在中国社会生活中广泛而顽强地存在着，或隐或显地起着作用。如果农业一直保持这种个体经济的状况，而不走上社会主义道路，很难说中国能成为现代化国家。

在实际社会生活中，这种矛盾已经暴露出来。分散的个体劳动在生产中常会遇到单靠自己难以克服的困难。农村中的互助合作就是适应这种客观需要而产生的。这种状况早在新中国成立前的老解放区已经出现。"陕甘宁边区是一个农业区域，这里的农民一如全国他处的农民一般，都是个体经济。一家一户就是一个生产单位。""陕甘宁边区的劳动互助，原有'变工''扎工'或'唐将班子'

---

[1] 马洪、刘国光、杨坚白主编：《当代中国经济》，中国社会科学出版社1987年1月版，第85页。

等方式。这些都是民间流行的旧方式。所谓变工,就是几家农户之间在进行农业生产时,把人力和畜力加以调剂的劳动互助。扎工与唐将班子,在名称上虽然不同,但内容与组织上大体上都是一种集体的雇佣组织。""劳动互助在农业上的作用是很大的。它具有提高劳动效率,节省劳动力与粮食,提高劳动热忱,解决生产工具的缺乏,及发扬互助精神改造落后意识等作用。"[1]这是生产发展的需要,农民自身也有这种要求。毛泽东十分重视这个问题,一九四三年十月在西北局高干会议上指出:"这样的改革,生产工具根本没有变化,但人与人之间的生产关系变化了。从土地改革到发动劳动互助组织两次变化,这是生产制度上的革命。"[2]

一九五一年,随着土地改革在全国范围内全面展开,中农已成为农村人口中的大多数。但农村生产力水平还很低,使用最传统的手工工具,靠人畜耕种,农产品的商品率也很低,发展生产遇到不少困难。农业互助合作的问题被提到更加重要的位置上来。这年九月,召开全国第一次互助合作会议。十二月十五日,中共中央印发这次会议形成的《关于农业生产互助合作的决议(草案)》,并在通知中说:"这是在一切已经完成了土地改革的地区都要解释和实行的,请你们当作一件大事去做。"

这个《决议(草案)》有一个重要特点:在听取熟悉农民的作家赵树理的意见后,突出强调了农民"两种积极性"的问题,注意到农民对个体经济的积极性,但着重强调的是发展农业生产互助合作的问题。它写道:

---

[1] 许涤新:《中国经济的道路》,生活书店1946年9月版,第95、96页。
[2]《毛泽东文集》第3卷,第71页。

农民在土地改革基础上所发扬起来的生产积极性,表现在两个方面:一方面是个体经济的积极性,另一方面是劳动互助的积极性。农民的这些生产积极性,乃是迅速恢复和发展国民经济和促进国家工业化的基本因素之一。

解放后农民对于个体经济的积极性是不可避免的。党充分地了解了农民这种小私有者的特点,并指出不能忽视和粗暴地挫折农民这种个体经济的积极性。在这方面,党是坚持了巩固地联合中农的政策,对于富农经济,也还是让它发展的。根据我们国家现在的经济条件,农民个体经济在一个相当长的时期内,将还是大量存在的。

但是,党中央从来认为要克服很多农民在分散经营中所发生的困难,要使广大贫困的农民能够迅速地增加生产而走上丰衣足食的道路,要使国家得到比现在多得多的商品粮食及其他工业原料,同时也就提高农民的购买力,使国家的工业品得到广大的销场,就必须提倡"组织起来",按照自愿和互利的原则,发展农民劳动互助的积极性。这种劳动互助是建立在个体经济基础上(农民私有财产的基础上)的集体劳动,其发展前途就是农业集体化和社会主义化。[1]

《决议(草案)》提出:农业生产互助合作有三种主要形式:一是简单的劳动互助,主要是临时性的、季节性的;二是常年的互助

---

[1]《建国以来重要文献选编》第2册,第509—511页。

组；三是以土地入股为特点的农业生产合作社。前两种形式，当时在华北已发展到占全体农民的百分之六十，在东北已达到百分之七十。应当根据可能的条件而稳步前进地推进这些不同的农业互助和合作，不能放任自流，更不能强迫命令，而以自愿和互利为原则。这个文件在一九五一年十二月作为草案在党内下达，在相当程度上反映了进一步发展农村社会生产力的需求。

这是中共中央关于农业生产互助合作的第一个决议。

文件下达后，农业生产互助合作运动有了较快发展。这些互助合作组织，在爱国增产竞赛运动中起了带头作用；合作兴修水利，在春耕防旱和防治病虫害方面获得很大成效；在刚完成土地改革的新解放区，解决了不少新翻身农户缺乏耕畜、家具和口粮的困难，保证了增产运动的顺利开展，得到农民的欢迎。到一九五二年年底，组织起来的农户，在老解放区占百分之六十五以上，新解放区占百分之二十五左右，全国还成立了四千多个农业生产合作社（初级社），创办了几十个高级社（当时称集体农庄）。这年的农业有了较高增产，粮食总产量达到三千二百多亿斤，比上年增产四百亿斤。一九五三年二月十五日，中共中央通过这个文件作为正式决议，并在《人民日报》上公开发表。这一年新建的初级农业生产合作社，据一些地区调查，百分之八十至九十都比当地一般互助组增产一至二成。

一九五三年上半年，局势有两个重要变化：一个是中共中央提出过渡时期总路线，要求加快农业集体化的步伐，进行农业的社会主义改造；另一个是粮食供销出现全面紧张，城镇和缺粮农村地区的粮食供应得不到保障，粮价上涨，人心开始浮动。

这两个问题是互相关联的。薄一波指出："新中国诞生伊始，粮食产需矛盾、供求矛盾就十分尖锐。如果说尖锐的粮食产需矛盾是促进大规模开展农业合作化的动因之一,那么,一九五三年实行粮食统购统销,则是当时粮食供求矛盾发展的产物。"[1]

先说后一个问题,也就是粮食的供求矛盾。这在当时已成为燃眉之急的紧迫问题。

据粮食部报告,一九五二年七月一日至一九五三年六月三十日这个粮食年度内,国家收入粮食五百四十七亿斤,而随着大规模经济建设开始,大批农民从农村进入城市,城市人口和工业就业人数激增(一九五三年,城镇人口达七千八百二十六万人,比上一年增加六百六十三万人),支出粮食五百八十七亿斤,两者相较,赤字达四十亿斤,只能靠挖有限的库存来弥补,这自然不是长久之计。而农民在土改后生活改善,对粮食消费的需要提高了,有余粮也不急于出售。东北等产粮地区遇到灾荒,使供销局势更显紧张。当时粮食市场是自由市场。农民上缴农业税(即公粮)后,粮食可以自由上市。一些私人粮商又乘机抢购粮食,囤积待机。有些粮食商甚至在一天内把当地市场上能购买到的粮食抢购一空。在他们活动频繁的地区,一般市价高出牌价百分之二十至三十,并且还在上涨。私商的投机活动,又助长了农民贮存观望、惜售看涨的心理。一九五三年十月的国家收购计划只完成百分之三十八。市场粮价大幅度上涨。一些经济困难的城市居民已难以购得必需的口粮,造成人心惶惶。"民以食为天。"粮食是稳定市场、保证建设的最重要的商品。这个问题如果不能及时得到解决,拖延下去,势将造成严重的社会动乱,大规模经济建设也很难进行。

怎么办?那时,公粮收入已不能再增加,粮食收购严重不足,

---

[1] 薄一波:《若干重大决策与事件的回顾(修订本)》上卷,第263页。

而市场上的粮食销售又不能减少，处在两难的境地。负责财政经济工作的陈云说："我这个人不属于'激烈派'，总是希望抵抗少一些。我现在是挑着一担'炸药'，前面是'黑色炸药'，后面是'黄色炸药'。如果搞不到粮食，整个市场就要波动；如果采取征购的办法，农民有可能反对。两个中间要选择一个，都是危险家伙。"他考虑了八种处理办法，经过反复的慎重比较，最后得出结论：根据现有情况，处理办法只能是：在农村实行征购，在城市实行定量配给。这个办法，以后被称为"统购统销"。经中共中央和政务院同意后，他在一九五三年十月十日召开的全国粮食会议上，将曾设想的八种办法逐一进行比较，用来说明不得不作出这种选择的理由。举例来说：

只配不征。就是只在城市配给，农村不征购。在农村工作的同志一听到"征"字就害怕，说是不是可以慢一点征；至于城市配给，他是赞成的。实行这个办法，那只是关了一道门，就是说，我们在城市里面，只准一个人买多少，不准囤积，也不准拿到乡下去。但是农民也有眼睛，也有耳朵，看到城市在配给，他就会不卖粮食。所以，只在城市配给，不在乡村中征购，我们就会买不到粮食。

只征不配。在城市工作的同志欢迎这种办法，他们说，农村征购是要的，城市配给可以慢一些。日本帝国主义在它侵占的地方搞过配给，国民党也搞得天翻地覆，现在人们一听到配给就头痛。我说，如果只在农村征购，在城市里面不配给，结果一定会边征边漏。你在农村中征购，换给他钞票，他拿到钞票以后，一转身就可以再跑到城市的粮食公司里去买，结果，你征购到的粮食便会统统漏掉。所以，只征不配不行。

原封不动。所谓原封不动，就是照现在这样做下去，自由卖出，自由买进。结果必乱无疑。有的同志说，就准备乱它一年，看一看再说。但是，如果在乱了一年后再来征购，那就要比今年就开始征购困难得多。[1]

十月十六日，中共中央作出《关于实行粮食的计划收购与计划供应的决议》。十一月十五日，中共中央又发出《关于全国实行计划收购油料的决定》。十一月二十三日，政务院发布《关于粮食的计划收购和计划供应的命令》。第二年九月九日，政务会议通过《关于棉布计划收购和计划供应的命令》和《关于实行棉花计划收购的命令》，自下月起棉布实行凭票供应。这实在是当时唯一可行的选择。

粮食、棉布、食用油料统购统销的收效是明显的："实行粮食统购统销的第一个月份，国家就开始扭转了购少销多的局面，这个月粮食收购比一九五二年同期增加百分之三十八。一九五三至一九五四粮食年度，国家粮食收购量比上年度增加百分之八十，但销售只增加百分之三十三，一举改变了一九五二至一九五三粮食年度内销大于购的严重失调现象。"到一九五四年六月，"国家粮食库存已比上年同期增加了百分之五十。这一年我国发生了百年未有的大水灾，国家由于有了足够的粮食供应灾区，粮价一直稳定"。[2]

为了照顾农民的利益，并使农民易于接受粮食的统购统销，在实行时，控制征购粮食的数量，使它远低于农民近两年拿出来的粮食数量；注意价格公道，全国各地的统购价格大体维持当时的收购

[1]《陈云文选》第2卷，第208—209页。
[2] 柳随年、吴群敢主编：《中国社会主义经济简史》，第116页。

牌价。由于决定比较匆促，办法不够完善，在最初实行时有些地方仍发生强迫命令等现象。一九五五年八月，国务院又发布《农村粮食统购统销暂行办法》，实行粮食定产、定购、定销，简称"三定"，使农民安心。由于土地改革以来党和政府同农民已建立起亲密关系，得到农民的信任，又做了耐心的工作，这项工作得到了农民的支持。

粮票、油票、布票等制度实行了三十多年。在物资相当缺乏、往往供不应求的情况下，为了使居民（特别是收入较低的居民）能够有保障得到起码的生活必需品，这种做法是不得已的也是有效的措施。苏星在《新中国经济史》中写道："粮食和油料、棉花和纱布的统购统销，最明显的效果是，缓和了市场供不应求的矛盾，保证了国家需要和人民生活的供应，稳定了市场和社会秩序。从中国当时大规模、有计划经济建设的实际出发，这是唯一可行的办法。"[1]

实行粮食统购统销，需要核定各户余粮，动员各户交售，要同如此数千万农户直接打交道，实在是相当繁难的事情，也促使中国共产党和人民政府更加迫切地要求加快推进农业的社会主义改造。而实行统购统销后，国家掌握了粮食、棉花和经济原料，又切断了农民同城市资产阶级的联系，从而掌握了对资本主义工商业改造的主动权。这些都促进了社会主义改造的进行。

再看过渡时期总路线提出后，要求加快农业合作化步伐的状况。

随着土地改革的完成，在农村中很快出现了贫富分化。个体经济确实存在着不可否认的弱点：他们是分散的小生产者，使用

---

[1] 苏星：《新中国经济史》，第247—248页。

的是落后的生产工具，难以抵抗自然灾害；他们又是私有者，不能有无相通。一些人分到了土地，由于劳动力不足或遇到不可抗拒的自然灾害或疾病死亡等问题时，又会重新陷入穷困破产的境地。当时，富裕户向贫困户放债，月息在百分之五到十。"不少农民因还不起债，被迫卖房卖地。据山西忻县地区一百四十三个村的调查，一九四九年至一九五二年，有八千二百五十三户农民出卖土地三万九千九百十二亩，出卖房屋五千一百六十二间；据湖北、湖南、江西三省调查，出卖土地的户数和亩数，一九五三年比一九五二年都增加五倍多。由于土地的出卖，有些贫农则靠出卖劳动力为生。"[1]

这种状况使中共中央感到十分忧虑，觉得需要加快农业合作化。十分熟悉农民状况的邓子恢在一九五一年冬也讲过："中国历史上历次的农民暴动，都或多或少地改变了旧的土地所有状态，但是由于农民小生产者存在这种弱点不可能克服，所以过了数十年百把年之后，又恢复到原来的阶级悬殊与农业衰落的状态。这种历史上的悲惨道路我们不要重走。"[2]而在土改完成时，农村中参加互助组的农户已占总农户的百分之四十，半社会主义性质的初级农业生产合作社也有三千六百多个。这又是开展农业合作化的客观基础。

过渡时期总路线提出后，在农业社会主义改造方面跨出的重大一步是一九五三年十月二十六日至十一月五日召开第三次农业互助合作会议，讨论《中共中央关于发展农业生产合作社的决议（草案）》，把农业互助合作的重点从互助组转向农业生产合作社（初级社）。这个决议经中共中央通过后，在一九五四年一月公布。

初级农业生产合作社的特点是：土地入股，集体劳动。这是在

---

[1] 柳随年、吴群敢主编：《中国社会主义经济简史》，第96页。

[2] 《邓子恢自述》，第174页。

个体私有制基础上的集体劳动，既按土地分红，又按劳动分配，是一种向社会主义集体经济发展的过渡形式。

在第三次农业互助会议召开前十来天，毛泽东找中央农村工作部副部长陈伯达、廖鲁言谈话。他说：

> 各级农村工作部要把互助合作这件事看作极为重要的事。个体农民，增产有限，必须发展互助合作。
>
> 一般规律是经过互助组再到合作社，但是直接搞社，也可允许试一试。走直路，走得好，可以较快地搞起来，为什么不可以？可以的。
>
> 从解决（引者注：粮食、棉花、肉类、油脂）这种供求矛盾出发，就要解决所有制与生产力的矛盾问题。是个体所有制，还是集体所有制？是资本主义所有制，还是社会主义所有制？个体所有制的生产关系与大量供应是完全冲突的。个体所有制必须过渡到集体所有制，过渡到社会主义。合作社有低的，土地入股；有高的，土地归公，归合作社之公。[1]

那次会议快闭幕时，毛泽东又找陈伯达、廖鲁言谈话，说：

> 互助组跟农业生产合作社不同，互助组只是集体劳动，并没有触及到所有制。现在的农业生产合作社还是建立在私有制

---

[1]《毛泽东文集》第6卷，第299、301页。

基础之上的，个人所有的土地、大牲口、大家具入了股，在社内社会主义因素和私有制也是有矛盾的，这个矛盾要逐步解决。到将来，由现在这种半公半私进到集体所有制，这个矛盾就解决了。我们所采取的步骤是稳的，由社会主义萌芽的互助组，进到半社会主义的合作社，再进到完全社会主义的合作社（将来也叫农业生产合作社，不要叫集体农庄）。一般讲，互助组还是农业生产合作社的基础。[1]

毛泽东这两次谈话的精神，在《中共中央关于发展农业生产合作社的决议》中得到比较完整的表述。《决议》写道："孤立的、分散的、守旧的、落后的个体经济限制着农业生产力的发展，它与社会主义的工业化之间日益暴露出很大的矛盾。""根据我国的经验，农民这种在生产上逐步联合起来的具体道路，就是经过简单的共同劳动和临时互助组与在共同劳动的基础上实行某些分工分业而有某些少量公共财产的常年互助组，到实行土地入股、统一经营而有较多公共财产的农业生产合作社，到实行完全的社会主义的集体农民公有制的更高级的农业生产合作社（也就是集体农庄）。这种由具有社会主义萌芽、到具有更多社会主义因素、到完全的社会主义合作化的发展道路，就是我们党所指出的对农业逐步实现社会主义改造的道路。"[2]

找到了半社会主义的初级农业生产合作社这种过渡形式，实现对农业的社会主义改造就比较顺利了。

一九五四年，中国的农业合作化运动进展得比较快，基本上

---

[1]《毛泽东文集》第6卷，第302—303页。
[2]《人民日报》1954年1月9日。

是健康的。据这年年底统计，互助组从一九五一年底的四百几十万个增加到近一千万个，初级社由一九五一年底的三百多个增加到一九五三年的一万四千个，再到一九五四年秋的十万个和一九五四年底的四十八万个，参加互助合作的农户由一九五二年的二千一百万户增加到一九五四年底的七千万户，在全国农户总数中的比重由百分之十九点二增加到百分之六十点三。

农业互助合作搞得好不好，根本的一条要看是否增产，是否有利于发展生产力。当时的许多统计材料表明，合作社百分之八十以上都增产增收，并且一般都是互助组优于单干，合作社又优于互助组。[1] 在农村互助合作运动迅速发展的同时，农业总产值没有下降，而是逐年上升：一九五三年比上年增长百分之三点一，一九五四年又比上年增长百分之三点四。这和苏联实现农业集体化过程中农业产值大幅度下降有明显的不同。

这一年全国农业互助合作运动的工作指导也比较稳健。中共中央农村工作部部长邓子恢一九五四年四月十八日在全国第二次农村工作会议的总结报告中，说明要用社会主义精神来指导工作："我们同资本主义有本质的不同，资本主义的原则是利用自己的经济优势来剥夺那些落后的，把人家排挤与剥夺得越艰苦、越落后，他就越发财。社会主义则不是这样，社会主义基本原则是先进的帮助落后的，大的帮助小的，强的帮助弱的。我们要拿这种社会主义精神教育社员、教育干部。互助组应该帮助个体农民，合作社应该帮助互助组，也应该帮助单干户，在技术上帮助他，在经验上帮助他，甚至在劳动上、经济上也要适当地帮助他，这才是社会主义的

---

[1] 胡绳主编：《中国共产党的七十年》，第413页。

精神。"

他又指出：农民的两重性使他既有可能走向社会主义，但也并不那么容易，所以必须坚持自愿原则，禁止任何强迫命令。他说："农民是小生产者，个体经济，因此养成了他单独经营的习惯。他自己单独经营很自由，早下地晚下地由他。他也有他的计划，有他的打算，但他是以自己家庭单位来打算的。农民对于社会主义往往容易误解，怕吃亏，有顾虑。他单独经营惯了，集体经营怕搞不好。他文化程度低，脑子比较简单一些，不轻易相信人家的话，你说什么先进经验，他不轻易相信。""要使农民自愿参加，必须进行教育，没有别的方法。要完全使他消除顾虑，他才能自愿，一次说服不行，他不听你的，你只要等待。另外，要把先进的农民组织起来，作个样子给他看，用事实说服他，边讲边作，边作边讲，经过说服教育和示范，使他真正弄清楚，消除顾虑，自觉自愿参加。只能采取这样的办法。"他还强调："采取各种过渡形式，循序而进。"[1]

进入一九五五年，几个新的情况出现在人们面前：一是农业合作化运动发展得十分迅猛，到一月初，两个月内全国新办的合作社有三十八万多个，其中相当部分在没有准备或准备很差的情况下建立起来，存在不少问题，需要进行整顿；二是一九五四年遭受严重水灾，全国粮食生产计划没有完成，各地纷纷反映"闹粮荒"，甚至出现滥宰耕畜、砍树等现象；三是随着社会主义工业化建设的大规模开展，对粮食和一些工业原料的需求增加，有计划地大量增产的要求和小农经济分散私有性质之间的矛盾越来越明显，困难越来

---

[1]《邓子恢文集》，人民出版社 1996 年 7 月版，第 370、361、362、364 页。

越多。陈云在一九五四年十月向中共中央汇报经济工作时曾说过："农业增产有三个办法：开荒，修水利，合作化。这些办法都要采用，但见效最快的，在目前，还是合作化。""搞合作化，根据以往的经验，平均产量可以提高百分之二十五到三十。"[1]

这些，都是摆在人们面前的客观实际情况。拿这三点来说，前两个情况，要求农业合作化运动适当放慢速度，着重巩固。后一个情况，要求加快合作化的步伐，力求通过合作化找出一条增产的新路子。这两种设想都有相当的事实依据。这种可以导致不同结论的复杂情况，相当程度上造成决策的摇摆和变化。

一九五五年上半年，农业合作化运动的发展仍在稳步前进。当时担任中央农村工作部秘书长的杜润生回忆：

> 在三月八日，邓子恢还跟我说，毛泽东嘱咐要重视党和农民的关系，农民负担很重；五年实现合作化步子太快，有许多农民入社，并不是真正的自愿的。五七年以前三分之一的农民和土地入社就可以了，不一定要求达到百分之五十。[2]
>
> 毛主席讲了一段著名的话："生产关系要适应生产力发展的要求，否则生产力会起来暴动。当前农民杀猪、宰羊，就是生产力起来暴动。"他提出现在有些地方要停下来、整顿（如华北、东北），有些地方要收缩（如浙江、河北等），有些地方要发展（如新区），即"一曰停，二曰缩，三曰发"的著名的"三字方针"。[3]

---

[1]《陈云文选》第2卷，第238、239页。

[2]《缅怀毛泽东》下册，中央文献出版社1993年12月版，第381页。

[3]《杜润生自述：中国农村体制变革重大决策纪实》，第47页。

但一些地方合作社发展过快的势头并没有得到遏制。其中最突出的是浙江,一九五四年春只有两千多社,占农户比重为百分之零点六,到一九五五年春增加到百分之三十,扩大了约五十倍;在办社中,违背自愿原则、强迫命令的情况很严重;粮食征购量过多,并且给单干农民多派任务,用统购统销来促合作化。三月二十二日,中央农村工作部发出《关于巩固现有合作社的通知》,提出:"现在春耕季节已到,全国农业生产合作社已发展到六十万个,完成了预定计划。不论何地均应停止发展新社,全力转向春耕生产和巩固已有社的工作。""在新建的合作社中一般存在着部分社员不自愿或不很自愿的现象,这个问题必须采取有力措施加以解决。"[1]二十五日,中央农村工作部向浙江省委农村工作部发出指示,建议他们对合作社的数量分别不同地区进行压缩。浙江省委经过一个多月的工作,将合作社从五万三千多个减少到三万七千多个,压缩下来的合作社大部分转为互助组。在收缩过程中也发生了一些问题:有些地方把一部分不该收缩的合作社也转退了。从全国范围来说,合作社的数量从六十七万个减为六十五万个。全国减少的合作社中,浙江省占了四分之三。

这年四月六日至二十二日,毛泽东到南方视察了半个多月,一路上看到庄稼长得很好,又听到当地干部的汇报,都说情况一片大好,思想上发生很大变化,作出新的判断,觉得农村的粮食问题和合作化问题并不那么严重,合作化的步子仍可以快一些。五月五日,他对邓子恢说:"不要重犯一九五三年大批解散合作社的那种错误,否则又要作检讨。"九日,他约见李先念、邓子恢等。"毛就

---

[1]《建国以来重要文献选编》第6册,中央文献出版社1993年12月版,第107页。

是在这次提出粮食征购数字减少一点，换来个社会主义的。又说：今后两三年是农业合作化的紧要关头，必须在这两三年内打下合作化的基础。"他还尖锐地批评："农村工作部反映部分合作社办不下去，是'发谣风'。"[1]

六月中旬，中央农村工作部同各省商议后，提出在一九五六年秋收前，全国的农业生产合作社从现有的六十五万个增加到一百万个。这个计划得到中央政治局的批准。那时，毛泽东正再度到南方视察，又听到许多当地干部反映合作化的速度可以加快。他兴奋地认为农村中的合作化高潮正在到来，回到北京后主张修改计划，将合作社发展到一百三十万个，比原有的总数翻一番，使每乡有一个至几个农业生产合作社作为榜样。邓子恢不赞成改变计划，坚持认为这是"超过了实际可能"，"超过了群众的觉悟水平"，"超过了干部的经验水平"。他还认为：党的干部有这种特点，就是有任务都要超额完成。如果订计划超过一百万个社，下面执行起来就会更多，结果会造成更多的合作社减产。双方意见的分歧越来越突出。

七月十五日，毛泽东约请六个省、市委书记谈合作化问题。有的省委书记说：贫农听说合作化要慢一点，感到"凉半截"，说又要多受几年苦了。毛泽东说：关于合作社的发展，原来我也主张停一年，在南方不要办得太快。看到浙江、安徽都搞了好几万个社，我的主意变了，为什么其他省不可以多搞一些呢？说合作社办得不好，不巩固，刚办起来当然会有许多问题，像新修的坝一样不坚固，要加工修筑。他又说：社会经济的规律是不能违反的，生产关系一定要适合生产力，生产力是最活跃的。农业生产力就是农民劳

---

[1]《杜润生自述：中国农村体制变革重大决策纪实》，第53、54页。

动者加生产资料（耕地、农具、牲口）。生产关系处理得好，生产力就会发展，牲口增加，猪增加，肥料增加。如果处理得不好就会破坏生产力。合作社是改变生产关系的，农民的私有观念很强，先改为部分公有，即半社会主义，以促进生产力的发展。[1]

二十九日，毛泽东又在中央农村工作部关于农业合作化运动最近情况的简报上写下了长篇批语："在发展问题上，'不进'与'冒进'。目前不是批评冒进的问题，不是批评'超过了客观可能性'的问题，而是批评不进的问题，而是批评不认识和不去利用'客观可能性'的问题，即不认识和不去利用广大农民群众由于土地不足、生活贫穷或者生活还不富裕，有一种走社会主义道路的积极性，而我们有些人却不认识和不去利用这种客观存在的可能性。农民的两面性——集体经营与个体经营两种思想的矛盾，哪一面占优势？""要有坚定的方向，不要动摇。要别人不动摇，先要自己不动摇。要看到问题的本质方面，要看到事物的主导或主流方面，这样才能不动摇。事物的非本质方面、次要方面必须不忽略，必须去解（决）存在着的一切问题，但不应将这些看成事物的主流，迷惑了自己的方向。"[2]

看来，问题产生的根子，还是在对农民的"两种积极性"如何恰当地估计，不能强调一个而忽略另一个。一方面，个体农民，特别是在土地改革中新获得土地而缺少其他生产资料的贫下中农，为了发展生产、兴修水利、抗御自然灾害、采用农业机械和其他新技术，为了避免重新借高利贷甚至典让和出卖土地、产生两极分化，有走互助合作道路的要求。他们大多从土地改革中获得土地，对共

---

[1] 毛泽东同林铁、吴芝圃、王任重、周礼、柯庆施、舒同的谈话记录，1955年7月15日。
[2]《建国以来毛泽东文稿》第5册，中央文献出版社1991年2月版，第229、230页。

产党有一种"感恩"的思想，愿意听共产党的话，走共产党指引的道路。不少合作社确实办得不错。例如，山西平顺县西沟乡由李顺达领导的农林牧生产合作社，是一九五二年在全乡二十六个互助组基础上发展而成的。他们在太行山的荒凉地区，经过共同努力，到一九五五年，人均收入超过抗战前的百分之七十七，比建社前增加百分之二十五点一。[1]这些都是事实。毛泽东在内心深处总是希望把社会主义搞得快一些，因此看到这方面的事实特别使他兴奋，容易作出过高的估计。另一方面，作为小生产者和小私有者，他们长期习惯于一家一户的单独经营，不少人对集体化还存在相当顾虑。而在互助合作运动推进中，无论发展或收缩，在一部分地区的实际工作中确实都有过脱离实际情况的强迫命令现象。这些也是事实，决不能对它忽视。如何准确而恰当地估计农民的"两种积极性"和实际工作中存在的缺点错误，相当复杂而不易一下看清。农业合作化的争论就是在这种情况下发生的。

一九五五年七月三十一日，毛泽东在中共中央召开的省、市、自治区党委书记会上作了《关于农业合作化问题》的报告。他尖锐地批评邓子恢的主张，斩钉截铁地说：

在全国农村中，新的社会主义群众运动的高潮就要到来。我们的某些同志却像一个小脚女人，东摇西摆地在那里走路，老是埋怨旁人说：走快了，走快了。过多的评头品足，不适当的埋怨，无穷的忧虑，数不尽的清规和戒律，以为这是指导农村中社会主义群众运动的正确方针。

---

[1]《勤俭办社，建设山区》，《中国农村的社会主义高潮》上册，人民出版社1956年1月版，第101—109页。

否，这不是正确的方针，这是错误的方针。

目前农村中合作化的社会改革的高潮，有些地方已经到来，全国也即将到来。这是五亿多农村人口的大规模的社会主义的革命运动，带有极其伟大的世界意义。我们应当积极地热情地有计划地去领导这个运动，而不是用各种办法去拉它向后退。运动中免不了要出些偏差，这是可以理解的，也是不难纠正的。[1]

他严厉批评浙江实行的"坚决收缩"的方针，是在一种惊慌失措的情绪支配下定出来的，是"胜利吓昏了头脑"。

毛泽东认为：中国由于人口众多，已耕的土地不足，时有灾荒，经营方法落后，以致广大农民的生活，虽然在土地改革以后比较以前有所改善，或者大为改善，但是他们中间的许多人仍然有困难，许多人仍然不富裕。全国大多数农民为了摆脱贫困、改善生活，为了抵御灾荒，只有联合起来，向社会主义大道前进。我国社会主义工业化的建设和它的成就，正在日益促进他们的这种积极性。

他着重强调社会主义工业化和社会主义的农业改造之间不可分割的关系，并且作了两方面的说明：一方面，我国商品粮食和工业原料的生产水平现在很低，而国家对这些物资的需要却一年年增大，这是一个尖锐的矛盾。如果不能在大约三个五年计划的时期内基本上解决农业合作化的问题，就不能解决这个矛盾，就不可能完成社会主义工业化。另一方面，社会主义工业化中最重要的重工

---

[1]《毛泽东文集》第6卷，第418页。

业，它的拖拉机、化学肥料、农用运输工具和煤油电力生产等，只有在农业已形成合作化的大规模经营的基础上才有使用的可能，或者才能大量地使用。就是轻工业的大规模发展，也不是在分散的小农经济的基础上所能实现的。他说：准备以十八年的时间基本上完成这个计划，并且必须保证每年增产。

讲话中提出：农业合作化运动主要依靠三类人中的积极分子：贫农，新中农中的下中农，老中农中的下中农。这就把中农又区分为上中农和下中农（即还不富裕的中农），并且有了"贫下中农"的名称。

毛泽东这篇讲话，有不少合理的内容。但他不顾客观条件过于强调要加快农业合作化的步伐，并且把持不同意见的人批评为"老是站在资产阶级、富农或者具有资本主义自发倾向的富裕中农的立场上替较少的人打主意，而没有站在工人阶级的立场上替整个国家和全体人民打主意"，这是错误的，形成巨大的政治压力，使别人不好再提不同意见。

本来，在一九五一年中共中央通过第一个关于农业生产互助合作的决议时，突出强调了农民"两种积极性"的问题。随着农业合作化运动的顺利发展，急于求成的思想便滋长起来，对农民的个体经济积极性这一面逐渐忽视，这是以后农村工作中许多问题产生的重要原因。

这以后，各地的农业合作化运动便加速发展起来。十月间，中共中央召开七届六中全会。会议同意毛泽东的主张，认为农业合作化运动应当"大发展"，依靠贫农和下中农形成"坚定的合作化运动"的核心力量，"在党内批判和克服右倾思想"。"入社农户占全国农民比重，一九五五年十月为百分之三十二点五，一九五六年三月为百分之八十点三，一九五六年四月为百分之九十点三，一九五六年十二月为百分之九十六点二，除西藏和几个省区牧区外，实现了全面'合作化'。从一九五三年起，原来十五年的计划，三年就完成了。"[1]高级农业生产合作社迅速发展起来：一九五六年一月底有十三万六千个，占总农户的百分之三十点七，这年十二月底，已发展到五十四万个，占总农户的百分之八十七点八。[2]农业合作化发展的这种速度显然太快，造成了不少因工作过粗而留下的问题。

农业合作化高潮如此高速度地兴起，引发了全国相当普遍的急于求成的情绪，使中国的手工业和资本主义工商业的社会主义改造以及其他方面的工作，都要求加快步伐提早完成。毛泽东一九五五年十二月二十七日为他所编《中国农村的社会主义高潮》一书写的序言中的一段话，强烈地反映出他那种充满热情而急于求成的情绪。他说：

> 一九五五年的下半年，中国的情况起了一个根本的变化……几个月时间，就有五千几百万农户加入了合作社。这是一件了不起的大事。这件事告诉我们，只需要一九五六年一个年头，就可以基本上完成农业方面的半社会主义的合作化。再有三年到四年，即到一九五九年，或者一九六〇年，就可以基本上完成合作社由半社会主义到全社会主义的转变。这件事告诉我们，中国的手工业和资本主义工商业的社会主义改造，也应当争取提早一些时候去完成，才能适应农业发展的需要。这件事告诉我们，中国工业化的规模和速度，科学、文化、教育、

---

[1]《杜润生自述：中国农村体制变革重大决策纪实》，第62页。
[2]史敬棠等编：《中国农业合作化运动史料》上册，转引自苏星《新中国经济史》，第287页。

卫生等项事业的发展的规模和速度，已经不能完全按照原来所想的那样子去做了，这些都应当适当地扩大和加快。[1]

手工业在中国历史悠久，行业和品种很多，产品几乎包括人民日常生活的各个方面。新中国成立初期，轻工业的力量远不能满足人民日益增加的需要，手工业的重要性十分显著。全国手工业工人有六百万人。农民使用的工业品，大部分是手工业生产的。有些手工业技术很高，不仅驰名国内，在国外也有相当市场。一九五二年，手工业产值占当年工农业总产值的百分之八点八，占工业总产值的百分之二十一点三六。

但手工业者大多是个体的，规模小，资金少，存在不少困难。因此，手工业的合作化，在一九五五年上半年以前的几年里，发展很快，也是稳步推进的。在国民经济恢复时期，棉织、针织、铁木工具等行业已着手经过典型试办，逐步摸索前进，创造了由手工业生产合作小组、手工业供销合作社到手工业生产合作社的由低到高的发展办法。但手工业生产合作社的数量还不多，在一九五二年才有三千二百八十个；其他还是通过供给原料、收购成品来组织生产合作小组。一九五三年十一、十二月间，举行第三次全国手工业生产合作会议。朱德在会上作了报告，强调要从实际出发，采取灵活多样的形式，循序前进，由小到大，由低级到高级地发展。他说：

不要一开始就要求太高，应该放宽尺度，根据当时当地的需要与可能，以及手工业者的要求，采取不同的形式加以组

---

[1]《建国以来重要文献选编》第7册，第434—435页。

织。绝不要规定一个死格式到处硬套，那样是会妨碍或限制合作社的发展的。[1]

到一九五四年底，全国手工业合作社（组）发展到四万一千多个，拥有社（组）员一百十三万多人。手工业合作化以后，劳动生产率一般提高百分之二十到三十。到一九五五年下半年，随着农业合作化的猛烈发展，手工业的合作化速度也大大加快。这一年，全国手工业合作社比上年增加近一倍，从业人员占全国手工业从业人员的百分之十一点九，产值占全国手工业总产值的百分之十二点九。这年十二月召开的第五次全国手工业生产合作会议，批评不敢加快手工业合作化步伐的"右倾保守思想"，要求在一九五六年和一九五七年两年内基本上完成手工业合作化。一九五六年一月，和资本主义工商业社会主义改造高潮同时，兴起了手工业社会主义改造的高潮。北京首先采取全市按行业一次批准合作化的办法，基本上实现了手工业合作化。到这年六月，除某些边远地区，全国基本上实现了手工业合作化。

手工业生产合作社比个体手工业具有明显的优势。它是以生产资料集体所有制为基础的，实行统一经营、统一计算盈亏，除纳税和企业内部一部分公积金、公益金外，采取工资和劳动分红的形式，在社员之间实行按劳分配。它同商业部门签订产销合同，大大减少了生产的盲目性。它在组织起来以后，便于把原来分散在各户的人力、物力和财力集中起来，统筹安排，便于在生产上实行分工协作，合理组织劳动力，从而提高了劳动生产率，合作社社员平均年产值

---

[1]《朱德选集》，第322页。

比个体户高得多。但也出现形式过于简单划一、不能充分发挥手工业者积极性、不能适应群众生活中多种多样需要等缺点。[1]

资本主义工商业的社会主义改造

资本主义工商业是新民主主义社会经济结构的重要组成部分，特别在轻工业和国内商业方面占有相当大的比重。它生产着不少为国家和人民所需要的生产资料和生活资料，拥有相当数量的技术人才、管理人才和熟悉销售情况的人员，向国家纳税，维持和吸收一部分人员就业，还可以通过私营商业渠道活跃城乡经济。因此，人民政府一直鼓励有利于国计民生的私营经济事业的经营积极性。当新中国建立初期私营工商业遭受严重困难时，人民政府通过调整工商业，帮助它们渡过难关并取得发展。国民经济恢复时期，随着国营经济的迅速发展，私营工商业在整个国民经济中的比重虽然下降，但绝对值仍节节增长。私营工业的总产值从一九四九年到一九五三年，四年内翻了一番。但私营工商业中也有不利于国计民生的消极方面，一些人为着牟取暴利而不顾国家和民众的利益，甚至采取种种不法手段，严重扰乱经济秩序。人民政府曾不得不同它进行多次斗争，其中主要的有：解放初稳定物价时同投机商人的斗争，"五反"运动中同不法资本家的斗争，统购统销时同一部分私商的斗争。这些事实，在一定程度上加深了两者间的矛盾。

随着国民经济的恢复和国营经济力量的增强，"作为国家资本与私人资本合作的经济形式——国家资本主义得到初步发展"，"工

---

[1] 柳随年、吴群敢主编：《中国社会主义经济简史》，第125、150页。

业中国家资本主义的初级形式，有加工、订货、收购、统购、包销五种形式，统称为加工订货形式"。[1]国家资本主义的高级形式——公私合营企业在新中国成立时已存在，大部分是由于人民政府没收一些私营企业内的官僚资本和敌伪财产部分作为国家投资而形成的。

当中共中央酝酿提出过渡时期总路线时，鉴于中国的实际情况，对资本主义工商业如何进行社会主义改造，主要的考虑是要走"和平转变的道路"。那时，不少资本家担心将来"过社会主义关"时，会像土地改革中的地主那样遭到没收。一九五二年十月二十五日，周恩来在全国工商联筹备委员会第二次常委会后，同若干资本家代表人物谈话时诚恳地回顾了中国民族资产阶级多年来的实际表现：

> 中国民族资产阶级不同于帝国主义国家的垄断资产阶级，也不同于东欧各国的资产阶级。虽然资产阶级的本质相同，但面目不同。因为：（一）东欧各国的资产阶级过去就掌握了政权，中国的民族资产阶级在一九二七年的大革命失败后，虽然一度参加了蒋介石的反动政权，但马上就受到排斥。（二）希特勒侵占东欧各国后，资产阶级投降希特勒，组织傀儡政权，中国的民族资产阶级则一般没有和敌伪政权合作，许多代表人物并撤退到抗战后方。（三）苏联红军解放东欧后，东欧各国的资产阶级一部分逃跑了，一部分则留下捣乱，破坏人民的政权，因而国家很快就没收了他们的企业。中国民族资产阶级除

---

[1] 李定主编：《中国资本主义工商业的社会主义改造》，当代中国出版社1997年10月版，第114、115页。

极少数人跟随蒋介石外,许多代表人物站到了人民方面。在第三次国内革命战争期间,中国民族资产阶级一般地是参加革命或保持中立的。全国解放后,在三年来的合作中,是和我们共过患难的,特别是在维持生产、医治战争的创伤、改造旧的社会经济方面,尽过一定的力量,对国家建设也有一份贡献。所以,中国的民族资产阶级是有一定的历史贡献和发展前途的。

周恩来要他们放心,明确指明将要采取"和平转变"的方法:

> 将来用什么方法进入社会主义,现在还不能说得很完整,但总的来说,就是和平转变的道路。中国经过了反帝、反封建的流血革命后,不会再流第二次血。和平转变,是要经过一个相当长的时间,而且要转变得很自然,"水到渠成"。如经过各种国家资本主义的方式,达到阶级消灭,个人愉快。[1]

为什么中国的民族资产阶级有可能接受这种"和平转变"呢?刘少奇当时讲了五条理由:第一,中国在基本上还是一个资本主义没有发展起来的国家,中国的资产阶级不论在经济上和政治上都是很软弱的,并且富于妥协性。第二,政府一方面照顾资本家得到不太少的利润,另一方面,又在"五反"等运动中动员人民反对资本家各种违法行为,使其在社会上的威信大大降低。第三,今天中国比较大一点的私人工厂差不多都是为国家加工订货,它们依赖国家供给原料、收购和推销成品及银行贷款等。此外,还有工人监督。

---

[1]《周恩来统一战线文选》,人民出版社1984年12月版,第235—236、238页。

在将来，资本家更要依赖国家，工人监督也更会有组织。第四，现在已有少数比较有远见的资本家看到了社会主义企业的优越性及其劳动生产率的提高，相信社会主义的前途已不可避免，他们现在就积极要求将他们的工厂实行公私合营。不少资本家的子女在大学和专门学校读书，也由国家供给他们的生活，他们宣告不要资本家父亲的遗产。中国资产阶级内部的这种变化，现已开始发生，在今后还会继续发展。第五，中国社会主义成分的增长，到那时，少数资本家可能完全处在社会主义的包围中，全部工业（手工业除外）国有化的步骤，已经不能抵抗。[1]

怎样对资本主义工商业和平地进行社会主义改造？周恩来所讲的"经过各种国家资本主义的方式"在《共同纲领》中就有过表述，但毕竟比较笼统。一九五三年后，中共中央统战部部长李维汉率领调查组，到武汉、上海、南京、无锡、常州、济南等资本主义工商业比较集中的地区进行调查研究。五月二十七日，他向中共中央和毛泽东报送了《关于资本主义工业中的公私关系》的调查报告，根据这些地区的实际情况，更加明确地提出主要经过公私合营这种形式的主张：

> 由低级到高级的各种国家资本主义成分已包括了资本主义工业的主要行业和主要工厂，还在继续发展中。……公私合营企业（就其标本形式而言，即国家占有相当股权以至大部分股权，派有领导干部的企业，如民生公司，天原、天利公司等），是高级的国家资本主义形式。在这样的企业中国家可以掌握经

---

[1]《建国以来刘少奇文稿》第4册，第526—528页。

营管理权,工人群众则从为资本家生产的观点改变为为国家生产的观点,容易接受新的劳动态度。因此,这样的企业就具备了将其生产、财务和基本建设都列入国家计划的条件。这样,公私合营是最有利于将私营企业改造和过渡到社会主义去的形式。[1]

这个报告在六月十五日召开的中央政治局扩大会议上经过讨论,得到同意。毛泽东就是在这次会上正式提出党在过渡时期总路线的。对资本主义工商业的社会主义改造便进入把重点放在国家资本主义高级形式——公私合营的新阶段。

党在过渡时期的总路线提出后,在全国范围内开展了声势浩大的学习运动。那时,国家资本主义的初级形式——加工订货的产值,在全国私营工业总产值中所占的比重,在一九五三年已达到百分之六十一点三四,到一九五四年又增加到百分之七十八点五三,规模较大的私营工厂只有依附国营经济才能生存。在企业内部,工人监督生产在"五反"运动后已形成制度。这些,都已为实行公私合营准备了条件。但直到一九五三年底,公私合营企业还只有一千零三十六户,产值占私营和公私合营企业产值的百分之十三点三。

私营金融业最早实现了全行业公私合营。那是因为:建国初期,"私营银行和钱庄绝大部分支持投机资本,用高利吸收社会闲散资金,供应投机商人囤积物资,哄抬物价。一旦物价突然稳定下来,投机商人当然纷纷破产,作为投机资本支柱的银行也陷入困境以致倒闭。此时,群众不敢再向私营银行、钱庄存款,国家又

---

[1]《建国以来重要文献选编》第4册,第215、222—223页。

规定国营企业和国家机关的现金必须存入国家银行"。[1]因此,到一九五二年十二月,除少数华侨银行外,全部私营银行实行合并,转为公私合营。

私营工商界的总路线学习,成为推动他们接受公私合营的重要动员力量。他们看到实行公私合营已是大势所趋,自己的利益又得到了适当的照顾。天津启新水泥公司总经理周叔弢表示,实行公私合营"启新一定要起带头作用"。他对启新的股东们说:"早晚要合营,晚合营不如早合营。""毛主席问过我,把企业公私合营,你们舍得不舍得?我说现在舍不得也得舍。"南京中国水泥厂总经理姚万炽说:"水泥是重工业,在经济建设中作用大,迟早都要公私合营,坐待被动不如主动申请。"他表示:"对于企业实行公私合营,心中是又喜又忧。喜的是合营后生产经营上的许多问题都可由政府解决,不用劳神了;忧的是个人的职位、薪金、股权、股息等怎么解决,心中没有底。"上海信谊药厂总经理陈铭珊说:"在党的教育下,我看到公私合营、走国家资本主义的道路势在必行,走在前头总比落在别人后头光彩。"在总路线学习过程中,不少大的私营企业送出了要求公私合营的申请书。[2]

中国最大的民族工商业荣氏集团的代表荣毅仁,谈到他作为一个在旧中国曾饱受帝国主义和官僚资本主义压迫的爱国者对接受社会主义改造的认识过程:

> 我们这样大的一个国家,单靠私营企业能搞好吗?我的家庭就是一个证明。……像我们这样一个贫穷落后的发展中国家,

---

[1]《薛暮桥回忆录》,第213—214页。
[2] 李定主编:《中国资本主义工商业的社会主义改造》,第209、210页。

要搞企业、搞生产，一定要走社会主义道路，发展以生产资料公有制为基础的国民经济。当然，我也是逐步解除顾虑，逐步懂得这个道理的。正因为我懂得了这个道理，所以在对资本主义工商业的社会主义改造中发挥了主动配合的作用。[1]

一九五四年一开始，扩展公私合营企业的工作被提到重要日程上来。一月四日，中共中央批转中财委《关于一九五四年扩展公私合营工业计划会议的报告》和《关于有步骤地将有十个工人以上的资本主义工业基本上改造为公私合营企业的意见》。《报告》提出，一九五四年是有计划扩展公私合营工业的第一年，应以"巩固阵地、重点扩展、作出榜样、加强准备"为工作方针，计划将五百个私营厂矿（十七亿元产值）转化为公私合营。对公私合营的许多政策问题，即清户定股，实职人员的安排使用，私方代表（资本家及其代理人）的地位、职权、利润的分配等问题，也作出具体规定。原则确定私方的股息与红利占利润的四分之一左右。

这年的工作，是按照中财委提出的合营一批"较重要的和较大的企业"的方针进行的。到这年年底，全国公私合营的户数虽只占当时私营和公私合营总户数的百分之一强，产值却占百分之三十三。北京选择合营的企业是"具有特殊信誉、传统风格和国计民生需要的大户"，合营了二十一家工业企业，也合营了同仁堂药店、瑞蚨祥绸店等十六家商业企业。上海原有公私合营工厂三十三家，这一年又批准二百一十一家规模较大、设备比较齐全、产品同国计民生关系比较密切的企业实行合营。拿一九五四年和一九五二年比较，公私

---

[1] 荣毅仁：《党指引我们走社会主义道路》，《多党合作纪实》，中国文史出版社1993年12月版，第563页。

合营企业在上海工业中的比重,户数从百分之零点三上升至百分之零点九,总产值从百分之五点六大幅度增长至百分之二十点三,合营的工厂中包括很有影响的安达纱厂、大隆机器厂、正泰橡胶厂、三友实业社等。天津合营了七十七户私营工业大厂,如水泥产量占全国第一的启新洋灰公司,全国最早的制碱企业永利制碱公司,全国著名的精盐制造企业久大盐业公司,还有恒源、北洋、达生、仁立、东亚五家天津最大的私营棉毛纺织厂。到这年年底,全国已有一千七百四十六家公私合营企业,产值占原私营企业总产值的三分之一。[1]

单个企业实行公私合营的工作取得很大进展,又带来了新的矛盾:"这种个别合营的方式,不但速度很缓,而且出现了公私合营企业与未合营企业之间的矛盾。中国原有的资本主义工业有着很大的分散性与落后性,在个别扩展公私合营的方式之下,规模较大的、设备较好的大型私营工业企业,都被作为重点,先行公私合营了。合营之后,它们的经营管理,得到了改进,劳动生产率就大大提高。这么一来,较为落后而未合营的中小工业企业,就更加困难了;这么一来,原来大型企业与中小型企业之间的矛盾,先进与落后之间的矛盾,就更加尖锐了。解决这个矛盾的办法,是实行全行业的公私合营。"[2]

事情就是这样一步一步地向前发展的。

一九五五年下半年,在农业合作社运动兴起高潮的同时,资本主义工商业的社会主义改造从单个企业的公私合营向全行业公私合营发展。这年九月起,私营工业最集中的上海率先在制笔、棉纺等

---

[1] 李定主编:《中国资本主义工商业的社会主义改造》,第213—216页;柳随年、吴群敢主编:《中国社会主义经济简史》,第128、129页。

[2] 许涤新:《中国过渡时期国民经济的分析(1949—1957)》,第110页。

七个行业实行全行业公私合营。陈云说:"实行全行业的公私合营,这在目前是合适的,必要的。这不是哪个人空想出来的,是经济发展的结果。现在既然按整个行业来安排生产、实行改组,那末,整个行业的公私合营也就是不可避免的。如果不实行全行业的合营,就无法安排生产,也无法进行改组。""全行业合营比之单个工厂合营,是公私合营的高级形式,不仅合营的速度快,而且质量高。所以说质量高,就是全行业合营打破了厂与厂的界限,这是一个进步。这样做,不仅可以提高生产力,而且便于过渡到完全的社会主义所有制。"[1]

这年十月二十七日、二十九日,毛泽东分别邀请全国工商联、民主建国会领导人和出席全国工商联会议的全体执行委员举行座谈会,希望他们安下心来,主动掌握自己的命运,接受社会主义改造。他详细说明早在考虑的对资本主义工商业社会主义改造实行"赎买政策":

> 我们现在对资本主义工商业的社会主义改造,实际上就是运用从前马克思、恩格斯、列宁提出过的赎买政策。它不是国家用一笔钱或者发行公债来购买资本家的私有财产(不是生活资料,是生产资料,即机器、厂房这些东西),也不是用突然的方法,而是逐步地进行,延长改造的时间,比如讲十五年吧,在这中间由工人替工商业者生产一部分利润。
>
> 对资本主义工商业,是采取一九四九年对官僚资本那样全部没收、一个钱不给这个办法好呢,还是拖十五年、十八年,

---

[1]《陈云文选》第2卷,第286页。

由工人阶级替他们生产一部分利润，而把整个阶级逐步转过来这个办法好呢？这是两个办法：一个恶转，一个善转；一个强力的转，一个和平的转。我们现在采取的这个方法，是经过许多的过渡步骤，经过许多宣传教育，并且对资本家进行安排，应当说，这样的办法比较好。[1]

十一月十六日，陈云在中共中央召开的关于资本主义工商业社会主义改造问题会议上，作了《资本主义工商业改造的新形势和新任务》的报告，宣布普遍推行"定息"的办法。他说：

定息就是把原来分给资本家的利润，改变为按照固定资产价值付给定额利息……实行定息有很大好处。实行定息以后，工厂的生产关系有了很大改变，国家对工厂的关系，资本家对工厂的关系，都改变了。定息就是保持私股在一定时期内的定额利润，而企业可以基本上由国家按照社会主义的原则来经营管理。这样，资本家得到了好处，我们得到了更大的好处。资本家暂时保存了他的资产价值，这个资产的所有权还是他的，但是不能变卖，只能拿到定额利息。工厂企业管理的实际权力转到了国家手里。资方人员参加一部分管理，这是一种什么管理呢？他仅是和一个普通的工作人员参加工作一样，不能像从前那样以资本家的身份来管理工厂了。[2]

一九五五年，在工业中，国营、合作社营和公私合营经济的产

---

[1]《毛泽东文集》第6卷，第499页。
[2]《陈云文选》第2卷，第288—289页。

值已占工业总产值的百分之八十三点八；在商业中，国营和合作社营商业已占商业批发总额的百分之九十四点八，占零售总额的百分之六十七点六。

全行业公私合营高潮从北京开始。一九五六年一月十日，北京市有一万七千九百六十三户私营工商业走上全行业公私合营的道路。"至此，北京市的资本主义工商业已经全部过渡到国家资本主义的高级形式。这是全国第一个全市资本主义工商业实行公私合营的城市。"[1]北京到处敲锣打鼓，燃放鞭炮，结队游行。许多工厂、商店挂出"庆祝公私合营"的红色横幅。十五日，北京各界二十多万人在天安门广场集会，庆祝全市工商业全行业公私合营和农业、手工业实现合作化。毛泽东、刘少奇、周恩来等出席大会，并接受北京市工商界、农民、手工业者代表的报喜信。北京市工商联主任委员、同仁堂国药店经理乐松生把大红喜报献给毛泽东。北京市市长彭真在大会上宣布："我们的首都已经进入了社会主义社会。"[2]《人民日报》发表社论说："北京的经验对于全国其他各大城市的社会主义改造工作是有示范作用的。"[3]上海、天津、广州、武汉、西安、重庆、沈阳等大城市和五十多个中等城市相继实现全行业公私合营。到这年第一季度末，除西藏等少数民族地区外，全国各地已基本上实现全行业公私合营。

资本主义工商业的全行业公私合营这样快地实现，确实出乎人们的预料。陈云说："原来设想是逐行业批准公私合营，但在北京

---

[1]《改造私营工商业的伟大胜利》，《人民日报》1956年1月11日。
[2] 本报记者：《第一个进入社会主义的城市》，《人民日报》1956年1月16日。
[3]《在高潮的最前面》（社论），《人民日报》1956年1月16日。

放了鞭炮,就一起都批准了。"[1]毛泽东在这年一月二十五日举行的最高国务会议上说:"公私合营走得很快,这是没有预料到的,谁料得到?现在又没有孔明,意料不到那么快。去年李烛老(引者注:指全国工商联副主任委员李烛尘)在怀仁堂讲高潮,我那个时候还泼了一点冷水。我说,你那样搞太厉害,你要求太急了。又对他讲,要瓜熟蒂落、水到渠成,要有秩序,有步骤地来,不要搞乱了。"[2]一年多后,他又对新闻出版界人士讲道:"前年年底,北京几天就实现了全行业公私合营,宣布进入社会主义,本来对这样的消息就要好好考虑,后来一广播,各地不顾本身具体条件,一下子都干起来,就很被动。"[3]由于原来没有来得及做好足够准备,而是先承认全行业公私合营,再来进行清户核资、生产安排、企业改组、人事安排,工作比较匆忙,做得比较粗,也产生了一些紊乱现象。

实现全行业公私合营后,国家对原私营工商业者采取发放固定股息的办法,一般是年息百分之五。当时宣布,这种办法七年不变。到一九六三年又决定延长三年,到一九六六年九月停发。对资本主义工商业的社会主义改造,至此结束。这样大规模的社会变革,没有造成破坏和动乱就完成了。但是,当时社会主义改造以单一公有制为目标,带来经济管理体制高度集中的新的弊病,逐渐显露出来,经历不小曲折后又在新的基础上继续进行大幅度的调整和改革。

---

[1]《陈云文集》第3卷,第18页。
[2]毛泽东在最高国务会议第6次会议上的讲话记录,1956年1月25日。
[3]《毛泽东文集》第7卷,第265页。

努力创造和平的国际环境

中国共产党所以在这个时刻提出过渡时期总路线,加快社会主义工业化和三大改造的步伐,还有一个不可忽视的因素,那就是对国际形势的判断。进入一九五三年,朝鲜战争已近尾声,七月间签订了停战协定。中国周边最严重的战争威胁得到消除。中共中央和毛泽东估计:世界战争大体上十年到十五年打不起来,争取十五年不打仗是可能的。必须抓紧这个得来不易而仍充满变数的历史机遇,把中国的经济建设和社会变革大步向前推进。

过渡时期总路线提出后,为了进一步发展有利于和平的国际环境,创造和睦的周边关系,保障中国的经济建设能够顺利进行,新中国在外交工作中接连采取一系列积极主动的重大行动,其中最重要的是:提出和平共处五项原则,参加日内瓦会议,参加在万隆召开的亚非会议。

和平共处五项原则,是处理国与国之间关系的最好方式,是建立新型国家关系和国际新秩序的准则。它最早是周恩来在一九五三年十二月三十一日同印度政府代表团谈话时提出来的。他说:"新中国成立后就确立了处理中印两国关系的原则,那就是互相尊重领土主权、互不侵犯、互不干涉内政、平等互惠和和平共处的原则。"[1]这五项原则写进了双方达成的《关于中国西藏地方和印度之间的通商和交通协定》的序言中。

一九五四年六月二十五日至二十八日,周恩来对印度进行三天访问,同印度总理尼赫鲁连续进行了六次会谈。周恩来在第一天会谈中

---

[1]《周恩来选集》下卷,第118页。

就说:"中华人民共和国对东南亚的政策是和平共处。"尼赫鲁说:"完全同意阁下的意见。如果把我们最近签订的协议中的五条原则适用于东南亚的国家,那么就会创造一个很大的没有战争恐惧的和平区域。"第二天,在讨论两国联合声明时,周恩来说:"我们所强调的五条原则,常常提及是有好处的。我们可以在联合声明中说明这些原则不仅在亚洲,而且在全世界都适用。"尼赫鲁说:"我想那些原则是一定要包括进去的。"[1]二十八日,中印两国总理发表联合声明。声明中说:

> 最近中国和印度曾经达成一项协议。在这一协议中,它们规定了为两国之间关系的某些原则。这些原则是:甲、互相尊重领土主权;乙、互不侵犯;丙、互不干涉内政;丁、平等互利;戊、和平共处。两国总理重申这些原则,并且感到在他们与亚洲以及世界其他国家的关系中也应该适用这些原则。如果这些原则不仅适用于各国之间,而且适用于一般国际关系之中,它们将形成和平和安全的坚固基础,而现时存在的恐惧和疑虑,则将为信任感所代替。
>
> 两国总理承认,在亚洲及世界各地存在着不同的社会制度和政治制度。然而,如果接受上述原则并按照这些原则办事,任何一国又都不干涉另一国,这些差别就不应成为和平的障碍或造成冲突。有关各国中每一国家的领土主权和互不侵犯有了保证,这些国家就能和平共处并相互友好。这就会缓和目前存在于世界上的紧张局势,并有助于创造和平的气氛。[2]

---

[1] 周恩来和尼赫鲁的会谈记录,1954年6月25、26日。
[2] 《人民日报》1954年6月29日。

在发表中印联合声明的同一天，周恩来应缅甸总理吴努的邀请，对缅甸进行访问。中缅两国总理会谈中，周恩来说："新中国的政策是和平政策，我们愿意按照互相尊重领土主权、互不侵犯、互不干涉内政、平等互利、和平共处五条原则与世界上一切国家友好相处，何况缅甸和中国还是亲戚关系的国家。"他回答吴努提出的一些疑虑时说："至于说领土，中国的地方已经很大，人口已经很多。我们立国的政策就是把自己的国家搞好，我们没有任何野心。我现在作此声明，吴努总理是可以相信的。"[1]吴努听了很高兴。会谈后，两国总理发表的联合声明也确认了这五项原则。

和平共处五项原则的精神是：国家与国家之间，不管大小强弱，应该建立平等的权利。它们的领土和主权完整都应该得到尊重，而不应该受到侵犯；对于任何一个国家主权和领土的侵犯和内政的干涉，都会危及和平；如果各国保证互不侵犯，互不干涉内政，平等互利，就可以在各国的关系中创造和平共处的条件。这些主张，反映出当代国际社会中不可抗拒的历史潮流，是同霸权主义和强权政治相对立的。

和平共处五项原则提出后，经受住了历史的检验，成为世界上越来越多人的共识，它的内容也在实践中不断丰富和发展。邓小平在三十年后的一次谈话中说："总结国际关系的实践，最具有强大生命力的就是和平共处五项原则。"[2]

新中国大规模经济建设迫切需要有一个和平安全的国际环境。一九五三年朝鲜停战的实现，带来了两个结果：一个是使缓和远东和国际的紧张局势有了可能；另一个是使中华人民共和国的国际地

---

[1] 周恩来和吴努会谈记录，1954年6月29日。
[2] 《邓小平文选》第3卷，第96页。

位得到巨大提高，成为谁也无法忽视的力量。这就把如何进一步缓和远东和国际紧张局势、打开外交新局面的课题，突出地提到新中国的面前。

这时，整个国际关系也正在发生微妙的变化：已经持续八年之久的国际紧张局势出现某些缓和迹象。朝鲜停战后两个月，苏联政府照会美、英、法三国政府，提议召开有中华人民共和国参加的五大国外长会议，审查缓和国际紧张局势的措施。一九五四年一月，中断近八年的苏、美、英、法四国外长会议在柏林举行，决定四月间在瑞士日内瓦召开讨论朝鲜问题和印度支那问题的国际会议，苏、美、法、英、中五国参加会议的全过程，其他有关国家分别参加有关问题的讨论。中国政府接受了邀请，由周恩来担任代表团团长。

这是新中国成立以来第一次以大国身份参加的重要国际会议，也是一场极其复杂的多边外交斗争。周恩来在二三月间写了《关于日内瓦会议的估计及其准备工作的初步意见》，对会议准备讨论的两个问题和可能的发展作出估计，并且写道："在日内瓦会议上，即使美国将以一切力量来破坏各种有利于和平事业的协议的达成，我们仍应尽一切努力，务期达成某些可以获得一致意见和解决办法的协议，甚至是临时性的或个别性的协议，以利于打开经过大国协商解决国际争论的道路。"[1]

建国初期，新中国在境外面对着来自朝鲜半岛和印度支那这两个方向的战争威胁。朝鲜半岛的停战已经实现，朝鲜和平统一的条件一时尚不成熟，难以取得大的进展。这是一个僵局，但要再打起

---

[1]《关于日内瓦会议的估计及其准备工作的初步意见》，周恩来手稿，1954年2、3月间。

来是不容易的。印度支那的情况就不同了。当时主要是印度支那三国人民同法国远征军的交战，美国还没有大规模军事介入。经过将近九年的战争，法国远征军已遭受沉重打击，国力也难以支持，法国国内要求停战的呼声日益高涨，但仍有一部分强硬势力坚持主战，美国也从中作梗。因此，在印度支那实现停战是可能的，但还需要经过艰巨的努力才能做到。

四月二十六日，日内瓦会议开始举行。会议的发展正如预料的那样：朝鲜问题经过历时五十一天的讨论，由于美国的阻挠，终于没有达成任何协议而结束。而在印度支那战场上，五月七日，越南人民军在奠边府歼灭法国远征军和它扶植的保大政府的军队共一万六千多人，使印度支那战局顿时改观，促进了实现停战的可能性。但局势仍是复杂的，如果处理稍有不当，仍可能使会谈陷于僵局或遭受失败。

周恩来抓住两个关键性问题，取得了突破性成功。

第一个重大突破，是在柬埔寨和老挝问题上。最初，越、中、苏主张印度支那问题要统一解决，不能把越、老、柬三国的问题区别处理。周恩来经过调查研究，在五月三十日致电中共中央说："印度支那三个成员国的民族和国家的界限是非常显明而严格的。这种界限在法国建立印度支那的殖民统治以前就已经存在，而在三国人民当中也是如此看待的。过去我们在国内没有看得这样严重。""这次在日内瓦会议的接触中，我们才懂得问题不是那样简单，必须严格地以三个国家来对待。"[1]中共中央同意这个意见，并电商越南劳动党。六月四日，越南劳动党中央复电中共中央，表示

---

[1] 周恩来致毛泽东、刘少奇并报中央电，1954年5月30日。

同意。十六日，周恩来在会议上发言说：印度支那三个国家的情况是不完全相同的，因而在解决问题时应该考虑各国的具体情况；同时，三国的问题也不能截然分开，应该联系起来考虑才能获得适当的解决。他提出了六项具体建议。同一天，他去会见会议两主席之一的英国外交大臣艾登，向他表示：我们愿意看到老、柬成为像印度那样的东南亚型的国家，我们愿意同它们和平共处。艾登表示：英国的要求也正是这样。

本来，在周恩来提出这六项建议前，日内瓦会议的气氛已相当紧张，美、英已准备在十八日离开日内瓦，中断会议。十六日的建议提出后，法国积极活动反对中断会议，这才扭转了局势。十九日，会议达成《关于柬埔寨和老挝停止敌对行动的协议》。

第二个重大突破，是在越南停战方案上。六月十七日，法国内阁变动，主张和平解决印度支那问题的孟戴斯－弗朗斯组成新内阁，取代原为主战派、后又采取拖延政策的拉尼埃内阁。二十三日，周恩来利用会议暂时休会的机会，约孟戴斯－弗朗斯在瑞士的伯尔尼见面，直截了当地问他：你对印度支那停战到底是怎么个方案。以前，法方在这个问题上一直躲躲闪闪，不肯有明朗的表示。这次，孟戴斯－弗朗斯比较直率地提出双方军队应有两个大集结区。这就是说，从东到西划一条线，形成两部分集结区。七月三日至五日，周恩来到广西柳州同胡志明主席和其他越南领导人举行了八次会谈，双方取得了一致意见。

尽管如此，日内瓦会议复会后双方依然存在争执，关键是越南停战的划界问题。越、中、苏主张在北纬十六度，法国主张在十八度。在北纬十六度以北有一条从老挝通向海口的九号公路。七月十七日，周恩来去见孟戴斯－弗朗斯。当天，他给中央的电报中写道："孟着重说越盟不应该要九号公路，因九号公路是老挝向东方的出口，不能让越南控制老挝的生命线。我说越南民主共和国对九号公路没有什么特殊的利益，也许主要是这条公路在十六度以北的原故。至于老挝的出口问题这倒是值得注意的。孟接着就问：范文同先生是否可以同意划出这条公路？他说：果然如此的话，他们也愿在其他方面让步。"[1]十九日，越、中、苏三方代表商定共同的最后方案，包括分界线在十七度略南、九号公路以北约十公里。这个方案提出后，谈判局势急转直下。第二天，双方共同达成七项协议。二十一日，交战双方司令部分别在越南、老挝和柬埔寨三个《停止敌对行动协定》上签字。当天下午，会议通过关于恢复印度支那和平问题的《日内瓦会议最后宣言》。历时近三个月、几经曲折、受到举世瞩目的日内瓦会议，终于在取得重大成果的情况下闭幕了。这些成果是得来不易的。

会议期间，中英关系也得到明显改善。会后不久，英国前首相、工党领袖艾德礼就组团访华。中美之间也对遣返两国在对方的人员问题进行五次接触，并达成协议。以后，两国在日内瓦继续进行领事级会谈，不久又升格为大使级会谈。持续十多年的中美大使级谈判就是这样开始的。这些，都是改善同西方国家关系的富有远见的重大举措。

日内瓦会议结束后，周恩来在中央人民政府委员会上作报告。他不仅谈了会议在印度支那问题上取得的巨大成果，并且从更深层次上指出新中国外交工作上的一个指导原则："日内瓦会议的成就证明，国际争端是可以用和平协商的方法求得解决的。"[2]

---

[1] 周恩来致毛泽东、刘少奇并报中央电，1954年7月18日。
[2] 周恩来在中央人民政府委员会第33次会议上的外交报告，1954年8月11日。

近三个月的日内瓦会议,大大增强了新中国领导人对当前世界格局的了解,也看到新中国完全可以在异常复杂的国际关系中发挥更积极的作用。新中国成立初期,毛泽东曾提出"打扫干净屋子再请客",作为外交工作的重要方针之一。周恩来在向中共中央政治局扩大会议报告日内瓦会议情况时,根据他的亲身观察,提出一个重要问题:"原想再关一年的门,现在看来是关不了的!新中国的声誉是很高的,苏联也很希望我国能参加国际事务,有欲关不能之势。"[1]毛泽东同意这个看法,肯定地说:"关门关不住,不能关,而且必须走出去。""缓和局势、和平共处,本是我们的口号,现在艾登、尼赫鲁都说了,形势大变了,我应与一切愿与我建立关系的国家建立工作。"[2]

"必须走出去",这是一个重大的战略决策。在美国为首的封锁禁运和重重阻挠下,这又是一项十分复杂而艰巨的任务。为了在外交工作中打开一个新的局面,新中国首先把重点放在发展同亚非国家的友好合作和睦邻关系上。这不仅因为中国是一个亚洲国家,需要同近邻先建立起和睦的关系,保证有一个和平安定的周边环境;更重要的是,中国人民同亚非绝大多数国家的人民有过共同的遭遇和经历,都刚从帝国主义的长期压迫下解放出来,开始把国家的命运掌握在自己手里,在许多方面有着共同的利益和愿望。这些国家是国际社会生活中一支不可忽视的正在崛起的新兴力量,是维护世界和平的重要保证。

在日内瓦会议休会期间,如前所述,周恩来访问了印度和缅甸,和两国总理共同倡导和平共处五项原则。会议结束后,尼赫鲁

---

[1] 周恩来在中共中央政治局扩大会议上的报告记录,1954年7月7日。

[2] 毛泽东在中共中央政治局扩大会议上的发言记录,1954年7月7日。

和吴努也应邀先后来中国访问。他们在来访期间,提出南亚五国（缅甸、锡兰、印度、印度尼西亚、巴基斯坦）总理准备联合发起召开亚非会议,邀请新中国参加。

亚非会议,是一个新的历史时代到来的象征,是第二次世界大战结束后民族独立运动蓬勃发展的结果。它是第一次没有帝国主义国家参加的大型国际会议,而由亚非地区绝大多数已独立的国家参加。它们要求在国际上享有平等地位,独立地发出自己的声音。如果在几年以前,要举行这样的会议是难以想象的。中国政府决定接受邀请,参加这次会议,并且组成以周恩来为首席代表的代表团。

可是,中国政府在会上面对的情况依然十分复杂:参加会议的二十九个国家（包括中国在内）,有二十二个国家还没有同新中国建立外交关系,甚至不曾有过来往,有些倒是同国民党集团保持着外交关系;各国的社会制度、处境和政治观点有很大区别;他们中不少国家对新中国缺乏了解,心存疑惧,有的还受美国政府影响而抱着敌视的态度。由于相互间存在的分歧和某些外来势力的挑拨,会议很容易陷于无休止的争论,以致归于失败。

这次会议在印度尼西亚的万隆召开。会议前夕,万隆的空气相当紧张,似乎正在酝酿一场激烈的争论。周恩来到万隆的第一天,尼赫鲁和吴努已听到一些风声,知道有些国家要进行挑衅,破坏会议,向周恩来打了招呼。周恩来从容地回答他们:

> 我们对于要提出这样问题的人要分别看待:一种人是恶意的,不去理他,或者用一些手法,使他收回去,使他的破坏计划不能得逞。另外一种人他是怀疑的,他不明白真相,他是说出一些很不恰当的话,我们应该向他们解释,使他们了解。

> 我们允许那种没有看到事实而带有怀疑的人怀疑,因为他们没有看到,可以怀疑。你要不是恶意的,我们就以善意的对待。至于他是不是恶意,这也很难从他说话中完全分别出。我们可以从他说话的表面意义上来估计,就当做是怀疑,我们来解释。解释的结果,就使怀疑的一部分人去除他们的怀疑。[1]

一九五五年四月十八日,亚非会议开幕。印度尼西亚总统苏加诺致了热情洋溢的开幕词。随后,开始大会发言。发言的次序大体上按照各国国名的第一个英文字母的次序排列。绝大多数发言的内容,都是要求消除殖民主义与促进世界和平。伊拉克代表贾马利却在发言中攻击共产主义是一种"颠覆性的宗教","在阶级和民族之间培育仇恨",已创造了一种"新形式的殖民主义"。这个发言,使会场空气陡然紧张起来。但轮到中国代表发言时,周恩来却放弃这个机会,继续耐心地坐着听各国代表的发言。在以后的发言中绝大多数是好的,但也有人猛烈地攻击共产主义,还有人直接点了中国的名。

根据这种状况,周恩来决定把原来准备好的发言稿改作书面发言散发,临时另作一个补充发言。发言时会场中挤满了人,都想听听中国代表团怎样回答会上提出的这些问题。周恩来十分从容。他一开始就说:

> 中国代表团是来要求团结而不是来吵架的。我们共产党人从不讳言我们相信共产主义和认为社会主义制度是好的。但是,在这个会议上用不着来宣传个人的思想意识和各国的政治

---

[1] 周恩来在第一届全国人大常委会第15次扩大会议上关于亚非会议的报告记录,1955年5月13日。

制度，虽然，这种不同在我们中间显然是存在的。

中国代表团是来求同而不是来立异的。在我们中间有无求同的基础呢？有的。那就是亚非绝大多数国家和人民自近代以来都曾经受过、并且现在仍在受着殖民主义所造成的灾难和痛苦。这是我们大家都承认的。从解除殖民主义痛苦和灾难中找共同基础，我们就很容易互相了解和尊重、互相同情和支持，而不是互相疑虑和恐惧、互相排斥和对立。

我们的会议应该求同而存异。同时，会议应将这些共同愿望和要求肯定下来。这是我们中间的主要问题。我们并不要求各人放弃自己的见解，因为这是实际存在的反映。但是不应该使它妨碍我们在主要问题上达成共同的协议。我们还应在共同的基础上来互相了解和重视彼此的不同见解。

他本着这种精神，对不同的思想意识和社会制度问题、有无宗教信仰自由的问题、所谓颠覆活动的问题，一一说明了中国政府立场和政策，回答了一些人存在的疑虑。最后说："我们是容许不知真相的人怀疑的。中国俗话说：'百闻不如一见。'我们欢迎所有到会的各国代表到中国去参观，你们什么时候去都可以。我们没有竹幕，倒是别人要在我们之间施放烟幕。"[1]

这个讲话在会议上引起轰动性的效应。他一讲完，全场立刻爆发长时间的热烈掌声，会上的空气陡然变了。美国记者鲍大可在报道中说："这篇发言最惊人之处就在于它没有闪电惊雷。周恩来用

---

[1]《周恩来选集》下卷，第153—157页。

经过仔细挑选的措辞简单说明了共产党中国对这次会议通情达理、心平气和的态度。他也回答了在他之前发表的演说中对共产党所作的许多直接间接的攻击。"周恩来的发言是中国以和解态度与会的绝好说明。他的发言是前两天公开会议的高潮。"[1]

会议并不是从此就一帆风顺了,中间又出现多次波澜。周恩来作了慎重而恰当的处理,一一化险为夷。四月二十四日,会议一致通过了包括关于促进世界和平和合作的十点宣言的《最后公报》,成功地闭幕了。

中国代表团在会议期间的外交活动,并不只停留在会议上。他们利用一切机会,同到会的各国代表团接触,主动拜访了除南越以外的所有各国代表团,同纳赛尔、西哈努克、高碘达之助等,都是在这次会议上结识的。

当时,一部分亚非国家对新中国存在的疑虑,主要集中在三个问题上:一是中国有许多海外侨民,许多人有着双重国籍,使所在国很不放心;二是边界问题,历史上遗留下不少未定界,有些地区甚至发生过武力冲突;三是害怕国际共产主义运动通过本地的共产党进行活动。周恩来在会议期间和会后,在这三方面都做了大量工作,使问题的绝大部分逐步得到妥善的解决。

从亚非会议结束到一九五九年底这四年多内,同新中国先后建交的有尼泊尔、埃及、叙利亚、阿拉伯也门共和国、斯里兰卡、柬埔寨、伊拉克、摩洛哥、阿尔及利亚、苏丹、几内亚十一个国家,它们全部都是亚非国家。亚非会议为新中国的外交活动进一步打开了新的天地。

---

[1] [美]鲍大可:《周恩来在万隆》,中国社会科学出版社1985年3月版,第9、11页。

社会主义基本制度建立的深远历史意义

一九五七年年底,第一个五年计划全面完成。这个计划制订时不论在发展速度还是建设规模上都比较谨慎,留有余地。在执行中,各方面的配合和衔接比较好。社会主义工业化取得巨大进展。一九五六年,工业总产值为七百零三亿元,已超过第一个五年计划要求达到的水平,其中主要工业品如钢、生铁、钢材、水泥、纯碱、客车、棉纱、棉布等二十七种产品的产量已达到或超过"一五"计划规定的指标。这以前的七年间,中国的工业总产值一直低于农业总产值。也是在一九五六年,工业总产值第一次超过农业总产值(这年为六百一十亿元),在中国从农业国走向工业国的道路上跨出了转折性的一大步。工业技术水平有了很大提高,建立起许多新的工业部门,可以把许多自己制造的设备、材料用来发展工业、装备农业和交通运输业,加强国防,成为整个国民经济的支柱。从一九五三年到一九五六年,工业总产值平均每年增长百分之十九点六,超过了第一个五年计划规定的百分之十四点七的速度。这些新建立或发展起来的工业,几乎都掌握在国家手里,属于社会主义性质的经济,在整个国民经济中更加明显地起着主导作用。这是中国建成社会主义基本制度的物质基础。没有它,就谈不上有中国的社会主义。

人民生活得到进一步改善。拿整个"一五"计划期间来说,全国居民消费水平在五年内提高三分之一,其中职工和农民分别提高了百分之三十八点五和二十七点四。一九五五年八月,国家决定全体职工都实行工资制,代替以往不少人员中实行的供给制。一九五六年全国实行工资改革,职工工资有了大幅度提高。劳动保险、公费医疗、福利等费用也有很大增加。

经过社会主义工业化的发展和"三大改造"的基本完成，中国的社会经济结构发生了根本变化。

到一九五六年底，农村中加入农业生产合作社的农户达到全国农户总数的百分之九十六点三，其中参加高级社的占全国农户总数的百分之八十七点八。高级社和初级社最重要的变化是：从"土地入股"的半社会主义合作社变为"土地公有"的社会主义合作社，这是一个极为重要的区别。薛暮桥回忆道："我国农业合作化虽然发展过快，但起初并未受到农民的反对。从初级社变为高级社，土地从农户私有变为合作社公有，是有少数人反对的。一九五六年秋冬我在青岛写书时，曾对这个问题进行调查。结果发现反对的大多是军属、工属、干属。那些家在农村的军人、工人、干部本人已经脱离农业生产，但家庭曾经分了地，可以享受土地分红。一般农户反对土地分红，因此从初级社到高级社的过渡，在农民中没有遇到多少阻力。""从长远来看，土地从农户私有变为合作社公有，对提高农业生产力还是有利的。"[1] 以后，特别是改革开放以来，尽管中国农村经历了一次又一次的改革和变动，但"土地公有"这个根本点始终没有改变和动摇过，它对建立以公有制为主体的社会主义制度有着极为重要的意义。

在私营工商业领域内，那年全国私营工业户数的百分之九十九，私营商业户数的百分之八十二点二，分别纳入了公私合营或合作社的轨道。在一定时期内领取固定股息的原来的资本家，已不再是企业的占有者，不再是工人剩余劳动的剥削者，而成为公私

---

[1]《薛暮桥回忆录》，第219页。

合营企业的工作人员。参加合作社的手工业人员，那年已占全体手工业人员的百分之九十一点七。在全国范围内，对生产资料私有制的社会主义改造已基本完成。

这样，社会主义基本制度已经在中国大地上建立起来。中国进入社会主义初级阶段就是从此刻开始的。建国初，社会主义成分虽在国民经济命脉领域内已处于主导地位，但资本主义工商业在数量上仍居多数，广大农村的个体经济在整个国民经济中更占有绝对优势，公有制经济在全国范围内并不居于主体地位，中国还不能说是社会主义国家，而是新民主主义国家。这种状况，到一九五六年已经根本改变，公有制经济的主体地位已经确立。只要把前后比较一下，就可以清楚地看出两者之间的区别。

现在回到中国建成社会主义基本制度主要靠什么这个问题上来。

第一个五年计划中，国家对基本建设的计划投资是四百二十七亿四千万元（其中工业投资二百四十八亿五千万元，占百分之五十八点二；其次是运输和邮电等基础设施投资八十二亿一千万元，占百分之十九点二）。[1]实际执行的结果，全民所有制固定资产的投资为六百一十一亿五千八百万元。资金从哪里来？以一九五三年到一九五七年计算，全民所有制企业的上缴利润占国家财政收入增加的百分之七十四点七。[2]这些建设成果都属于全体中国人民所有。没有它们，就谈不上在中国建立社会主义基本制度，也没有以后的社会主义现代化可言。

不能把中国社会主义制度的建立看成主要是对资本主义工商

---

[1]《建国以来重要文献选编》第6册，第289页。
[2] 董志凯、吴江：《新中国工业的奠基石——156项建设研究》，第161、164、165页。

业进行社会主义改造的结果，或者过多地把注意力集中在这一点。事实上，旧中国留下的民族工商业力量实在很薄弱，在帝国主义、封建势力、官僚资本的压迫下到解放前已近奄奄一息。一九五六年清产核资时核定的私人资本共二十四亿一千八百六十四万元，其中工业十六亿九千三百四十五万元，商业和饮食业五亿八千六百三十九万元。当然，由于种种原因，当时对他们的资产有低估的问题。同清产前的账面金额对比，武汉低了百分之四十三点九一，重庆低了百分之二十四点六二。[1]但即使算高一点——低估了一半，也没有到五十亿元。而且这些私营企业十分分散，企业数量虽不少，但从规模来看主要是中小企业。最大的荣氏家族，经营的纺织（申新集团）、面粉（茂新集团）、印染、机械工业，加起来只有二十四家。号称煤炭大王、火柴大王的刘鸿生自己说：他的资本总额是两千万元。[2]

国家在五年内的投资是六百一十一亿五千八百万元，私人企业的资金总额最多也不到五十亿元。比一比就可以知道：中国之所以能建成社会主义社会基本制度，首先是靠全国人民辛勤劳动干出来的，而不是靠"赎买"得到的。如果忽视主体，只谈两翼（特别是对私营工商业的社会主义改造这一翼），不说是本末倒置，至少是主次不分。

一种新的社会制度诞生了。它规定了中国继续前进的方向：是走社会主义道路，而不是走资本主义道路。这是中华民族历史发展中的一个新的起点。

---

[1] 李定主编：《中国资本主义工商业的社会主义改造》，第255—257页。
[2] 《走在社会主义大道上——原私营工商业者社会主义改造纪实》，中国文史出版社1988年12月版，第86页。

毛泽东把社会主义制度的建立看作解放生产力的巨大胜利。一九五六年一月二十五日，他在最高国务会议第六次会议上兴奋地作了这样的说明：

> 社会主义革命的目的是为了解放生产力，农业和手工业由个体的所有制变为社会主义的集体所有制，私营工商业由资本主义所有制变为社会主义所有制，必然使生产力大大地获得解放。这样就为大大地发展工业和农业的生产创造了社会条件。
>
> 我们进行社会主义革命所用的方法是和平的方法。对于这种方法，过去在共产党内和共产党外，都有许多人表示怀疑。但是从去年夏季以来，由于农村中合作社运动的高潮和最近几个月以来城市中社会主义改造的高潮，他们的疑问已经大体解决了。在我国的条件下，用和平的方法，即用说服教育的方法，不但可以改变个体的所有制为社会主义的集体所有制，而且可以改变资本主义所有制为社会主义所有制。过去几个月来社会主义改造的速度大大超过了人们的意料。过去有些人怕社会主义这一关难过，现在看来，这一关也还是容易过的。

毛泽东对未来的前景充满了乐观。他在讲话结束时说："我国人民应该有一个远大的规划，要在几十年内，努力改变我国在经济上和科学文化上的落后状况，迅速达到世界上的先进水平。"[1]

当然，应当看到：在这个过程中，特别是最后一年多中，由于对什么是社会主义、怎样建设社会主义还缺乏清楚的认识，急于追

---

[1]《毛泽东文集》第7卷，第1、2页。

求建立单一的公有制经济;由于"社会主义改造的速度大大超过了人们的意料"而把事情看得过于简单和容易,在取得巨大成就的同时,也出现一些缺点和偏差,主要是在后期急于求成,工作过粗,留下不少后遗症。

这些问题在农业合作化中表现得最严重:反右倾形成巨大的政治压力,不少地方还采取行政强制手段,没有认真贯彻自愿的原则;从半社会主义的初级社发展到社会主义高级社的步子走得太快;在高级社中过分强调集中统一管理,忽视以至取消分散的家庭经营,没有很好顾到农民个体生产积极性那一面;社的规模过大,不便于领导,也容易产生"吃大锅饭"的平均主义倾向。在手工业合作化中,过分强调大社和集中经营的优越性,忽略了个体手工业原有的经营灵活、产品多种多样、同民众联系密切的优点,造成小商品的品种花样减少、质量降低、供销失调、民众感到不便等现象。在对资本主义工商业的改造中,没有考虑到应该在一定范围内容许有利于满足人民需要的小商品经济以至资本主义经济的存在和发展;把十来万小业主当作资产阶级革掉了;对一部分原私营工商业者的处理和使用不很适当,对他们在一些领域内可以发挥的积极作用注意不够。这些问题,由于没有及时认识和纠正甚至还有发展,在以后很长时间内对国民经济的运行产生了消极影响。

尽管如此,社会主义基本制度在中国建立的基本条件终究已经具有。它是历史发展诸种因素合力造成的,特别是中国的社会主义工业化已经取得如此巨大的成就,而资本主义经济却十分分散、弱小、发展困难,力量对比已走向一个转折点。这是客观局势发展的结果。当时许多人已看到,这是一个大趋势,谁也阻挡不住。用和平的方法而不是用暴力的方法来实现向社会主义过渡,经过若干过渡阶段逐步完成而不是一次完成,是中国共产党的重大创造。这里,有两个基本事实必须看到:"第一是在保证国民经济基本上稳定发展的情况下完成的,第二是在得到人民群众基本上普遍拥护的情况下完成的。这是很难做到而确实做到了的事情。"[1]在几亿人口国家这场深刻的社会变革中,在如此缺乏经验的情况下,产生某些缺点和偏差,很难完全避免。由于对什么是社会主义缺乏清楚的认识以及工作急促粗糙遗留的种种问题,完全可以在社会主义制度自我发展和自我完善的过程中,经过调整和改革,逐步得到解决,这是为以后的事实证明了的,那就是走中国特色社会主义的道路。

中共中央《关于建国以来党的若干历史问题的决议》中写道:

> 到一九五六年,全国绝大部分地区基本上完成了对生产资料私有制的社会主义改造。这项工作中也有缺点和偏差。在一九五五年夏季以后,农业合作化以及对手工业和个体商业的改造要求过急,工作过粗,改变过快,形式也过于简单划一,以致在长期间遗留了一些问题。一九五六年资本主义工商业改造基本完成以后,对于一部分原工商业者的使用和处理也不很适当。但整个来说,在一个几亿人口的大国中比较顺利地实现了如此复杂、困难和深刻的社会变革,促进了工农业和整个国民经济的发展,这的确是伟大的历史性胜利。[2]

无论从中华民族几千年的历史长河来看,或是从世界范围的眼光来看,社会主义基本制度在有着几亿人口的中国大地上建立

---

[1] 胡绳主编:《中国共产党的七十年》,第383页。
[2]《十一届三中全会以来重要文献选编》上册,人民出版社1987年2月版,第306—307页。

起来，都是一件有着划时代意义的了不得的大事。这是事情的主流和本质。尽管社会主义改造的后期存在这样或那样的问题，但一九五六年和一九四九年毕竟已根本不同。中国选择并建立了社会主义。它使全国的各项工作得以在一个新的制度基础上前进。离开这个起点，就没有中国特色社会主义可言，就没有社会主义现代化可言。

当然，在过去了几十年，特别是经历了改革开放以后，回头来看，还有一些更深层次的问题值得研究。胡绳主编的《中国共产党的七十年》中指出：

> 一个是社会主义公有制经济已经居于绝对统治地位，但是有没有必要使它成为唯一的经济成分，可不可以有限度地保留一部分有益于国计民生的个体经济和私营经济？一个是高度集中的计划经济体制随着对资本主义和个体经济改造的完成而扩大到全部经济生活，市场调节的作用是否还需要发挥，如何发挥？还有一个是国营经济如何发挥中央、地方各级和企业的主动性和积极性，集体经济的所有权和经营权需不需要划分层次，根据不同情况发挥不同层次的积极性？还是公有范围越大、经营越集中越好？这些问题在改造过程中大都或多或少有所觉察，可是，来不及反复研究和慎重决策，就在改造高潮中被掩盖起来。这些问题以及社会主义改造后期过急过粗带来的其他问题，只要冷静下来，实事求是，认真调查和调整，是可以在实践中依靠经验的积累逐步加以解决的。[1]

---

[1] 胡绳主编：《中国共产党的七十年》，第 428—429 页。

确实，这些更深层次的问题，只有在实践中依靠正反两方面经验的积累才能逐步加以解决，不可能在一九五六年就什么都看清楚，使问题完全得到解决。这时毕竟只处在开始新的探索的起步阶段，要走的路还很长。

第二十章　社会主义建设在曲折中前进(上)

一九五六年，在中国社会变革历程中，是一个重大转折点。

社会主义基本制度已经在中国大地上建立起来。这是中国人多少年来所追求的。但它来得这么快，人们缺乏足够的精神准备。大家充满着兴奋，又面对着一个十分陌生的局面：怎样进行社会主义现代化建设？下一步该怎么办？

中国是一个贫穷落后、人口众多、生产力发展水平很低的大国。新建立起来的是一个不发达的社会主义社会。在这样的基础上起步，其困难可想而知。中国人以往几乎没有组织和管理现代化大工业生产和整个国民经济的经验，更不用说领导社会主义现代化建设了。对什么是社会主义，马克思主义创始人提出了一些基本原则，但没有也不可能提出更具体的答案。那时在世界范围内只有苏联独立建成了社会主义社会，没有其他现成的榜样。所以在开始建设时，中共中央曾号召"向苏联学习"，是不得不如此的。在社会上，还流行过"苏联的今天就是我们的明天"那样的说法。可是，苏联社会主义建设中存在的种种弊端已开始清楚地暴露出来，如片面发展重工业，忽视农业和轻工业；片面扩大积累，忽视改善人民生活；经济管理体制集中过多过死等。这年二月召开的苏共二十大尖锐地揭露斯大林在领导苏联社会主义建设中的严重错误以及对他的个人崇拜所造成的严重后果，在社会主义阵营引起极大震动。即便他们取得的一些成功经验,也未必都适合中国的国情,不能照抄照搬。中国领导人已意识到:必须走自己的路。这样,一个全新的问题放在中国人面前:怎样根据自己的实际国情来建设社会主义?

历史不可能等到这些问题都得到解决后再迈开步子。尽管准备还远不充分,尽管许多问题还不清楚,新的探索必须起步。客观形势驱使着新中国必须大胆地向前闯。留下的许多还不清楚的问题,只能在摸索过程中去寻求解决,通过实践的检验来判明是非。这就像朝着一片没有现成航标的海域起航,面对着许多未知数,对哪里有险滩和暗礁一时无法看清,只能边摸索边前进,中间出现曲折和偏差是完全可能的。正如恩格斯所说:要明确地懂得理论,最好的道路就是从本身的错误中、从痛苦的经验中学习。离开这种特定的历史条件,很难对事情作出客观而中肯的分析和判断。

初期的成功探索

对社会主义建设道路的探索,是从一九五六年初开始的。中国领导人的态度,最初比较审慎。毛泽东说:"我们可以有几条路前进,几条路比较一下,要选一条比较合理、正确的路线。"[1]

初期的探索是成功的,主要表现在《论十大关系》、中共八大和一九五七年上半年发表的《关于正确处理人民内部矛盾的问题》上。

"十大关系"是毛泽东在把工作重点开始转向经济建设后,经过认真准备提出来的。一九五六年一月二十五日,他在最高国务会

---

[1] 薄一波:《若干重大决策与事件的回顾(修订本)》上卷,第540页。

议上说:"要在几十年内,努力改变我国在经济上和科学文化上的落后状况,迅速达到世界上的先进水平。"[1]从二月十四日到四月二十四日,他连续听取国务院三十四个部门和国家计委关于第二个五年计划的工作报告。听取汇报时,他不断插话,同与会者交换意见,并且把自己的看法逐步归纳起来,最后概括为"十大关系"。他说:"那个十大关系怎么出来的呢?我在北京经过一个半月,每天谈一个部,找了三十四个部的同志谈话,逐渐形成了那个十条。如果没有那些人谈话,那个十大关系怎么会形成呢?不可能形成。"[2]

五月二日,毛泽东在最高国务会议作了《论十大关系》的报告。报告中心内容,是要以苏联为鉴戒,总结自己的经验,探索一条适合中国情况的社会主义建设道路。他特别强调如何调动一切积极因素的问题,把这个问题看作建设社会主义的根本,说:

> 提出这十个问题,都是围绕着一个基本方针,就是要把国内外一切积极因素调动起来,为社会主义事业服务。

他谈到如何对待其他国家的经验,这对缺乏现代化建设经验的中国十分重要。他说:

> 应当承认,每个民族都有它的长处,不然它为什么能存在?为什么能发展?同时,每个民族也都有它的短处。有人以为社会主义就了不起,一点缺点也没有了。哪有这个事?应当承认,总是有优点和缺点这两点。

---

[1]《毛泽东文集》第7卷,第2页。
[2] 毛泽东在中共中央政治局扩大会议上的讲话记录,1958年2月18日。

我们的方针是，一切民族、一切国家的长处都要学，政治、经济、科学、技术、文学、艺术的一切真正好的东西都要学。但是，必须有分析有批判地学，不能盲目地学，不能一切照抄，机械搬用。他们的短处、缺点，当然不要学。

特别值得注意的是，最近苏联方面暴露了他们在建设社会主义过程中的一些缺点和错误，他们走过的弯路，你还想走？[1]

《论十大关系》涉及社会主义建设，特别是工业化建设中许多重要问题：产业结构方面，主要是农业、轻工业和重工业的比例关系；工业布局方面，主要是沿海工业和内地工业的关系；国防工业方面，主要是经济建设和国防建设的关系；经济体制方面，主要是国家、生产单位和生产者个人的关系，中央和地方的关系。"他在这篇讲话中指出，传统的苏联体制的弊病，主要在于'权力过分集中'，从而损害了地方政府和劳动者个人的积极性，是中国经济在社会主义改造后出现各种弊病的根源，必须加以改革。"[2]这个报告中，还谈了汉族和少数民族的关系、党和非党的关系、革命和反革命的关系、是非关系、中国和外国的关系，这些是属于政治生活和思想文化生活中调动各种积极因素的问题。

在这前后，中共中央和毛泽东还提出许多重要方针，如：在科学文化工作中的"百花齐放、百家争鸣"的方针；共产党和其他民主党派"长期共存，互相监督"的方针；争取用和平方式解放台湾，宣布"爱国一家""爱国不分先后"，倡议国共第三次合作等。

---

[1]《毛泽东文集》第7卷，第23、41页。
[2]《吴敬琏自选集》，山西经济出版社2003年12月版，第65页。

针对苏共二十大上赫鲁晓夫所作关于斯大林问题秘密报告在世界上引起的严重思想混乱，中共中央政治局扩大会议经过讨论，用"人民日报编辑部"的名义，发表了《关于无产阶级专政的历史经验》的文章，对斯大林作出七分功、三分过的评价，并且写道：

> 整个说来，国际共产主义运动还只有一百年多一点的时间，从十月革命胜利以来，还只有三十九年的时间，许多革命工作的经验还是不足的。我们有伟大的成绩，但是还有缺点和错误。如同一个成绩出现了接着又创造新的成绩一样，一个缺点或错误克服了，新的缺点和错误又可能产生，又有待于我们去克服。而成功总是多于缺点，正确的地方总多于错误的地方，缺点和错误总是要被克服的。好的领导者不在于不犯错误，而在于认真地对待错误。完全不犯错误的人在世界上是从来没有的。
>
> 人类现在还是在青年时代。人类将来要走的路，将比过去走过的路，不知要长远多少倍。革新和守旧，先进和落后，积极和消极这类矛盾，都将不断地在各种不同条件下和各种不同的情况中出现。一切都还将是这样：一个矛盾将导致另一个矛盾，旧的矛盾解决了，新的矛盾又会产生。[1]

毛泽东在最后一次讨论修改这篇文章的会议上，谈到我们自己应该从中得到什么教益。他说："最重要的是要独立思考，把马列主义的基本原理同中国革命和建设的具体实际相结合。""我们应该

---

[1]《建国以来重要文献选编》第 8 册，中央文献出版社 1994 年 8 月版，第 238—239、232 页。

从各方面考虑如何按照中国的情况办事，不要再像过去那样迷信了。其实，我们过去也不是完全迷信，有自己的独创。现在更要努力找到中国建设社会主义的具体道路。"[1]

这一系列论述和决策，为中共八大的召开作了思想上和理论上的准备。

一九五六年九月十五日至二十七日，中国共产党第八次全国代表大会在北京举行。

这次大会最重要的课题，是要对当前国内形势作一个基本的分析，对社会主义基本制度建立后国内主要矛盾的变化作出明确的判断，据以规定党和全国人民在新形势下的主要任务。大会关于刘少奇所作政治报告的决议中，正确地作出一个全新的论断：

> 我国的无产阶级同资产阶级之间的矛盾已经基本上解决，几千年来的阶级剥削制度的历史已经基本上结束，社会主义的社会制度在我国已经基本上建立起来了。
>
> 我们国内的主要矛盾，已经是人民对于建立先进的工业国的要求同落后的农业国的现实之间的矛盾，已经是人民对于经济文化迅速发展的需要同当前经济文化不能满足人民需要的状况之间的矛盾。
>
> 党和全国人民的当前的主要任务，就是要集中力量来解决这个矛盾，把我国尽快地从落后的农业国变为先进的工业国。[2]

---

[1]　毛泽东在讨论修改《关于无产阶级专政的历史经验》会议上的讲话记录，1956年4月4日。
[2]　《人民日报》1956年9月28日。

这是一个大判断。尽管决议的表述有不完全准确的地方，但它的基本精神是说明今后国内的主要矛盾已经不再是阶级斗争，要把工作着重点从阶级斗争转移到大力发展社会生产力上来。如果能够坚定不移地沿着这条路走下去，中国的社会主义建设将会好得多。应该说，八大的路线是正确的。

毛泽东在八大期间同外国代表团谈到苏联在社会主义建设时期的错误时也这样说："客观形势已经发展了，社会已从这一阶段过渡到另一阶段。这时阶级斗争已经完结，人民已经用和平的方法来保护生产力，而不是通过阶级斗争来解放生产力的时候。但是在思想上却没有认识这一点，还要继续进行阶级斗争，这就是错误的根源。"[1]

可见，当时他对这个问题的认识是清醒的。

对社会主义经济建设怎样进行，大会也作出冷静的判断。那时，第一个五年计划规定的建设进度，除少数指标外，都可以如期或提前完成。因此，周恩来在大会上作了《关于发展国民经济的第二个五年计划的建议的报告》。他根据前一阶段经济建设工作实践中的经验教训，提出了既反保守又反冒进，即在综合平衡中稳步前进的四点意见："第一，应该根据需要和可能，合理地规定国民经济的发展速度，把计划放在既积极又稳妥可靠的基础上，以保证国民经济比较均衡地发展。""第二，应该使重点建设和全面安排相结合，以便国民经济各部门能够按比例地发展。""第三，应该增加后备力量，健全物资储备制度。""第四，应该正确地处理经济和财政的关系。多年来的经验是：我们的财政收入必须建立在经济发展的基础上，我们的财政支出也必须首先保证经济的发展。"《报告》还

---

[1] 毛泽东同意大利共产党代表团的谈话记录，1956年9月22日。

提出社会主义工业化的具体目标:"我国社会主义工业化的主要要求,就是要在大约三个五年计划时期内,基本上建成一个完整的工业体系。这样的工业体系,能够生产各种主要的机器设备和原材料,基本上满足我国扩大再生产和国民经济技术改造的需要。同时,它也能够生产各种消费品,适当地满足人民生活水平不断提高的需要。"[1]这个报告反映了中国人民的愿望和要求,得到代表大会的同意。

陈云在大会发言中着重谈了社会主义改造基本完成以后出现的新问题。他坦率地指出:国家经济部门在过去几年中为限制资本主义工商业而采取的一些措施,不但在今天已经基本上不再需要,在当时也不是没有缺点的;在农业、手工业、资本主义工商业的社会主义改造高潮中,由于形势发展太快,具体的组织指导工作不容易完全跟上,也产生了一些暂时的、局部的错误。针对不少人急切期望实现"纯而又纯"的社会主义的想法,他大胆地提出社会主义经济应该由"三个主体"和"三个补充"组成的主张,说道:

> 我们的社会主义经济的情况将是这样:在工商业经营方面,国家经济和集体经济是工商业的主体,但是附有一定数量的个体经营。这种个体经营是国家经营和集体经营的补充。至于生产计划方面,全国工农业产品的主要部分是按照计划生产的,但是同时有一部分产品是按照市场变化而在国家计划许可范围内自由生产的。计划生产是工农业生产的主体,按照市场变化而在国家计划许可范围内的自由生产是计划生产的补充。因此,我国的市场,绝不会是资本主义的自由市场,而是社

---

[1]《周恩来选集》下卷,第218—222、225页。

主义的统一市场。在社会主义的统一市场里，国家市场是它的主体，但是附有一定范围内国家领导的自由市场。这种自由市场，是在国家领导之下，作为国家市场的补充，因此它是社会主义统一市场的组成部分。[1]

陈云这些意见，提出了前人没有提出过的主张，打开了如何认识社会主义的新思路，也得到代表大会的同意。

会议期间，毛泽东同前来参加中共八大的许多国家共产党的代表团谈话。他同罗马尼亚工人党代表团乔治乌·德治等谈话时讲道：我们的制度较之过去只是相对的好，而不是绝对的好。资本主义在经营上有许多地方比我们好，我们也要学习他们的好东西。目前的国际形势是好转了，我们估计战争是很难打起来的。没有战争，资本主义国家就会有经济困难。我们的门是开着的，几年以后，英、美、西德、日本等都将与我们做生意的。他们有技术，我们需要技术，他们的经济有困难，就会向我们出口技术了。

会后，中共中央在实际生活中已多少觉察到对社会主义社会追求"纯而又纯"带来的问题，大胆地提出一些新的设想。毛泽东说："可以搞国营，也可以搞私营。可以消灭了资本主义，又搞资本主义。当然要看条件，只要有原料、有销路，就可以搞。现在国营、合营企业不能满足社会需要，如果有原料，国家投资又有困难，社会有需要，私人可以开厂。""这叫新经济政策。"[2]刘少奇说："有这么一点资本主义，一条是它可以作为社会主义经济的补充，另一

---

[1]《陈云文选》第3卷，第13页。
[2]《毛泽东文集》第7卷，第170页。

条是它可以在某些方面同社会主义经济作比较。"[1]周恩来也说："在社会主义建设中，搞一点私营的，活一点有好处。""主流是社会主义，小的给些自由，这样可以帮助社会主义的发展。工业、农业、手工业者都可以采取这个办法。"[2]他们都在考虑：一定程度的资本主义经济在国家领导下可以作为社会主义经济主体的补充。可惜的是，这种认识当时还并不深刻，因而没有能坚持下去，不仅很快被一九五七年起发展起来的"左"的指导思想所打断，而且向相反方向发展得越来越严重，直到十一届三中全会才得到纠正。

中共八大还有一个重要内容：由邓小平作了《关于修改党的章程的报告》，他在报告中着重指出："执政党的地位，使我们党面临着新的考验。""执政党的地位，很容易使我们同志沾染上官僚主义的习气。脱离实际和脱离群众的危险，对于党的组织和党员来说，不是比过去减少而是比过去增加了。""这些情况，要求我们十分注意加强党的组织工作和对于党员的教育工作。"[3]

中共八大选举产生了党的第八届中央委员会。八届一中全会选举毛泽东为中央委员会主席，刘少奇、周恩来、朱德、陈云为副主席，邓小平为总书记，由他们六人组成中央政治局常务委员会，成为全党的领导核心。

经过近八年的社会改革，随着社会主义基本制度的建立，原来的阶级矛盾已不处在主要的地位，党和政府各级干部中的官僚主义弊端又有所发展，在这种情况下，新的社会矛盾——主要是人民内部的矛盾，包括群众同干部以至各级政府之间的矛盾日益显露和突

---

[1] 刘少奇在全国人大常务委员会第52次会议上的发言记录，1956年12月29日。
[2] 周恩来在国务院第44次全体会议上的发言记录，1957年4月6日。
[3] 《邓小平文选》第1卷，第214页。

出。这是以前没有遇到过的新情况。在国际范围内,东欧先后发生波兰和匈牙利事件,暴露出一些社会主义国家内部存在的严重问题,引起巨大震动。这也是以前没有遇到过的新问题。胡绳主编的《中国共产党的七十年》描述当时的情景:"一九五六年秋冬,出现了一些不安定的情况。国际上东欧的波匈事件不能不在我国发生影响,国内社会改造的急促和变化的深刻,加上经济建设中未能完全克服冒进,使经济和政治生活中出现某些紧张。这年下半年在许多城市出现粮食、肉类和日用品的短缺。少数学生、工人和复员转业军人在升学、就业和安置方面遇到不少困难,发生少数人闹事的情况。据不完全统计,从一九五六年九月到一九五七年三月的半年时间内,全国有多起共约一万多工人罢工,一万多学生罢课请愿。在农村中,夏收以来不少地区接连发生农民闹退社、闹缺粮的风潮。对时局变化最为敏感的知识分子,在'百花齐放、百家争鸣'方针提出后,思想日趋活跃,批评教条主义,在文化、教育、科学等问题上发表不同意见。有些人还对党和政府工作中的缺点错误以及干部作风上的问题提出公开批评,其中有不少尖锐意见,还有一些错误议论。面对这些新出现的矛盾,许多党员和干部思想上缺乏准备,陷于被动地位;或者用老眼光看待新问题,把群众闹事和尖锐批评一概视为阶级斗争的表现,企图采取简单粗暴的办法进行压制。"[1]

在这样一个社会大变动的时刻,面对着这么多以前没有遇到过的新情况和新问题,应该怎样对待?

针对这些问题,特别是苏共二十大后国际上发生的几次大风

---

[1] 胡绳主编:《中国共产党的七十年》,第450页。

潮,中共中央政治局扩大会议经过讨论,在一九五六年十二月二十九日,仍以"人民日报编辑部"的名义发表了《再论无产阶级专政的历史经验》的文章。文章一开始就提出一个极为重要的新论断,那就是社会主义社会仍然充满着矛盾,必须正确区别和处理其中两类不同性质的矛盾。它写道:在我们面前有两种性质不同的矛盾:第一种是敌我之间的矛盾;第二种是人民内部的矛盾,它的发生不是由于阶级利害的根本冲突,而是由于正确意见和错误意见的矛盾,或者由于局部性质的利害矛盾。人民内部的矛盾可以而且应该从团结的愿望出发,经过批评或者斗争获得解决。决不应该把人民内部的矛盾同敌我之间的矛盾等量齐观,或者互相混淆。

《再论》发表后,毛泽东把主要注意力从国际转到国内。一九五七年一月十八日至二十七日,中共中央在北京召开省、市、自治区党委书记会议。毛泽东在讲话中着重讲了思想动向问题。他说:"思想动向问题,我们应当抓住。这里当作第一个问题提出来。现在,党内的思想动向,社会上的思想动向,出现了很值得注意的问题。"他举例来说:现在有些干部争名夺利,唯利是图,不是比艰苦,比多做贡献少得享受,而是比阔气,比级别,比地位。这类思想在党内现在有很大的发展,值得我们注意。又如在学校里头也出了问题,好些地方学生闹事,在一些教授中也有各种怪议论。他提到:苏共二十次代表大会,少数人起了波动,"台风年年都有,国内国际的思想台风、政治台风也是年年都有","台风一刮,动摇分子挡不住,就要摇摆,这是规律。我劝大家注意这个问题"。[1]

在经过长时间的观察和思考以后,在总结一年来国际国内发生

---

[1] 毛泽东在省市自治区党委书记会议上的讲话记录,1957年1月18日。

的重要事件基础上，二月十七日，毛泽东在有一千八百多人参加的扩大的最高国务会议上作了《关于正确处理人民内部矛盾的问题》的长篇讲话，经过补充修改后在六月十九日发表。

这是一篇极为重要的讲话。它一开始就再一次指出在社会主义社会中依然存在着矛盾。他写道："并不是现在我们的社会里已经没有任何矛盾了。没有矛盾的想法是不符合客观实际的天真的想法。"在这些矛盾中，要严格区别敌我之间和人民内部这两类性质完全不同的矛盾，对敌人说来是用专政的方法，对人民内部矛盾只能用民主的方法去解决，用讨论的、批评的、说服教育的方法去解决。毛泽东从哲学的高度对此作了阐述："对立统一规律是宇宙的根本规律。这个规律，不论在自然界、人类社会和人们的思想中，都是普遍存在的。矛盾着的对立面又统一，又斗争，由此推动事物的运动和变化。""许多人不敢公开承认我国人民内部还存在着矛盾，正是这些矛盾推动着我们的社会向前发展。许多人不承认社会主义社会还有矛盾，因而使得他们在社会矛盾面前缩手缩脚，处于被动地位；不懂得在不断地正确处理和解决矛盾的过程中，将会使社会主义社会内部的统一和团结日益巩固。"

他指出，在社会主义社会中，基本矛盾仍然是生产关系和生产力之间的矛盾，上层建筑和经济基础之间的矛盾。并且指出：

> 现在的情况是：革命时期的大规模的急风暴雨式的群众阶级斗争基本结束，但是阶级斗争还没有完全结束；广大群众一面欢迎新制度，一面又还感到不大习惯；政府工作人员经验也还不够丰富，对一些具体政策的问题，应当继续考察和探索。这就是说，我们的社会主义制度还需要有一个继续建立和

巩固的过程，人民群众对于这个新制度还需要有一个习惯的过程，国家工作人员也需要一个学习和取得经验的过程。在这个时候，我们提出划分敌我和人民内部两类矛盾的界限，提出正确处理人民内部矛盾的问题，以便团结全国各族人民进行一场新的战争——向自然界开战，发展我们的经济，发展我们的文化，使全体人民比较顺利地走过目前的过渡时期，巩固我们的新制度，建设我们的新国家，就是十分必要的了。[1]

他还提出汉族和少数民族的关系一定要搞好；提出"统筹兼顾，适当安排"的方针，要求兼顾国家、集体和个人三者的利益，妥善解决人民内部在物质方面的利益；系统地阐述"百花齐放、百家争鸣、长期共存、互相监督"的方针；主张"一切国家的好经验我们都要学"，但不能不管我国情况，适用的和不适用的一起搬来。

这篇讲话，第一次比较系统地提出社会主义社会的矛盾学说，说明正是这些矛盾的运动推动社会主义社会不断向前发展，并且论述了如何正确处理各种社会矛盾的重要指导思想。

接着，中共中央宣传部召开有党内外知识分子八百多人参加的全国宣传工作会议。三月十二日，毛泽东在会上讲话，他指出：我们现在是处在一个社会大变动的时期，新的社会制度刚刚建立，还需要有一个巩固的时间。百花齐放，百家争鸣，这是一个基本性的同时也是长期性的方针。党中央的意见就是不能收，只能放。对于错误的意见，不是压服，而是说服，以理服人。思想问题现在已经成为非常重要的问题。各地党委的第一书记应该亲自出马来抓思想

---

[1]《毛泽东文集》第7卷，第213、216页。

问题。

在两次重要讲话后，毛泽东从三月十七日至四月七日去南方考察，分别在天津、济南、南京、上海召开规模较大的党员干部会议，作了长篇讲话。这是很少有的。他在准备讲话的提纲中写道："现在处在转变时期：由阶级斗争到向自然界斗争，由革命到建设，由过去的革命到技术革命和文化革命。许多人还不认识，还企图用过去的方法对待新问题。分清两类矛盾，不能用解决第一类矛盾的方法去解决第二类矛盾。""我们必须学文化（科学、技术），学建设。我们是否可以学会科学技术？如过去一样，可以学会的。""放还是收？说还是压？要善于说服，要学会以理服人（四人文章）。""为工农服务，与群众打成一片，不是两片。""要展开讨论，整风，团结、批评、团结公式，它的发展史。""向新任务前进，不要忘记敌人，不要忘记政治（政治是人的灵魂）。""采取现在的方针，文学艺术、科学技术会繁荣发达，党会经常保持活力，人民事业会欣欣向荣，中国会变成一个大强国而又使人可亲。"[1]

大体说来，这个时期所作的探索是在正确的健康的轨道上进行着。

但是，中国民主革命的胜利和建国初期各项工作的顺利发展，给中国共产党人造成一种错觉：似乎一切都会一帆风顺地向前发展，对中国建设社会主义的艰巨性和复杂性严重认识不足。毛泽东和一些领导人有些陶醉于已经取得的胜利，开始骄傲起来，对一些自己并不熟悉的新情况和新问题作出不符合实际的判断，对一些尖锐的不同意见听不进去。中国共产党在指导思想上逐渐出现一些偏

---

[1]《毛泽东文集》第7卷，第289、290、291页。

离正确方针的"左"的错误,从而在以后探索前进中出现大的曲折。这种错误主要表现在两个问题上,一个是阶级斗争问题,一个是建设速度问题。它是一步一步地形成和发展起来的。

从整风到反右派

一九五七年四月二十七日,中共中央发出《关于整风运动的指示》。这场整风运动,是为了贯彻落实正确处理人民内部矛盾的方针而发动的。

《关于正确处理人民内部矛盾的问题》这篇讲话在谈到少数人闹事问题时,认为它的主要原因是领导上的官僚主义和对群众缺乏教育。为了从根本上消除闹事的原因,必须坚决地克服官僚主义,很好地加强思想政治教育,恰当地处理各种矛盾。只要做到这一条,一般地就不会发生闹事的问题。这是中国共产党成为全国的执政党后面对的新的考验。毛泽东在全国宣传工作会议的讲话中更宣布:中共中央准备党内在今年开始整风,主要是要批评主观主义、官僚主义、宗派主义这几种错误的思想作风和工作作风。

《关于整风运动的指示》写道:现在,我们的国家已经从革命的时期进入了社会主义建设的时期,正处在一个新的剧烈的伟大的变革中。《指示》接着着重指出:

> 但是,党内有许多同志,并不了解或者不很了解这种新情况和党的新任务。同时,又因为党已经在全国范围内处在执政的地位,得到了广大群众的拥护,有许多同志就容易采取单纯的行政命令的办法去处理问题,而有一部分立场不坚定的

分子，就容易沾染旧社会国民党作风的残余，形成一种特权思想，甚至用打击压迫的方法对待群众。几年以来，在我们党内，脱离群众和脱离实际的官僚主义、宗派主义和主观主义，有了新的滋长。因此，中央认为有必要按照"从团结的愿望出发，经过批评和自我批评，在新的基础上达到新的团结"的方针，在全党重新进行一次普遍的、深入的反官僚主义、反宗派主义、反主观主义的整风运动，提高全党的马克思主义的思想水平，改进作风，以适应社会主义改造和社会主义建设的需要。

《指示》指出："这次整风运动应当以毛泽东同志今年二月在扩大的最高国务会议和三月在中央召开的宣传会议上代表中央所作的两个报告为指导思想，把正确处理人民内部矛盾的问题作为当前整风的主题。"

整风的方式，中共中央本来主张和风细雨地进行。《指示》说明："这次整风运动，应该是一次既严肃认真又和风细雨的思想教育运动，应该是一个恰如其分的批评和自我批评的运动。开会应该只限于人数不多的座谈会和小组会，应该多采用同志间谈心的方式，即个别地交谈，而不要开批评大会，或者斗争大会。""对于批评者要提倡实事求是，具体分析，以免抹煞别人的一切，使批评变成片面的过火的批评。每个人都应该虚心地听取别人的意见，积极地向别人提意见，但是不得强迫被批评者接受他所不同意的批评。"

《指示》还规定要建立干部参加劳动的制度："为了加强党同广大劳动人民的联系，彻底改变许多领导人员脱离群众的现象，在进行整风运动的同时，应该在全党提倡各级党政军有劳动力的主要领导人员以一部分时间同工人农民一起参加体力劳动的办法，并且使这个办法逐步地形成为一种永久的制度。"[1]

毛泽东给刘少奇、周恩来等的批示中，说了一句很重的话："不整风党就会毁了。"[2]应该说，这是中国共产党发动这次整风运动的初衷，也是前一个阶段中共中央对社会主义基本制度建立后如何正确处理人民内部矛盾的探索的继续发展。

五月四日，中共中央发出《关于请党外人士帮助整风的指示》。这个内部指示中写道：最近两个月以来，在各种有党外人士参加的会议上和报纸刊物上所展开的关于人民内部矛盾的分析和对于党政所犯错误缺点的批评，对于党与人民政府改正错误、提高威信，极为有益，应当继续展开，不要停顿或间断。"没有社会压力，整风不易收效。""大多数的批评是说得中肯的，对于加强团结，改善工作，极为有益。即使是错误的批评，也暴露了一部分人的面貌，利于我们在将来帮助他们进行思想改造。"[3]可以看出，中共中央在这时仍没有开展反右派斗争的打算。

为了发动党外人士帮助党整风，中共中央统战部于五月初和五月中旬，分别召开各民主党派、无党派民主人士座谈会和工商界人士座谈会。前者开了十三次，七十多人次发言；后者开了二十五次，一百零八人次发言。在这期间，国务院各部门的党委，各省、市委和一些高等学校党委，也相继召开党外人士座谈会，请他们帮助党整风。

这些会议上所提的意见，揭露出党政工作中的大量缺点错误。大多数意见相当尖锐，但出于善意，也是中肯的。如当时担任教育

---

[1]《人民日报》1957年5月1日。
[2]《建国以来毛泽东文稿》第6册，中央文献出版社1992年1月版，第468页。
[3]《毛泽东文集》第7卷，第296页。

部部长的民主人士张奚若在统战部召开的座谈会上说："今天讲四种偏差。这四种偏差是：第一，好大喜功；第二，急功近利；第三，鄙视既往；第四，迷信将来。""当然，不是说大的都不好，过去的都好，将来的都不好。问题在于要有区别，要有适当的比例，要有配合，生活才不单调，不要脑筋简单。"[1]邵力子等对党政不分提出了意见。还有不少人对党员干部的工作和思想作风提出批评。应该说，绝大多数人是本着这种积极的态度来提意见的。

同时，也出现一些偏激的甚至是错误的言论。社会上本来有极少数人对共产党和社会主义制度抱有敌对情绪。极少数右派分子这时错误估计了苏共二十大和波匈事件后的国际形势和社会上人民内部矛盾上升的国内形势，乘机发表攻击中国共产党和社会主义制度的言论，企图给人造成一种强烈的印象：似乎中国共产党各级领导发生的问题，不是局部的，而是全局的，快要混不下去了，要求另行成立"政治设计院"，要求"轮流坐庄"。加上一些地方有人组织群众性集会，把它称为"控诉会"，要求上街游行，并开始进行全国性的串联，某些报刊传播了一些很有煽动性的言论，造成相当紧张的政治气氛。

局势发展到这个地步，是令人吃惊的。当时担任中共中央统战部部长的李维汉，在隔了近三十年后对这些人数极少的右派分子的言行概括为六条，其中包括："他们错误估计了形势，攻击共产党的领导。胡说什么'现在学生上街，市民跟上去'，'形势非常严重'，共产党已经'进退失措'。""他们不但夸大党的工作中的缺点和错误，攻击讲优点成绩的人是歌功颂德，造成一种只许讲缺点错

---

[1]《文汇报》1957年5月16日。

误,不许讲优点成绩的空气,而且把官僚主义说成是社会主义的产物和代名词,把宗派主义说成是无产阶级专政的产物和代名词,把主观主义、教条主义说成是马克思主义的产物和代名词。""公开提出共产党退出机关、学校,公方代表退出公私合营企业,叫嚣'根本的办法是改变社会制度'。"[1]

周恩来这年六月下旬在国务院全体会议上也感叹地说:"我们用整风鸣放、和风细雨、团结批评团结的方法,是为了发展我们的国家,建设我们的国家。""有些朋友竟然看成漆黑一团,觉得波匈事件以后,中国也差不多了。""有的人认为船要沉了,天要黑了,另有打算,那就出了轨了。我们料到会发生一些错觉,但没有料到这样多,这样激烈,原则性问题都出来了。"[2]

事情确实在发生变化。右派分子在提出种种批评的人中数量虽然极少,但他们的能量和在社会上,特别是对中间分子的影响不小。如果听任这种状况蔓延下去,刚刚建立而尚不稳固的社会主义制度和社会秩序势必陷入混乱。

在党外人士特别是知识分子中,存在着两种不同的反响。一向敢于直言的北京大学校长马寅初,在中央统战部召开的座谈会上说:"本来不想发表意见,不发表意见并不是有什么顾虑。""目前有些批评不够实事求是,有否定一切的现象。当然,有缺点应该批评,但是好的也应该表扬,应该从团结出发。只讲坏的不讲好的,不能服人,这样将来怎么能共事呢?"那时,不少人说党与非党之间要"填沟拆墙"。马寅初说:"现在只是单方面的批评,单方面拆

---

[1] 李维汉:《回忆与研究》(下),第832、833页。
[2] 周恩来在国务院全体会议第53次会议上的讲话记录,1957年6月25日。

墙，这样是拆不了墙的。必须两方面共同努力，才能把墙拆掉。"[1]复旦大学校长陈望道，在中共上海市委召开宣传工作会议时，也批评一些人把公正地肯定中国共产党领导下取得成绩的人嘲笑为"歌德派"，说：中国革命的胜利得来不容易，不能让这种状况发展下去。六月三日，著名经济学家、北京大学陈岱孙教授在《文汇报》发表文章，题目是《教授治校，今日不适宜采用》。

毛泽东和大部分领导干部是在长期的对敌斗争中走过来的，多年的习惯使他们在这方面格外敏感。本来，毛泽东在南京的讲话中还说：这一放，会不会天下大乱？不会，中国共产党有很高的威信，人民政府有很高的威信。而局势的这种发展是他们原来没有想到的，使他们感到意外和震惊，从而对敌对力量作出过分严重的估计。苏共二十大后在国际范围内气势汹汹的反共反社会主义大浪潮，半年前发生的匈牙利事件，使中国共产党受到很大震动，担心它在中国重演，更直接导致对局势作出过于严重的估计。李维汉回忆道：

> 在民主党派、无党派民主人士座谈会开始时，毛泽东同志并没有提出要反右，我也不是为了反右而开这个会，不是"引蛇出洞"。两个座谈会反映出来的意见，我都及时向中央常委汇报。

> 及至听到座谈会的汇报和罗隆基说现在是马列主义的小知识分子领导小资产阶级的大知识分子、外行领导内行之后，（毛泽东）就在五月十五日写出《事情正在起变化》的文章，发给

---

[1]《文汇报》1957年5月16日。

党内高级干部阅读。文章提出："最近这个时期，在民主党派和高等学校中，右派表现得最坚决，最猖狂……我们还要让他们猖狂一个时期，让他们走到顶点。"对于为什么要把"大量的反动的乌烟瘴气的言论"登在报上，回答说："这是为了让人民见识这些毒草、毒气，以便锄掉它，灭掉它。"这篇文章，表明毛泽东同志已经下定反击右派的决心。[1]

毛泽东写《事情正在起变化》这篇文章说明他对形势的判断起了变化。第二天，即五月十六日，中共中央发出内部指示说："最近一些天以来，社会上有少数带有反共情绪的人跃跃欲试，发表一些带有煽动性的言论，企图将正确解决人民内部矛盾、巩固人民民主专政、以利社会主义建设的正确方向，引导到错误方向去，此点请你们注意，放手让他们发表，并且暂时（几个星期内）不要批驳，使右翼分子在人民面前暴露其反动面目，过一个时期再研究反驳的问题。"[2]这就是中国共产党以往在对敌军事斗争中应对对方进攻时常用的"诱敌深入，聚而歼之"的办法，或人们常说的"引蛇出洞"。它不是一开始就预定的意图，而是这时认为事情已起变化而提出来的。

五月二十五日，毛泽东在会见青年团第三次全国代表大会代表时对他们说："同志们，团结起来，坚决地勇敢地为社会主义的伟大事业而奋斗。一切离开社会主义的言论行动是完全错误的。"[3]并且把这段话登了报。这是为准备发动反击而发出的公开信号。

---

[1]李维汉：《回忆与研究》（下），第833、834页。
[2]《建国以来重要文献选编》第10册，中央文献出版社1994年9月版，第273页。
[3]《毛主席勉励青年团代表大会全体代表》，《人民日报》1957年5月26日。

又过了两个星期，对右派的反击开始了。那时候，国民党革命委员会中央委员、国务院秘书长助理卢郁文在一次座谈会上说他自己同共产党相处得很融洽，中间没有墙和沟；如果有些人和党员中间有了墙和沟，应该"从两面拆、填"，双方都要主动。他讲话后却收到一封匿名的恐吓信，称他为"无耻之徒"，并且说："现在还敢为虎作伥，就是无耻之尤。我们警告你，及早回头吧！不然人民不会饶恕你的。"六月八日，《人民日报》发表题为《这是为什么？》的社论。社论说："在共产党的整风运动中，竟发生这样的事件，它的意义十分严重。每个人都应该想一想，这究竟是为什么？""这封信告诉我们：国内大规模的阶级斗争虽然已经过去了，但是阶级斗争并没有熄灭，在思想战线上尤其是如此。"社论还引用历来主张爱国民主的国民党革命委员会元老何香凝的话："有极少数人对社会主义是口是心非，心里向往的其实是资本主义，脑子里憧憬的是欧美式的政治，这些人就是今天的右派。"[1]

同一天，中共中央发出《关于组织力量准备反击右派分子进攻的指示》，提出："这是一场大战（战场既在党内，又在党外），不打胜这一仗，社会主义是建不成的，并且有出匈牙利事件的某些危险。现在我们主动的整风，将可能的匈牙利事件主动引出来，使之分割在各个机关各个学校去演习，去处理，分割为许多小匈牙利，而且党政基本上不溃乱，只溃乱一小部分（这部分溃乱正好，挤出了脓疱），利益极大。这是不可避免的。"[2]

这样，反右派斗争便在全国范围内展开。七月间，毛泽东在青岛召开省市委书记会议时又写了一篇《一九五七年夏季的形势》。

---

[1]《这是为什么？》（社论），《人民日报》1957年6月8日。
[2]《建国以来重要文献选编》第10册，第285、286页。

文章一开始就说:"在我国社会主义革命时期,反共反人民反社会主义的资产阶级右派和人民的矛盾是敌我矛盾,是对抗性的不可调和的你死我活的矛盾。"这就把右派分子的性质定为对抗性的敌我矛盾。文章说:"这一次批判资产阶级右派的意义,不要估计小了。这是一个在政治战线上和思想战线上的伟大的社会主义革命。单有一九五六年在经济战线上(在生产资料所有制上)的社会主义革命,是不够的,并且是不巩固。匈牙利事件就是证明。必须还有一个政治战线上和一个思想战线上的彻底的社会主义革命。"[1]这就对社会主义社会内的阶级斗争这个全局性的问题,作出了和此前不同的严重结论。

在整风过程中,对极少数右派分子的进攻进行坚决反击是必要的。但是,由于对阶级斗争形势作出过于严重的错误估计,认为已是"黑云压城"的局面,把一些从善意出发提出的尖锐意见,以及虽说了错话但并非出于敌意的意见,都看成敌对势力的活动,并且采取发动一场全国规模的急风暴雨式的群众性斗争,用习惯的对敌斗争的方式来进行,各地又纷纷加码,甚至有挟私报复的,使反右派斗争严重地扩大化了。在运动中,把大量的人民内部矛盾看成敌我矛盾,把一大批知识分子、爱国人士和党内干部错划为"右派分子",使他们和亲属长期遭受委屈和打击,不能为国家建设发挥自己的聪明才智。他们中许多人失去公职,被送去劳动教养或监督劳动,有些人甚至遭受更悲惨的命运。少数留在原单位的,也降低了级别,大多用非所长。这不仅是他们本人的不幸,也是国家、民族的不幸。由于在反右的扩大化中相当程度上混淆了两类不同性质的矛盾,使不少人对提出不同意见产生顾虑,担心被断章取义地无限

---

[1]《建国以来重要文献选编》第10册,第484、489页。

上纲而带来严重后果,从而对民主政治建设产生严重的消极影响。这些都是惨痛的教训。

运动历时一年,被划为右派分子的达到五十五万人。从一九五九年到一九六四年,虽分五批给他们中大多数人摘掉了右派分子的帽子,但对原来的错误处理并没有进行实事求是的检查和改正,使他们在社会上依然受到歧视,被称为"摘帽右派"。在"文化大革命"中,他们又普遍受到冲击和摧残。一九七八年九月,中共中央决定对他们进行复查,把错划的人改正过来。经过甄别,对其中百分之九十八以上的人作了改正。有学者分析:"属于改正的人大体上有三种情况:一、一部分人是出于善意,对党提出许多批评意见,现在看来是有利于改进工作的。把他们划为右派是完全搞错了,当然必须改正。二、一部分人在涉及中国共产党的领导和社会主义制度等重大问题上,发表了一些错误言论,但不是在根本立场上反党反社会主义,把他们划为右派也是错误的,也应该改正。三、还有一部分人确有反党反社会主义的言行,但是考虑到他们同向党猖狂进攻的右派分子在程度上和情节上有所不同,也考虑到他们确有转变,也给改正。总之,是本着从宽的精神予以改正的。"[1]

反右派斗争严重扩大化造成的更严重的后果,是毛泽东和中共中央由此对国内形势作出错误的估计、国内主要矛盾的基本判断发生重大变化。十月九日,毛泽东在中共中央八届三中全会讲话中重新提出:"无产阶级与资产阶级、社会主义道路与资本主义道路的矛盾是主要矛盾。"他解释说:"八大的决议没有提这个东西。但是八大的决议并没有否定阶级斗争,并没有否定资产阶级、资产阶级

---

[1] 金春明:《"文化大革命"史稿》,四川人民出版社1995年9月版,第23页。

知识分子、农民需要改造，它是分别在别的地方讲的。在写那一段的时候，讲主要矛盾是先进同落后的矛盾，说是生产力现在落后，同人民要求先进、人民的需要这个矛盾。那个时候有那个时候的原因。""社会主义革命，我们干的就是这件事，也可以提了。"[1]在他看来，经济上消灭阶级不等于政治上思想上消灭阶级。第二年，中共八大第二次会议把这个改变，作为党的全国代表大会的决议，正式确定下来。

这是一个极为重要的全局性的改变。它重新突出并夸大国内的阶级斗争，放弃了八大一次会议对社会主义基本制度建立后国内主要矛盾的正确判断。以后，"以阶级斗争为纲"的"左"的错误，就以此为起点，一步一步地形成。

为什么八大一次会议已经作出正确的规定，却没有能坚持下去，这时又会改变？龚育之有一个很好的分析："八大对形势的分析和经济建设方针的规定是正确的、稳妥的。但是，一方面八大的方针当时由于缺乏经验还不可能充分具体化而臻于成熟，另一方面全党当时还缺乏思想准备来防止在任何情况下对这一方针的动摇。结果遇到一些未曾料及的形势变化，我们就轻易地偏离甚至最后抛开了八大的正确方针，以致又发生错误和挫折。'大跃进'是一次，'文化大革命'是更大的一次。"[2]

"大跃进"的发动

建设速度问题，在新中国历史上发生的最严重错误是：急于求

---

[1]《建国以来重要文献选编》第10册，第593、594、611、612页。
[2] 龚育之：《在历史的转折中》，生活・读书・新知三联书店1988年3月版，第83页。

成，违背经济发展客观规律，发动了持续三年多的"大跃进"。

这个错误的形成也有一个发展过程。

对社会主义经济建设应该怎样进行，新中国缺乏经验。许多领导人强烈地感到中国经济严重落后造成的巨大压力，而没有经济上的独立，已经取得的政治上的独立是没有保障的。"落后就要挨打"这句话当时广泛流传。大家都希望抓住当前有利时机，大大加快建设的步伐。国际局势中许多难以预测的因素，更使人们有着一种异常的紧迫感。一九五五年底，毛泽东提出："我们要利用目前国际休战时间，利用这个国际和平时期，再加上我们的努力，加快我们的发展，提早完成社会主义工业化和社会主义改造。"刘少奇在传达毛泽东的讲话时说："可以设想，如果不加快建设，农业和私营工商业未改造，工业未发展，将来一旦打起来，我们的困难就会更大。""客观事物的发展是不平衡的，平衡不断被冲破是好事。不要（按）平衡办事，按平衡办事的单位就有问题。"[1]

一九五六年，在经济建设上已经出现层层抬高数量指标和忽视综合平衡的冒进势头。周恩来和陈云提出了"反冒进"的问题。二月八日，周恩来在国务院全体会议上说：

> 热火朝天很好，但应小心谨慎。要多和快，还要好和省，要有利于提高劳动效率。现在有点急躁的苗头，这需要注意。社会主义积极性不可损害，但超过现实可能和没有根据的事，不要乱提，不要乱加快，否则就很危险。

---

[1] 薄一波：《若干重大决策与事件的回顾（修订本）》上卷，第540页。

当然反对右倾保守是主要的，对群众的积极性不能泼冷水，但领导者的头脑发热了的，用冷水洗洗，可能会清醒些。各部专业会议提的计划数字都很大，请大家注意实事求是。

这年十一月十日，他在中共八届二中全会上作一九五七年国民经济计划报告时又说：

一九五三年小冒了一下，今年就大冒了一下。

八大建议和农业四十条，是规定了每年进度指标的。这两个文件经过我们研究以后觉得可以修改。上不去，就不能勉强，否则把别的都破坏了，钱也浪费了，最后还得退下来。凡是不合实际的都可以修改，这样就把我们的思想解脱了，不然自己圈住了自己。[1]

陈云在第二年一月十八日也提出"建设规模要和国力相适应"。他针对一九五六年的冒进，说：

像我们这样一个有六亿人口的大国，经济稳定极为重要。建设的规模超过国家财力物力的可能，就是冒了，就会出现经济混乱；两者合适，经济就稳定。当然，如果保守了，妨碍了建设应有的速度也不好。但是，纠正保守比纠正冒进要容易些。因为物资多了，增加建设是比较容易的；而财力物力不

---

[1]《周恩来选集》下卷，第190、191、235、234页。

够，把建设规模搞大了，要压缩下来就不那么容易，还会造成严重浪费。[1]

毛泽东不同意提出反冒进，认为它给干部和群众的积极性泼了冷水。但他当时正忙于整风和随后的反右派斗争，而且对事情还要看一看，没有立刻明白地表示这种态度。反右派斗争后他认为社会主义在政治战线和思想战线上取得了重大胜利，现在就需要把群众中提高了的觉悟和热情转化为工农业生产迅速发展和提高公有化程度的推动力。政治上的反右，又推进了经济建设的反右。一九五七年十一月，他第二次去苏联，参加各国共产党和工人党代表会议。那一年十月，苏联率先把第一颗人造地球卫星送上太空，震动了世界。毛泽东在会上对整个世界形势乐观地作出"东风压倒西风"的估计。当时，苏联提出十五年后（也就是一九七二年）要在总产量和按人口平均产量方面超过美国。毛泽东就考虑中国相应的能不能在这个时间内超过英国。他做了一点调查后，向在苏的中国留学生说：

> 我们现在生产力还很低，钢只有五百二十万吨。过了第二个五年计划后，将有一千二百万吨。再过一个五年计划，钢的产量可以到二千二到二千四百万吨。到第四个五年计划完成时，就会有四千多万吨。我问过（英国共产党主席）波立特同志，再过十五年英国的钢产量可以到多少？他说现在是两千万吨，再过十五年顶多达到三千万吨。那么，再过十五年，苏联超过美国，中国超过英国，那时候世界的面貌就会大大改变了。[2]

---

[1]《陈云文选》第3卷，第52页。
[2] 毛泽东接见在莫斯科的留学生时的谈话记录，1957年11月17日。

单拿钢铁产量十五年超过英国这个具体目标来说，还不能讲是毛泽东凭空提出来的。后来领导过宝钢建设的陈锦华写道："到一九七二年，中国虽然没有达到毛泽东提出的年产钢四千万吨的目标，但经过调整和多方面的采取措施，一九七二年中国仍然生产了二千三百三十八万吨钢，比同年英国生产的二千二百三十二万吨还多了一百多万吨。"[1] 问题在于：对经济发展速度的指导思想由此发生了变化。

这年十月二十五日，中共中央公布《一九五六年到一九六七年全国农业发展纲要（修正草案）》，通常称为"四十条"，对农业生产提出过高的指标。二十七日，《人民日报》为此发表社论："要求有关农业和农村的各方面工作在十二年内都按照必要和可能，实现一个巨大的跃进。"并且批评："许多人惯于根据小农经济的生产条件来看合作化以后的新情况，对过去没有见过的事情，常常是不敢想，不敢作，信心不足，顾虑重重。""没有百折不回的志气、一往无前的毅力，决办不了这种大事。"[2] 这是第一次在报纸上号召"跃进"。十一月十三日，《人民日报》的一篇社论在谈农业形势时再次提出"大跃进"的口号，并且对"反冒进"提出尖锐的批评。社论写道：

> 有些人害了右倾保守的毛病，像蜗牛一样爬行得很慢，他们不了解在农业合作化以后，我们就有条件也有必要在生产战线上来一个大的跃进。这是符合于客观规律的。一九五六年的成绩充分反映了这种跃进式发展的正确性。有右倾保守思想的

---

[1] 陈锦华：《国事忆述》，中共党史出版社2005年7月版，第143—144页。
[2]《迎接社会主义农村的伟大纲领》（社论），《人民日报》1957年10月27日。

人，因为不懂得这个道理，不了解合作化以后农民群众的伟大的创造性，所以他们认为农业发展纲要草案是"冒进了"。他们把正确的跃进看成了"冒进"。他们不了解所谓"冒进"是没有实际条件，因而是没有成功可能的盲目行动。而我们在一九五六年的跃进却完全不是这样，是有很多可以实现的条件，因而取得了巨大的成绩。[1]

如果说这两篇社论还是从农业方面来说的，十二月十二日，《人民日报》发表一篇由毛泽东主持起草的、题为《必须坚持多快好省的建设方针》的社论，更加尖锐地指责："在去年秋天以后的一段时间里，在某些部门、某些单位、某些干部中间刮起了一股风，居然把多快好省的方针刮掉了。"社论特别点出反冒进问题，说："这种做法，对社会主义建设事业当然不能起积极的促进的作用，相反地起了消极的'促退'的作用。"

比较一下一九五六年、一九五七年、一九五八年初国民经济发展的速度，可以看到：一九五六年，国内生产总值比上年增长了百分之十五，其中工业总产值增长百分之二十八点一，农业总产值增长百分之五；一九五七年，由于调整计划和自然灾害等原因，国内生产总值比上年增长百分之五点一，其中工业总产值增长百分之十一点五，农业总产值增长百分之三点六；一九五八年一至四月，工业总产值比上年同期增长百分之二十六（农业总产值这时还无法估计）。这种波浪起伏的状况仿佛确实出现"一个马鞍形，两头高，中间低"，使毛泽东越来越不满。

---

[1]《发动全民，讨论四十条纲要，掀起农业生产的新高潮》（社论），《人民日报》1957年11月13日。

一九五八年一月十一日至二十二日，中共中央在广西南宁召开扩大的中央工作会议。毛泽东在会上再一次严厉地批评反冒进。他说：不要提反冒进这个名词，这是政治问题。当时不提反冒进，就不会搞成一股风，吹掉了三条，一为多快好省，二为四十条纲要，三为促进委员会。是保护热情、鼓励干劲、乘风破浪，还是泼冷水泄气？最怕的是六亿人民没有劲，抬不起头来。反冒进就是泄了六亿人民的劲。看问题要分清主流和支流、本质和现象。他拿着柯庆施在上海党代会上所作的《乘风破浪加速建设社会主义的新上海》的报告，"当众对周总理说：恩来同志，你是总理，你看，这篇文章你写得出来写不出来？周总理回答，我写不出来。"毛泽东接着又说："你不是反冒进吗？我是反反冒进的。"[1]周恩来在会上作了检讨，承担了反冒进的主要责任。陈云因健康原因没有参加这次会议，事实上同样是批评的对象。刘少奇也对经过他发表的《人民日报》社论《要反对保守主义，也要反对急躁冒进》作了检讨。

毛泽东在会议总结基础上形成的《工作方法六十条（草案）》中写道："不断革命。我们的革命是一个接一个的。""现在要来一个技术革命，以便在十五年或者更多一点的时间内赶上和超过英国。中国经济落后，物质基础薄弱，使我们至今还处在一种被动状态，精神上感到还是受束缚，在这方面我们还没有得到解放。要鼓一把劲。""我们的革命和打仗一样，在打了一个胜仗之后，马上就要提出新任务。这样就可以使干部和群众经常保持饱满的革命热情，减少骄傲情绪，想骄傲也没有骄傲的时间。新任务压来了，大家的心思都用在如何完成新任务的问题上面去了。""十年决于三

---

[1] 薄一波：《若干重大决策与事件的回顾（修订本）》下卷，第662页。

年,争取在三年内大部分地区的面貌基本改观。其他地区的时间可以略为延长。口号是:苦战三年。方法是:放手发动群众,一切经过试验。"[1]毛泽东急切地希望中国很快改变贫穷落后的面貌,这也是许多干部共同的心情,但他提出的任务和目标没有经过充分的科学论证,而这次会议对一些主要领导人提出的严厉批评,是建国以来中央领导层中不曾有过的,使中共中央的集体领导受到很大损害。许多干部的头脑越来越发热。

南宁会议后不久,一月二十八日,毛泽东在最高国务会议上讲话。他说:我们这个民族现在的热情、热潮,好有一比,就像打破原子核释放热能出来。为了达到目的,就要有一股干劲。二月十八日是春节,中共中央在北京召开政治局扩大会议。毛泽东在会上说:"今年是一个很大的生产高潮。""现在这个高涨的群众情绪,自从盘古开天地,三皇五帝到于今,没有见过。"他说:"这个冒进好嘛!这使农民的水利多了嘛!工人的气刚刚上来,一九五六年夏季就来一个巴掌。""冒是有点冒,而不应该提什么反冒进的口号。有一点冒是难免的。"[2]

三月九日至二十六日,中共中央在成都召开工作会议。这时,全国正在掀起一个生产高潮。随着批评反冒进的声势越来越大,毛泽东的头脑越来越不冷静。他在会上六次讲话,又两次批评反冒进。他说:要提高风格,振作精神,要有势如破竹、高屋建瓴的气势,要敢想敢说敢做。在急于求成的思想指导下,他在讲话中片面强调"破除迷信,解放思想",在实际工作中助长了不尊重客观经济规律的盲目蛮干情绪。各地和各部门超越实际可能地竞相攀比,

---

[1]《毛泽东文集》第7卷,第349、350、347、348页。
[2]毛泽东在中共中央政治局扩大会议上的讲话记录,1958年2月18日。

提出的生产指标越来越高。有的省提出："苦干三年，改变面貌。"整个气氛越来越热，"大跃进"已势在必行。

四月十五日，毛泽东看了中共河南封丘县委关于应举农业社情况的报告后，写了一篇《介绍一个合作社》，兴奋地说："从来也没有看见人民群众像现在这样精神振奋，斗志昂扬，意气风发。""中国劳动人民还有过去那一副奴隶相么？没有了，他们做了主人了。""由此看来，我国在工农业生产方面赶上了资本主义大国，可能不需要从前所想的那样长的时间了。"[1]

五月五日至二十三日，中国共产党第八次全国代表大会第二次会议在北京举行。刘少奇代表中央委员会在大会上作工作报告。提出反冒进的周恩来、陈云在大会上作了检讨。批评反冒进，实际上改变了八大一次会议确定的既反保守又反冒进即在综合平衡中稳步前进的经济建设方针。工作报告确认了毛泽东在八届三中全会上关于国内社会矛盾的论断，确认在整个过渡时期内无产阶级同资产阶级的斗争、社会主义道路同资本主义道路的斗争始终是我国内部的主要矛盾，正式改变了八大一次会议对这个问题的正确论述。大会结束后召开的八届五中全会还增选林彪为中共中央副主席。

这次大会最重要的议题是要制定社会主义建设的总路线。大会通过的关于中央委员会的工作报告的决议写道："会议一致同意党中央根据毛泽东同志的创议而提出的鼓足干劲、力争上游、多快好省地建设社会主义的总路线。"[2]《人民日报》社论对这条总路线作了解释：

---

[1]《建国以来毛泽东文稿》第7册，中央文献出版社1992年8月版，第177、178页。
[2]《人民日报》1958年5月27日。

我们党深信，只要鼓足六亿多人民的干劲，动员六亿多人民力争上游，我们一定能够高速度地进行建设，一定能够在一个比较短的时间内赶上一切资本主义国家，成为世界上最先进、最富强的国家之一。

党的社会主义建设总路线的基本出发点既然是相信群众的力量和反映群众的意志，那末，实现这条路线的基本方法，也必然是群众路线的方法。我们的国家是又穷又白，我们的设想要又多又快又好又省，这是一个矛盾，解决这个矛盾的唯一办法，就是依靠群众。[1]

毛泽东在会上强调要破除迷信，打掉自卑感，砍去妄自菲薄，振奋敢想、敢说、敢做的大无畏创造精神。他又说：我为什么讲十大关系？十大关系的基本观点就是同苏联相比，除了苏联的办法以外，是否还可以找到别的办法，能比苏联、欧洲各国搞得更快更好。

这确是毛泽东和中共中央当时的基本指导思想：以为只要依靠群众，充分发动群众，把群众的积极性和创造性充分调动起来，把劲鼓起来，而且鼓足，向先进看齐，那就什么人间奇迹都可以创造出来。这就不恰当地夸大了人的主观能动性的作用。

总路线提出的"多快好省"四个字本来是相互制约的，事实上却突出了一个"快"字。刘少奇在中央委员会工作报告中说：

建设速度问题，是社会主义革命胜利后摆在我们面前的最

---

[1]《把总路线的红旗插遍全国》（社论），《人民日报》1958年5月29日。

重要的问题。我们的革命就是为了最迅速地发展社会生产力。我国经济本来很落后，我国的外部还有帝国主义，只要尽可能地加快建设，才能尽快地巩固我们的社会主义国家，提高人民的生活水平。

马克思预言过，无产阶级革命将使我们进入"会有一天等于二十年"的伟大时期。如果说我们过去在革命中经历过这样的伟大时期，那末，我们现在在社会主义建设中，不又是在经历着这样的伟大时期吗？[1]

《人民日报》在社论中，更把"速度"称为"总路线的灵魂"。它写道：

> 用最高的速度来发展我国的社会生产力，实现国家工业化和农业现代化，是总路线的基本精神。它像一根红线，贯穿在总路线的各个方面。如果不要求高速度，当然没有什么多快好省的问题；那样，也就不需要鼓足干劲，也就无所谓力争上游了。因此可以说，速度是总路线的灵魂。[2]

怎样看待这条总路线呢？为什么要这样突出地强调"速度"问题？这要看到事情的两个方面。

的确，尽快地发展社会生产力，实现国家工业化，这是当时中华民族普遍的共同愿望和强烈要求。十九世纪四十年代以来，中国

---

[1]《建国以来重要文献选编》第11册，中央文献出版社1995年1月版，第305、296页。
[2]《力争高速度》（社论），《人民日报》1958年6月21日。

人受尽了帝国主义的欺压和侮辱,心头郁积着怒火,强烈地要求能尽早挺身站立起来。新中国成立后,中国人在政治上站起来了,但经济文化落后的面貌没有改变。三年的抗美援朝战争和周边的局势,使人常容易敏感地预想到战争的威胁。"落后就要挨打"这句当时常说的话,让人们对改变中国落后面貌的心情更加迫切。希望中国尽快地发展起来,并且憋着一股劲,是当时相当普遍的一种民族心理。苏联在三十年代曾被称为"争先恐后同时间赛跑"的年代。斯大林在一九三一年二月说过:"我们比先进国家落后了五十年至一百年,我们应当在十年内跑完这一段距离。或者我们做到这一点,或者我们被人打倒。"[1]中国人当时多少也有着类似的心情。那时候,人们对大规模经济建设是怎么一回事知道得很少。全国解放战争的胜利,国民经济的恢复,抗美援朝战争的成功结束,以至从提出过渡时期总路线到宣布进入社会主义,这些看起来极难的事情,都只用了三年时间。这使人们产生一种错觉:似乎只要充分发挥人的主观能动性,大搞群众运动,再难的事情都可以在短期内办成。这是在那种特定历史阶段形成的一种特殊心态和思维方式。人们普遍意气风发,斗志昂扬,建设热情十分高涨,能够万众一心,不分昼夜,不顾一切地拼搏,急切地期望中国的经济文化有一个大的跃进。

这种心态,当时并不只在很少人中存在,而是相当普遍的。邓小平在二十年后坦率地说:"'大跃进',毛泽东同志头脑发热,我们不发热?刘少奇同志、周恩来同志和我都没有反对,陈云同志没有说话。在这些问题上要公正,不要造成一种印象,别的人都正

---

[1]《斯大林选集》(下),人民出版社1979年12月版,第274页。

确，只有一个人犯错误。这不符合事实。"[1]

但是，建设工作有它自己的规律，必须严格地遵循这种客观规律办事，并不是只要出于人们的善良愿望，只要充分发挥人的主观能动性就什么都能办成，甚至会适得其反。那时，中国的社会主义建设刚刚开始，人们对它的规律远没有认识，甚至对一些基本知识还不懂，又看到苏联社会主义建设中产生的许多弊端，不想完全走他们的老路，急于要闯出一条中国自己的独创的建设路子来。新中国的领导人和各级干部，过去对经济建设没有多少实践经验，他们中大多数人在长期革命战争年代中习惯于用大搞群众运动的方法来解决面对的各种困难，而且取得了巨大的成功，便以为完全可以搬用过去的成功经验来指导今天的建设工作。一连串的巨大胜利，中国经济连续七年取得高速增长，滋长起骄傲情绪，又使他们把事情看得很简单，以为一切都事在人为，过去那样艰难的环境中都走出来了，并且取得那样辉煌的胜利，今天要在不太长时间内实现祖国的繁荣富强一定也能做到。这样，夸大主观能动性、急于求成的"左"的错误很快发展起来了。

《关于建国以来党的若干历史问题的决议》中，有一段中肯的评论：

> 一九五八年，党的八大二次会议通过的社会主义建设总路线及其基本点，其正确的一面是反映了广大人民群众迫切要求改变我国经济文化落后状况的普遍愿望，其缺点是忽视了客观的经济规律。

---

[1]《邓小平文选》第2卷，第296页。

事情确实就是这样：不管你出于什么善良的以至美好的愿望，只要你违背了事物的客观规律，便会受到它的无情惩罚，甚至会导致灾难性的后果。而这种后果是要经过一段时间才清楚地表现出来的。这是"大跃进"留给我们的深刻的历史教训。

在八大二次会议期间，"大跃进"的气候便不断升温。一九五七年以后，在"适当放权"的思路下，认为权放得越多，地方的积极性越大，越有利于发展生产力，于是将中央工业企业甚至银行、财政、税收的权大规模下放给地方管理，结果分散主义滋长发展起来。八大二次会议后，许多省提出"苦战三年，彻底改变全省面貌"的口号。各地各部门纷纷召开会议，相互攀比，将经济指标越抬越高，在全国范围内出现一个"大跃进"热潮。

一九五八年开始的这个"大跃进"热潮，是从农业领域起步的。这一年的气候条件好，早稻和小麦的收成都比较好，农民生产积极性很高。这种积极性首先表现在农田水利建设上。"一九五八年二月份，全国农村每天不仅有一亿劳动力参加农田水利建设，而且中央和地方各级领导部门及农业科研单位也下放大批干部到农村劳动锻炼。他们日以继夜地向高山峻岭、深谷陡坡、平原凹地和盐碱沙荒进军，建设工地处处热火朝天，白天一片红旗飘扬，晚上万盏灯火通明。各地出现了许多不避风雨、日夜施工、父子竞赛、推迟婚期、全家男女老少齐出征的动人事迹。广大农民显示了前所未有的干劲，经常是打火把、点气灯，通宵夜战，使全国农田水利建设规模一再扩大，进度纪录不断刷新。这一切表明，农业战线'大跃进'的序幕已经揭开。"[1]

---

[1] 朱荣等主编：《当代中国的农业》，当代中国出版社1992年7月版，第138—139页。

农民的这种生产积极性是可贵的。那一年农田水利建设的成绩是显著的，远远超过以往多少年，不少至今仍发挥着重要作用。植树造林、改良土壤、社办工业和修建农村公路等各项建设，也取得累累成果。粮食和其他农作物的产量明显提高。这本来是很好的形势。但随着"大跃进"的不断升温，在层层提高生产指标和批判右倾保守的压力下，很快刮起了虚报产量的浮夸风。入夏以后，各地竞放"卫星"，产量越报越高，还有许多弄虚作假，造假的方法五花八门。六月八日，《人民日报》以《卫星社坐上了卫星》为题，报道河南省遂平县卫星农业社有五亩小麦亩产两千一百零五斤；过了四天，又报道该社发出第二颗"卫星"，二点九亩小麦亩产三千五百三十斤。再过几天，湖北省谷城县星光社小麦试验田亩产四千三百五十三点八斤的报道又传遍全国。"卫星"越来越多，单产越报越高，各种虚报浮夸的数字充斥中央和地方的报刊。

浮夸风的蔓延，造成农作物产量统计数字的严重不实。七月二十三日，农业部发表一九五八年夏收粮食作物丰产公报，宣称今年夏收粮食作物空前丰收，总产量比上年夏收时增产百分之六十九，平均亩产比上年增长百分之七十，全国小麦总产量超过美国四十多亿斤。《人民日报》在发表这份公报的同天，刊出题为《今年夏季大丰收说明了什么》的社论，写道：

> 它们说明，我国农业的发展速度，已经进入了一个新的阶段，即由渐进到跃进的阶段……一切认为农业产量只能按百分之几的速度而不能按百分之几十的速度增长的悲观论调已经完全破产了。

我们现在已经完全有把握可以说,我国粮食要增产多少,是能够由我国人民按照自己的需要来决定了。

八月三日,国家统计局公布一九五八年上半年国民经济计划执行情况的资料。《人民日报》又在同天发表社论,借用群众的话说"人有多大的胆,地有多大的产",并且写道:"地的产是人的胆决定的。"二十七日,该报在刊登山东寿张县亩产万斤粮食的调查报告时,编辑部又用了一个异常醒目的通栏标题:《人有多大胆,地有多大产》。这句话流传全国,被认为是中央的精神,产生很大的影响,更把人的主观能动性的作用夸大到荒谬的程度。

第二年四月十四日,国家统计局发表《关于一九五八年国民经济发展情况的公报》。《公报》列举的数字看起来十分令人鼓舞:粮食总产量达到三亿七千五百万吨,比上年增长一倍;棉花总产量达到三百三十一万九千吨,也比上年增长一倍;大小牲畜年末的存栏数,比上年都有很大增长。但这个统计数字比实际情况高出太多:以后经过核实,粮食(包括大豆)总产量其实是两亿吨,比上年只增长百分之二点四;棉花总产量为一百九十六万九千吨,不到《公报》中数字的百分之六十;大牲畜年末存栏数比上年末下降百分之七点三,小牲畜如生猪的年末存栏数比上年末下降百分之五点二。[1]但当时对这种状况却毫无察觉。

如此虚夸而不真实的统计,造成农业大增产的假象,使人们的头脑越来越热,导致决策上的一系列严重失误。其中之一就是认为农业的问题基本解决了,现在要用农业逼工业,把工作重心转移到

---

[1] 朱荣等主编:《当代中国的农业》,第147页。

工业首先是钢铁上来，发动全民大炼钢铁。

钢铁工业是工业化的基础和支柱。没有强大的钢铁工业便没有工业化可言。旧中国到一九四八年的半个多世纪中只生产了七百六十万吨钢，最高年产钢只有九十二万三千吨。以后几遭战争破坏，一九四九年的钢产量只有十五万八千吨。经过国民经济恢复时期，到一九五二年产钢一百三十五万吨，大大超过历史最高水平。一九五七年，产钢五百三十五万吨，大型钢铁企业已有或正在建设的包括鞍山、武汉、包头、本溪钢铁公司和北满钢厂等，登上第一个高峰。这是很可喜的。但从世界范围来比较一下：这一年，美国的钢产量是一亿零二百二十五万吨，苏联为五千一百十八万吨，联邦德国为两千四百五十一万吨，英国为两千二百四十五万吨，至于质量和品种更无法同那些国家相比。中国的钢铁工业仍落后得很远很远。

毛泽东对钢铁一直十分重视，认为"一个粮食，一个钢铁，有了这两个东西就什么都好办了"，对中国钢铁生产的落后状况十分焦急。他在莫斯科会议期间提出赶超英国，首先就是从钢产量着眼的。一九五七年十二月制订的一九五八年国民经济计划，原定钢产量是六百一十万吨，批判反冒进后，国家经济委员会在成都会议期间提出的一九五八年国家计划的"第二本账"，把钢产量提高到七百一十万吨。八大二次会议后，"大跃进"浪潮掀起，冶金部又把目标增加到八百五十万吨。六月份，各大协作区都召开钢铁工业会议，提出各自钢产量指标，汇总起来更高得离谱了。

确定要在一九五八年将钢产量比一九五七年翻一番，从五百三十五万吨提高到一千零七十万吨，是这年的六月十九日。陈云不久后在北戴河中共中央政治局扩大会议上讲到作出决定时的情况：

> 六月十九号晚上开各大区协作会议以前,主席在北京游泳池召集中央一些同志,(冶金工业部部长)王鹤寿也参加了,主席问他:去年是五百三,今年可不可以翻一番?为什么不能翻一番?王鹤寿说,好吧!布置一下看。第二天他就布置了。所以,是六月十九号才决定搞一千一。[1]

这时候,毛泽东和其他许多领导人的精神状态都处于极度兴奋中。二十二日,毛泽东在国务院副总理兼国家经济委员会主任薄一波一份提出一九五九年中国工业产品的产量(除电力外)都将超过英国的报告上,将标题改为"两年超过英国",并且批示:"赶超英国,不是十五年,也不是七年,只需两年到三年,两年是可能的。这里主要是钢。只要一九五九年达到二千五百万吨,我们就在钢的产量上超过英国了。"[2]这些显然缺乏科学论证,不符合经济发展的客观规律,更没有意识到它将造成的严重后果。

钢产量在一九五八年翻一番这个过高的指标一确定便公开宣布,并且告诉了赫鲁晓夫,这便形成骑虎难下之势。八月十七日,中共中央在北戴河召开政治局扩大会议,要求发动一场全民搞钢铁的群众运动。九月五日,《人民日报》发表《全力保证钢铁生产》的社论,写道:

> 工业生产和建设中的重点有两个,即钢铁和机械,而钢铁又是重点中的重点。生产一千零七十万吨钢,是我国人民当前一项头等重要的任务。我们必须为实现这个伟大任务,全力以

---

[1] 陈云在中共中央政治局扩大会议上的讲话记录,1958年8月21日。
[2] 薄一波:《若干重大决策与事件的回顾(修订本)》下卷,第724页。

赴，只能超额完成任务，而决不能少一吨钢。

为了保证这个目标的实现，要求国民经济的其他方面为它"让路"。社论写道：

> 要组织协作，要保证一千零七十万吨钢，必须具有停车让路、首先为钢的全局观点……各部门、各地方都要把钢铁的生产和建设放在首要的地位。当钢铁工业的发展与其他工业的发展，在设备、材料、动力、人力等方面发生矛盾的时候，其他工业应该主动放弃或降低自己的要求，让路给钢铁工业先行。

一场大炼钢铁的群众运动便在全国范围内掀起。这就是当时所说的"以钢为纲"（在农业中是"以粮为纲"，两者称为"元帅升帐"，甚至被说成"一马当先，万马奔腾"）。

由于违背了客观的经济规律，尽管发动大规模的群众运动，钢铁生产的实际进展状况依然并不理想。"北戴河会议离年终只有四个月的时间。到八月底钢产量还只有四百多万吨，离翻番的指标还差六百多万吨。如何实现翻番？正规的钢铁企业（即大、中型企业），即使一再加紧生产，所能增加的产量也有限。新布置的设备虽然可以增加一部分产量，但大部分当年不能投入生产。这种情况迫使人们把希望寄托在'小洋群'的身上，于是，在全国掀起了建设小高炉的高潮。"当年抢建起来的小高炉大约有六万座，但这些"小洋群"的配套设备、材料、原料供应都跟不上，仍无法满足生产的需要。于是，"形势逼人，逼出一条走'小土群'的路子来，即抢建土高炉，有的炉子用耐火砖砌成，有的则在山坡或路旁挖洞成炉，有的地方竟就地挖坑，倒入矿石、煤炭，点火炼钢。到了年底，这样的小土炉、小高炉建成了二十四万座"。

全国大炼钢铁的群众运动，严重牵动了广大农村。"建设小高炉、小土炉，需要大量的劳动力，除了从机关、学校、工厂动员以外，不得不大量动员农民参加。小高炉、小土炉需要大量的矿石和煤炭，也要动员大量的农民上山开矿、挖煤、砍树。一九五八年，究竟动员了多少人参加大炼钢铁，没有精确统计，据报纸公布，约有六千万人参加了大炼钢铁运动。"[1]许多地方没有煤炭就烧木材，没有木材就滥砍滥伐树林。技术人员远远不够，上山的农民根本不知道炼钢是怎么回事，也要去炼。

一步走错就步步错。现在看来何等荒唐的事情，当年就是这样一步步逼成的。经过几个月的苦干和蛮干，到十二月十九日，冶金工业部宣布"今年全国已生产钢一千零七十三万吨"[2]，但合格的钢其实只有八百万吨。

全民大炼钢铁是得不偿失的。它的后果不仅是耗费了巨大的人力和物资，浪费大，经济效果差，而且表现在：第一，由于不顾一切地全力保钢，要求其他方面"停车让路"，使国民经济各部门的比例关系严重失调。第二，"农业这一年形势本来很好，因大炼钢铁、大办工业和大办其他事业，占用农村劳力过多，留在农村的劳力比上年减少了三千八百十八万人，而且所减少的大多是壮劳力"。全国职工人数从一九五七年底的两千四百五十万猛增到一九五八年底的四千五百三十二万。"加上人民公社中'共产风'和干活'大呼隆'，秋收十分粗糙，使这一年农业丰产而没有丰收，大批粮食、

---

[1] 周传典等主编：《当代中国的钢铁工业》，当代中国出版社1996年12月版，第71、72页。
[2]《人民日报》1958年12月22日。

棉花扔在地里无人收割，其增长幅度经以后核实，远远低于原来估计。"[1]第三，大量兴建的小高炉、小土炉，生产成本高，原料消耗过多，却炼不出合格的钢，甚至无法正常生产，最后只能报废。为了土法炼铁，还滥开采煤炭和矿石，砍伐大量树木，严重破坏自然环境，还毁坏不少铁器，造成巨大损失。大中型的钢铁企业在这些时间内为了夺高产，只能拼设备，长期超负荷运转，又不能按计划检修，损坏严重；过去几年建设起来的管理制度更受到很大破坏。第四，在当年钢产量翻一番的高指标下，使"大跃进"以来各方面的瞎指挥和浮夸风更加发展起来。

在"大跃进"高潮中，刚刚起步不久的计划生育工作的指导思想也发生重大反复。

本来，马寅初在一九五七年七月第一届全国人大第四次会议上提交了一篇题为《新人口论》的书面发言，并在《人民日报》上发表。他提出："我国最大的矛盾是人口增加得太快而资金积累似乎太慢。"[2]他从加速积累资金、工业原料、促进科学研究、粮食问题几个方面系统地论述了非控制人口不可，并且说明它同马尔萨斯的错误人口理论是不同的。这是一篇正确的、富有远见的文章。但在"大跃进"热潮中，对工农业生产形势作了盲目乐观的估计，因而片面地强调人多是好事的一面，忽视了人多有困难的一面。尽管毛泽东一九五七年十月在中共八届三中全会上还提出过计划生育也来个十年规划，一九五八年和一九五九年，陈伯达、康生等仍把马寅初关于控制人口的正确主张当作马尔萨斯主义来批判，报纸上也发表了不少错误批判文章。它的严重恶果是导致人口

---

[1]柳随年、吴群敢主编：《中国社会主义经济简史》，第235、236页。
[2]《马寅初选集》，第396页。

理论的正常研究陷于停顿。但实事求是地说，当时人口出生率并没有随着大幅度上升：一九五七年的人口出生率为千分之三十四点零三，一九五八年降为千分之二十九点二二，一九五九年又降为千分之二十四点七八。全国人口总数在一九五九年为六亿七千二百零七万人，比一九五七年的六亿四千六百五十三万人增加了两千五百五十四万人。[1]可见，曾经流传一时的"错批一个人，多生三亿人"的说法是一种想当然式的夸张，并不符合实际。"一九五九至一九六一年，中国国民经济发生严重困难。这三年当中，出生率下降，死亡率上升，人口增长陷于停滞。大陆总人口由一九五八年年底的六亿五千九百九十四万人反而减至一九六一年年底的六亿五千八百五十九万人，出现了新中国建立以来第一次人口发展的低谷。在这种情况下，计划生育工作自然地被搁置下来。"[2]

农村人民公社化运动

伴随着发展社会生产力上违背客观经济规律、急于求成的"大跃进"而来的，是在生产关系上超越生产力发展的实际水平，急于向更高级形式过渡。其中最重要的失误，是轻率地发动人民公社化运动。

一九五六年至一九五七年初，在农村中已经普遍兴办高级农业生产合作社，并且初步暴露出社的规模偏大、管理困难、平均主义比较严重等问题。一九五七年八月，中共中央农村工作部部长邓子恢提出：

---

[1] 国家统计局编：《新中国五十年》，第533页。
[2] 常崇煊主编：《当代中国的计划生育事业》，第11页。

> 一年来全国经验证明：社过大是不适合于农业生产分散性这个特点，也与我们目前生产的技术水平和干部的管理水平不相称的，从而对生产管理、对社内团结都是不利的。
>
> 但一直到今天，还有某些地区干部对这个问题思想不通，他们仍然主张大社、大队，主张多级制，而不愿将大社分开。他们仍然盲目地认为大社好办，大社有优越性；害怕大社分了，社会主义旗帜就倒了。这种想法和作法显然是不对的。实际上合作社之所以成为社会主义制度，与社之大小并无关系，而在于基本生产资料的集体所有制、生产上的统一经营分级管理和分配上的按劳取酬原则。至于社的规模大小，则完全要根据当地的地理情况、交通情况、经营品种情况、生产技术水平和干部的管理水平来决定。一句话，也就是要根据有利生产、有利团结的原则来决定。[1]

熟悉中国农村情况的邓子恢的这些意见是中肯的。

一九五八年三月的成都会议上，毛泽东却提出小社并大社的问题。为什么他要在这个时候提出这个问题？因为一九五七年冬到一九五八年春在全国范围内掀起大规模的农田水利基本建设活动。在这个活动的高潮中，产生了一些打破社界、乡界、县界以至省界，群众自带口粮、工具，无偿地到外地开河挖渠一类的"先进事迹"。这时，地方工业也开始遍地开花。毛泽东和一些领导人十分兴奋，片面地认为农业生产合作社如果规模小，在生产的组织和发展上势

---

[1]《邓子恢文集》，第489、490页。

将发生许多不便,妨碍社会生产力的提高。

在成都会议上通过,并经四月八日的政治局会议批准,中共中央发出《关于把小型的农业合作社适当地合并为大社的意见》。《意见》规定:"小社合并为大社,应具备以下条件:一、在发展生产上有需要;二、绝大多数社员确实赞成;三、地理条件适合大社的经营;四、合作社的干部有能力办好大社。"这四个条件规定得是适当的。它还写道:"需要合并而不合并是不适当的,不需要合并而合并,或者合并得过早过大,也是不适当的。因此,各地农业社是否合并,合并的规模多大,以及进行并社工作的时间和步骤,应当完全由各省、市、自治区党委根据本地区的情况自行考虑和规定。"[1]

但是,听到风声就一哄而上,叫作"闻风而动",似乎是一个顽症。这个要求"合并为大社"的文件一发下去,各地立刻刮起一股风,把四个条件通通丢开,不加分别地掀起并社热潮。河南省从一九五八年春季到夏收期间,将五万四千多个合作社合并成三万多个大社,最大的社达到九千三百六十户。"在小社并大社的同时,各地还大办工业,兴办公共食堂、托儿所、敬老院等福利事业,把社员的自留地收归社有,并广泛开展跨社的生产大协作,客观上形成后来的人民公社雏形。各地新出现的大社,有的仍叫农业生产合作社,有的模仿苏联改叫集体农庄,有的自创新名叫共产主义公社,还有的改叫农场,等等。"[2]

这个期间,毛泽东曾同刘少奇、陆定一议论过未来中国农村的组织形式。陆定一说:"毛主席和刘少奇谈到几十年后我国的情景时,曾经这样说:那时我国的乡村中将是许多共产主义的公社,每

---

[1]《建国以来重要文献选编》第11册,第209、210页。
[2] 朱荣等主编:《当代中国的农业》,第149页。

个公社有自己的农业、工业,有大学、中学、小学,有医院,有科学研究机关,有商店和服务行业,有交通事业,有托儿所和公共食堂,有俱乐部,也有维持治安的民警,等等。若干乡村公社围绕着城市,又成为更大的共产主义公社。前人的'乌托邦'想法,将被实现,并将被超过。"[1]这便是毛泽东和一些中央领导人心目中对农村的美好远景。

最早取名为公社的,是河南遂平县嵖岈山附近二十多个农业生产合作社合并组成的大社,四月间叫集体农庄,七月初接受国务院分管农业的副总理谭震林的建议改称公社。由于他们曾以在全国第一个放小麦高产"卫星"而闻名,所以取名为卫星公社,原有的高级社改为生产大队,分管二百十五个生产队,还建立了三十四个社办工厂和一个畜牧总场,实行组织军事化、行动战斗化、生活集体化。这个公社的《试行简章(草案)》规定,实行半工资制半供给制,在《红旗》上发表。它在全国产生很大影响。而最早使用"人民公社"这个名称的,是河南新乡县所属的七里营人民公社。[2]八月上旬,毛泽东在新乡七里营看到人民公社的牌子,称赞说:人民公社名字好。新华社很快作了报道。"人民公社"的名字便迅速传遍中国,处处仿效。

八月十七日至三十日,中共中央在北戴河举行政治局扩大会议。二十九日,会议通过《中共中央关于在农村建立人民公社问题的决议》。《决议》写道:

> 几十户、几百户的单一的农业生产合作社已不能适应形势

---

[1] 陆定一在中共八大二次会议上的发言记录,1958年5月19日。
[2] 罗平汉:《农村人民公社史》,福建人民出版社2003年1月版,第20—25页。

发展的要求。在目前形势下，建立农林牧副渔全面发展、工农商学兵互相结合的人民公社，是指导农民加速社会主义建设、提前建成社会主义并逐步过渡到共产主义所必须采取的基本方针。

人民公社建成以后，不要忙于改集体所有制为全民所有制，在目前还是以采用集体所有制为好。这可以避免在改变所有制的过程中发生不必要的麻烦。实际上，人民公社的集体所有制中，就已经包含有若干全民所有制的成分了。这种全民所有制，将在不断发展中继续增长，逐步地代替集体所有制。由集体所有制向全民所有制过渡，是一个过程，有些地方可能较快，三、四年内就可完成，有些地方，可能较慢，需要五、六年或者更长一些的时间。过渡到了全民所有制，如国营工业那样，它的性质还是社会主义的，各尽所能，按劳取酬。[1]

决议通过的第二天，也就是这次扩大会议的最后一天，毛泽东在会上讲话。对人民公社问题，他说："人民公社这个事情是人民群众自发搞起来的，不是我们提出来的。因为我们提倡不断革命，破除迷信，敢想敢说敢做，群众就干起来了。不仅南宁会议没有料到，成都会议也没有料到，八大二次会议也没有料到。"他又说："人民公社的特点是两个，一为大，二为公，叫大公社。人多，几千户，一万户，几万户；地多，地大物博，综合经营，工农商学兵，农林牧副渔。农林牧副渔，农业合作社原来就有的。工农商学兵，是人民公社才有的。这些就是大。大，这个东西可了不

---

[1]《建国以来重要文献选编》第11册，第447、449页。

起，人多势众，办不到的事情就可以办到。公，就比合作社更要社会主义，把资本主义的残余，比如自留地、自养牲口都可以逐步取消。"[1]

会后，在全国农村立刻出现了一个以"一大二公"为特点的人民公社化运动的高潮。到九月底，百分之九十以上的农户加入了人民公社。人民公社的体制，分为公社、大队、生产队三级。全国成立了两万三千多个公社，平均每社近四千八百户。人民公社取代高级农业生产合作社，成为中国农村唯一的生产组织，同时又具有基层政权的社会管理职能。有些地方还试办了一批城市人民公社。

毛泽东不久后说：我们为什么搞人民公社？就是因为农民苦得不得了。我们原有七十万个合作社，地少，人少，不利于搞大规模生产，也不容易搞综合性的生产。搞人民公社可以解放生产力。为什么群众有这样大的干劲呢？他们想摆脱贫困和没有文化的情况。[2]

"大跃进"、人民公社和社会主义建设总路线，合起来称为"三面红旗"，一时被看作走出了一条中国自己的可以取得成功的新路。

炮打金门和西藏平叛

正当推动大炼钢铁和农村人民公社化运动走向高潮的北戴河政治局扩大会议举行期间，发生了另一件举世瞩目的大事，分散了中央领导人相当大部分的注意力，那就是一九五八年八月二十三日开始的炮打金门。

---

[1] 毛泽东在中共中央政治局扩大会议上的讲话记录，1958年8月30日。
[2] 毛泽东同金日成率领的朝鲜政府代表团的谈话记录，1958年11月25日。

蒋介石退据台湾后，由于美国政府的大力支持和自身一系列"改造"活动，重新站住了脚。他继续实行独裁和恐怖统治，在"戒严令"后又颁布《戡乱法》等，实行严格的管制制度，制造了许多"匪谍案""叛乱案"等。他更一再叫嚷要"以台湾为基地"，实行"反攻大陆，雪耻复国"的方针，提出"一年准备，两年反攻，三年扫荡，五年成功"等口号。美国政府在一九五四年十二月还同台湾当局签署了《共同防御条约》。海峡两岸的局势很不平静。

新中国政府在万隆会议后就力求用和平方式解放台湾问题。一九五六年六月二十八日，周恩来总理在全国人民代表大会一届三次会议的报告中说："中国人民解放台湾有两种可能的方式，即战争的方式和和平的方式；中国人民愿意在可能的条件下，争取用和平的方式解放台湾。""现在，我代表政府正式表示：我们愿意同台湾当局协商和平解放台湾的具体步骤和条件，并且希望台湾当局在他们认为适当的时机，派遣代表到北京或者其他适当的地点，同我们开始这种商谈。""我们对于一切爱国的人们，不论他们参加爱国行列的先后，也不论他们过去犯了多大罪过，都本着'爱国一家'的原则，采取既往不咎的态度，欢迎他们为和平解放台湾建立功勋，并且还将按照他们立功大小，给以应得的奖励和适当的安置。"[1]这个报告公开刊登在报纸上。但蒋介石却在第二年六月出版了坚持反共的《苏俄在中国》一书，并由中央社声明这个书的出版是一个"总答复"。这就关上了和平谈判的大门。

一九五八年出现了一个重要动向，那就是美国力图进一步加强对台湾局势的插手。用台湾历史学家李云汉的话来说："一九五八

---

[1]《周恩来统一战线文选》，第318、320页。

年上半年，中华民国的政情和中美关系也有进一步的发展。""政府加强警戒并备战的气氛已随处可闻。中美关系方面，蓝钦大使辞职，美政府新任更能与中国政府（引者注：指台湾当局）合作的庄荣德为驻华大使。国务卿杜勒斯于三月十四日访问台北，与蒋总统会商加强合作问题，美国军事顾问团也在金门设立了顾问组。"[1]

这年七月十六日，蒋介石向国民党中央评议委员作了长篇演讲。完全错误地估计大陆的形势，认为反攻大陆的时机已到，说什么："当我们在三十九年（引者注：指一九五〇年）由大陆撤退来台之初，国际上有些人看我们反攻复国是一个幻想，绝无可能的事。一直到民国四十五年（引者注：指一九五六年）秋季，自匈牙利革命发生之后，国际人士对我们反攻大陆的观念，方有改变，以为只要大陆上能有像匈牙利一样反共革命的行动发生，那我们乘机反攻是很有希望的。后来过了半年，即在去年（引者注：指一九五七年）五、六月间，大陆匪区一般知识分子反共的言论，和北平、武汉各地学生青年反共的行动，复使国际观念大为改变；而其视线，乃就集中于我们政府对大陆将要采取怎样的行动，他们更与从前的看法完全不同了。"他又说："大家都盼望着未来的大战，我却认为今日世界已在第三次大战的中间，台、澎、金、马乃是这战争的最前线。"[2]

过了一个多月，八月二十日，他乘军舰抵达金门，召集团长以上的驻军军官训话，说："为国家复兴而忍耻受辱，已有十年之久，今日是打胜仗的最好机会。复仇雪耻在今朝，金门部队负有打第一

---

[1] 李云汉：《中国国民党史述》第4编，（台北）中国国民党中央党史委员会1994年11月版，第300页。

[2] 《总统蒋公思想言论总集》卷27，第260、267—268页。

次胜仗的任务，决心与牺牲是打胜仗与成功的先决条件。"[1]金门、马祖的驻军，到一九五八年夏季已达十万人，占台湾当局地面部队的近三分之一。他们已经跃跃欲试。台湾海峡再度出现异常紧张的局势。

蒋介石也有两个可取的地方：一是他不甘心完全受美国政府的摆布，同美国存在矛盾。美国政府当时企图迫使他放弃金马地区，造成台湾与大陆"划峡而治"，蒋介石拒绝美国的这种想使中国的海峡两岸长期分裂的打算。二是他一直认为只有一个中国，台湾是中国的一部分，反对形形色色的"台独"活动。

为了挫败美国政府制造"一中一台"或"两个中国"的图谋，也为了打击台湾当局对大陆的骚扰活动，中共中央和毛泽东作出炮打金门的决策。八月二十三日下午五时三十分，中国人民解放军福建前线部队开始炮轰金门。大规模的炮击持续两个多小时，发射炮弹近三万发，击毙击伤国民党中将以下官兵六百多人，两名美军顾问也在炮击中丧生。岛上大批军用设施被摧毁，通信系统被严重破坏。从这天起，福建前线部队连续炮轰近两周，美国政府和蒋介石摸不清人民解放军的意图所在，陷入慌乱状态。

九月二十二日，周恩来在接到福建前线部队报告后写信给毛泽东说："我连日想了想，觉得在目前形势下对金门作战方针，仍以打而不登、断而不死、使敌昼夜惊慌、不得安宁为妥。"[2]毛泽东当天批复："即照此办理，使我们完全立于不败之地，完全立于主动地位。"[3]

---

[1] 李云汉：《中国国民党史述》第4编，第301页。
[2] 周恩来致毛泽东的信，1958年9月22日。
[3] 毛泽东复周恩来的信，1958年9月22日。

为了进一步扩大美蒋之间的矛盾,中共中央决定从十月六日一时起,停止炮击七天,允许金门驻军自由地运输供应品,但以没有美军护航为条件。同一天,《人民日报》发表毛泽东为国防部长彭德怀起草的《告台湾同胞》,并通过福建前线电台向对方广播。它写道:

我们都是中国人。三十六计,和为上计。

台、澎、金、马是中国领土,这一点你们是同意的,见之于你们领导人的文告,确实不是美国人的领土。台、澎、金、马是中国的一部分,不是另一个国家。世界上只有一个中国,没有两个中国。这一点,也是你们同意的,见之于你们领导人的文告。你们领导人与美国人订立军事协定,是片面的,我们不承认,应予废除。美国人总有一天肯定要抛弃你们的。你们不信吗?历史巨人会要出来作证明的。

中华人民共和国与美国之间并无战争,无所谓停火。无火而谈停火,岂非笑话?台湾的朋友们,我们之间是有战火的,应当停止,并予熄灭。这就需要谈判。当然,再打三十年,也不是什么了不起的大事,但是究竟以早日和平解决较为妥善。何去何从,请你们酌定。[1]

十月十三日,毛泽东会见定居香港的作家曹聚仁,对他说:"只要蒋氏父子能抵制美国,我们可以同他合作。我们赞成蒋介石

---

[1]《毛泽东文集》第7卷,第420、421页。

保住金、马的方针，如蒋撤退金、马，大势已去，人心动摇，很可能垮。只要不同美国搞在一起，台、澎、金、马都可由蒋管，可管多少年，但要让通航，不要来大陆搞特务活动。台、澎、金、马要整个回来。"有人插话："这样，美援会断绝。"毛泽东说："我们全部供应，他的军队可以保存，我不压迫他裁兵，不要他简政，让他搞三民主义。反共在他那里反，但不要派飞机、派特务来捣乱。他不来白色特务，我也不去红色特务。"曹聚仁问："台湾人问生活方式怎样？"毛泽东说："照他们自己的生活方式。"[1]

根据这次谈话，后来被周恩来概括为"一纲四目"，在一九六三年初通过张治中给陈诚的信转达给台湾当局。"一纲"是："只要台湾归回祖国，其他一切问题悉尊重总裁（引者注：指蒋介石）与兄（引者注：指陈诚）意见妥善处理。""四目"包括："台湾归回祖国后，除外交必须统一于中央外，所有军政大权、人事安排等悉由总裁与兄全权处理；所有军政及建设费用，不足之数，悉由中央拨付；台湾之社会改革，可以从缓，必俟条件成熟，并尊重总裁与兄意见协商决定，然后进行；双方互约不派人进行破坏对方团结之事。"[2]

中国共产党"一国两制"的政策，就是在这个基础上一步一步形成的。

一九五九年五月，毛泽东在谈到维护和完成祖国统一的任务时说了一句话："我们有两个问题没有解决，西藏问题和台湾问题。现在开始解决西藏问题。"[3]为什么在这时讲"现在开始解决西藏问

---

[1] 毛泽东同曹聚仁的谈话纪要，1958年10月13日。
[2] 张治中致陈诚的信，1963年1月4日。
[3] 《毛泽东西藏工作文选》，中央文献出版社、中国藏学出版社2001年5月版，第203页。

题"？因为在这年三月，西藏地方政府和上层农奴主贵族发动了大规模的武装叛乱，人民解放军迅速平定了叛乱，中央人民政府顺应西藏百万农奴的愿望，在西藏开始了历史上划时代的民主改革。

地处"世界之脊"的西藏社会，长期以来处在几乎与世隔绝的状态下，世人（特别是海外一部分人）对它的真实情况了解极少，甚至以耳代目地产生了一种虚幻的神秘感，以为那是一片宁静的世外乐土。周恩来在这年四月所作的政府工作报告中一针见血地指出："西藏反动分子常常装出一副虔诚的模样，说是希望人们同登天堂，但是，他们自己却把西藏变成人间地狱，并且想使西藏人民永远过着暗无天日的生活，陷于比欧洲中世纪更加野蛮、更加残酷的黑暗深渊。"[1]在这里，是没有人权可言的。《人民日报》在这年五月六日发表的编辑部文章《西藏的革命和尼赫鲁的哲学》，对事实真相作了具体的叙述：

> 西藏社会是一个领主庄园的农奴社会。在西藏，主要的生产资料——全部土地和绝大部分牲畜都属于三种领主，也就是农奴主，即官家（封建政府）、寺院和贵族。这三种农奴主只占西藏一百二十万人口中的百分之五左右，即六万人左右。所有的农民和大部分牧民都没有自己的土地和牲畜，只能为农奴主劳动。他们自己，连同他们的子女，世世代代，都分别隶属于不同的农奴主。农奴主的领地一部分属于专为封建政府支差的土地，被分配种这些土地的农奴要无偿地担负封建政府各种名目的差役。兵役也由这些领地上的一部分农奴担负。其余的

---

[1]《建国以来重要文献选编》第12册，中央文献出版社1996年5月版，第225页。

领地是农奴主的"自营地"。在这种领地上,农奴要用自己的耕牛农具(有时还要带自己的伙食)为领主耕种全部土地,而领主只给一小块(约占领主土地的十分之三)不好的份地给农奴作为代价。农奴每年都用绝大部分时间在农奴主的土地上劳动,并且要为农奴主作各种无偿的劳役。在以上这两种领地上,农奴的劳动收入的百分之七十以上都成为农奴主的剥削收入。农奴的收入一般都难于维持生活,因此不能不向农奴主借高利贷。大批农奴所欠的债无法偿还,以致有已经欠了几百年的债。农奴不但没有任何政治权利,而且没有普通的行动自由,短期外出也必须由领主准假。

西藏的贵族是世袭的。全西藏现在有贵族二三百家,其地位高低看财产多少而定。大贵族约占贵族总数的十分之一,即二十几家,他们每家都有几十处庄园,几千个农奴。西藏封建政府的权力始终掌握在这些大贵族手中。贵族和农奴等级的界限很森严。农奴见了贵族要回避或鞠躬吐舌,表示敬畏,讲话也要有一定的讲法,不许讲错。贵族对于逃亡的农奴或者其他被认为违法的农奴,可以任意用刑,除了最通常的鞭打以外,还有剜眼、割鼻、割手、割脚筋、挖膝盖骨等各种骇人听闻的酷刑。[1]

西藏和平解放,使藏族人民永远摆脱了帝国主义的羁绊,使祖国大陆的领土得到统一,使祖国西南的国防得到保障。但考虑到西藏的历史和现实状况,对原有那种黑暗的、残酷的、野蛮的、惨无人道的社会制度如何进行改革,新中国仍采取极为审慎的态

---

[1]《胡乔木文集》第1卷,人民出版社1992年5月版,第622—623页。

度。在《中央人民政府和西藏地方政府关于和平解决西藏办法的协议》中写道:"在中央人民政府统一领导之下,西藏人民有实行民族区域自治的权利。""对于西藏的现行政治制度,中央不予变更。达赖喇嘛的固有地位及职权,中央亦不予变更。各级官员照常供职。""班禅额尔德尼的固有地位及职权,应予维持。""尊重西藏人民的宗教信仰和风俗习惯,保护喇嘛寺庙。寺庙的收入,中央不予变更。""有关西藏的各项改革事宜,中央不加强迫。西藏地方政府应自动进行改革,人民提出改革要求时,得采取与西藏领导人员协商的方法解决之。"[1]

一九五六年四月,西藏自治区筹备委员会成立,由达赖喇嘛担任主任委员。国务院副总理陈毅代表中央在成立大会上讲话。他重申:在西藏和平解放的协议中,对西藏内部的改革事宜已采取肯定的态度;但只有西藏民族的领袖和人民有了一致的要求和决心的时候才可以进行,绝对不能够由别的民族去代替进行。九月,中共中央给西藏工委的指示中再次强调:"在实行改革的时候,不做到这一点,我们就会失信于人。""因此对西藏的民主改革,必须在充分做好准备工作,上层真正愿意改革的时候再去改,并且在改革中要坚决做到少出乱子和不出乱子,否则宁可暂缓进行,而不要去勉强进行。"[2]

但是,西藏上层统治集团中一些人根本反对改革,试图永远保持那种野蛮黑暗的农奴制,以维护他们的既得利益,因而不断制造事端,组织叛乱武装,残杀入藏干部和爱国藏民,进行分裂祖国的活动。一九五九年三月九日,拉萨墨本(市长)无中生有地造谣说:汉人准备了飞机,要乘达赖去西藏军区礼堂看戏时把他劫往北京。

---

[1]《建国以来重要文献选编》第 2 册,第 285 页。
[2]《西藏工作文献选编(1949—2005 年)》,中央文献出版社 2005 年 9 月版,第 182、183 页。

第二天，叛乱头目连续召开所谓"人民代表会议""西藏独立国人民会议"，公开撕毁《协议》，宣布"西藏独立"，全面发动背叛祖国的武装叛乱。随后，他们又和达赖逃离拉萨，先到山南地区，以后又逃往印度。三月二十日，叛乱武装约七千人向驻拉萨的解放军、中央代表机关和有关单位发动全面进攻。人民解放军在忍无可忍、让无可让的情况下进行反击，在藏族僧俗人民支持下，只用了两天就平定了拉萨市的叛乱，以后又平息了山南地区的叛乱。其他地区的叛乱武装也相继瓦解。二十八日，周恩来总理发布命令，解散西藏地方政府，由西藏自治区筹备委员会行使地方政府职权，由班禅额尔德尼代理自治区筹备委员会主任委员职务。

西藏叛乱平定后，一九五七年原定的"至少六年以内，甚至在更长的时间以内，在西藏不进行民主改革"的方针不再适合已经变化了的情况，百万农奴强烈要求改革。当年七月十七日，西藏自治区筹委会第二次会议通过了进行民主改革的决议。

这场民主改革，废除了黑暗的农奴制度。百万农奴不再被作为农奴主的个人财产而加以买卖、转让、交换、抵债，不再被农奴主强迫劳动，获得了人身的自由和权利。旧西藏的法典被废除，人不再分为三等九级，各种野蛮的刑罚被禁止，私设的监狱被全部拆除。民主改革结束了生产资料的农奴主所有制：参加叛乱的农奴主占有的耕地无偿分给无地的农奴；对一千三百多户没有参加叛乱的农奴主和代理人的土地和其他生产资料实行赎买政策，他们的九十万克（十五克相当于一公顷）土地和八十二万多头牲畜由国家支付赎买金，分配给原来无地的农奴。西藏劳动人民的生产积极性空前迸发出来。全区粮食产量在一九六〇年比一九五九年增长百分之十二点六，牲畜存栏数增长了百分之十。民主改革还结束了西藏

"政教合一"的封建农奴主专政，实行人民民主的政治制度。这真是西藏历史上划时代的伟大变革。

西藏自治区在一九六五年九月正式成立，阿沛·阿旺晋美当选为第一届自治区人民委员会主席。西藏的历史翻开新的一页。

除西藏以外的其他少数民族比较集中居住的地区，内蒙古自治区已在一九四七年成立，新疆维吾尔自治区、广西壮族自治区、宁夏回族自治区已分别在一九五五年和一九五八年成立。还在青海、甘肃、新疆、云南、四川、贵州和其他若干省、自治区内成立了二十九个自治州、五十四个自治县。少数民族的经济和文化有了巨大进步。少数民族学生数目增长得很快。少数民族干部大量成长起来。汉族和各兄弟民族以及各兄弟民族之间的友好团结大大加强。

周恩来在一九五九年四月的二届一次全国人民代表大会报告中说："祖国的统一是全国各民族的最高利益。中国作为一个统一的、多民族的国家，是长期历史发展的结果……帝国主义的侵略反而使中国各民族的最大多数人民深切感到他们的共同命运，感到统一的国家的可贵。中国人民革命的胜利和中华人民共和国的建立，把国内各民族更加紧密地团结在一起了。各族的爱国人民从历史事实的教训中认识到只有在彻底摆脱帝国主义压迫、走上社会主义道路的祖国统一的大家庭中，各民族才能兴旺起来。"[1]

纠"左"的初步努力

"大跃进"和人民公社化运动中的问题，是一步一步暴露出

---

[1]《建国以来重要文献选编》第12册，第222—223页。

来的。人们在兴高采烈的情绪下，最初并没有立刻把它看清楚。一九五八年秋冬之间，中共中央才开始觉察到一些问题。

首先发现的，是人民公社化运动中的某些问题。在公社范围内，相当普遍地急于实行全民所有，强调统一收支、统一调拨，出现贫富拉平、平均分配，将比较富裕的生产队和社员的粮食和财产任意地无偿上调，或者一车一车地往别的村子里拉，大多数人集中在公共食堂吃饭，有的地方提出"放开肚皮吃饭"，结果是多劳不能多得，干多干少都一样。许多地方刮起了"共产风"，急于过渡：实行供给制和工资制相结合的分配制度，徐水等地还实行全民供给制，把供给制看成按需分配的共产主义因素的体现；还实行"一平二调"，有的甚至把农民的房子、铁锅以至生活用品也归了公。由于政社合一，一切平调都以行政命令的方式下达，这就引起广大农民的很大恐慌。在公社内大力推行"组织军事化、行动战斗化、生活集体化"的劳动组织方式和生活方式。在实行集中管理的体制后，生产队没有生产自主权，加上自上而下的高指标压力，生产瞎指挥风盛行。问题严重的地区，劳动力大量外流，疾病流行，土地耕作粗放或大量荒芜。农民生产积极性受到严重挫伤，社会生产力受到很大破坏。

一九五八年十月二十六日，也就是北戴河会议后近两个月，毛泽东把《人民日报》总编辑兼新华社社长吴冷西和中央办公厅政策研究室副主任田家英找去，要他们分别以新华社记者和中央办公厅工作人员的身份，到河南新乡地区的修武县（那里是一个县合并成一个大公社）和七里营公社（那里是最早使用"人民公社"名称的地方）去调查研究，了解公社化以后的实际情况。据吴冷西回忆，毛泽东说：中国今年出了两件大事，一是大跃进，一是公社化；其实还有第三件大事,这就是炮打金门。大跃进是他发动的,公社化是他提倡的。这两件大事到八月间北戴河会议时达到高潮,但那时他的心思并没有全花在这两件大事上,很大一部分精力被另两个问题吸引去了。先是同赫鲁晓夫大吵了一顿(赫鲁晓夫七月底到八月初访华),不久又炮打金门。毛泽东对吴、田两人着重地说:

> 大跃进和公社化,搞得好可以互相促进,使中国的落后面貌大为改观;搞得不好,也可能变成灾难。你们这次下去,主要是了解公社化后的情况。北戴河会议时我说过公社的优点是一大二公。现在看来,人们的头脑发热,似乎越大越好,越公越好。[1]

在调查中发现不少问题后,毛泽东很吃惊,这是他原来没有想到的,觉得需要让大家冷静下来。十一月二日到十日,他在河南郑州召开中央工作会议(以后被称为"第一次郑州会议"),先是听取九个省委第一书记关于人民公社情况的汇报,以后又有各协作区负责人和一部分中央领导人参加。毛泽东作了多次讲话。他批评:现在有一种偏向,好像共产主义越快越好,并且把集体所有制和全民所有制混同起来。他针对人民公社化运动中相当普遍地存在的对物资无偿调拨、不再进行商品流通的状况说:"现在,我们有些人大有要消灭商品生产之势。他们向往共产主义,一提商品生产就发愁,觉得这是资本主义的东西,没有分清社会主义商品生产和资本主义商品生产的区别,不懂得在社会主义条件下利用商品生产的作

---

[1] 吴冷西:《忆毛主席》,新华出版社1995年2月版,第95页。

用的重要性。这是不承认客观法则的表现，是不认识五亿农民的问题。""现在要利用商品生产、商品交换和价值法则，作为有用的工具，为社会主义服务。"[1]他严厉地指出：废除商品生产，对农产品实行调拨，实际上就是剥夺农民。对一些部门提出的高指标，他也表示怀疑说要提倡实事求是，不要谎报。会议通过了《郑州会议关于人民公社若干问题的决议（草案）》。

郑州会议后，毛泽东仍不放心。这个月二十一日到二十七日，中共中央政治局扩大会议在湖北武昌举行，除人民公社问题外，还讨论一九五九年国民经济计划的安排，特别是生产指标问题。毛泽东在会上说：所谓速度，所谓多快好省，是个客观的东西，客观上能速则速，不能速就还是不速。他提出要压缩空气，使各项指标切实可靠。他说：我们现在吹得太大了，我看是不合事实。工业任务、水利任务、粮食任务都要适当压缩，我们在这一次唱个低调，把脑筋压缩一下。会上把一九五九年的钢产量指标从北戴河会议建议的争取三千万吨降到一千八百万吨。毛泽东还批评了当时盛行的浮夸风，说："虚报不好，比瞒产有危险性。报多了，拿不出来。如果根据多报的数字作生产计划，有危险性，作供应计划，更危险。""现在的严重的问题是，不仅下面作假，而且我们相信。从中央、省、地到县都相信，主要是前三级相信，这就危险。"他还提出："破除迷信，不要把科学当迷信破除了。""凡迷信一定要破除，凡真理一定要保护。"[2]

十一月二十八日到十二月十日，中共八届六中全会接着在武昌举行，通过《关于人民公社若干问题的决议》和《关于一九五九年

---

[1]《毛泽东文集》第7卷，第437、435页。
[2]《毛泽东文集》第7卷，第443、446、448、449页。

国民经济计划的决议》。这两个决议,对郑州会议以来提出的问题作出一些具体规定,并且提醒:"生产关系一定要适合生产力的性质,只有生产力发展到某种状况才会引起生产关系的某种变革,这是马克思主义的一条基本原理。同志们要记着,我国现在的生产力发展水平,毕竟还是很低的。"[1]会议提出:国民经济发展的速度必须建立在客观可能性基础上,必须遵循有计划按比例的法则。毛泽东在会上说:要把冲天干劲和科学精神结合起来。

应该说,这些确实是在认真总结实践中教训的基础上得出的重要认识,指导思想开始有某些变化,向纠"左"迈出了一步。但由于毛泽东仍坚持"大跃进"和人民公社运动的大方向,也没有摆脱对经济形势的不切实际的过高估计,并开始流露出担心"压缩空气"会导致干劲的减弱,不利于保护积极性,这种纠"左"依然是很有限的。

八届六中全会以后,各地根据全会精神普遍开展整社工作,但农村的"共产风"并没有得到有力制止,在整社过程中又不恰当地开展反对"瞒产私分的斗争",造成农民严重不满。毛泽东经过调查研究,认识到需要从调整人民公社的内部体制着手。

一九五九年二月二十七日至三月五日,中共中央又在河南郑州召开政治局扩大会议,通常称为"第二次郑州会议"。毛泽东在会上作了五次讲话,着重指出所有制的变化需要有一个比较长时间的发展过程。他批评一些领导干部急于大幅度改变生产关系(即急于由社会主义的集体所有制到全民所有制的过渡、由社会主义的全民所有制到共产主义的全民所有制的过渡)的错误思想,说:

---

[1]《建国以来重要文献选编》第11册,第606页。

他们误认人民公社一成立，各生产队的生产资料、人力、产品，就都可以由公社领导机关直接支配。他们误认社会主义为共产主义，误认按劳分配为按需分配，误认集体所有制为全民所有制。他们在许多地方否认价值法则，否认等价交换。因此，他们在公社范围内，实行贫富拉平，平均分配；对生产队的某些财产无代价地上调；银行方面，也把许多农村中的贷款一律收回。"一平、二调、三收款"，引起广大农民的很大恐慌。这就是我们目前同农民关系中的一个最根本的问题。

六中全会的决议写明了集体所有制过渡到全民所有制和社会主义过渡到共产主义所必须经过的发展阶段，但是没有写明公社的集体所有制也需要有一个发展过程，这是一个缺点。因为那时我们还不认识这个问题。这样，下面的同志也就把公社、生产大队、生产队三级所有制之间的区别模糊了，实际上否认了目前还存在于公社中并且具有极大重要性的生产队（或者生产大队，大体上相当于原来的高级社）的所有制，而这就不可避免要引起广大农民的坚决抵抗。

他特别强调要反对两种倾向，即平均主义倾向和过分集中的倾向，说：

所谓平均主义倾向，即是否认各个生产队和各个个人的收入应当有所差别。而否认这种差别，就是否认按劳分配、多劳多得的社会主义原则。所谓过分集中倾向，即否认生产队的所有制，否认生产队应有的权利，任意把生产队的财产上调到公社来。同时，许多公社和县从生产队抽取的积累太多，公社的管理费又包括很大的浪费（例如有一些大社竟有成千工作人员不劳而食或半劳而食，甚至还有脱产文工团）。上述两种倾向，都包含有否认价值法则、否认等价交换的思想在内，这当然是不对的。凡此一切，都不能不引起各生产队和广大社员的不满。[1]

这次会议经过讨论，规定了十四句话作为当前整顿和建设人民公社的方针，那就是："统一领导，队为基础；分级管理，权力下放；三级核算，各计盈亏；分配计划，由社决定；适当积累，合理调剂；物资劳动，等价交换；按劳分配，承认差别。"这里最重要的是：明确人民公社内部现阶段基本上还应该是生产队的所有制，要以队的核算为基础。各队生产水平不同，有穷有富，不能统得太多，分配不能一样。拉平违反按劳分配原则，是无偿占有别人的劳动，是损害积极性的。这就解决了一个在很长时间内争论不休的问题。会议还据此起草了一个《关于人民公社管理体制的若干规定（草案）》，并且采取算账的办法，"一平、二调、三收款"的钱物，该退赔的就退赔。

由于这一系列措施，三月二十五日到四月一日在上海召开的政治局扩大会议又进一步承认了大体相当于初级社规模的生产小队的部分所有制，公社内部的"共产风"得到初步遏制。工业方面，毛泽东在武昌会议前批转了长春汽车厂的经验，提倡"两参、一改、三结合"，即：干部参加生产劳动，工人参加企业管理；改革企业中不合理的规章制度；在技术革新和技术革命运动中实行企业领导

---

[1]《建国以来重要文献选编》第12册，第126—129页。

干部、技术人员和工人三结合的原则。这些都是比较成功的。但是，工业和农业的高指标问题仍很突出。

一九五九年进入第二季度，国民经济发展中的严重问题越来越清楚地表现出来。跟原来的预期不同，农业生产情况很不好。当年夏季作物播种面积比上年减少百分之二十。夏收粮食、油料大幅度减产。蔬菜、肉类等副食品更加短缺。原来所报的粮食产量和一九五九年农业生产计划中的虚假现象逐步暴露。工业问题也很多。钢产量按一九五九年头四个月的计划应该达到六百万吨，实际上只完成三百三十六万吨，再组织突击生产也上不去。钢铁生产又挤了其他生产部门，使人民日用品严重短缺，到处供应紧张，引起人们不满。

中央领导人原来对"大跃进"后的国民经济发展抱着十分乐观的期待。这些无情的事实，使他们大为震惊。四月二日至五日在上海召开的中共八届七中全会，着重讨论一九五九年国民经济计划草案，将钢产量指标、基本建设投资和基建项目进一步调低，还检查了农村人民公社的整顿工作，讨论和决定了国家机构领导人员候选人的提名。十八日至二十五日，全国人民代表大会举行二届一次会议，批准了中共八届七中全会确定的一九五九年度国民经济计划，并选举刘少奇为国家主席，宋庆龄、董必武为副主席，朱德为全国人大常委会委员长，决定周恩来继续担任国务院总理。

对当时相当普遍出现的浮夸风，毛泽东也有所察觉。四月十五日，他在最高国务会议上说：报上吹的那些东西，不能全信的。什么几万斤一亩，哪有那个事？那是并拢来的，禾秧要熟的时候，把许多亩并到一亩。这些浮夸现象现在是要破除，不要搞这些浮夸，要搞老实的。[1]二十九日，他给省、地、县、社、队、小队六级干部写了一封《党内通信》，提出："根本不要管上级规定那一套指标。不管这些，只管现实可能性。""在十年内，一切大话、高调，切不可讲，讲就是十分危险的。"信里专门谈了"讲真话问题"，说：

> 包产能包多少，就讲能包多少，不讲经过努力实在做不到而又勉强讲做得到的假话。收获多少，就讲多少，不可以讲不合实际情况的假话。对各项增产措施，对实行八字宪法，每项都不可讲假话。老实人，敢讲真话的人，归根到底，于人民事业有利，于自己也不吃亏。爱讲假话的人一害人民，二害自己，总是吃亏。应当说，有许多假话是上面压出来的。上面"一吹二压三许愿"，使下面很难办。因此，干劲一定要有，假话一定不可讲。[2]

他委托陈云对经济计划指标特别是钢铁指标再进行研究。陈云经过仔细的调查、计算和综合分析，算了每生产多少吨钢铁需要多少原料、设备和运输条件的账，在五月十一日勇敢地提出：要把一九五九年的钢产量从年初计划的一千八百万吨再降至一千三百万吨。十五日，他写信给毛泽东说：

> 说把生产数字定得少一点（实际是可靠数字），会泄气，我看也不见得。正如少奇同志在政治局讲的，定高了，做不

---

[1] 毛泽东在最高国务会议第16次会议上的讲话记录，1959年4月15日。
[2]《毛泽东文集》第8卷，人民出版社1999年6月版，第48—50页。

到，反而会泄气。[1]

八月间，人大常委会通过并正式宣布将钢产量指标降至一千三百万吨。钢铁生产指标的调整有着全局性的意义，其他重要生产指标随着也相应降低。这样，本来绷得过紧的弦放松了不少，经济工作各方面的关系能够进行比较合理的调整。这自然是一件大事。

鉴于粮食和蔬菜、肉类等副食品紧张的局势，在此期间，中共中央还调整农业政策，发出《关于农业的五条紧急指示》和《关于分配个人自留地以利发展猪鸡鹅鸭问题的指示》：明确家畜家禽"实行公养和私养两条腿走路的方针"；恢复了社员的自留地；鼓励社员充分利用屋旁、路旁的零星闲散土地种植庄稼和树木。

大体说来，从第一次郑州会议开始，经过八九个月初步纠正"左"的错误的努力，经济形势确实有所好转。

庐山会议的逆转

一九五九年七月二日起，中共中央在庐山召开政治局扩大会议。这次会议的原意，是想统一对形势的认识，在肯定成绩的前提下，总结经验教训，进一步纠正"左"的错误，动员全党完成一九五九年的"大跃进"任务。会前，毛泽东从长沙打电话给周恩来说：人们的头脑有些发热，需要冷静下来学点政治经济学。这次会议不要搞得太紧张，要适当注意休息。在从长沙赴韶山途中，他对陪同前去的王任重说：去年刮"共产风"，也是一种"左"

---

[1]《陈云文选》第3卷，第139页。

的错误。没有经验，会犯错误，碰钉子，不要碰得头破血流还不肯回头。

庐山会议开始时，毛泽东提出了十八个问题，要大家讨论。在他的两次讲话中，有几点特别值得注意：一是"综合平衡"。他说："大跃进的重要教训之一，主要缺点是没有搞平衡。说了两条腿走路、并举，实际上还是没有兼顾。在整个经济中，平衡是个根本问题，有了综合平衡，才能有群众路线。"二是"农、轻、重"的安排次序。他说："过去安排是重、轻、农，这个次序要反一下，现是否提农、轻、重？"三是"市场"问题。他说："过去陈云同志提过：先市场，后基建，先安排好市场，再安排基建。有同志不赞成。现在看来，陈云同志的意见是对的。要把衣、食、住、用、行五个字安排好，这是六亿五千万人民安定不安定的问题。"这三点都是纠"左"的，并且带有自我批评的性质。

但他对"大跃进"以来的情况，仍肯定形势好是主要的，并且把对这个问题的认识作为"团结问题"提出来，说："要统一思想，对去年的估计是：有伟大成绩，有不少问题，前途是光明的。缺点只是一、二、三个指头的问题。许多问题是要经过较长的时间才看得出来的。过去一段时间的积极性中带有一定的盲目性。这样看问题，就能鼓起积极性来。"[1]在他看来，"大跃进"和人民公社化运动的方向是正确的，初期出了些乱子，经过半年多的纠"左"努力，已有改变，再过几个月，根本好转就会到来。他希望会议把各级领导干部的思想统一到这种认识上来。并且说：对形势的认识不一致，就不能团结。要党内团结，首先要思想统一。

---

[1]《毛泽东文集》第8卷，第80、78、81、82页。

在讨论中，与会者都表示拥护总路线、"大跃进"和人民公社这"三面红旗"。但实际上认识并不一致：有些人觉得对"大跃进"以来的教训正视得不够，许多认识上和实际工作中的问题仍未得到解决，担心问题得不到有力的纠正；另一些人认为工作中的缺点和错误并不严重，经过几个月已经纠正得差不多了，不应该再强调继续纠"左"，甚至认为纠"左"已经过了头，使干部和群众泄了气。后一种看法，在会上占了上风。

政治局委员、国防部长彭德怀对这种状况感到忧虑。他在七月十四日给毛泽东写了一封信陈述自己的意见。他在信中先充分肯定"大跃进"的成绩和农村公社化的意义，并且指出公社化具体工作中的一些缺点错误基本上已经得到纠正；同时，也提出有不少深刻的经验教训必须认真地加以分析。他写道："现时我们在建设工作中所面临的突出矛盾，是由于比例失调而引起各方面的紧张。就其性质看，这种情况的发展已影响到工农之间、城市各阶层之间和农民各阶层之间的关系，因此也是具有政治性的。"信中指出：过去一个时期，在思想方法和工作作风方面，暴露出来的问题主要是："一、浮夸风气较普遍地滋长起来。去年北戴河会议时，对粮食产量估计过大，造成了一种假象。大家都感到粮食问题已经得到解决，因此就可以腾出手来大搞工业了。在对发展钢铁的认识上，有严重的片面性……总之，是没有必要的平衡计划。这些也同样是犯了不够实事求是的毛病。这恐怕是产生一系列问题的起因。""二、小资产阶级的狂热性，使我们容易犯左的错误。""为大跃进的成绩和群众运动的热情所迷惑，一些左的倾向有了相当程度的发展，总想一步跨进共产主义，抢先思想一度占了上风，把党长期以来所形成的群众路线和实事求是的作风置诸脑后了。""有些指标逐级提高，层层加码，把本来需要几年或者十几年才能达到的要求，变成一年或者几个月就要做到的指标。""在这些同志看来，只要提出政治挂帅，就可以代替一切……政治挂帅不可能代替经济法则，更不能代替经济工作中的具体措施。""我们在处理经济建设中的问题时，总还没有像处理炮击金门、平定西藏叛乱等政治问题那样得心应手。""纠正这些左的现象，一般要比反掉右倾保守思想还要困难些，这是我们党的历史经验所证明了的。"[1]

彭德怀为什么要写这封信呢？他在会上检讨时说："为什么给主席写信？因截至十三日小组会中对经验教训方面探讨得很不够，从简报上看不出反面意见，空气有些沉闷，思想上有点急躁情绪，担心缺点重犯。为了提起主席注意这个情况，就在十三日晚写了一个供参考的信。那时又听说小组会十五日就要结束，使我的心情更加急切。"[2]

稍后上山的总参谋长黄克诚回忆："上山后刚进住房，彭德怀就拿着他写给毛主席的信给我看，我仔仔细细看了一遍，说：这封信提的意见我赞成，但信的写法不好，语言中有些提法有刺激性，你那样干什么？他说：实际情况那么严重，会上没有人敢说尖锐的话，我就是要提得引起重视。"[3]

应该说，彭德怀信的基本内容是正确的，作为政治局委员向党的主席写信反映自己的意见也完全符合党的组织原则。但它引起毛泽东的极大不满，认为这封信从根本上否定总路线、"大跃进"和

---

[1]《建国以来重要文献选编》第12册，第443—446页。
[2] 彭德怀在庐山会议小组讨论会上的发言，1959年7月26日，见《中共中央政治局庐山扩大会议简报》第32号。
[3]《黄克诚自述》，第249页。

人民公社，那些意见是"多讲缺点，少讲成绩，总路线是要修改的，大跃进得不偿失，人民公社搞糟了，大跃进和人民公社都不过是小资产阶级狂热性的表现"。[1]他先把彭德怀的信印发给会议讨论。张闻天、黄克诚和湖南省委书记周小舟，在讨论中发言，支持彭德怀的意见。二十三日，毛泽东召开大会并发表讲话，把话讲得很重。他说：现在党内党外夹攻我们，无非是讲得一塌糊涂。他针对彭德怀信中所说"小资产阶级狂热性"，称信的内容倒是"资产阶级的动摇性"，"他们不是右派，可是自己把自己抛到右派边缘去了，距右派还有三十公里"。他还说："假如办十件事，九件是坏的，一定灭亡，应当灭亡。那我就走，到农村去。你解放军不跟我走我就组织红军去，另外组织解放军。我看解放军会跟我走。"[2]毛泽东这篇讲话引起极大震动，会议转到错误地对彭德怀、黄克诚、张闻天、周小舟等人进行批判，从纠"左"转到反右。而且批判的调子越来越高。林彪在会上说：彭德怀是野心家、阴谋家、伪君子。还有一些其他领导人也说了很过头的话。

八月二日起，在庐山举行八届八中全会，对彭德怀等的批判进入高潮。毛泽东在全会上说："我们反了九个月'左'倾了，现在基本上不是这一方面的问题了，现在庐山会议不是反'左'的问题了，而是反右的问题了。因为右倾机会主义在向着党，向着党的领导机关猖狂进攻，向着人民事业，向着六亿人民的轰轰烈烈的社会主义事业进攻。"[3]全会通过一个公报、三个决议和一个决定。三个决议是：《为保卫党的总路线、反对右倾机会主义而斗争》《关于开

---

[1]《建国以来重要文献选编》第12册，第505页。
[2] 毛泽东在庐山政治局扩大会议上的讲话记录，1959年7月23日。
[3] 毛泽东在中共八届八中全会上的讲话记录，1959年8月2日。

展增产节约运动的决议》《关于以彭德怀同志为首的反党集团的错误的决议》。一个决定是：《关于撤销黄克诚同志中央书记处书记的决定》。八月十六日，八届八中全会闭幕。

全会通过的关于反对"右倾机会主义"的决议，完全错误地写道："我们党内的一些右倾机会主义分子，特别是一些具有政治纲领、政治野心的分子，竟然在这样的重大时机，配合国内外敌对势力的活动，打着所谓'反对小资产阶级狂热性'的旗号，发动了对于总路线、大跃进、人民公社的猖狂进攻。""因此，右倾机会主义已经成为当前党内的主要危险。团结全党和全国人民，保卫总路线，击退右倾机会主义的进攻，已经成为党的当前的主要战斗任务。"决议还从中得出结论："一部分共产党人的悲观主义思潮，右倾机会主义思潮，是社会上资产阶级反社会主义思潮在党内的反映。在由资本主义到社会主义的过渡时期，无产阶级同资产阶级的思想政治斗争，是波浪式的，高一阵，低一阵，再高一阵，再低一阵，直到这一场斗争彻底熄灭为止，那就是资产阶级思想政治影响最后消灭的时候。"[1]这就把党内不同意见的正常讨论，提到阶级斗争在党内的反映这样的高度，不仅严重妨碍了党内民主，并且朝着"阶级斗争为纲"的错误道路又大大跨前了一步。

为什么彭德怀的信会引起毛泽东如此强烈的反应？为什么本来已进行纠"左"努力的毛泽东会发生这样的急转弯，把右倾看作当前的主要危险，并且采取如此极端的措施？胡绳主编的《中国共产党的七十年》有一段中肯的分析：

---

[1]《建国以来重要文献选编》第12册，第508—510页。

毛泽东认为，从郑州会议以来，中央一直在领导全党努力纠正"左"倾错误，而彭（德怀）、张（闻天）并未参与这种努力。在毛泽东看来，大跃进和人民公社的方向是正确的。他始终没有放弃对大跃进和人民公社的若干空想的执着追求。他认为一九五八年成绩是主要的，缺点错误属于工作中的问题，只是十个指头中的一个指头。而且他认为到上海会议作出关于人民公社十八个问题的决定，人民公社"共产风"的问题已经大体解决；到一九五九年五月提出钢指标降为一千三百万吨，已经"完全反映了客观实际的可能性"。庐山会议只需要在这个基础上统一认识，通过一个调整指标的决定，大家照此去工作，形势就会好转。而彭德怀等却要求进一步深入纠"左"，要求从指导思想上清理"左"倾错误的根源。因此，毛泽东认为，彭德怀等不是跟他一道去纠正工作中的缺点错误，实际上是对大跃进和人民公社表示怀疑和反对，是向他和党中央的领导"下战书"，因而是右倾的表现。由于对彭、张过去积有不满，更加重了毛泽东看到他们的信和发言记录后产生的怀疑和猜疑。[1]

庐山会议结束后不久，在北京召开军委扩大会议，对彭德怀、黄克诚继续进行严厉的批判，并由林彪代替彭德怀主持中央军委的日常工作。九月，中共八届八中全会两个错误决议传达到全体党员。随即在党内开展了一场"反右倾运动"。这次运动涉及的面很广，一大批对"大跃进"和人民公社化运动提出过这样那样批评的党员和干部受到错误的批判和处分，有些还被错误地划为"右倾机会主义分子"。

---

[1] 胡绳主编：《中国共产党的七十年》，第480—481页。

"反右倾斗争"的严重恶果

庐山会议和"反右倾运动"的恶果是严重的，使局势又出现大的逆转。

毛泽东和许多中央领导人虽然在前一段采取了一些纠"左"的措施，但从根本上说，他们对生产力的发展和生产关系的变革依然急于求成，希望加快步伐。"反右倾斗争"打断了原来的纠"左"进程，在作出一些调整后就要求"反右倾，鼓干劲"，继续跃进，又提了几个"大办"，一些前一阶段已经指出的"左"的错误重新泛滥起来。对一大批敢于说真话的党员干部作为"右倾机会主义分子"进行批判，又形成巨大的政治压力，严重破坏党的民主生活，使基层真实情况更难得到准确的反映。各地、各部门纷纷报来的消息都是说形势一片大好，并且列举了许多数据和材料。如这年十月底，毛泽东到江苏视察工作时当地负责人汇报说：这个粮食问题，心已经是比较放下来了。毛泽东说：还是不要放下，搞十年吧！这些，更使毛泽东产生错觉：认为原来那些问题已经解决，相信国内经济形势已经好转，继续加快发展步伐是可能的。

中共八届八中全会《公报》强调的是"继续跃进"。它写道："八届八中全会满意地指出，由于全党全民贯彻执行党的鼓足干劲、力争上游、多快好省地建设社会主义的总路线，今年上半年国民经济各部门在一九五八年大跃进的基础上继续跃进，已经取得了重大成就。""党领导下的一切人民事业，成绩都是主要的，而缺点错误则是第二位的，不过十个指头中的一个指头而已。"全会"重新审查了今年的国民经济计划，认为这个计划的原定指标有些偏高，需要加以适当的调整"。但是，"调整后的一九五九年国民经济计划，仍然是一个继续跃进的计划。"《公报》把"右倾"看作主要危险,写道:"对于实现今年的继续跃进来说,当前的主要危险是在某些干部中滋长着右倾机会主义的思想。他们对于那些根据客观条件和主观努力本来可以完成的任务,不去千方百计地努力完成。他们对于几亿劳动人民和革命知识分子在大跃进运动和人民公社运动中所取得的伟大成绩估计过低,而对于这两个运动中由于经验不足而产生并且已经迅速克服的若干缺点,则估计过于严重。"因此,"全会要求各级党委坚决批判和克服某些干部中的这种右倾机会主义的错误思想,坚持政治挂帅,充分发动群众,鼓足干劲,努力完成和超额完成今年的跃进计划"。[1]

毛泽东在十月三十一日的一封信中写道:"关键在于一个很大的干劲。拖拖沓沓,困难重重,这也不可能,那也办不到,这些都是懦夫和懒汉的世界观,半点马克思主义列宁主义的雄心壮志都没有,这些人离一个真正共产主义者的风格大约还有十万八千里。我劝这些同志好好地想一想,将不正确的世界观改过来。"[2] 可见,他当时对这些仍是充满信心的。

自然,经济生活中的严重问题毕竟无法完全回避。八月二十六日,全国人大常委会根据中共中央的建议,对国民经济计划主要跃进指标又一次作了调整。在农业产值指标方面,粮食产量由原定的五亿二千五百万吨调整为两亿七千五百万吨,棉花产量由原定的五百万吨调整为二百三十一万吨,其他畜产品也作了相应调整,农业总产值由一千二百二十亿元调整为七百三十八亿元。工业产值指标也作了相应调整。十一月三日的一次会议上,周恩来说:

---

[1]《建国以来重要文献选编》第12册,第530—535页。
[2]《建国以来毛泽东文稿》第8册,第572页。

一九六〇年的计划数字，现在总是看涨，我们是控制了。毛泽东说：下面有劲，不要越涨越搞得被动。现在是怕"左"，积极分子劲一来了，就对那个有右倾思想的人批评得太凶，有些人受不了。

尽管调整的幅度看起来不小，实际上仍是不可能实现的高指标。加上"一九五九年灾情严重，成灾面积达二亿亩，为解放以来所未有"[1]，到这年年底，农业方面的严重问题已经无情地暴露出来。"这一年实际执行的情况是，上述中央的农业生产计划不仅没有实现，反而出现了新中国成立后的首次大减产。一九五九年，全国农业总产值只完成四百七十五亿元，比一九五八年下降了百分之十三点六，粮食总产量一亿七千万吨，比一九五八年实际产量减产三千万吨，下降了百分之十五；棉花总产量一百七十万九千吨，比一九五八年实际产量减产二十六万吨，下降了百分之十三点二；黄红麻、烤烟、油料、糖料和生猪等的下降幅度也在百分之十三至二十二。"[2]农业总产值比上一年下降，而且是这样大幅度的下降，在新中国成立以来还没有见到过。

可是，在浮夸风下，特别是因"反右倾"而导致政治生活不正常的情况下，许多严重问题仍被掩盖着。当年的粮食产量被虚报为接近八月调整后指标的两亿七千零五万吨，比那年实际产量超过了百分之五十八点九。它造成一个假象：仿佛农业又获得了一个大丰收，仿佛农村中的存粮很充裕。从这样的高估产出发，造成的最严重恶果是高征购。而在"继续跃进"声中，出现许多"大办"，工业总产值比上年增加百分之三十六点一，项目上得太多，城镇人口迅速增加，大批壮劳力脱离农业生产，而城镇中需要提供的商品粮

---

[1] 柳随年、吴群敢主编：《中国社会主义经济简史》，第258页。
[2] 朱荣等主编：《当代中国的农业》，第176页。

数量猛增，粮食征购任务一再加码，仍不能满足需要。一九五九年向农民的粮食征购量，比一九五七年增长百分之四十点三，购了大量过头粮，包括农民的一部分口粮和种子粮，农民吃不饱的现象已在多处发生。但中央领导人却没有及时察觉问题的严重性，仍以为形势一片大好。这种错误估计又同"反右倾"的消极后果直接有关。陈云指出："信阳问题那样严重，为什么地委、县委没有人反映？就是怕反右倾，怕划不清界限。""领导机关听不到反面意见，这是危险的。"[1]主观严重脱离客观实际，而且破坏了正常的民主生活，这是错误又迅速发展的根由所在。

在这种情况下，一九六〇年仍在一片盲目的欢呼声中到来。《人民日报》的元旦社论宣称：六十年代的第一年开始了。"中国人民的奋斗目标是，在新的十年间，要在主要工业产品的产量方面赶上或者超过英国，基本上建立起完整的工业体系，基本上实现工业、农业和科学文化的现代化，从而把中国建成为一个强大的社会主义国家。""不这样也是不可能的，因为中国的经济和文化太落后了。帝国主义一直在威胁着我们，甚至侵占着我们的领土，而妨碍人民前进的落后的生产关系和上层建筑已经推翻了，人民已经觉醒起来，不再沉睡了。"[2]第二天，《人民日报》又发表《开门红，满堂红，红到底》的社论，要求继续全面跃进。在报纸上充满着"英雄儿女打响新年头一炮""工业战线飞传元旦开门红"之类极为夸张的报道。

这年一月七日至十七日，中共中央在上海召开政治局扩大会议。毛泽东在会上说："庐山会议以后很灵，生产月月高涨，看来

---

[1]《陈云文集》第3卷，中央文献出版社2005年6月版，第283页。
[2]《展望六十年代》(社论)，《人民日报》1960年1月1日。

今年至少不弱于去年，可能比去年更好一些。基本上是要把我们自己的事情搞好。我们准备分几个阶段，把我们国家搞强大起来，把人民进步起来，把物质力量搞强大起来。"[1]会议提出，一九六〇年还将是一个大跃进年。会议还提出，今后八年（也就是到一九六七年底以前）的总目标是基本实现四个现代化，建立起完整的工业体系，同时要基本上完成集体所有制到社会主义全民所有制的过渡，在分配制度上逐步增加共产主义的因素。会后，全国又刮起大办县社工业、大办水利、大办食堂、大办养猪等"大办风"。高指标、浮夸风、命令风、"共产风"重新泛滥起来。

三月三十日至四月十日，第二届全国人大举行第二次会议。会议通过的一九六〇年生产指标：工业总产值要增长百分之四十一点六（按核实后的一九五九年数字计算），农业总产值要增长百分之七十七。这依然是根本无法达到的高指标。主管农业的副总理谭震林在会上说："我们前途是从队基本所有制过渡到社基本所有，然后再从社基本所有过渡到全民所有。"[2]

毛泽东在四月上半月的一次谈话，很能反映出他当时的心态。他说：革命胜利，人家是相信的，建设方面人家不相信。你这么一点钢，年产才一千三百多万吨，看不起你是应该的。其实这一肚子气早已有了，一百多年来人家说我们是东亚病夫。愤怒不要表现出来，要变成力量。三年小变，五年大变，十年更大变。[3]

对情况的估计和主观的设想同客观实际距离如此之远，严厉的惩罚很快就到来了。

---

[1] 毛泽东在中共中央政治局扩大会议上的讲话记录。
[2] 苏星：《新中国经济史》，第476页。
[3] 毛泽东同李富春、李先念、薄一波等的谈话记录，1960年4月13日。

形势的发展和原来的期望完全相反。年初各地仍不断报来充满乐观的"喜讯",认为即使出现一些困难,只要抓紧就可以解决,但到四月以后,工业生产便出现不断下降的趋势。第二季度结束时,二十种主要工业产品中有十八种完不成计划,其中十一种低于第一季度的水平。粮食形势更加严峻。"同年五月份,各调出省所调出的粮食仅完成计划的一半。北京、天津、上海和辽宁省等一些大工业城市调入的粮食都不够销售,库存几乎被挖空。"[1]到六月间,粮食已极度缺乏,各大城市和工业区纷纷告急,粮食随时可能脱销,而且难以得到补充。这年上半年气候很不正常:北部和西南部某些地区受旱面积达六亿亩,黄河流量只及平时的三分之一,小河普遍断流;中部地区阴雨连绵,烂秧现象严重;东南沿海地区遭受台风暴雨袭击。局势恶化的范围之广、力度之大,完全出乎领导人意料之外。

六月十四日至十八日,中共中央召开政治局扩大会议,讨论第二个五年计划后三年的补充计划,提出盘子还得要降,宁可打低一点,在年度中去超过,决不可打得过高。七月五日至八月十日,中央工作会议在北戴河举行。这次会议在着重讨论中苏关系的同时,也研究了国内经济问题。鉴于面对的严重局势,会议决定,坚决缩短基本建设战线,集中力量保证重点产品、重点企业和基本建设项目;认真清理并挤出一切可能的劳动力,充实农业战线,首先是粮食生产战线。这些措施,是为了解决当前国民经济中最突出的问题,力图扭转困难局面。

正在这种困难时刻,又发生中苏关系急剧恶化,这是牵动全局

---

[1] 朱荣等主编:《当代中国的农业》,第185页。

的重大变动，中共中央不能不以很大力量来应对这一变局。

中苏之间的分歧由来已久，一方面是意识形态的分歧，另一方面是当时苏联领导人的大国主义，要求中国跟着他们的指挥棒转，企图使中国受他们的控制。一九五八年七月，苏联突然提出在中国领土和领海建立中苏共有共管的联合核潜艇舰队和用于同海底核潜艇舰队通信的长波无线电台（这个电台，苏方要占百分之七十的投资，并由他们建设）。这是严重损害中国国家主权的要求。中国过去长期遭受外来压迫，在这个问题上格外敏感，格外容易动感情。这年七月二十二日，毛泽东对苏联驻华大使尤金愤怒地指出：

> 什么兄弟党，只不过是口头上说说，实际上是父子党，是猫鼠党。这一点，我在小范围内同赫鲁晓夫等同志谈过。他们承认。

> 你们帮助我们建设海军嘛！你们可以作顾问。为什么要提出所有权各半的问题？这是一个政治问题。

> 要讲政治条件，连半个指头都不行。你可以告诉赫鲁晓夫同志，如果讲条件，我们双方都不必谈。

> 请你照样告诉给赫鲁晓夫同志，我怎么说的，你就怎么讲，不要代我粉饰，好让他听了舒服。[1]

中苏关系的严重恶化，就是从这件事发端的。以后，苏联领导

---

[1]《毛泽东外交文选》，中央文献出版社、世界知识出版社1994年12月版，第324、330、331页。

人又对中国粗暴地施加压力。"一九五九年六月,苏联政府就片面地撕毁了中苏双方在一九五七年十月签订的关于国防新技术的协定,拒绝向中国提供原子弹样品和生产原子弹的技术资料。接着,在赫鲁晓夫访问美国前夕,苏共领导不顾中国方面多次提出不同意见,迫不及待地在九月九日发表了塔斯社关于中印边境事件的声明。"[1]苏共领导人和报刊还发表大量攻击中国共产党的言论,把中苏分歧暴露在全世界面前。

一九六〇年四月,列宁诞生九十周年时,中共中央决定发表《列宁主义万岁》等三篇文章,针对中苏两党在理论问题上的一系列重大分歧,从正面说明自己的看法。

这年六月二十四日,十二个社会主义国家共产党和工人党的代表在罗马尼亚的布加勒斯特举行会议。时任中国驻苏大使的刘晓回忆道:"赫鲁晓夫决心在布加勒斯特会上与我扩大争论,动员东欧各党领导人与苏共一致行动。"[2]会前,苏共代表团就分别向与会的各党代表团散发苏共中央六月二十一日给中共中央的通知,指责中国共产党。会上,赫鲁晓夫对中国共产党进行激烈攻击,涉及中国内政、外交的各个方面。这是一个大动作,是一次突然袭击,标志着中苏两党的分歧完全公开,双方关系急剧恶化。

七月十六日,中央工作会议正在开会的时候,苏联政府又照会中国政府,单方面决定召回在中国十六个城市、五百至六百个单位工作的一千三百九十名专家,撕毁和中国签订的三百四十三个建设合同和合同议定书,废除二百五十七个科学技术合作项目,停止了所有物资设备的供应,而且不等待中国方面的答复。这些突然袭击

---

[1] 《关于国际共产主义运动总路线的论战》,人民出版社1965年3月版,第82—83页。
[2] 刘晓:《出使苏联八年》,中共党史资料出版社1986年5月版,第85页。

式的单方面行动,使中国一些重大的设计项目和科研项目不得不中途停顿,使一些正在施工的建设项目被迫停工。新中国成立以来,面对西方国家的封锁和禁运,中国的进出口贸易主要是同苏联和东欧国家进行,其中同苏联的贸易往来几乎占全部对外贸易额的一半。中苏关系的破裂,给中国的对外贸易也带来了巨大影响。这些对正处在严重困难中的中国经济,又是一个巨大打击;也把中苏两党在意识形态上的分歧扩大到国与国之间的关系上。

毛泽东后来说:一九六〇年,赫鲁晓夫为什么那么急于要对中国党进行突然袭击呢?这是因为他感到存在危机,看见一个党不那么听他的话,于是就急于要扑灭这个火花。但是他的压力不灵。接下来又来撤退专家、撕毁合同等这一套。[1]

中苏关系的急剧恶化,迫使毛泽东和其他领导人不得不把相当大精力从处理紧迫的国内问题转移到应对国际问题上去。九月下半月,由邓小平、彭真率领的代表团到莫斯科和苏共举行会谈。十一月五日,以刘少奇为团长、邓小平为副团长的中共代表团赴莫斯科,出席各国共产党和工人党代表会议,并与苏共代表团进行会谈。十二月一日,八十一国的党代表共同在会议声明中签字,通过公报、呼吁书。但两党之间的分歧,并没有得到消除。

这时,国内的经济形势正以惊人的速度继续恶化。问题是在两年多时间内一步步积累起来的,最初还有一些假象掩盖着,一旦猛烈地爆发,来势之猛,问题严重的程度,令人震骇。一九六〇年下半年,灾情又继续蔓延,受灾面积(大部分是旱灾)占全国耕地面积的一半以上。十月二十九日,周恩来在政治局扩大会议上说:

---

[1] 毛泽东同澳大利亚共产党(马克思列宁主义者)主席希尔等的谈话记录,1964年4月25日。

"这样大的灾荒那是我们开国十一年所未有的,拿我们这个年龄的人来说,二十世纪记事起,也没有听说过。"[1]这对本已十分严重的经济状况更是雪上加霜。

这年秋收以后,情况就很清楚了:"农业的严重减产,造成了按人口平均的粮食、棉花、油料、畜产品等占有量的下降。一九六〇年与一九五七年相比,粮食、棉花、油料、生猪的人均占有量分别下降百分之二十九点七、三十八点五、五十六点一和三十六点四。因而,全国城乡农产品供应出现了全面紧张的状况,有的地方甚至出现随时可能脱销的危险,人民生活陷入新中国成立后从未有过的困难境况。在这种情况下,中共中央、国务院和各级人民政府不得不调整供应政策,压缩供应数量,以保证人民生活的最低需要。"[2]

从一九六〇年五月下旬开始,到九月下旬,政府不得不先后多次削减城镇居民的棉布、粮食、食用油供应标准。对许多商品实行凭证定量供应,有些日用工业品也凭工业券购用。十一月中旬,又开展大规模采集和制造"代食品"的运动,推荐玉米根粉、小麦根粉、玉米秆粉、橡子面粉、叶蛋白、人造肉精、小球藻等代食品,以渡难关。

农民的生活水平下降幅度更大。农村人均粮食消费量从一九五七年的四百零九斤锐减到一九六〇年的三百十二斤,下降百分之二十三点七。[3]普遍发生饥饿、疫病(特别是浮肿病、肝炎、妇女病)和逃荒现象。许多地方出现以瓜藤、菜叶、薯茎等为主要原料的粗代食品,通常称为"瓜菜代",以补充主粮的不足。这些都是不得已的办法,仍难赖以维持生活。一些地方出现饿死人的现

---

[1] 周恩来在中共中央政治局扩大会议上的发言记录,1960年10月29日。

[2] 朱荣等主编:《当代中国的农业》,第187页。

[3] 马洪、刘国光、杨坚白主编:《当代中国经济》,第352页。

象（河南信阳地区最为严重）。

"饿死人，到一九六〇年夏天才反映到中央。"[1]原来还以为严重问题只是个别的或很少地区的现象。这时，粮食问题成了一切困难中的重中之重。各地告急的电报电话日夜打来。国务院财贸办六月份的一份报告中说：北京粮食库存只能销七天，天津只能销十天，上海几乎已没有大米库存，辽宁十个城市只能销八九天。一旦断粮，后果不堪设想。中央领导机关焦急万分。周恩来在这年年底一次会议上说："这半年来，我们几乎没有哪一天不考虑这个问题。"[2]他每周要约粮食部门负责人谈话几次，自己用笔计算数字：各省库存有多少，需粮多少，每日销售多少，可能调出多少等，随时掌握动向。为了救急，只能使用国家手中为数不多的机动粮，并进行地区间的调拨。中央政府准备了若干列车的粮食，有如救火车那样，哪里缺粮情况最严重，经周恩来亲自批准后，就将列车装载的粮食紧急调运到哪里去，帮助断粮地区渡难关。接着，又决定从国外进口粮食，从一九六一年到一九六五年间每年进口粮食五百万吨，所需外汇占中国当时拥有外汇总数的四分之一，这也是建国后不曾有过的。谷牧回忆道：那时候，"周总理作为第一线的组织者和指挥员，日夜操劳，付出了超人的艰辛，使我想起来就肃然起敬"。[3]

在这个时期内，全国因缺粮而非正常死亡的人大幅度增加，加上育龄妇女因病弱者增多而使婴儿出生率大大减少，导致新中国成立后总人数第一次出现下降。据现有统计资料看：中国人口总数（未包括台湾、港澳和华侨）在一九五四年首次突破

---

[1] 毛泽东同陈伯达等的谈话记录，1961年3月19日。
[2] 周恩来在中央直属机关下放干部座谈会上的讲话记录，1960年12月8日。
[3] 《谷牧回忆录》，第181页。

六亿人。一九五八年为六亿五千九百九十四万人，比上年增加一千三百四十一万人。一九五九年为六亿七千二百零七万人，增加一千二百十三万人。而到一九六〇年只有六亿六千二百零七万人，下降一千万人。一九六一年为六亿五千八百五十九万人，又下降三百四十八万人。这两年共下降一千三百多万人（到一九六二年经济情况有了好转，才上升至六亿七千二百九十五万人，比上年增长一千四百三十六万人，超过了大饥荒前的人口总数）。[1]

此外，在年初各种"大办"的口号下，各地急于铺摊子，争着上项目，生产性投资太大，挤了非生产性建设，特别是挤了住宅建设；在工业投资中，用于重工业的比重过大，挤了轻工业（轻工业总产值在工业生产中的比重，从一九五七年的百分之五十五，下降为一九六〇年的百分之三十三点四），造成民众生活日用品严重匮乏，商店货架空荡荡的，市场供应十分紧张，而重工业的生产指标仍无法完成；财政出现赤字，引起通货膨胀，物资极端紧缺，更造成物价的大幅度上涨。一九六〇年的工农业总产值只达到原定指标的百分之六十九点三，其中重工业比上一年增长百分之二十五点九，轻工业比上一年减少百分之九，农业比上一年又下降百分之十二点六，国民经济比例失调的情况更加严重，人民生活水平和身体素质都大幅度下降。

这样严重局面的出现是原来根本没有想到的。时任国家经委第一副主任的谷牧在回忆录中写道："我们党自遵义会议起，一直在胜利前进，夺取了解放全国的胜利，夺取了实现'一五'计划的胜利。这一系列历史性的胜利，是灿烂辉煌的，但也使我们党背上

---

[1] 许涤新主编：《当代中国的人口》，中国社会科学出版社1988年2月版，第6、9、11页。

了'包袱',滋长了一种战无不胜、攻无不取、只要想干什么都能办成的盲目性,自觉不自觉地片面夸大主观能动性,忽视客观可能性。""由胜利产生骄傲情绪,头脑发热,以革命激情代替审时度势,以主观愿望代替科学论证,丢掉了具体地分析具体事物这个马克思主义活的灵魂。这就是'大跃进'错误产生的重要思想根源。"[1]

主观上本来是想把经济建设搞得更快一些,使祖国在不长的时间内改变贫穷落后的面貌,使人民早些过上好日子,但由于超越了国力的实际可能,过分夸大人的主观能动性的作用,采取大搞群众运动那种做法,违背了经济发展的客观规律,结果却受到严厉的惩罚,造成灾难性的恶果。这真是一个巨大的悲剧。

当问题开始暴露时,最初仍过分自信,认为问题不过是一时的或局部的,不难得到解决。而当问题突然以如此规模猛烈地暴露出来时,悲剧业已酿成,采取对策已来不及。特别是在中国这么一个几亿人口的农业大国中,一旦出现粮食严重短缺的危机,绝不是短时间内或者采取一些枝节措施便能得到补救的,别的国家谁也帮不了你的忙。这是令人刻骨铭心的沉痛教训。

在那样困难的时刻,中国人民始终同心同德地支持中国共产党和人民政府,咬紧牙关,共渡难关。社会秩序稳定,社会风气良好。这种情景多么感人。它是新中国随后所以能在不长时间内战胜困难的力量源泉所在。

面对如此严峻的现实,下决心对国民经济实行大调整已势在必行。

---

[1]《谷牧回忆录》,第187页。

第二十一章　社会主义建设在曲折中前进(下)

一九六〇年，国民经济的困难发展到最严重的地步。面对着原来没有料想到的"大饥荒"的事实，领导人的头脑逐步清醒过来。正如经济学家薛暮桥所说："不吃一点苦头，发了热的头脑是冷静不下来的。"[1]何况，这是吃了前所未有的令人极端痛心的大苦头。这年六月十八日，毛泽东在中央政治局扩大会议期间写了一篇《十年总结》：

前八年照抄外国的经验。但从一九五六年提出十大关系起，开始找到自己的一条适合中国的路线。

一九五六年周恩来同志主持制定的第二个五年计划，大部分指标，如钢等，替我们留了三年余地，多么好啊！农业方面则犯了错误，指标高了，以致不可能完成，要下决心改，在今年七月的党大会上一定要改过来。

我本人也有过许多错误。有些是和当事人一同犯了的。

看来，错误不可能不犯。如列宁所说，不犯错误的人从来

---

[1]《薛暮桥学术论著自选集》，第389页。

没有。郑重的党在于重视错误,找出错误的原因,分析所以犯错误的客观原因,公开改正。

主动权,就是"高屋建瓴"、"势如破竹"。这件事来自实事求是,来自客观情况对于人们头脑的真实的反映,即人们对于客观外界的辩证法的认识过程。

对于我国的社会主义革命和建设,我们已经有了十年的经验了,已经懂得不少的东西了。但是我们对于社会主义时期的革命和建设,还有一个很大的盲目性,还有一个很大的未被认识的必然王国,我们还不深刻地认识它。我们要以第二个十年时间去调查它,去研究它,从其中找出它的固有的规律,以便利用这些规律为社会主义的革命和建设服务。[1]

《十年总结》最重要的,是从认识论的高度来提出问题,要求实事求是,要求主观真实地反映客观,要求开展调查研究。

这年八九月间,国务院审议国家计委的报告。计委的报告提出一九六一年国民经济计划的方针应以整顿、巩固、提高为主。"大家赞成这些设想。周总理认为,对方针的提法,与其讲整顿,不如提调整,并建议增加'充实'二字,从而形成了'调整、巩固、充实、提高'的八字方针。"[2]

对于八字方针的含义,周恩来在一次国务院常务会议上作了解释。他说:"'调整'的目的,是为了更好地扩大再生产;'巩固',是为了再前进;'充实',是为了搞好配套,使生产能力得到充分发

---

[1]《建国以来重要文献选编》第13册,中央文献出版社1996年5月版,第418、420、421页。
[2] 薄一波:《若干重大决策与事件的回顾(修订本)》下卷,第921页。

挥；'提高'，就更容易懂了。"执行这八字方针，任务是很紧张的，问题是我们要主动地有秩序地有计划地进行。[1]

那时候，国民经济陷入严重困难的最突出表现是粮食问题。残酷的事实证明：作为中国国民经济基础的农业还远远谈不上过关，这个基础还十分脆弱，决不能轻言"农业过关"。如果挤了农业，人民的吃饭问题得不到基本的保障，其他什么都谈不上。这个问题在吃了大苦头后，才有更深切的领会。周恩来在总结经验教训的基础上，对这个问题有一段深刻的阐述。他说：

> 农业是国民经济的基础，也就是说，农业的发展水平是国民经济首先是工业发展速度的决定因素。国民经济的发展首先是工业的发展，而工业的发展又取决于：（一）农业能提供多少粮食给工业和城市。（二）农业能提供多少劳动力给工业和其他各行各业。（三）农业能为工业提供多少原料。（四）农业能为工业提供多大购买力。（五）以上的四条，又决定于农业劳动生产率的水平。[2]

情况很清楚：调整工业首先必须从调整农业政策、调动农民的生产积极性做起。这时，河南信阳地区大批饿死人的真实消息传到北京，引起震惊。十一月三日，中共中央发出由周恩来主持起草、并经毛泽东改定的《关于农村人民公社当前政策问题的紧急指示信》（简称"十二条"）。针对当时农村中普遍出现的超越生产力水平而急于从基本队有制向基本社有制过渡（甚至企图从集体所有制开始

---

[1] 周恩来在国务院常务会议上的讲话记录，1960年12月12—14日。
[2] 《周恩来经济文选》，第415—416页。

向全民所有制过渡)、在发展公社一级经济时发生"一平二调"的错误、在分配问题上集体积累过多等问题,信中提出一系列重要的政策措施,如三级所有、队为基础是现阶段人民公社的根本制度,必须在一个长时期内稳定下来;人民公社的分配原则还是按劳分配,坚决反对和彻底纠正"一平二调"的错误;加强生产队的基本所有制,坚持生产小队的小部分所有制(不久,把原来的生产队改称生产大队,原来的生产小队改称生产队);允许社员经营少量的自留地和小规模的家庭副业;少扣公分,尽力做到百分之九十的农民增加收入;从各方面节约劳动力,加强农业生产第一线;有领导有计划地恢复农村集市,活跃农村经济等。中共中央要求把这封《紧急指示信》原原本本地读给全体党员和干部听,读给农民群众和全体职工听,做到家喻户晓。

这是调整时期一个关系全局的重要文件,在广大农村中激起巨大的反响,是大幅度调整农村政策以战胜严重经济困难、农村情况走向好转的开始。

十多天后,毛泽东为中共中央起草《关于彻底纠正五风问题的指示》,要求"下决心彻底纠正十分错误的共产风、浮夸风、命令风、干部特殊风和对生产瞎指挥风,而以纠正共产风为重点",要做到"情况明,决心大,方法对",并且写道:"现在是下决心纠正错误的时候了。"再过了十多天,他替中共中央起草转发甘肃省委《关于贯彻中央紧急指示信的第四次报告》的批示中又写道:"看起来甘肃同志开始已经有了真正改正错误的决心了。毛泽东同志对这个报告看了两遍,他说还想看一遍,以便从其中吸取教训和经验。他自己说,他是同一切愿意改正错误的同志同命运、共呼吸的。他说,他自己也曾犯了错误,一定要改正。例如,错误之一,在北戴河决议中写上了公社所有制转变过程的时间设想得过快了。"[1]

但几年来积累下来的错误,要纠正过来并不容易。这里不仅有认识问题,还有大量实际问题。"到年底,钢产量虽然达到一千八百六十六万吨,但国民经济比例进一步失调。更严重的问题是,三年'大跃进'造成的工农业生产严重滑坡的后果,并不能随调整工作的逐步实施就很快得到消除。这年秋收时全国粮食再度大面积减产,许多地方的粮食供应已经到了难以为继的地步,其他工业原料和人民日用消费品也十分短缺,形成建国以来最严重的经济困难局面。"[2]

"大兴调查研究之风"

一九六一年元旦,《红旗》杂志和《人民日报》的社论三年来第一次没有提"大跃进"。这是一个明显的信号。

这年一月十四日至十五日,中共中央八届九中全会在北京召开。这次会议最重要的内容是:正式决定对国民经济实行"调整、巩固、充实、提高"的八字方针,并且规定它不只是一九六一年国民经济计划的方针,而是今后一段时间的方针。八字方针的确定,是从三年"大跃进"转变到五年调整时期的标志。这是一个关系全局的战略性调整,显示出对调整所下的极大决心。

毛泽东在这次全会以及为全会做准备的中央工作会议上一再号召"大兴调查研究之风"。那次中央工作会议从一九六〇年十二月二十四日开到一九六一年一月十三日。毛泽东说:"这一次中央

---

[1]《建国以来重要文献选编》第13册,第693、729页。
[2] 刘国光主编:《中国十个五年计划研究报告》,第190页。

工作会议，开得比过去几次都要好一些，大家的头脑比较清醒一些。""请同志们回去后大兴调查研究之风，一切从实际出发，没有把握就不要下决心。""通过调查研究，情况明了来下决心，决心就大，方法也就对。""现在看来，搞社会主义建设不要那么十分急。十分急了办不成事，越急就越办不成，不如缓一点，波浪式地向前发展。""我看我们搞几年慢腾腾的，然后再说。今年、明年、后年搞扎实一点。不要图虚名而招实祸。""建国以来，特别是最近几年，我们对实际情况不大摸底了，大概是官做大了。我这个人就是官做大了，我从前在江西那样的调查研究，现在就做得很少了。""现在我们看出了一个方向，就是同志们要把实事求是的精神恢复起来了。"[1]说"要把实事求是的精神恢复起来"，也就是承认前几年的工作违背了实事求是的原则。

痛定思痛。毛泽东这番话，把"大跃进"以来的沉痛教训开始说到点子上了。

在听取中央工作会议小组汇报时，毛泽东多次插话。他说：这几年说人家思想混乱，首先是我们自己思想混乱。刮"共产风"中央是有责任的。大办县、社工业，大办副食品基地，我们都同意过，几个大办一推行，就成了"一平二调"。"共产风"比一九五八年刮得还厉害。原来估计一九六○年会好一些，但没有估计对。一九六○年有天灾又有人祸。现在这个时候不要讲九个指头与一个指头的问题。事实上有的地方的缺点、错误不是一个指头的问题，有的是两个指头，有的是三个指头。总之，把问题查清楚了，有多少，讲多少。刘少奇插话：碰到头破血流，广大干部才能教育过

---

[1]《毛泽东文集》第8卷，第233—237页。

来。毛泽东说：中央和省这两级教育过来，就好办了。[1]

周恩来在全会结束下一天的工作会议上说：我觉得心情很沉重。在困难面前，希望我们大家能够同呼吸，共命运，同心协力，把工作做好。我们不怨天，不尤人，主要应求之于自己。在座的各位同志，都要下决心摸清情况，摸几个典型。只有情况明，才能决心大，才能把工作搞好。[2]

全会以后，中央领导人相继到基层进行调查。由于农村的经济困难最突出，调查的重点首先放在农村。毛泽东组织和领导几个调查组，分别到浙江、湖南、广东等省的农村进行调查。刘少奇、周恩来、朱德、陈云、邓小平等分别到湖南、河北、四川等省和上海、北京郊区进行调查。

经过这种比较系统的调查研究，进一步发现了农村工作中不少严重问题。《紧急指示信》虽然解决了公社、大队刮"共产风"、进行平调的问题，还没有解决生产队和生产队之间、生产队内部人与人之间的平均主义问题。这个问题不解决，拉平了，干多干少一个样，农民的生产积极性便不能充分调动起来。三月十三日，毛泽东根据调查组在广东了解的情况，在一封信中提出反对两个平均主义的问题："大队内部生产队与生产队之间的平均主义问题，生产队（过去小队）内部人与人之间的平均主义问题，是两个极端严重的大问题"，"不亲身调查是不会懂得的，是不能解决这两个重大问题的（别的重大问题也一样），是不能真正地全部地调动群众的积极性的"。信中还指出：许多领导人对这些重大问题不甚了了，一知半解。"其原因是忙于事务工作，不作亲身的典型调查，满足于

---

[1] 毛泽东听取中央工作会议小组汇报时的讲话记录，1960年12月30日。
[2] 周恩来在中央工作会议上的发言记录，1961年1月19日。

在会上听地、县两级的报告，满足于看地、县的书面报告，或者满足于走马看花的调查。这些毛病，中央同志一般也是同样犯了的。我希望同志们从此改正。我自己的毛病当然要坚决改正。"[1] 三月二十三日，中共中央印发了散失多年的毛泽东一九三〇年所写《关于调查工作》一文。后来公开发表时把题目改为《反对本本主义》。

刘少奇从四月一日至五月十五日到湖南长沙和宁乡调查。他先到离他家乡炭子冲只隔十多里的宁乡县东湖塘公社王家湾生产队，住了六天。他的住所是原生产队养猪场的一间破旧空房，里面只有一张铺着稻草的旧木床、两张油漆剥落的方桌和四条长凳，漏风就用雨布遮住。他走乡串户，向农民了解他们对食堂、分配、住房及生产方面的意见，对农民生活的困苦和造成的原因有了直接的感受。他对湖南省委第一书记张平化说："宁乡县问题这样严重，如果说天灾是主要的，恐怕说服不了人。没有调查研究，这个教训很大。饿了一年肚子，应该教育过来了吧！"[2] 接着，他到长沙县广福公社天华大队调查，在王家塘生产队的简陋办公室住了十八天，对食堂、粮食、住房、山林、民主和法制、社办企业、手工业、商业等问题进行深入的调查。回长沙时，他同《人民日报》副总编辑胡绩伟等谈话，指出：三年来报纸在宣传生产建设成就方面的浮夸风，在政策和理论宣传方面的片面性，造成很大恶果。你们宣传了很多高指标，放"卫星"。《人民日报》提倡错误的东西，大家也以为是中央提倡的。报上的一切文章都应该是调查研究的结果。以后，他又到家乡宁乡县，住进炭子冲的旧居，继续调查。他对干部

---

[1]《毛泽东文集》第8卷，第250、251页。
[2] 刘少奇听取张平化汇报时的谈话记录，1961年4月3日。

和社员说:"四十年没回家了,看到乡亲们生活艰苦,工作没作好,我心里很难受。""我对不起大家!"回北京后,他坚持让孩子在学校里和同学一起吃住,对妻子说:

> 人民吃不饱,我们有责任。让孩子们尝尝吃不饱的滋味,有好处。等到他们为人民办事的时候,将会更好地总结我们的经验教训,再不要让人民吃不饱饭。[1]

在调查研究的基础上,针对农村工作中实际存在的种种问题(特别是两个平均主义的问题),中央对应该怎样做、不应该怎样做、可以做什么、不可以做什么,作出许多具体规定,并且以条例的形式固定下来。在毛泽东主持下,经过多次修改,制定了《农村人民公社工作条例(草案)》(通常称为"农业六十条"或"六十条")。它规定人民公社各级的规模不宜过大,以生产大队所有制为基础的三级所有制是现阶段人民公社的根本制度,生产大队和生产队之间实行"三包一奖四固定"等,比《紧急指示信》的"十二条"又前进了一步。这个条例草案向全体农民宣读并征求意见。五月二十一日至六月十二日,中共中央工作会议在北京举行,根据调查研究和群众讨论中提出的意见,在"农业六十条"修正草案中取消了原来还保留着而为农民普遍反对的三分供给制(七分按劳动分配)和公共食堂。与此同时,邓小平等先后主持制定了"工业七十条""手工业三十五条""商业四十条""高教六十条""科技十四条""文艺八条"等。通过这些条例的制定,对各方面的政策进行比较大的调

---

[1] 王光美:《记少奇同志三件事》,《缅怀刘少奇》,中央文献出版社1988年8月版,第263、266页。

整，健全必要的规章制度，对纠正"大跃进"以来的"左"的错误起了重要作用。

五月三十一日，陈云在中央工作会议上提出克服严重经济困难的一项关键性决策性意见："动员城市人口下乡，减少城市粮食的销售。"

对这个问题，陈云已经考虑了很久。上一年十月，他到河南进行调查时，在同河南省委负责人的谈话中就指出："城市人口这几年发展得很快，原来是九千多万人，现在是一亿三千万人，增加了三千多万人。城市人口发展快的原因有两个：（一）一九五八年是丰收，大跃进，认为粮食问题不大了，人可以大批来了，结果城市人口增加很多。（二）过去对城市工业发展究竟应该增加多少劳动力，没有经验。""过去几年，全国粮食统购经常在八百六十亿斤左右，今年是一千一百亿斤。农业是国民经济的基础，城市人口的增加和工业的发展，要受到农业的限制，购得多了，农村没有那么多粮食，农民就要饿肚子。"[1]

河南是农业生产的大省。陈云在这里同当地干部一笔一笔地算账，先问全省一年实际生产了多少粮食，把数字搞准了。然后又问：河南省的人口总数（包括住在农村的非农业人口）一共有多少，这些人每人每年的口粮最低需要是多少，米年再生产需要的种子是多少，养牲畜的饲料要多少。这样算出的总数是整个农村需要留下的粮食总数，储备粮还不在内。全年生产的粮食总数扣除农村需要留下的粮食总数，是多余的粮食。接着算这部分粮食能够养活多少城市人口，现在城市人口有多少。这一算表明，它养活不了全省现

---

[1]《陈云文集》第3卷，第275、280页。

有城市人口。如果不把城市人口减下来，要保证他们最低限度的口粮，直接的后果就是只能对农村的粮食实行高征购，征过头粮，它的严重恶果在一九六〇年已经再充分不过地暴露出来了。

但是，人已经进城，在城市里生活比农村好得多，再动员他们回乡谈何容易？而且，城市中许多新办的工业等部门已经建立起来，摊子已经铺开，各个岗位上都得配有足够的劳动力，已成骑虎难下之势。要大量动员城市人口下乡，实在是一件极不容易的事情。这个决心很不好下。陈云考虑那么久，是自然的。但从当时情况来看，不下这个决心，粮食极度紧张的状况难以改变，而国家已没有多少库存粮食可以弥补了，采取其他措施又缓不济急。因此，陈云在五月三十一日中央工作会议那次讲话中说：

> 现在的问题，实质是这样：城市人口如果不下乡，就只好再挖农民的口粮。现在全国在讨论贯彻"十二条"和"六十条"，但是，如果粮食征购任务不减少，"十二条"和"六十条"就起不了应有的作用。因此农民最后还是要看我们征购多少。如果征购数量还是那么多，农民还是吃不饱，那末，他们的积极性仍然不会高。所以，面前摆着两条路要我们选择：一个是继续挖农民的口粮；一个是城市人口下乡。两条路必须选一条，没有什么别的路可走。我认为只能走压缩城市人口这条路。
>
> 国民经济的基础是农业，农业好转了，工业和其他方面才会好转。所以，工业不能挤农业，城市不能挤农村，而要让农业，让农村。[1]

---

[1]《陈云文选》第 3 卷，第 161、164 页。

中央工作会议根据陈云的建议，在周恩来主持下制定出《关于减少城镇人口和压缩城镇粮食销量的九条办法》，在六月十六日经中共中央批准后下发。同月二十八日，中共中央又发出《关于精减职工工作若干问题的通知》。这两个文件要求：第一，城镇粮食销量，一九六一至一九六二年度争取压缩到四百八十亿至四百九十亿斤。在这一年里，城镇口粮标准只能适当降低，不许提高。第二，城镇人口，三年内必须比一九六〇年底减少两千万人以上。其中一九六一年争取至少减一千万人，一九六二年至少减八百万人，一九六三年上半年扫尾。第三，精减职工的主要对象是一九五八年一月以来参加工作的来自农村的新职工。这次精减的职工，都按离职处理，一律不采用带工资下放的办法。

这是一个非同寻常的大措施。从城市动员两千万人回农村，相当于要一个不小的国家搬家。但由于道理说得清楚，行动坚决，政策得当，人民顾全大局，终于比较顺利地实现了，没有什么地方闹事。这对缓和农村的粮食危机，从困境中走出来，发挥了至关重要的作用。

没有料想到的困难，一个接着一个而来。

经过半年多努力，农村状况已开始好转。粮食产量在一九六〇年比上年下降百分之十五点五九，而在一九六一年比上年增加百分之二点七九，数量虽不大，却是十分可喜的标志性变化。而工业方面的困难这时却又突出出来。工业总产值一九六〇年还比上一年增长百分之十一点二，而到一九六一年却比上年大幅下降百分之三十八点二，其中钢产量下降百分之五十三点三八，原煤产量下降百分之二十九点九七。这又是原来没有想到的。而缺少煤和钢，整个国民经济的运行和人民生活的改善，都陷于极大的困难。"生产和建设这样大起大落，这说明我们的国家计划违反客观经济规律，犯了严重错误。"[1]

中共中央和国务院不能不把调整工作的主要注意力从农业转到工业上来。

一九六一年八月二十三日至九月十六日，中共中央在庐山召开工作会议，强调把工业生产和工业基本建设的指标降下来，降到确实可靠、留有余地的水平上。会议讨论通过《中共中央关于当前工业问题的指示》，指出："必须当机立断，该退的就坚决退下来，切实地进行调整工作。"工业生产和基本建设的指标都作了较大的调整，如一九六一年钢产量指标由原来计划的一千一百万吨降为八百五十万吨，但困难的局势仍没有根本扭转。

问题出在哪里？为什么工业会出现大滑坡这种令人震惊的状况？原因一时弄不清楚。周恩来把这个任务交给陈云。陈云仍从切实的调查研究入手，努力摸清问题的症结所在。他从十月十四日至十一月三日连续十九天召开煤炭工作座谈会，又从十一月二十四日至十二月十七日主持召开十二次冶金工作座谈会。参加会议的，既有国务院相关部门的负责人，又有各重要矿务局和企业的负责人。会议的开法，先由各单位报告，然后把报告中提出的问题归纳成若干个专题，一个一个地展开详细讨论，要求大家知无不言，言无不尽，对普遍存在的问题畅所欲言地谈自己的看法，分析问题发生的原因，提出解决的办法，并充分地相互交换意见。讨论中，陈云不断插话，仔细询问方方面面的实际情况。在这个基础上，他经过归纳，提出自己的看法。两个座谈会前后共开了两个多月。陈云自己

---

[1]《薛暮桥学术论著自选集》，第390页。

说，用这么长的时间集中研究一个问题，以前还没有过。随同陈云参加这两个座谈会的薛暮桥回忆道：

> 调查完毕后，他要我向周恩来总理写报告，指出大滑坡的原因：第一是煤和钢的产量计划大大超过现有综合生产能力，他计算钢的综合生产能力只有一千二百万吨，煤只有二点五亿吨，一九六〇年的产量都是超负荷运转逼出来的。陈云同志的计算很正确，钢产量到一九六五年才恢复到一千二百三十二万吨，煤产量到一九六六年才恢复到二点五二亿吨。第二，由于超负荷运转，设备不能按时检修，损坏严重，这几年需要停产检修。今后几年重工业生产不但需要"先生产，后基建"，而且需要"先维修，后生产"。第三，小高炉炼铁浪费煤炭。小高炉炼一吨铁耗炭二三吨，大高炉只要半吨。由于小高炉耗煤过多，使若干大高炉因缺煤而停止生产。第四，煤矿这几年只顾采煤，矿井没有掘进，坑道没有延长，几乎把所有能采煤的工作面都采完了。今后要掘进、延长，创造新的工作面，要花二三年时间。因此煤到一九六四年仍继续下降，一九六五、一九六六年才回升。第五，粮食和副食品减少，体力下降。因此需要酌量增加粮食和副食品的供应。陈云同志的报告得到周恩来的高度赞成，说这一下把原因说清楚了。[1]

本来，只看到"大跃进"对农业造成的破坏，特别是严重的粮食危机使六亿人民吃不饱饭，而工业战线上仿佛仍在捷报频传，问

---

[1] 薛暮桥：《杰出的经济工作领导者——陈云同志》，《陈云与新中国经济建设》，第40页。

题只在于增长幅度有多大、指标定多少才合适，所以在一九六一年初中央仍想加快工业发展的速度。没想到，恰恰在农村形势开始出现好转时工业却出现了大滑坡，而且各方面花了很大力气仍无法扭转。陈云主持的这次切实细致的调查研究，不仅摸清了"捷报频传"背后掩盖着的深层次问题，而且对如何领导社会主义的工业生产取得不少新的规律性认识，对以后有着深远影响。当然，工业生产中这些问题是经过比较长时间的积累才突然爆发出来的，找到问题的症结所在不等于立刻都能把它解决。改变这种状况需要时间，需要有针对性地、有条不紊地开展工作，光着急是没有用的，这也为不久后的事实所证明。但事情毕竟有了一个好的开端。

"七千人大会"

一九六一年十一月十六日，中共中央发出《关于召开扩大的中央工作会议的通知》。通知指出：一九五八年以来，在中央和地方的工作中间，发生了一些缺点和错误，并且产生了一些不正确的观点和作风，妨碍着克服困难，必须召开一次较大规模的会议来统一思想认识。

这次扩大的中央工作会议，从一九六二年一月十一日至二月七日在北京举行，一共开了二十八天。参加会议的有中央、各中央局、各省市自治区党委、地委、县委、重要厂矿单位及军队的负责干部，共七千多人。这是中国共产党成立以来举行的规模最大的一次工作会议。人们通常称它为"七千人大会"。

为什么要召开这样一次规模空前的工作会议？直接的原因是由当年粮食征购出现问题引起的，但根本原因是两个：第一，"大跃进"以来遭受的巨大挫折,是中国共产党从遵义会议以后不曾遇到过的。需要召开这样规模的会议来共同总结经验教训,研究克服困难的办法。中共中央也要公开作自我批评,承担自己的责任。坚决贯彻"调整、巩固、充实、提高"的八字方针,需要在全党进一步统一认识。第二,在严重挫折面前,党内思想相当混乱。消极的抱怨指责,多于积极地分析原因、继续开拓奋进的勇气和劲头。"经济形势的困难,人民群众的埋怨,从中央到地方的各级干部都有一种灰溜溜的感觉,觉得做了对不起人民的事。这样的心绪,一方面使他们克服了盲目的作风,变得谨慎务实了;一方面也使他们失去了往日的朝气,产生了畏难情绪。"[1]所以,邓小平会前在中央书记处会议上说:我们的干部要讲理想、讲全局,要向他们提出有没有志气的问题。

这次大会没有举行开幕式,一开始先将刘少奇主持起草的大会报告稿发到各组去阅读和讨论。

这个书面报告中,讲了一九五八年以来的成绩,如:提前两年在一九六〇年实现了第二个五年计划的主要工业产品的产量指标,机械设备和重要材料的自给程度有了很大提高,地质勘探工作有了广泛开展,农田水利基本建设有很大成绩,工程技术人员大大增加等。同时,报告着重谈了这几年工作中四条主要缺点和错误:第一,工农业生产的计划指标过高,基本建设的战线过长,使国民经济各部门的比例关系发生了严重不协调的现象。在一段时间内,农业上犯了高估产、高征购的错误。由于要求过高、过急,许多地方、许多部门进行过一些不适当的"大办"。在农业生产和工业生产上,

---

[1] 张素华:《变局——七千人大会始末》,中国青年出版社2006年6月版,第15页。

在商业、财政、文教、卫生等方面,都犯过瞎指挥的错误。第二,在农村人民公社的实际工作中,许多地区,在一个时期内,曾经混淆集体所有制和全民所有制的界限,曾经对集体所有制内部关系进行不适当的、过多过急的变动,这样,就违反了按劳分配和等价交换的原则,犯了刮"共产风"和其他平均主义的错误。第三,不适当地要在全国范围内建立许多完整的工业体系,权力下放过多,分散主义的倾向有了严重的滋长。第四,对农业增长的速度估计过高,对建设事业的发展要求过急,因而使城市人口不适当地大量增加,造成了城乡人口的比例同当前农业生产水平极不适应的状况。报告说:这些缺点和错误产生的原因,一方面是由于我们在建设工作中的经验还很不够;另一方面,是由于几年来党内不少领导同志不够谦虚谨慎,违反了实事求是和群众路线的传统作风,在不同程度上削弱了民主集中制的原则,这样就妨碍了党及时地、尽早地发现问题和纠正错误。[1]

刘少奇在中央政治局扩大会议上解释这个报告时还说道:报告中没有提"十五年赶超英国",没有提"农业发展纲要四十条",没有提"人民公社一大二公"。

分组讨论报告时,大家议论纷纷,比较敞开地提出自己的看法和仍感到困惑的问题。其中包括:怎样评价过去几年的工作?为什么会犯错误?责任在谁?是不是还要高举"三面红旗"?指标是高了还是低了?要不要反对分散主义?等等。

一月二十七日,会议举行第一次全体大会,由刘少奇代表中共中央作报告。因为原来的书面报告已经发给大家,他作口头报告时

---

[1]《刘少奇选集》下卷,第353、354页。

只拿了十几页的讲话提纲,讲了三个小时,对许多问题都谈得很坦率。他说:

> 一九五九年、一九六〇年、一九六一年这三年,我们的农业不是增产,而是减产了。减产的数量不是很小,而是相当大。工业生产在一九六一年也减产了,据统计,减产了百分之四十,或者还多一点。一九六二年的工业生产也难于上升。这就是说,去年和今年的工业生产都是减产的,所以各方面的需要都感到不够。这种形势,对于许多同志来说,是出乎意料的。

> 过去我们经常把缺点、错误和成绩,比之于一个指头和九个指头的关系。现在恐怕不能到处这样套。有一部分地区还可以这样讲。在那些地方虽然也有缺点和错误,可能只是一个指头,而成绩是九个指头。可是,全国总起来讲缺点和成绩的关系,就不能说是一个指头和九个指头的关系,恐怕是三个指头和七个指头的关系。还有些地区,缺点和错误不止是三个指头。如果说这些地方的缺点和错误只是三个指头,成绩还有七个指头,这是不符合实际情况的,是不能说服人的。我到湖南的一个地方,农民说是"三分天灾,七分人祸"。你不承认,人家就不服。

> 关于我们这几年工作中发生的缺点和错误的责任,我们在书面报告中讲过,首先要负责任的是中央,其次要负责任的是省、市、自治区一级党委,再其次才是省以下的各级党委。

> 我们在工作中发生错误的原因是什么?为什么某些错误拖延相当长的时间还不能改正?这在书面报告中也有了说

明。……我们认真地分析了发生错误的原因，就会找到改正错误的办法。这就是要经常保持谦虚谨慎的作风，经常保持党的实事求是和群众路线的传统作风，在工作中严格地按照党的、国家的、群众团体的民主集中制办事，开展批评和自我批评。

三面红旗，我们现在都不取消，都继续保持，继续为三面红旗而奋斗。现在，有些问题还看得不那么清楚，但是再经过五年、十年以后，我们再来总结经验，那时候就可以更进一步地作出结论。[1]

报告中也讲了加强民主集中制、加强集中统一、反对分散主义的问题。

二十九日，会议举行第二次全体大会，林彪在会上讲了话。他唱的是另一个调子，说："我们党提出的总路线、大跃进、人民公社这三面红旗，是正确的，是中国革命发展的创造、人民的创造、党的创造。""我们在物质方面，工业生产、农业生产方面，减少了一些收入，可是我们在精神上却得到了很大的收入。""事实证明，这些困难，在某些方面，在某种程度上，恰恰是由于我们没有照着毛主席的指示、毛主席的警告、毛主席的思想去做。如果听毛主席的话，体会毛主席的精神，弯路会少走得多，今天的困难会要小得多。"[2] "大跃进"以来的巨大挫折，使毛泽东感到压抑。林彪这个讲话，却使他感到宽慰。林彪的讲话整理出来后，他在一封信中写道："是一篇很好、很有分量的文章，看了很高兴。"[3] 这是他日后

---

[1]《刘少奇选集》下卷，第418、419、421、422、423、425、426页。
[2] 张素华：《变局——七千人大会始末》，第142、144、145页。
[3] 毛泽东给田家英、罗瑞卿的信，1962年3月20日。

重用林彪的一个原因。

但毛泽东很明白：各级干部中还有些意见不敢讲出来，如果就这样结束，不可能把各方面的积极性真正调动起来。因此，他在会上宣布：延长会期，要大家出气，把话说完。他说："现在要解决一个中心问题是，有些同志的一些话没有说出来，觉得不大好讲。这就不那么好了。要让人家讲话，要给人家机会批评自己。""有一个省的办法是，白天出气，晚上看戏，两干一稀，大家满意。我建议让人家出气。不出气，统一不起来。没有民主，就不可能有集中。因为气都没有出嘛，积极性怎么能调动起来。"[1]

一月三十日，毛泽东在大会上讲话，中心是讲民主集中制的问题。他说：

> 不论党内党外，都要有充分的民主生活，就是说，都要认真实行民主集中制。要真正把问题敞开，让群众讲话，哪怕是骂自己的话，也要让人家讲。
>
> 没有民主，不可能有正确的集中，因为大家意见分歧，没有统一的认识，集中制就建立不起来。什么叫集中？首先要集中正确的意见。在集中正确意见的基础上，做到统一认识，统一政策，统一计划，统一指挥，统一行动，叫做集中统一。如果大家对问题还不了解，有意见还没有发表，有气还没有出，你这个集中统一怎么建立得起来呢？

他对这几年来工作中的缺点和错误作了自我批评，说：

---

[1] 毛泽东在扩大的中央工作会议上的讲话记录，1962年1月29日。

在社会主义建设上，我们还有很大的盲目性。社会主义经济，对于我们来说，还有许多未被认识的必然王国。拿我来说，经济建设工作中间的许多问题，还不懂得。工业、商业，我就不大懂。对于农业，我懂得一点。但也只是比较地懂得，还是懂得不多。

我注意得较多的是制度方面的问题，生产关系方面的问题。至于生产力方面，我的知识很少。社会主义建设，从我们全党来说，知识都非常不够。我们应当在今后一段时间内，积累经验，努力学习，在实践中间逐步地加深对它的认识，弄清楚它的规律。一定要下一番苦功，要切切实实地去调查它，研究它。

所谓必然，就是客观存在的规律性，在没有认识它以前，我们的行动总是不自觉的，带着盲目性的。这时候我们是一些蠢人。最近几年我们不是干过许多蠢事吗？[1]

接着，各组着重由地、县两级干部对中央特别是省、市、自治区党委提意见，有些意见是比较尖锐的。各省、市、部、委负责人根据实际情况作了比较具体的自我批评，特别是集中在缺乏调查研究和缺少党内民主这两个问题上。大家的气也顺了不少。最后，在邓小平、朱德、周恩来先后讲话并通过刘少奇书面报告的决议后，大会闭幕。

---

[1]《毛泽东文集》第8卷，第291、293、294、302、303、306页。

经济和政治的全面调整

吃了大亏，使人们的头脑普遍清醒了许多。大家逐渐认识到，搞社会主义建设单靠热情和干劲还不行，必须按客观规律办事。

七千人大会后，中国共产党带领全国人民起来纠正自己所犯的严重错误，在经济上、政治上以至文化上进一步全面调整。它的决心之大、力度之强、措施之切实，是以往历次调整中不曾见过的。

对全国的经济形势，刘少奇在七千人大会上的书面报告中估计，最困难的时期已经过去。事实上，困难依然十分严重。

这种困难表现为以下几个方面：第一，农业有很大的减产。一九六一年的产量同一九五七年相比，粮食大约减产八百多亿斤，棉花等经济作物和畜牧产品也减产很多。粮食不够吃，身上缺少衣着，这是农业减产带来的直接后果。第二，已经摆开的基本建设规模，超过了国家财力物力的可能性，同工农业生产水平不相适应。这样大的规模，不仅在农业遇到灾荒的时候负担不了，即使在正常年景也维持不了。第三，钞票发得太多，通货膨胀。据当时统计，"一九六一年财政收入三百五十六点一亿元，比上年减少百分之三十七点八；财政支出三百六十七亿元，比上年下降百分之四十三点九，赤字十点九亿元。"[1]这些赤字和其他必需的开支只能靠发行货币来弥补，造成物价大幅度上涨。第四，大量钞票流向农村，国家却没有足够的工业品来回笼货币。农民向国家出售了一定数量的农副产品，却得不到等价的工业品，这就使农民不愿意继续向国家出卖农副产品。第五，城市人民的生活水平下降。吃的、穿的、用

---

[1] 陈汝龙主编：《当代中国财政》（上），第196页。

的都不够。物价上涨，实际工资下降很多。"一九六〇年每元货币流通量所拥有的货源为七点七一元，比一九五七年的十点四三元下降百分之二十六；一九六一年降为五点四六元，比一九五七年下降百分之四十八。票子多，商品少，就使得市场物价失去稳定的基础。""由于国营商业商品短缺，供应不足，不能实现的一部分购买力便冲往集市，使不受国家控制的集市价格迅速上涨。"如果以一九五七年的零售物价指数为一百，一九六一年集市贸易的价格指数达到四百五十一点六。[1]这五个问题中，前两个问题是基本的，其他三个是从此派生的。

七千人大会结束后不久，刘少奇发现一九六二年将有三十多亿的财政赤字。一九六一年全国的财政总收入和总支出都在三百六十亿元左右，如果出现这么大的赤字，当然是大问题。由他提议并主持，一九六二年二月二十一日至二十三日在中南海西楼会议室举行中央政治局常委扩大会议，通常称为"西楼会议"。

面对依然严峻的经济形势，应该怎么办？周恩来在会上提议下决心对国民经济进行大幅度调整。要把自己辛辛苦苦建立起来的经济规模重新调整下来，这决心并不好下。但由于情况已逐步弄清，大家都表示同意周恩来这个提议，认为只有这样才能使经济逐步恢复正常秩序，然后在这个基础上发展。

陈云在会上作了系统的发言（这个发言，后来他在国务院扩大会议上又讲了一次）。他一开始就说："对于存在着困难这一点，大家的认识是一致的。但是，对于困难的程度，克服困难的快慢，在高级干部中看法并不完全一致。我认为这种不一致是正常的，难免

---

[1] 胡邦定主编：《当代中国的物价》，中国社会科学出版社1989年10月版，第51、59页。

的。"事实上，只有把困难估计够了，才能提出切实有效的对策。陈云详细地分析了目前财政经济方面的困难所在和克服困难的条件，然后提出克服困难的六点办法：第一，把十年经济规划分为两个阶段。前一阶段是恢复阶段，后一阶段是发展阶段。第二，减少城市人口，"精兵简政"，这是克服困难的一项根本性的措施。第三，采取一切办法制止通货膨胀，包括：严格管理现金，节约现金支出；尽可能增产人民需要的生活用品；增加几种高价商品，高价商品品种要少，回笼货币要多；坚决同投机倒把活动作斗争。第四，尽力保证城市人民的最低生活需要，如分几步做到城市每人每月供应三斤大豆等。第五，把一切可能的力量用于农业增产。第六，计划机关的主要注意力，应该从工业、交通方面，转移到农业增产和制止通货膨胀方面来，并且要在国家计划里得到体现。陈云很动感情地说了一段话：

> 人民是会同我们党一起去战胜困难的。这一点非常重要。我们应该有信心。我们党英勇奋斗几十年的历史，建国后十几年建设社会主义所取得的成绩，人民是看得清楚的。在某些问题上，人民可能对我们有意见，但是，同旧社会比，他们还觉得我们好。我们所做的好事，包括革命的胜利，建设的成就，同我们犯的错误所造成的损失比较起来，当然是好事多。对于这一点，人民会作出公平的评价。我们目前的困难，一般说是好人好心做了错事造成的。人是好人，心是好心，就是做错了事。讲清楚了，改正了错误，把工作做好了，人民是会原谅我们的。[1]

---

[1]《陈云文选》第3卷，第191、198、199页。

刘少奇非常赞同陈云的意见。他在插话和会议结论中说："中央工作会议（即七千人大会）对困难情况透底不够，有问题不愿揭，怕说漆黑一团！还它个本来面目，怕什么？说漆黑一团，可以让人悲观，也可以激发人们向困难作斗争的勇气！""现在处于恢复时期，但与一九四九年后的三年情况不一样，是个不正常的时期，带有非常时期的性质，不能用平常的办法，要用非常的办法，把调整经济的措施贯彻下去。"[1]刘少奇建议召开国务院全体会议，请陈云再讲一讲，统一大家的认识，并征求意见。

二月二十六日，国务院召开扩大会议，各部委党组成员也参加，李富春和李先念分别作了关于工业和财政、信贷、市场方面的报告。陈云作了《目前财政经济情况和克服困难的若干办法》的报告。这时大家关心的问题是究竟我们的困难在什么地方，只有把困难估计够了，才能确定切实的解决办法。陈云的报告引起很大震动。

西楼会议后，中共中央决定恢复中央财经小组，统管经济工作，由陈云任组长。三月七日，在中央财经小组第一次会议上，陈云说："我看今年的年度计划要做相当大的调整。要准备对重工业、基本建设的指标'伤筋动骨'。重点是'伤筋动骨'这四个字。要痛痛快快地下来，不要拒绝'伤筋动骨'。现在，再不能犹豫了。（周恩来同志插话：可以写一副对联，上联是先抓吃穿用，下联是实现农轻重，横批是综合平衡。）"[2]十六日，刘少奇、周恩来、邓小平到武汉向外出的毛泽东汇报中央政治局常委扩大会议的情况，并把陈云、李富春、李先念三个讲话送给他看。第二天，毛泽东同意由中共中央转发三人讲话，同意由陈云担任中央财经小组组长。

[1] 薄一波：《若干重大决策与事件的回顾（修订本）》下卷，第1085页。
[2]《陈云文选》第3卷，第210页。

中央财经小组第一次会议后,体弱的陈云就因病休养,财经小组由周恩来主持,挑起了这副重担,有条不紊地展开力度很大的经济调整工作。他语重心长地说我们要当心啊,千万不要使已取得的革命成果在我们手里丢掉啊!三月二十八日,周恩来在第二届全国人民代表大会第三次会议上报告国民经济的调整工作,基本精神是必须坚决退够才能前进。他说:"在中共中央提出调整、巩固、充实、提高的方针以后,政府虽然做了许多工作,但是,在有些方面贯彻不力,调整不够全面,没有迅速地在应该后退的地方退够,没有迅速地在应该加强的地方足够地加强。""在一九六二年,我们必须采取更有力的措施,切实按照农业、轻工业、重工业这样的次序,对整个国民经济进行全面调整,合理安排,以便集中主要力量,逐步地解决人民的吃、穿、用方面的最迫切的问题,并且逐步地在国民经济各部门之间建立新的平衡。"[1]五月七日至十一日,中共中央又在北京召开工作会议。刘少奇在主持会议时强调:"目前的经济形势到底怎么样?我看,应该说是一个很困难的形势。""现在的主要危险还是对困难估计不够。"[2]会议讨论并批准中央财经小组《关于讨论一九六二年调整计划的报告》。周恩来在会上总结以往的教训说:"这两年的调整中,我们觉得,我们总是对困难估计不够,总是希望好一点,好得快一点。我个人经手的事情几乎没有一件不是如此。""我们这样一个人口多、经济落后的国家要在经济上翻身,这是一个艰巨的任务。我们应该有临事而惧的精神。这不是后退,不是泄气,而是戒慎恐惧。建设时期丝毫骄傲自满不得,丝毫大意不得。"[3]

---

[1]《周恩来经济文选》,第467页。

[2]《刘少奇论新中国经济建设》,第504、505页。

[3]《周恩来经济文选》,第485、489页。

由于对困难的形势有了比较清醒的认识，下了必须首先退够的决心，所以对经济调整能采取一系列果断的非常措施。周恩来在中央财经小组会议上说：情况如果确实弄清楚了，就要断然处置。"面对困难，要有'毒蛇噬臂，壮士断腕'的决心，才能把国民经济调整好。"[1]如果不能下如此果断的大决心，要从这样严重困境中走出来是不可能的。

当时采取的措施主要有以下四个方面。

首先，不怕"伤筋动骨"，大刀阔斧地压缩基本建设项目，大幅度降低工业发展速度，对工业企业实行"关、停、并、转"。一九六二年，全国施工的基建项目已压缩一万多个，其中大中型项目一千零三个。同一九六一年比，全部施工项目为两万五千多个，其中大中型项目减少四百零六个。停建的项目，一般是当时不十分急需的，或原材料、动力、燃料和运输等条件两三年内不能解决的，或地区分布不合理、重复建设的。五月中央工作会议通过一九六二年计划指标，同一九六〇年已经达到的相比，工业总产值下降百分之四十七，其中重工业下降百分之五十七，轻工业下降百分之二十六。工业调整的重点在"关、停"，薛暮桥回忆道："办法有，就是要停几万个小高炉，省出煤炭来保鞍钢等大高炉。可是许多同志反对，说停小高炉是路线错误，非保不可。我们在周总理领导下，为中央财经小组起草一个文件，提出要'保一批，停一批'。凡是产品质量差、燃料消耗大的工厂，要'关、停、并、转'。"[2]到一九六二年十月，全国县以上工业企业减少一万九千个，加上一九六一年共减少四万四千个，相当于一九六〇年底工业企业总数

---

[1] 薄一波：《若干重大决策与事件的回顾（修订本）》下卷，第1091页。
[2] 《薛暮桥学术论著自选集》，第392页。

的百分之四十五，多数地区保留下来的企业数量和职工人数相当于一九五七年的水平。[1]

这些措施看起来好像是消极的，实际上，就可以把当时有限的原材料、电力、煤炭集中到消耗少、质量好、品种多、成本低、劳动生产率高的工厂去使用；能有助于改善工业生产内部结构，如重型设备、电站设备、汽车、机床、化肥、石油等生产有了增强；还有助于减少城市人口，增加农业生产。因此，这是一个积极的方针，是一个经过调整、改组，然后再前进的方针。

第二，大力精减职工和城镇人口。这项工作是周恩来直接抓的。中央决定，在一九六一年已减少一千万人的基数上，在一九六二年和一九六三年再减少一千万人。工作越到后来越为艰难，因为不少人早就脱离农村，已在城里安家立业，还有些人是城市户口，在农村无依无靠。周恩来特别强调：精减这样大的数目，决心要大，步骤要稳，工作要细，要负责到底，不能急躁，不能草率从事。同时，如果没有人民的谅解、支持和作出牺牲，困难是闯不过去的。这项工作经过精心组织和得到人民理解，达到了预期的目的：从一九六一年到一九六三年六月，全国精减职工约两千万人，减少城镇人口两千六百万人。

第三，抑制通货膨胀。从一九五八年到一九六一年，国家财政连年出现大量赤字，随之而来的是货币发行过多，市场不稳定。针对这种状况，一九六二年三月和四月，中共中央和国务院先后发出《关于切实加强银行工作的集中统一、严格控制货币发行的决定》《关于严格控制财政管理的决定》和《关于厉行节约的紧急规定》。

---

[1] 柳随年、吴群敢主编：《中国社会主义经济简史》，第289、291、293页。

在加强银行工作的集中统一方面，规定：收回几年来银行工作下放的一切权力；严格信贷管理，加强信贷的计划性；严格划清银行信贷资金和财政资金的界限，不许用银行贷款作财政性支出；加强现金管理，严格结算纪律。这些，都是为了把货币管紧。在严格财政管理方面，规定：切实扭转企业大量赔钱的状况；坚决制止一切侵占国家资金的错误做法；坚决制止各单位之间相互拖欠货款；坚决维护应当上缴国家的财政收入；严格控制各项财政支出；切实加强财政监督。此外，还大力节约非生产性开支，压缩社会集团的购买力；出售部分高价商品，回笼货币；开放和加强对集市贸易的管理；清仓核资，严格经济核算，深入开展增产节约运动。这些措施，都收到明显效果。

第四，大力恢复农业生产，搞好市场供应。这是恢复经济的根本大计。主要采取了几条措施：一条是进一步调整农村政策。一九六二年二月，发出《关于改变农村人民公社基本核算单位问题的指示》，规定农村人民公社一般以生产队（即小队，相当于原初级社）为基本核算单位，至少三十年不变。这是农村人民公社经济体制的一次重大变革。同年十一月，又发出《关于发展农村副业生产的决定》，放宽允许社员经营自留地和家庭副业的政策界限，改变以往几年忽视副业生产、集中过多、管得过死的状况。另一条是加强对农业的支援，尽可能挤出一部分钢材、木材等原材料，基本上满足生产大、中、小型农具和维修农业机械的需要；把机械工业的十个企业转产农业机械；同时，增加化肥、农药的生产量和供应量。更重要的是，减少粮食征购量，进口粮食以弥补不足，使农民得到休养生息。

经过这一系列切实而有力的调整措施，在全国人民的齐心努力下，在一九六二年内，国民经济出现可喜的重大转折。农业总产值开始回升，比上年增长百分之六点二，结束了一九五九年以来连续三年下降的局面。其中，粮食产量比上年增长百分之八点四七。工业生产因为进行大刀阔斧的调整，总产值比上年下降百分之十六点六，但工业与农业、重工业与轻工业、各工业部门内部的比例关系都有所改善，使下一步的发展有了可靠的基础。财政总收入超过总支出八点三亿元，结束了一九五八年以来连续四年赤字的状况。物价指数从下一年（一九六三年）起开始回落，趋于稳定。人民生活水平虽然还很低，但已开始改善。

尽管这年工业总产值在调整中比上年下降百分之十六点九，导致国内生产总值比上年下降百分之五点六，但付出这些代价后，原来经济工作中那种被动局面已经扭转，整个国民经济已走出低谷。大家在经历了长期苦恼和困惑后看到了希望。

随着国民经济的好转、人民物质生活和营养状况的改善、社会和家庭正常秩序的恢复，人口发展走出低谷，又开始猛增。"从一九六二年起，出现了全国性的生育高峰。出生率由一九五七年的千分之三十四点零三升至一九六二年的千分之三十七点零一，一九六三年进一步达到千分之四十三点三七的创纪录水平。"[1]中国人口总数，在一九六二年比上年增加一千七百九十四万人。这一年增加的人数超过一九六○年和一九六一年减少的人数（两年合计减少一千三百四十八万人），达到六亿七千三百九十五万人。

鉴于人口的急剧回升，尽管最初带有恢复性的增长，中共中央、国务院在一九六二年十二月十八日发出《关于认真提倡计划生

---

[1] 常崇煊主编：《当代中国的计划生育事业》，第12页。

育的指示》。一九六四年一月，国务院成立计划生育委员会，加强对计划生育工作的领导。各直辖市和多数省先后成立相应机构，并采取措施。人口出生率从一九六四年起开始下降。但全国人口总数在一九六四年仍突破了七亿。农村大部分地区尚未全面开展计划生育，人口增加更快。正当计划生育工作在城市继续进展并在广大农村普遍推行的时候，"文化大革命"开始了，各级政府陷入瘫痪、半瘫痪状态，计划生育工作一度被迫中断，造成人口总数猛增。

在经济调整取得明显成效的同时，政治关系方面也采取了许多调整措施。其中最重要的是对"反右倾运动"中受过错误批判或处分的党员和干部进行甄别平反。中央书记处在邓小平主持下，制定并发出《关于加速进行党员、干部甄别工作的通知》。到这年八月，全国有六百多万干部和党员得到平反。

全国统战工作会议和全国民族工作会议，着重检查了近几年统战工作和民族工作中的严重"左"倾错误。许多地方帮助民主党派采取开"神仙会"的办法，和风细雨地来解决政治思想方面存在的问题。

知识分子由于"大跃进"中的"插红旗、拔白旗"，由于中共八大二次会议关于"两个剥削阶级和两个劳动阶级"的错误判断，受到很大冲击，心情普遍感到压抑。一九六二年三月，周恩来、陈毅在广州召开的科技工作会议和文艺工作会议上的讲话中着重谈了知识分子问题。周恩来说："知识分子是包括在劳动阶层中的，我们党内有一部分同志对这些认识不清楚。"他还说："你们热爱祖国，使我们很受感动。这是中国知识分子的骄傲！"[1]陈毅在讲话中动情地说：

---

[1]《周恩来选集》下卷，第362页。

工人、农民、知识分子,是我们国家劳动人民中间的三个组成部分,他们是主人翁。不能够经过十二年的改造、考验,还把资产阶级知识分子这顶帽子戴在所有知识分子的头上,因为那样做不合乎实际情况。

周总理前天动身回北京的时候,我把我讲话的大体意思跟他讲了一下,他赞成我这个讲话。他说:你们是人民的科学家、社会主义的科学家、无产阶级的科学家,是革命的知识分子,应该取消资产阶级知识分子的帽子。今天,我给你们行"脱帽礼"。十二年的改造,十二年的考验,尤其是这几年严重的自然灾害带来的考验,还是不抱怨,还是愿意跟着我们走,还是对共产党不丧失信心,这至少可以看出一个人的心。十年八年还不能考验一个人,十年八年十二年还不能鉴别一个人,共产党也太没有眼光了![1]

一个"脱帽礼",一个"加冕礼",他们的讲话在知识分子中到处传颂,引起很大的兴奋和强烈的反响。

"重提阶级斗争"

前面说到,在社会主义基本制度建立后的探索中,中国共产党在指导思想上逐渐出现一些偏离正确方向的"左"的错误,主要表现在两个问题上:一个是阶级斗争,一个是建设速度。

---

[1]《党和国家领导人论文艺》,文化艺术出版社1982年9月版,第120、122页。

经过"大跃进"付出了沉重代价,经过以后几年总结经验教训和调整工作,经济建设速度上的急于求成得到扭转。毛泽东在一次会议上说:高指标、高征购、浮夸风,这个教训永远也不能忘记,永远也不能再干了。确实,他没有再重复这方面的错误。

但是,"左"的指导思想并没有从根本上得到改变,在政治领域和思想文化领域内甚至迅速发展起来,越演越烈,"阶级斗争"被提到吓人的高度,一直导致几年后"文化大革命"的灾难。一九六二年九月召开的八届十中全会成为重要转折点,毛泽东把它称为"重提阶级斗争"。

说是"重提",其实还是一步一步发展过来的。一九五七年反右派运动后,毛泽东在中共八届三中全会上重新提出:无产阶级和资产阶级的矛盾,社会主义道路和资本主义道路的矛盾,是当前中国社会的主要矛盾。这个论断,在第二年召开的中共八大二次会议上正式确定下来。一九五九年庐山会议开始的"反右倾斗争"中,会议决议又提出:"右倾机会主义思潮,是社会上资产阶级反社会主义思潮在党内的反映。"阶级斗争问题已被提得越来越突出,并把重点逐渐转向共产党内,这个脉络线索已清晰可见。但由于严重的经济困难,当时最迫切的任务是如何从这种困境中摆脱出来,阶级斗争的问题只能暂时被搁置到次要的地位。

中共八届十中全会所以"重提阶级斗争",有客观环境的影响,更重要的是由于毛泽东对国内形势的错误判断。

从客观形势来说,当时中国的周边环境确实相当严峻。在北面,中苏两党的分歧因苏共二十二大而扩大了(苏共在二十二大上再一次攻击中国,大会通过的新党纲中提出了全民国家和全民党的理论),国家关系又因新疆事件而进一步紧张起来。"一九六一年冬和一九六二年春,苏联驻伊宁领事馆副领事季托夫(又译迪道夫)等人先后六次到塔城专区进行非法活动,共接见当地居民四千七百四十三人次。尤其是一九六二年四月,季托夫在塔城擅自召开大会,煽动群众外逃苏联;并曾往返苏联两次进行联系。其后,当地的外逃情绪得到渲染,形成一种舆论气候,边民非法越境行动随即开始。从四月中起至五月末,伊犁、塔城地区参加外逃的总人数为七万四千五百七十人,其中非法越境去苏的有六万一千三百六十一人,带走大小牲畜二十三万头,大车一千五百多辆。"[1]在伊宁还发生聚众冲击自治州政府的暴力事件。苏联边防部队为中国居民越境提供了方便。

在南面,中印之间过去从未划定边界,只存在一条根据双方行政管辖所及而形成的传统习惯线。一九五九年八月以后,印度当局不断越过传统习惯线,多次制造流血事件。中国政府一直抱着克制态度,并且单方面停止边境巡逻。一九六二年十月,印军十多个旅发动大规模的进攻。中国边防军被迫进行自卫反击战,历时一个月。中国军队取得重大胜利后,在全线主动停火,主动后撤,并且送还全部印军战俘和大量印军武器、弹药和军事装备。但那以后,边界危机依然存在。

美国在一九六一年派遣特种部队进入越南南部,一九六二年成立"美国驻越南军事援助司令部",加紧对越南南方的控制,并准备袭击越南北方。中国向越南民主共和国无偿提供大量军事装备。但来自南面的战争威胁仍使人忧虑。

在东南沿海,蒋介石正准备乘大陆遭受经济困难的时机实行

---

[1] 沈志华主编:《中苏关系史纲》,新华出版社 2007 年 1 月版,第 311 页。

"反攻作战"。这年四月,他在"国军政工会议"上发表演讲说:"这次会议,是一次最具有历史意义的会议,是大家在反攻作战之前的特别准备会议。你们一定要齐一心志,充实战力,在一个动员令之下,随时都可以向大陆进军。"[1]六月二十四日,新华社发表经毛泽东审阅定稿的新华社电讯稿:《全国军民要提高警惕准备粉碎蒋匪帮军事冒险》。

从中国社会内部来说,毛泽东向往的社会主义是想建立起一种平等社会。他一再提出:生产资料所有制的社会主义改造基本完成后,生产关系变革的重要内容就是要正确解决人与人之间关系的问题。而党在全国范围内取得执政地位后,一些干部享有某些特权,严重脱离群众,干群关系在不少地方相当紧张。这使他十分担心,作出过分严重的估计,认为那是中国的社会主义制度能不能保持不改变颜色的问题。那几年,一些干部在经济严重困难的情况下,存在贪污盗窃、投机倒把等不法行为和犯罪活动,更增强了毛泽东的这种忧虑。

在大幅度调整经济过程中,中央领导层内部对一些复杂问题出现不同认识。这本来是正常的现象,却被错误地看作阶级斗争在党内的表现,成为毛泽东"重提阶级斗争"的直接原因。

那时,有些领导人对国内经济形势的困难估计得严重一点,原是"争取快、准备慢"的意思。而这年六七月间夏收情况良好,预计秋收比夏收还会好一点。随着经济状况较快地好转,前面那种估计被毛泽东看作把形势描写成漆黑一团的"黑暗风"。在国内农村工作中,安徽、河南等省,农民群众为了摆脱严重的经济困难,试行"生产责任制"以至"包产到户",取得较好成效。陈云、邓子恢、

---

[1]《总统蒋公思想言论总集》卷28,第54页。

田家英等向毛泽东建议可以实行这种做法。邓小平说："这是一个很大的问题。怎么解答这个问题，中央准备在八月会议（引者注：即北戴河中央工作会议）上研究一下。""生产关系究竟以什么形式为最好，恐怕要采取这样一种态度，就是哪种形式在哪个地方能够比较容易比较快地恢复和发展农业生产，就采取哪种形式；群众愿意采取哪种形式，就应该采取哪种形式，不合法的使它合法起来。"他引用了刘伯承的一句话："黄猫、黑猫，只要捉住老鼠的就是好猫。"[1]邓子恢到不少地方作演讲，宣传自己的主张。他在中央党校报告时说："农业方面也要有责任制，首先要包工。""有的地方田间管理包产到户，搞得很好，全家人起早摸黑都下地了，农民的私有心理是突出的，凡是包产到户的，自留地和大田一样，没有区别，因为包产到户了超产是他的，责任心强，肥料也多。没有包产到户的，自留地搞得特别好，而大田就不行。不能把作为田间管理责任制的包产到户认为是单干，虽然没有统一搞，但土地、生产资料是集体所有，不是个体经济，作为田间管理包到户，超产奖励这是允许的。"他还主张："要稳住社员自留地，并适当加以扩大。"[2]有的人还主张"分田到户"。毛泽东十分生气，认为这是一个严重问题，是走集体道路还是走个人经济道路的问题，是能不能坚持社会主义道路的问题。他批评邓子恢是在刮"单干风"，把他的主张概括为"三自一包"（多留自留地，多搞自由市场，多搞自负盈亏，包产到户），看作"修正主义的国内纲领"。七月十七日，根据毛泽东的提议，中共中央发出《关于巩固人民公社集体经济、发展农业生产的决定（草案）》，这显然是有针对性的。关于国际关系，中共

---

[1]《邓小平文选》第1卷，第323页。

[2]《邓子恢文集》，第605、608、595页。

中央对外联络部部长王稼祥在这年三月提出:"我们应该支持别国的反帝斗争、民族独立和人民革命运动,但又必须根据自己的具体条件,实事求是,量力而行。特别是在我国目前处于非常时期的条件下,更要谨慎从事,不要说过头,做过头,不要过分突出,不要乱开支持的支票,开出的支票要留有余地,不要满打满算,在某些方面甚至要适度收缩,预见到将来我办不到的事,要预先讲明,以免被动。"[1]这些又被概括为"三和一少"(对帝国主义要和,对现代修正主义要和,对各国反动派要和,对各国人民革命支援要少),被看成"修正主义的国际纲领"。中共中央统战部部长李维汉在统一战线工作方面的一些主张也受到错误批判。这些在毛泽东看来,说明中国共产党内确已出现修正主义。在对"反右倾"进行甄别平反时,彭德怀写了八万言的申诉书,申明他在党内没有组织"小集团",没有"里通外国"的问题,也被看作"翻案风"。这些不同意见都被错误地提到阶级斗争的高度、反对修正主义的高度,认为事情已发展到十分严重的地步。这样,不仅把阶级斗争扩大化和绝对化了,并且把许多根本不是修正主义的事情看成了修正主义。

七月十八日,毛泽东约中央办公厅主任杨尚昆谈话,提出两个问题:"(一)是走集体道路呢?还是走个人经济道路?(二)对计委、商业部不满意,要反分散主义。"杨尚昆在当天日记中写道:"我觉得事态很严重!!十分不安!"[2]二十日,毛泽东同前来参加中央工作会议的各中央局第一书记谈话。他说:"你们赞成社会主义,还是赞成资本主义?当然不会主张搞资本主义,但有人搞包产到户。现在有人主张在全国范围内搞包产到户,甚至分田到户。共产

---

[1]《王稼祥选集》,人民出版社1989年9月版,第445页。
[2]《杨尚昆日记》(下),中央文献出版社2001年9月版,第196页。

党来搞分田?""有人说恢复农业要八年时间,如果实行包产到户,有四年就够了,你们看怎么样?难道说恢复就那么困难?这些话都是在北京的人说的。下边的同志说还是有希望的。目前的经济形势究竟是一片黑暗,还是有点光明?"[1]气氛显得越来越紧张了。

七月二十五日至八月二十四日,中共中央在北戴河召开中央工作会议。会议的原定议题是讨论农业、工业、财贸等方面的工作,包括包产到户问题在内。八月六日,毛泽东在全体大会上讲话,突出地提出三个问题,即阶级、形势和矛盾,要大家讨论。他讲话后,会议便转到集中讨论这三个问题。

关于阶级问题,毛泽东说:究竟有没有阶级?阶级还存在不存在?社会主义国家究竟还存在不存在阶级?外国有些人讲,没有阶级了。共产党也就叫作"全民的党"了,不是阶级的工具了,不是阶级的党了,不是无产阶级的党了。无产阶级专政也不存在了,叫"全民专政""全民的政府"。对什么人专政呢?在国内就没有对象了,就是对外有矛盾。这样的说法,在我们这样的国家是不是也适用?可以谈一下。这是个基本问题。

关于形势问题,他说:国内形势,就是谈一谈究竟这两年我们的工作怎么样。大体上说,有些人把过去几年看成就是一片光明,看不到黑暗。现在有一部分人,一部分同志,又似乎看成是一片黑暗了,没有好多光明了。我倾向于不那么悲观,不那么一片黑暗。一点光明都没有,我不赞成那种看法。

关于矛盾问题,他说:有些什么矛盾?第一类是敌我矛盾,然后就是人民内部的矛盾,无非是这两类。人民内部矛盾有一种矛

---

[1] 毛泽东同各中央局第一书记的谈话要点,1962年7月20日。

盾，它的本质是敌对的，不过我们处理的形式是当作人民矛盾来解决，这就是社会主义与资本主义的矛盾。他还讲到现实存在的一些矛盾，首先是单干问题。他说：现在这个时期，这个问题比较突出。是搞社会主义，还是搞资本主义？是搞分田到户、包产到户，还是集体化？农业合作化还要不要？主要就是这样一个问题。[1]

毛泽东这个讲话，特别是他所讲的阶级斗争问题，成了会议的主题。中国共产党是在长期的阶级斗争中成长起来的。阶级斗争的观念，为党的大多数干部所熟悉和易于接受。讨论中，发言者几乎都表示同意毛泽东的意见。罗瑞卿发言时，毛泽东又插话说："在中国一定不出修正主义？这也难说。"[2]这就提出了中国会不会出修正主义的问题。这次中央工作会议，实际上确定了八届十中全会的基调。

中共八届十中全会分为两个阶段：八月二十六日到九月二十三日是预备会议；九月二十四日至二十七日是正式会议。毛泽东在大会上又讲了阶级、形势、矛盾这三个问题。谈阶级斗争问题时，他说："我们从现在就讲起，年年讲，月月讲，开一次中央全会就讲，开一次党大会就讲，使得我们有一条比较清醒的马克思主义的路线。"讲矛盾问题时，他说："在我们中国，也有跟中国的修正主义的矛盾。我们过去叫右倾机会主义，现在恐怕改一个名字为好，叫中国的修正主义。"[3]"文化大革命"的发动，在这里已初见端倪。

全会的《公报》把会议中讨论的问题以更加理论化的形态表述

---

[1] 毛泽东在中央工作会议全体大会上的讲话记录，1962年8月6日。
[2] 毛泽东在中央工作会议中心小组会议上的插话记录，1962年8月13日。
[3] 毛泽东在中共八届十中全会全体会议上的讲话记录，1962年9月24日。

出来。写道：

> 在无产阶级革命和无产阶级专政的整个历史时期，在由资本主义过渡到共产主义的历史时期（这个时期需要五十年，甚至更多的时间）存在着无产阶级和资产阶级之间的阶级斗争，存在着社会主义和资本主义这两条道路的斗争。被推翻的反动统治阶级不甘心于灭亡，他们总是企图复辟。同时，社会上还存在着资产阶级的影响和旧社会的习惯势力，存在着一部分小生产者的自发的资本主义倾向，因此，在人民中，还有一些没有受到社会主义改造的人，他们人数不多，只占人口的百分之几，但一有机会，就企图离开社会主义道路，走资本主义道路。在这些情况下，阶级斗争是不可避免的。这是马克思列宁主义早就阐明了的一条历史规律，我们千万不要忘记。这种阶级斗争是错综复杂的、曲折的、时起时伏的，有时甚至是很激烈的。这种阶级斗争，不可避免地要反映到党内来。国外帝国主义的压力和国内资产阶级影响的存在，是党内产生修正主义思想的社会根源。在对国内外阶级敌人进行斗争的同时，我们必须及时警惕和坚决反对党内各种机会主义思想倾向。[1]

这段话，后来在"文化大革命"中曾被称为党在社会主义整个历史时期的总路线。它贯穿着"以阶级斗争为纲"的错误指导思想，成为以后"无产阶级专政下继续革命错误理论"的最初的比较完整的表述。

---

[1]《建国以来重要文献选编》第15册，中央文献出版社1997年1月版，第653—654页。

中苏关系的破裂

"重提阶级斗争",也受着国际共产主义运动内部中苏关系破裂的深刻影响。

新中国成立初期,曾把自己看作以苏联为首的社会主义阵营的一部分。这个阵营内部发生的重大变动,不能不对新中国领导人引起巨大的震撼。一九五六年的匈牙利事件和"裴多菲俱乐部"的活动,在中共中央对国内形势判断和作出重大决策上留下深深的烙印。世界上第一个社会主义国家苏联发生的种种事实,特别是中共中央最终认定苏共已走上修正主义道路、中苏关系破裂,对中国领导人思考国内种种问题时产生的深刻影响更是不言而喻。

中苏关系的恶化由来已久,这在前面已经说到。中国做过不少努力以求改善或挽救这种关系。一九六○年底,刘少奇为团长的中共代表团到莫斯科参加八十一国兄弟党代表会议,共同通过并发表《各国共产党和工人党代表会议声明》(通常称为"莫斯科声明"),就是一个明证。这以后一年多,中苏关系一度有所缓和。

到一九六二年秋,双方关系的恶化又发展到一个新的阶段。用美国学者施拉姆的话来说:"一九六二年秋季的两个事件,标志着中苏关系恶化的新高潮,即中印边境战争和古巴问题上的苏美危机。""毛在此以前一直以为赫鲁晓夫只是一个犯了错误的同志,可以浪子回头。从此以后,在毛看来,赫鲁晓夫已是一个不可救药的叛徒了。"[1]这年冬天,一些欧洲国家的共产党相继召开代表大会,包括保加利亚、匈牙利、捷克斯洛伐克、意大利等,苏共领导人发

---

[1] [美] 斯图尔特·施拉姆:《毛泽东》,红旗出版社1987年12月版,第271页。

动他们在代表大会上指名攻击中国共产党。其中影响最大、涉及问题最广的，是意大利共产党总书记陶里亚蒂在意共第四次代表大会总报告中公开点名攻击中国共产党。第二年一月，德国统一社会党召开第六次代表大会，赫鲁晓夫第一次亲自出马，在大会上公开指名批评中国共产党。形势越来越严重了。

为了回应这种挑战，中国共产党开始同苏共展开关于国际共产主义运动总路线的大论战。一九六二年十二月至一九六三年三月，《人民日报》先后发表《分歧从何而来？——答多列士等同志》《再论陶里亚蒂同志同我们的分歧》等七篇文章。这些文章都没有点苏共领导人的名，但显然是以苏共为主要批评对象的。三月三十日，苏共中央致信中共中央，提出筹备和举行会议，"制定世界共产主义运动的、符合它在现阶段的根本任务的总路线"。六月十四日，中共中央复信苏共中央，并于七月二十日以《关于国际共产主义运动总路线的建议》为题在《人民日报》上公开发表了这封长信，共二十五条。这以前，苏共中央已在七月十四日发表给苏联各级党组织和全体党员的公开信，对中共中央展开全面批判。中苏关系破裂已成定局。

针对苏共中央公开信中提出的许多问题（这封公开信七月二十日在《人民日报》上全文刊登），从一九六二年九月六日至一九六四年七月十四日以《人民日报》和《红旗》杂志编辑部名义陆续发表了九篇文章，通常称为"九评"。这九篇文章的题目是：《苏共领导同我们分歧的由来和发展》《关于斯大林问题》《南斯拉夫是社会主义国家吗？》《新殖民主义的辩护士》《在战争与和平问题上的两条路线》《两种根本对立的和平共处政策》《苏共领导是当代最大的分裂主义者》《无产阶级革命和赫鲁晓夫修正主义》《关于赫鲁晓夫的假共产主义及其在世界历史上的教训》。在第八篇文章中，第一次指名道姓地把赫鲁晓夫称为修正主义者，批判的言辞也更为尖锐。本来还准备写第十篇文章，因为苏共中央全会在十月十六日解除了赫鲁晓夫的一切职务而没有再写，只是在一个多月后发表了一篇《赫鲁晓夫是怎样下台的》，对这场论战作了个小结。

赫鲁晓夫下台后，中国曾试图借此改善中苏关系，决定派周恩来为首的中国党政代表团访问苏联，参加十月革命四十七周年的庆祝活动。十一月五日，代表团到达莫斯科。第二天，周恩来分别拜会苏共中央第一书记勃列日涅夫、部长会议主席柯西金、最高苏维埃主席团主席米高扬，向他们表示："我们希望，我们两党两国在马列主义、无产阶级国际主义的基础上团结起来，共同对敌，为我们的共同事业而斗争。正是根据这一目的，我们这次来除参加庆祝活动外，还希望进行接触，交换意见。我们希望，这会为今后打下一个好的开端。"[1]没有想到，就在十一月七日晚上的庆祝酒会上，苏联国防部长马利诺夫斯基却挑起事端。他对周恩来说："俄国人民要幸福，中国人民也要幸福，我们不要任何毛泽东，不要任何赫鲁晓夫妨碍我们的关系"；"我们俄国人搞掉了赫鲁晓夫，你们也要搞掉毛泽东"。[2]这当然是十分严重的挑衅。因为有美国记者在场，周恩来掉头走开。马利诺夫斯基又向中方代表团成员贺龙继续讲这些话。第二天，周恩来同勃列日涅夫等苏共领导人会谈时，正式提出抗议。会谈从八日进行到十二日，毫无结果。苏方甚至表示：在同中共的分歧上，我们中央是一致的，完全没有分歧，甚至没有细致的差别。周恩来从实际接触中得出一个结论：苏共领导还要继续

---

[1] 周恩来同米高扬的谈话记录，1964年11月6日。

[2] 中苏两党的会谈记录，1964年11月8日。

执行赫鲁晓夫路线不变。中苏关系的改善自然也谈不上了。

勃列日涅夫执政时期,又采取一个严重步骤:大量向中苏边境调动军队,形成陈兵百万之势,还加强对蒙古的军事援助,边境冲突不断发生。这就使中国领导人"对国家军事防御战略做出调整,由单一对美转变为双向的对美对苏","对苏联防御成为中国国家安全战略的重点"。[1]

二十多年后,当中苏恢复正常关系时,邓小平对这段历史这样评论:

> 多年来,存在一个对马克思主义、社会主义的理解问题。在一九五七年第一次莫斯科会谈,到六十年代前半期,中苏两党展开了激烈的争论。我算是那场争论的当事人之一,扮演了不是无足轻重的角色。经过二十多年的实践,回过头来看,双方都讲了许多空话。
>
> 中国不侵略别人,对任何国家都不构成威胁,却受到外国的威胁。中国是个贫弱国家,但是个独立自主的国家。对中国的威胁主要来自何方?从建国一开始,我们就面临着这个问题。那时威胁来自美国,最突出的就是朝鲜战争,后来还有越南战争。
>
> 六十年代,在整个中苏、中蒙边界上苏联加强军事设施,导弹不断增加,相当于苏联全部导弹的三分之一,军队不断增加,包括派军队到蒙古,总数达到一百万人。对中国的威胁从

---

[1] 沈志华主编:《中苏关系史纲》,第340页。

何而来,很自然地,中国得出了结论。一九六三年我率代表团去莫斯科,会谈破裂。应该说,从六十年代中期起,我们的关系恶化了,基本上隔断了。这不是指意识形态争论的那些问题,这方面现在我们也不认为自己当时说的都是对的。真正的实质问题是不平等,中国人感到受屈辱。虽然如此,我们从来没有忘记在中国第一个五年计划时期苏联帮我们搞了一个工业基础。[1]

同苏联关系破裂,这个决心很难下。苏联是十月社会主义革命的故乡。多少年来,全世界的社会主义力量一直以它为首,中国的革命和建设都受到过它很大的支持。而且,当时中国还正受到来自多方面的威胁。但回顾起来,如果当时中国屈服了,不能坚持独立自主,抵抗这种压力,而随着苏共领导人的指挥棒转,甘心盲目充当它的追随者,那么,当九十年代初苏联解体、东欧剧变时,中国的处境肯定会困难得多。这也是值得重视的历史性抉择。

中苏这场大论战,对中国国内产生了深刻影响。在五十年代初曾经流行过"苏联的今天就是我们的明天"之类的说法。现在认定苏联已经"变修"了,这就对国内问题也造成一种异常强烈的危机感。毛泽东在一九六四年六月十六日一次讲话中说:"苏联出了修正主义,我们也有可能出修正主义。"[2]有的学者指出:"有这种认识的,当时并不只是毛泽东一个人,而是当时中共中央占支配地位的一种典型认识,正是在这样认识的支配下,一种党和国家将会改变颜色的危机感,严重地笼罩着人们的心灵。同时,一种坚持和发

---

[1]《邓小平文选》第3卷,第291、294、295页。
[2]《毛主席论教育革命》,人民出版社1967年12月版,第18页。

展马克思主义、推进世界社会主义革命的历史使命感,又在人们的心中油然而生。用当时流行的话来说,即使全世界都'黑'了,我们中国也要让它重新'红'起来。这种盲目的狂热的信念,曾是许多人参加'文化大革命'的一种思想动力。"而随着中苏大论战的开展,"'反修'的号召日益普及;做到家喻户晓,深入人心"。以前,虽然也提出过反对修正主义的问题,但除少数高级干部和理论工作者外,一般人并不注意。"自从中苏两党公开大论战展开以后,情况就不同了。反修问题成了我们政治生活中的一件大事。特别是'九评',每一篇发表之后,不仅全国报刊普遍刊载,向全国广播,印成小册子广为散发,进行大张旗鼓的宣传,而且各机关、学校、群众团体、企业单位以至广大农村,都要专门组织学习讨论,作为政治学习的重要内容。""确实在全中国造成了一种巨大的声势,使得每个人(包括小学生)都知道'反修'是政治大事,是不能马虎对待的。当时确实做到反修教育的大普及,这也是实际上为'文化大革命'的发动作了思想舆论准备。"[1]

历史发展的进程,是合力造成的。这确是一个不可忽视的重要环节。

社会主义教育运动

中共八届十中全会"重提阶级斗争"后,出于"反修防修"的考虑,部署在全国范围内开展一场普遍的社会主义教育运动。

一九六三年二月十一日至二十八日,中央工作会议在北京召

---

[1] 金春明:《"文化大革命"史稿》,第114、115页。

开。会议对社会主义教育运动的着重点,最初放在城市中如何发动反对贪污盗窃、反对投机倒把、反对铺张浪费、反对分散主义、反对官僚主义运动(简称"五反"运动)上。毛泽东更关心的是农村的社会主义教育运动。他在会上说:"现在又证明,我们的干部,包括生产队长以上的这些不脱离生产的以及脱离生产的,绝大多数不懂社会主义。他们之所以不懂,责任在谁呢?在我们。我们没有教育嘛,没有教材嘛,没有像'六十条'这样的东西以及阶级教育。十中全会公报是很好的一个教材。"他又说:"干部教育中,要保护大多数,使百分之九十以上的同志把包袱放下来,也不是洗冷水澡,也不是洗滚水澡,而是洗温水澡。然后,他们去和贫下中农积极分子结合,团结富裕中农以及或者已经改造或者愿意改造的那些地主残余、富农分子,打击那个猖狂进攻的湖南人叫'刮黑风'的歪风邪气牛鬼蛇神。"[1]毛泽东最后说,还要把问题转到国内的反修防修。他在这次会上,总结湖南、河北的经验,提出"阶级斗争,一抓就灵"。

农村社会主义教育运动中,最早提出"四清"口号的,是中共保定地委在四月四日给河北省委的报告。报告说:那里的社会主义教育运动已经进行了四个多月,分两个阶段:第一阶段用两个多月,自上而下地深入学习八届十中全会公报、"农业决定"和毛泽东关于阶级、形势、矛盾的讲话精神,明确社会主义方向,遏制"单干风",坚定搞好集体经济的信心;第二阶段已进行了一个半月,"普遍进行清账、清库、清工、清财(简称'四清')工作(引者注:指清理账目、清理仓库、清理工分、清理财物),把社会主义教育

---

[1] 毛泽东在中央工作会议上的讲话记录,1963年2月28日。

运动推向了更加深入的阶段。"

这里说的"四清",主要是针对经济困难时期不少农村干部多吃多占、账目不清以至投机倒把、贪污盗窃等损害群众利益的行为。保定地委的报告说:"上述种种损害社会主义、损害集体经济的现象都是资产阶级思想在我们基层干部队伍中的反映;贪污盗窃、投机倒把活动实质上都是资本主义势力的复辟罪行。事实再一次证明阶级和阶级斗争确实是存在的。两条道路的斗争是激烈的。在生产队开展'四清'实际具有农村'五反'性质。这是又一次反击资本主义向集体经济进攻的社会主义革命斗争。"

由于当时在运动中采取"洗温水澡"的办法,这个报告写道:"经过'四清'工作的考验,证明我区基层干部绝大多数是好的。""由于干部虚心检讨,积极退赔,除少数坏分子和完全丧失群众信任的人以外,一般都得到了群众的谅解。群众说:'干部为社员操劳一年,有错改了就行啦。'"报告也讲道:"有些党员干部由于搞投机倒把,已经从生活腐化堕落到蜕化变质。有的认敌为友,同敌人搞关系,拉亲戚,被敌人篡夺了集体经济大权,甚至有的实行着封建家族统治,为非作歹,残害群众。通过'四清'清除了混入干部队伍的地富反坏分子五十多个,并处理了一些蜕化变质分子。"[1]毛泽东十分重视这个报告,"四清运动"的提法迅速传开了。

在"四清运动"中,毛泽东特别重视发动群众的问题。他强调:发动群众是根本路线,不管是铺张浪费,还是贪污盗窃、投机倒把、资产阶级分子、刮黑风,一发动群众很快就搞出来了。靠上面派下来的人不见得行,不一定能把问题搞出来。

---

[1]《建国以来重要文献选编》第16册,中央文献出版社1997年7月版,第252、254、255、256页。

随着运动的发展,由于突出地强调了阶级斗争的问题,又采取大搞群众运动的做法,对问题的估计越来越严重,运动也越来越向"左"的方向发展。

五月九日,毛泽东在转发浙江省七个关于干部参加劳动的材料时,写下了一段令人惊心动魄的批语:

> 阶级斗争、生产斗争和科学实验,是建设社会主义强大国家的三项伟大革命运动,是使共产党人免除官僚主义、避免修正主义和教条主义,永远立于不败之地的确实保证,是使无产阶级能够和广大劳动群众联合起来,实行民主专政的可靠保证。不然的话,让地、富、反、坏、牛鬼蛇神一齐跑了出来,而我们的干部则不闻不问,有许多人甚至敌我不分,互相勾结,被敌人腐蚀侵袭,分化瓦解,拉出去,打进来,许多工人、农民和知识分子也被敌人软硬兼施,照此办理,那就不要很多时间,少则几年、十几年,多则几十年,就不可避免地要出现全国性的反革命复辟,马列主义的党就一定会变成修正主义的党,变成法西斯党,整个中国就要改变颜色了。请同志们想一想,这是一种多么危险的情景啊![1]

五月二十日,中共中央下发《关于目前农村工作中若干问题的决定(草案)》(通常称为"前十条"),列举当前农村社会中阶级斗争的九种表现,对阶级斗争的情况作出过分严重的估计,批评许多干部对这些现象熟视无睹、放任自流,要求依靠贫农和下中农,组

---

[1]《建国以来重要文献选编》第16册,第292页。

织革命的阶级队伍，进行阶级斗争，进行两条道路的斗争，办好农业集体经济，有效地镇压和改造一切敌对分子，击破资本主义自发势力的包围，并且将毛泽东在浙江省七个材料上那段严厉批语引在《决定（草案）》的结束语处，一直发到农村和城市党的基层组织支部宣读，引起极大的震动。

"前十条"下发后，各地调整了运动部署，重新训练干部，进行试点。根据各地试点中提出的问题，中共中央在九月间召开工作会议，进行讨论，并制订出《关于农村社会主义教育运动中一些具体政策的规定（草案）》（通常称为"后十条"），针对前一阶段运动中出现的急躁情绪、打击面过宽和过火斗争、打人抓人等违法乱纪行为，规定了一些加以纠正的政策措施。但它的指导思想仍是"左"的，最严重的是它作为中央文件第一次提出了"以阶级斗争为纲"。对具体工作，这个文件要求组织和训练工作队，通过访贫问苦、扎根串连，发动和组织贫下中农，整顿党的基层组织，建立并健全干部参加集体劳动的制度（"后十条"在十一月十四日中央政治局扩大会议讨论通过后发出）。

毛泽东越来越把注意力放在中国会不会出修正主义的问题上，把社会主义教育运动看作国内反修防修、挖修正主义根子的战略措施。九月工作会议最后一天，他在全体会议上说：我们现在搞农村十条，城市"五反"，实际上是在国内反对修正主义，打下基础。这中间，包括意识形态方面。一九六四年一月五日，他在会见日本共产党中央政治局委员听涛克己时对他说："如果我们中国也像苏联那样搞，那末，有一天也要出修正主义。我们现在每隔几年要进行一次整风运动。最近我们有两个有关社会主义教育的文件，你可以看一看。人是会变化的，革命者也会发生变化。没有群众监督和揭露，他们可能进行贪污、盗窃，做投机生意，脱离群众。""修正主义不是一朝一夕形成的，是旧社会母胎中的产物。就算没有赫鲁晓夫，难道苏联就不会出修正主义？我看很有可能。这不是个别人的问题，而是一定的社会阶层的反映。"[1]

随着社会主义教育运动的发展，一些试点单位总结出被认为是"阶级敌人篡夺领导权"或"干部和平演变"的典型材料。这年五月十五日至六月十七日，在北京召开中央工作会议。会议讨论了当前阶级斗争形势。毛泽东、刘少奇都作出这样的估计：全国有三分之一左右的基层单位，领导权不在我们手中，而在敌人和他们的同盟者手里。刘少奇在全体会议上作关于反对现代修正主义斗争的报告。他提出既然苏联搞了四十多年都可以出修正主义，列宁的党可以变质，那么，中国共产党是不是将来也要出修正主义。毛泽东说：如果不注意，准出。六月二十三日，中共中央转发甘肃省委、冶金工业部党组《关于夺回白银有色金属公司的领导权的报告》，并且批示："一个刚建设起来的社会主义全民所有制的大型联合企业——白银有色金属公司，没有多久，很快就被地主、资产阶级集团篡夺了企业的领导大权，变成为地主、资产阶级集团统治的独立王国。这样一个严重事件，很值得大家深思。"[2]刘少奇在社会主义教育运动中强调各级领导干部一定要下去蹲点，并指导他的夫人王光美去河北省抚宁县卢王庄公社桃园大队蹲点。八月一日，他召集在京的党政军机关和群众团体负责干部大会，就如何开展农村社会主义教育运动发表了长篇讲话。他说：

---

[1]毛泽东同听涛克己的谈话记录，1964年1月5日。
[2]《建国以来重要文献选编》第18册，中央文献出版社1998年2月版，第572页。

现在，我们是在无产阶级专政的条件下来进行阶级斗争，而阶级斗争现在可以说到处都有。在过去十五年以来多次的运动中间，阶级敌人已经改变了同我们作斗争的方式。敌人现在是向我们采取合法斗争的方式。在很多地方，他们是利用我们的口号，利用我们的政策，利用共产党员的招牌，利用我们干部的面貌来篡夺领导权，或者把持领导权。坏人坏事，在上下左右都有根子，一律应该追清楚。追到哪里是哪里，追到谁是谁，一直追到中央。而上面的根子危害性更大。

现在，调查农村情况、工厂情况，在许多情况下，用那个开调查会的方法，找人谈话，已经不行了。现在要做调查研究，对于许多单位，应该去搞社会主义教育，搞"四清"，搞对敌斗争，搞干部参加劳动，发动群众，扎根串连，这样做，你才可以把情况搞清楚。

如果基层组织是依靠贫下中农的，贫下中农又信任基层组织，那依靠这样的基层组织是对的。如果基层组织它自己不依靠贫下中农，它脱离群众，它犯了严重的"四不清"错误，那你依靠它就靠不住。这个时候，必须工作队自己去扎根串连，直接发动群众，不要经过基层组织，才能够真正了解实际情况，搞好"四清""五反"，然后才能达到团结两个百分之九十五，共同对敌。[1]

九月一日和十二月二十四日，中共中央先后批转王光美《关于

---

[1] 刘少奇在中央各部门负责干部大会上的讲话记录，1964年8月1日。

一个大队的社会主义教育运动的经验总结》和天津市委《关于小站地区夺权斗争的报告》。"桃园经验"的主要内容是："四清"与"四不清"的斗争是一场严重的阶级斗争，桃园党支部"基本上不是共产党"，"是一个反革命的两面政权"；工作组进村后，先搞"访贫问苦，扎根串连"，然后搞"四清"，再搞对敌斗争；在群众没有发动起来的时候，要强调放手发动群众，在群众已经发动起来、又有过激情绪的时候，要注意掌握火候，强调实事求是；对待基层组织和基层干部的态度是"又依靠，又不完全依靠"，在情况还未搞清楚时就采取"一切经过基层组织"的做法是错误的；"四不清"干部不仅有受地主、富农、资本家影响这个根子，还有上面的根子，不解决上面的问题，"四清"就搞不彻底；"四清"的内容已经不只是清工分、清账目、清财务、清仓库，而是要解决政治、经济、思想和组织上的"四不清"。这个"桃园经验"在当时产生了很大的影响。在转发天津市委那份报告时，中共中央指示中提出了"夺权"的问题，这样写道："当前我们国内的敌我矛盾有一部分在形式上是以人民内部矛盾出现的，甚至是以党内矛盾出现的。敌我矛盾同人民内部矛盾、同党内矛盾交织在一起。在大量的人民内部矛盾和党内矛盾中，包含着一部分很危险的敌我矛盾。必须把这一部分敌我矛盾清查出来。当前阶级斗争的复杂性就在这里。""凡是被敌人操纵或篡夺了领导权的地方，被蜕化变质分子把持了领导权的地方，都必须进行夺权的斗争，否则，要犯严重的错误。"[1]

这年冬天，农村的社会主义教育运动中，从中央各单位派来的和省、地、县数千上万干部组成的工作团到各个县里，搞"扎根串

---

[1]《建国以来重要文献选编》第19册，中央文献出版社1998年3月版，第306、307页。

连",用打歼灭战、"搬石头"的方式组织运动,包揽县各级组织的领导权。农村基层组织和干部一般被撇在一边,成为主要的审查对象。对基层干部的打击面越来越宽,不仅过火地打击了有缺点错误的干部,而且打击了许多好干部。

到了年底,从十二月十五日到二十八日在北京举行中央工作会议,讨论社会主义教育运动问题。毛泽东同刘少奇在会上明显地表现出分歧。对"四清"的概念应该改变为清政治、清经济、清思想、清组织这一点上没有争论。但对运动的性质,刘少奇认为"四清"与"四不清"是主要矛盾,矛盾的性质就是人民内部矛盾跟敌我矛盾交织在一起;毛泽东认为社会主义和资本主义的矛盾是主要矛盾,所以运动的名称叫作社会主义教育运动,重点是整那些党内走资本主义道路的当权派。毛泽东还批评了农村"四清"运动中的一些做法,如大兵团作战、只依靠工作队、扎根串连、打击面过宽等。会议通过了题为《农村社会主义教育运动中目前提出的一些问题》,共十七条,体现了毛泽东的主张,不点名地批评刘少奇。一九六五年一月六日至十四日,中央工作会议再次召开,把文件补充修改成二十三条。这个文件,要纠正前一阶段运动中出现的一些"左"的偏向;但它提出"重点是整党内那些走资本主义道路的当权派",又为"文化大革命"的发动做了思想上和理论上的重要准备。

参加了这两次中央工作会议的薄一波回忆道:"党内高层领导中发生的这些思想分歧,影响是深远的。最严重的是使毛主席产生了对少奇同志的不信任,从而埋下了发动'文化大革命'的种子。毛主席一九六六年八月五日在八届十一中全会上写的那张《炮打司令部——我的一张大字报》中,就把一九六四年形'左'实右的错误倾向,作为少奇同志的一条罪状。十月二十五日,毛主席在中央工作会议上还回顾说，在制定《二十三条》的时候，就引起了他的'警惕'。一九七〇年十二月十八日，当斯诺问毛主席从什么时候明显感觉到必须把刘少奇从政治上搞掉时，毛主席也回答说是制定《二十三条》那个时候。"[1]

这以后，各地的"四清"运动仍在抓紧进行，但到"文化大革命"开始后便无法搞下去了。稍后，中央发出指示：把"四清"运动纳入"文化大革命"中去，"四清"运动实际上不了了之。

在社会主义教育运动开展的同时，意识形态领域内、思想文化领域内的批判运动也迅速地开展起来，而且规模越来越大，火力越来越猛。这种批判，以学术讨论的形式，进行政治性的批判，作为"反修防修"的重要组成部分。

毛泽东历来十分重视思想文化领域的斗争。一九五六年匈牙利事件中的裴多菲俱乐部给他留下很深的印象。在中共八届十中全会上，他联系小说《刘志丹》说了一段分量很重的话：

> 凡是要推翻一个政权，总要先造成舆论，总要先搞意识形态方面的工作。无论革命也好，反革命也好，他先要搞意识形态。[2]

全会结束后，文艺界便根据全会精神开始检查工作。一九六三年四月，中共中央宣传部召开文艺工作会议，讨论文艺界的整风问题。五月六日和七日，在江青支持下，《文汇报》分两天连载一篇文章，点名批判孟超改编的昆曲《李慧娘》和繁星（即廖沫沙）所写的《有鬼无害论》。文章写道："在从社会主义过渡到共产主义的

---

[1] 薄一波：《若干重大决策与事件的回顾（修订本）》下卷，第1169—1170页。
[2] 毛泽东在中共八届十中全会全体会议上的讲话记录，1962年9月24日。

整个历史时期,阶级斗争、两条道路斗争,是尖锐、复杂的。在意识形态的战线上,不仅有比较明显的敌人,如帝国主义及其追随者极力宣传的各种资产阶级的反动思想;而且还有比较不明显的对象,就是几千年来阶级社会遗留的旧意识、旧习惯,就是资产阶级、小资产阶级的思想影响。这些东西,也就是毛泽东同志早就指出过的'群众脑子里的敌人'。"[1]这篇文章在当时引起广泛的注意,因为它是报刊上一系列公开点名批判的开始,并且把思想文化领域内的争论提到"阶级斗争""两条道路斗争"的高度。

这年十二月十二日,毛泽东在中共中央宣传部文艺处编印的《文艺情况汇报》上批示:

> 各种文化形式——戏剧、曲艺、音乐、美术、舞蹈、电影、诗和文学等等,问题不少,人数很多,社会主义改造在许多部门中,至今收效甚微。许多部门至今还是"死人"统治着。不能低估电影、新诗、民歌、美术、小说的成绩,但其中的问题也不少。至于戏剧等部门,问题就更大了。社会经济基础已经改变了,为这个基础服务的上层建筑之一的艺术部门,至今还是大问题。
>
> 许多共产党人热心提倡封建主义和资本主义的艺术,却不热心提倡社会主义的艺术,岂非咄咄怪事。

一九六四年一月,刘少奇召集中共中央宣传部和文化艺术界三十多人举行座谈会,周扬传达了毛泽东的上述批示。"刘少奇指

---

[1] 梁壁辉:《驳"有鬼无害"论》(续昨),《文汇报》1963年5月7日。

出,《李慧娘》是有反党动机的,不只是一个演鬼戏的问题。他还批评京剧《谢瑶环》说:我在昆明看了那个戏,恐怕也是影射反对我们的。"[1]

六月二十七日,毛泽东在中共中央宣传部文艺处起草的《关于全国文联和各协会整风情况的报告(草稿)》上又写了批示:

> 这些协会和他们所掌握的刊物的大多数(据说有少数几个好的)十五年来,基本上(不是一切人)不执行党的政策,做官当老爷,不去接近工农兵,不去反映社会主义的革命和建设,最近几年,竟然跌到了修正主义的边缘。如不认真改造,势必在将来的某一天,要变成像匈牙利裴多菲俱乐部那样的团体。[2]

从这年夏季开始,文化艺术领域内的政治批判进一步展开,并且扩展到哲学、经济学、历史学等各个学术领域。

在文化艺术领域内,从七月开始,先后对文化部副部长齐燕铭、夏衍、徐光霄、徐平羽、陈荒煤,中国作家协会党组书记邵荃麟,全国文联副主席阳翰笙,全国戏剧家协会主席田汉等进行批判。全国报刊上,对《李慧娘》《谢瑶环》等戏曲,《早春二月》《北国江南》《林家铺子》《舞台姐妹》《红日》《不夜城》《抓壮丁》等电影,"写中间人物论""时代精神汇合论"等文艺思想,展开声势浩大的政治批判。

在其他学术领域内,哲学界批判了中央党校副校长杨献珍的"合二而一"论,经济学界批判了中国科学院经济研究所所长孙冶

---

[1] 何蓬:《毛泽东时代的中国》第2卷,中共党史出版社2003年11月版,第413页。
[2] 《建国以来重要文献选编》第19册,第7—8页。

方的"生产价格论""企业利润观",历史学界批判了北京大学副校长翦伯赞的"历史主义"和"让步政策论"。

思想文化领域内"左"的错误的发展,把学术观点和政治问题等同起来,混淆了是非界限以至敌我界限,在知识分子中造成人人自危的紧张空气。这种文化批判直接引向"文化大革命"的发动。

五年调整的成功

尽管如此,全党和全国人民的主要注意力,从一九六〇年冬季以后,直到"文化大革命"发动前,仍一直放在贯彻执行调整经济的正确方针上,投身于农业、工业、科学文化、国防等实际工作中。大规模的社会主义建设逐步地出现欣欣向荣的景象。

中共八届十中全会重新强调阶级斗争时,据薄一波回忆:"有鉴于一九五九年庐山会议的教训,少奇同志在八月二十日北戴河中心小组会上和九月二十六日在全会讲话中都提议:会议精神的传达应有个范围,不向下面传达,免得把什么都联系到阶级斗争上来分析,也免得把全党的力量都用去对付阶级斗争。"[1]周恩来在全会讲话中也提出:"反右的时候还要防'左'。""一九五九年庐山会议还有一个缺点,就是把反右斗争搞到底下,搞到群众中去了。"[2]九月二十四日,毛泽东在八届十中全会的全体会议上明确地说:

要分开一个工作问题,一个阶级斗争问题,我们决不要因

---

[1] 薄一波:《若干重大决策与事件的回顾(修订本)》下卷,第1138页。
[2] 周恩来在中共八届十中全会上的发言记录,1962年9月26日。

为对付阶级斗争问题而妨碍了我们的工作。请各部门各地方的各位同志注意。

一九五九年庐山会议，反党集团扰乱了我们，我们那个时候不觉悟。本来是搞工作的，后头来了一个风暴，就把工作丢了。这一回，可不要这样。各部门、各地方的同志传达也要注意，要把工作放到第一位，阶级斗争跟它平行，不要放在很严重的地位……不要让阶级斗争干扰了我们的工作，大量的时间要做工作，但是要有专人对付这个阶级斗争。[1]

毛泽东在这里说的"工作问题"，主要是指经济工作，特别是正在进行的经济调整。正因为如此，在八届十中全会重提阶级斗争后的几年内，经济调整工作仍能有条不紊地进行，全国人民的主要时间和精力仍放在这方面，没有受到"左"的错误的严重干扰。

八届十中全会一结束，国务院副总理兼国家计委主任李富春立刻同各有关部委一起研究对当前经济形势的估计和一九六三年计划的初步设想。这年十一月二十八日，他在全国计划会议的报告中说：

现在经济形势确实有了显著的好转，看不到这个好转，看不到调整的成绩，看不到已经从被动转向主动，看不到党的方针政策的伟大作用，看不到光明，这显然是错误的。但是，认为国民经济已经全面好转，或者认为没有问题了，可以把"八字"方针放在次要地位了，可以不必减人了，可以放松对财政、

---

[1] 毛泽东在中共八届十中全会全体会议上的讲话记录，1962年9月24日。

银行的管理，放手花钱了，可以不注意按农轻重的次序安排经济计划了，又可以大发展了，也是错误的，是要吃亏的。[1]

他指出当前存在的主要问题：一是农业生产水平还没有恢复。今年的粮食总产量只相当于一九五二年的水平，棉花产量只相当于一九五〇年的水平。二是工业内部的关系还没有调整好。重工业和轻工业的关系、重工业内部的关系、重工业各行业内部的关系，都还没有调整好，特别是原料、材料工业还不能满足加工工业的需要，有些加工工业的设备制造能力也不能满足各方面的需要。三是国防工业的物质基础还不雄厚，尖端技术还没有过关。四是人民生活的必需品，特别是城市人民的生活必需品还供应不足。五是国家和人民的物质力量都减少了，家底相当薄。因此，他提出：明年计划的安排，就是贯彻执行以农业为基础、以工业为主导的总方针，以支援和发展农业为第一位，继续贯彻调整、巩固、充实、提高的方针。

计划会议经过充分讨论，确定一九六三年把农业生产的继续恢复摆在第一位。在这年全部积累额中，用于农业的约占一半；在财政收入新增加额中，用于增加支援农业的资金也占一半左右；基本建设投资中，用于农业的部分占百分之三十。这个计划，得到中央的批准。

一九六三年上半年，国民经济形势开始明显好转，一些干部中的急于求成思想又开始出现。"一九六三年第一季度，越冬农作物长势良好，按季度计划生产的各种工业品九成以上超额完成任务，工业劳动生产率比上年同期提高百分之三十，财政结余增至十点四

---

[1]《李富春选集》，第300页。

亿元。从中央到地方，部分干部盲目乐观的情绪重新抬头。三月一日，中央发出的一份指示认为，国民经济会'以比较快的速度向前发展'，'进入一个新的高涨时期'。各地将一九六三年当作'三五'计划的头一年，纷纷喊出打好第一仗、夺取开门红的口号，有的地方又制订了过高的指标。究竟应当怎样看待形势？调整是否还要继续进行下去？还是可以开始新的'大跃进'了？由于对形势的看法迥异，在处理国民经济问题上出现了不同的指导思想。六月一日至十五日，在全国年度计划座谈会上，一种意见提出，把调整作为主要任务的历史时期已经过去了，调整的'八字方针'可以不再提了；另一种意见坚持，虽然大调整的任务已经完成，但还存在不少遗留问题，还需要进一步贯彻'八字方针'。"[1]

这又是需要作出决断的时候了。

七月三日，李富春向人大常委会报告第二个五年计划执行情况时说："正如周恩来总理所说过的，在我国前几年社会主义建设的大发展中，出现了许多不协调的现象。为了改变这种不协调的现象，为了巩固已有的成绩，为了给以后的国民经济新的发展创造条件，就必须用一个较长的时间，即用几年的时间，通过综合平衡、全面安排，进行较大幅度的调整。这就是说，我们必须在应当后退的地方坚决后退，在应当前进和可能前进的地方积极前进，以便掌握主动，逐步把国民经济的关系调整好。"[2]

七月下旬，周恩来在中共中央书记处传达毛泽东关于继续进行三年调整、为第三个五年计划，做好准备的意见，并且明确表示：国民经济调整从一九六一年算起要进行五年，"八字方针"不要马

---

[1] 刘国光主编：《中国十个五年计划研究报告》，第225页。
[2] 《李富春选集》，第321页。

上改变,还要继续调整。

八月六日,薄一波在国务院各部委负责人会议上讲话说:"毛主席最近指出,一九六三、一九六四、一九六五年仍然是作为调整的年代。我们原来打算,今年是第三个五年计划开始。现在不搞了。一九六三年、一九六四年、一九六五年调整三年,一九六六年开始第三个五年计划。假如一九六三年到一九六五年是调整,加上一九六一、一九六二两年,实际上就是五年调整。目的就是把我们的工作搞得更好,把基础打得更扎实,把各方面的关系调整得更好,把第三个五年计划搞得更好,不要仓仓促促。这三年也叫调整,但内容多少和一九六一、一九六二两年有所不同。一九六一、一九六二两年的调整,取得了很大的成绩。现在开始的调整更着重于充实、巩固、提高,填平补齐,成龙配套。"[1]

同月二十三日,周恩来又提出:"经过一九六三至一九六五年三年过渡和一九六六至一九七五年十年规划,基本建立一个独立的国民经济体系。国民经济体系不仅包括工业,而且包括农业、商业、科学技术、文化教育、国防各个方面。工业国的提法不完全,提建立独立的国民经济体系比只提建立独立的工业体系更完整。苏联就是光提工业化,把农业丢了。"[2]

九月六日至二十七日,中共中央召开工作会议,把上述设想基本确定下来。

这样,第二个五年计划虽已在一九六二年结束,但把一九六三年至一九六五年规定为一个过渡阶段,仍称调整时期(连同一九六一年、一九六二年合称五年调整),到一九六六年才开始实行

---

[1] 薄一波:《关于一九六四年计划的问题》,《党的文献》1998年第4期。

[2] 《周恩来经济文选》,第519页。

第三个五年计划，表明了调整的极大决心。五年调整中又分两个阶段：前两年的调整是被迫进行的，后三年的调整是主动、有计划地安排的。在实行"三五"计划前再用三年继续调整，使国民经济达到并超过历史最高水平，获得一个稳定可靠的发展新起点。

由于措施有力，各项调整政策的效果逐步显现出来，管理经济的能力在实践中有所提高，到一九六三年底，整个国民经济已经开始全面好转：国内生产总值比上年增长百分之十点二；一九五九年以来，工业总产值增长时农业总产值下降，农业总产值上升时工业总产值下降，或者双双下降，而在一九六三年终于做到了双双上升，工业总产值比上年增长百分之八点五，农业总产值尽管河北、河南、山东部分地区遭受特大洪水灾害，广西、湖南、云南部分地区长期严重干旱，仍罕见地比上年增长百分之十一点六，超过历史上的最高水平；财政总收入，结束一九六一、一九六二年连续下降的局面，比上年增加百分之九点二，收支相抵略有盈余。值得注意的是，一九六三年全国人口比上年增长两千二百七十万人，自然增长率为千分之三十三点三。是新中国建立后人口增长最快的一年。[1]

总的说来，国民经济终于依靠中国人自己的力量，顽强奋斗，从最困难的低谷走了出来。这是多么不容易的事情！

一九六四年，在着手制订第三个五年计划过程中又提出了"三线建设"（又名战略后方建设）的问题。

这个问题的提出，是由于当时严峻的国际局势，使中国领导人考虑到需要加强战备，以便应对敌对势力对中国可能发动的突然

---

[1] 许涤新主编：《当代中国的人口》，第11页。

袭击。

那时候,美国对越南的侵略战争正在大幅度升级。一九六四年八月,他们制造"北部湾事件",对越南的北方进行大规模持续轰炸。第二年二月,正式向越南南方派出地面作战部队,陆续增加到几十万人。越南是中国南部贴邻的友好国家。美国的U-2军事侦察机和间谍卫星又不断深入中国腹地拍摄军事情报。这使中国面临朝鲜战争初期相似的威胁。在台湾的蒋介石,企图利用大陆严重经济困难的状况,叫嚣反攻大陆,并多次派遣武装特务到东南沿海地区进行骚扰活动。苏联在中国的北部边境陈兵百万,虎视眈眈,令人严重不安。中国对印度实行自卫反击战后,双方的军事对峙局面尚未根本缓和。

在这种情况下,提出"备战"的问题是否必要?遭受敌对势力突然袭击的可能性是否存在?三线建设是否"庸人自扰"的多余动作?有的学者作了这样的分析:

> 多年来,由于国内外档案尚未解密,关于这个问题持不同意见的双方争论不休,一直没有确凿的事实。认为没有必要的一方,多从日后敌人入侵并未发生的事实来论证自己的观点。认为有必要的一方,也多用当时越南战争的态势及美国对中国的敌视言论来论证,缺乏具体的资料。
>
> 随着一九九四年美国一批档案的期满三十年销密、苏联解体后机密档案的外传,及中国方面档案的逐步披露,历史逐渐形成了轮廓——一九六四年前后,美国确实制定了对中国发动突然袭击的计划,引起了中国的高度警惕;一九六九年苏共政治局中确实存在对中国实施核打击的意见。三线建设形成的两

次高潮，都由此而来。[1]

国务院副总理兼外交部长陈毅在一九六五年国庆前夜的九月二十九日举行有三百多人参加的盛大的中外记者招待会，在回答中外记者提问时，发表了一篇语惊四座的谈话：

> 中国人民在反对帝国主义战斗中，愿意作出一切必要的牺牲！今天美国是否要同中国进行大战，这要由美国总统和五角大楼来决定。对于美帝国主义，我们不存任何幻想。为了反对美国侵略，我们一切都准备好了。如果美帝国主义决心要把侵略战争强加给我们，那就欢迎他们早点来，欢迎他们明天就来。让印度反动派、英帝国主义、日本军国主义者也跟他们一起来吧，让现代修正主义者也在北面配合他们吧，最后我们还是会胜利的。
>
> 中国有一句话说：善有善报，恶有恶报；不是不报，时候未到；时候一到，一切都报。
>
> 我们等候美帝国主义打进来，已经等了十六年。我的头发都等白了。或许我没有幸运能看到美帝国主义打进中国，我的儿子会看到，他们也会坚决打下去。请记者不要以为我是个好战分子。是美帝国主义穷凶极恶，欺人太甚。[2]

这位元帅外交部长，在盛大的中外记者招待会上讲出这样一番

---

[1] 陈东林：《三线建设：备战时期的西部开发》，中共中央党校出版社2003年8月版，第74页。
[2] 《陈毅副总理兼外长举行中外记者招待会发表重要讲话》，《人民日报》1965年10月7日。

话来,并且把它在《人民日报》第一版上发表,自然不是个人的即兴之举。它反映出中国领导人当时对战争威胁是作了足够估计和应对准备的。他们考虑到战争有打和打不起来两种可能,但别的国家会不会发动对华战争并不由中国作主,宁可把战争爆发的可能性估计得严重一些,做到有备无患,也不能放松警惕。以往经验证明:只有下最大的决心,充分做好这种应对准备,才不会当突然事变发生时张皇失措,也才有可能制止战争,使它不发生。

面对严重的战争威胁,国民经济的布局暴露出几个重要缺陷:一是工业过于集中在十四个一百万人以上的大城市中;二是这些大城市人口多,大部分在沿海地区,易遭空袭;三是主要铁路枢纽、桥梁和港口码头,一般都在大中城市及其附近,易受破坏;四是所有水库紧急泄水能力都很小,一旦遭到破坏,一些大城市及周围广大地区将遭洪水冲击。

一九六四年五月二十七日,毛泽东主持召开中央政治局常委扩大会议,专门研究三线建设问题。他提出两个"注意不够":一个是对三线建设注意不够,一个是对基础工业注意不够。所谓三线,是按地区划分的。第一线是沿海,第二线是中部地区,第三线是后方地区,包括西南的云、贵、川,西北的陕、甘、宁、青。新疆属于第一线。对第三线的建设,毛泽东考虑的重点在四川,而攀枝花又是重中之重。他还提出,要加快成昆、内昆、湘黔、滇黔、川黔几条铁路的建设。一、二线也要搞点军事工业。

一九六五年四月十二日,中共中央发出《关于加强备战工作的指示》,写道:"对于美帝国主义扩大战争的步骤,必须认真对待,绝不能有任何的麻痹大意。要估计到敌人可能冒险。我们在思想上和工作上应当准备应付最严重的情况,准备对付美帝轰炸我国的军事设施、工业基地、交通要地和大城市,以至在我们的国土上作战。""我们对小打、中打以至大打,都有所准备,对我们只有好处,没有什么坏处。"[1]

六月十六日,毛泽东在听取第三个五年计划和三线建设的汇报时又提出:"要根据客观可能办事,绝不能超过客观可能。按客观可能还要留有余地。留有余地要大,不要太小。要留有余地在老百姓那里,对老百姓不能搞得太紧。总而言之,第一是老百姓,不能丧失民心;第二是打仗;第三是灾荒。计划要考虑这三个因素。"[2]后来,周恩来把这三条概括为"备战、备荒、为人民",成为六七十年代之交经济工作的指导方针。

三线建设从一九六四年开始,进行了十多年。在建设中,实行三老带三新的办法,即老基地带新基地、老厂矿带新厂矿、老工人带新工人,从筹建、施工到建成投产一包到底。它建立起比较巩固的战略后方,特别是在四川、贵州、陕西及豫西、鄂西、湘西等地区建立起许多重要的军事工业基地;初步改变了东西部地区经济布局严重不平衡的状况,在西部地区建成攀枝花大型钢铁联合企业等一大批工业基地,增强了科学技术力量。拿机械工业来说,从沿海搬去工厂、设计、科研单位二百四十一个,内迁职工六万多人,设备一万八千多台,建成了二百个生产单位,是全国工业生产力的一次大转移。作为建设的先行,还开工兴建成昆、贵昆、川黔、湘黔等铁路。这些,为以后的西部大开发打下了扎实的基础。但不久就受到"文化大革命"十年动乱的严重干扰,在实施时又要求过急,摊子铺得过大,过分强调"靠山、分散、隐蔽(进洞)",也造成严

---

[1]《建国以来重要文献选编》第20册,中央文献出版社1998年5月版,第142、143页。
[2] 毛泽东听取"三五"计划和三线建设汇报时的谈话记录。1965年6月16日。

重浪费和不少遗留问题。

三线建设以外，经济调整方面还继续采取一些有效的措施：对矿山、工业企业进行填平补齐，加强设备维修；改善企业的经营管理，努力扭亏为盈；增加职工工资，特别是提高低收入工人的工资水平，适当扩大计件工资范围，适当解决职工住宅不足等问题；调整部分商品的价格；试办托拉斯，扩大公司的企业职能，按照经济的办法来进行管理。

调整工作取得了明显的成绩。一九六四年，国内生产总值比上年增长百分之十八点三，其中工业总产值比上年增长百分之十九点六，农业总产值比上年增长百分之十三点五，国家的财政总收入比上年增长百分之十六点七。全国主要经济指标大体上已接近或超过一九五七年的水平。一九六五年，国内生产总值比上年又增长百分之十七，其中工业总产值比上年增长百分之二十六点四，农业总产值比上年增长百分之八点三，国家财政总收入比上年增长百分之十八点五（从一九六三年至一九六六年，国内生产总值连续四年以两位数增长）。这种增长速度是相当惊人的。这是全国人民共同艰苦奋斗的结果。到一九六五年，无论是国内生产总值，还是工业或农业总产值，都大幅度超过一九五七年的水平。

应该说，五年调整不只是实现了国民经济的恢复，而且在恢复基础上取得了再度发展。

一九六四年十二月二十一日和二十二日，周恩来在第三届全国人民代表大会上作政府工作报告时，响亮地宣布：

> 现在，调整国民经济的任务已经基本完成，工农业生产已经全面高涨，整个国民经济已经全面好转，并且将要进入一个

新的发展时期。

今后发展国民经济的主要任务,总的说来,就是要在不太长的历史时期内,把我国建设成为一个具有现代农业、现代工业、现代国防和现代科学技术的社会主义强国,赶上和超过世界先进水平。为了实现这个伟大的历史任务,从第三个五年计划开始,我国的国民经济发展,可以按两步来考虑:第一步,建立一个独立的比较完整的工业体系和国民经济体系;第二步,全面实现农业、工业、国防和科学技术的现代化,使我国经济走在世界的前列。[1]

在三年严重经济困难和五年调整期间,全国各族人民和各级干部表现出来的那种同心同德、战天斗地、共渡难关的崇高风格和英雄气概,是十分令人感动的。它主要来自新中国成立后劳动者地位的改变——成了国家的主人,从而激发出空前的劳动热情。工业方面的大庆油田,农业方面的大寨大队,科学技术和国防方面核武器、导弹试验成功,是其中的突出代表。

大庆石油会战胜利,实现石油产品基本自给,是一件大事。以往,外国人常说,从地层状况看,中国是个贫油国家。一九四九年时,石油产量只有十二万吨,其中天然油近七万吨,石油职工总数一万六千人。比较现代化的石油采炼只有玉门油田,此外还有克拉玛依油田、石山子油田,整个说来,石油极端缺乏。不少汽车因缺油而改烧木炭、酒精。公共汽车顶上背着大煤气包。部队飞机、坦克的用油也难以保证。以后,根据地质学家李四光的地质力学

---

[1]《建国以来重要文献选编》第19册,第456、483页。

理论打破中国是贫油国家的说法,并把石油勘探的重点放在东北。一九五九年九月底,终于在松辽平原的黑龙江肇州县境内打出第一口稳产油井。接着,又查明它周围存在有石油构造的高产地区。因为首次出油的日子刚好是国庆十周年前夜,就把这个地区命名为大庆。当时,国内正提出"以钢为纲",大炼钢铁,要求其他部门为钢铁生产让路,不能拿出更多的财力物力用于发展石油工业。一九六〇年,许多工程正在下马。在这种情况下,中央仍批准了大庆石油大会战的计划,决定调三万名退伍士兵和三千名转业军官前往大庆。又从全国三十几个石油厂矿、院校,抽调几万名职工,调集几万吨器材设备,到大庆参加会战。当时的环境十分艰苦。石油工业部《关于大庆石油会战情况的报告》中写道:

> 那时候,几万人一下子拥到一个大草原上,各方面遇到的困难,确实很多。上面青天一顶,下面草原一片。当时,几万人,包括几千工程技术人员,其中有大学教授、博士,都到了那个地方,天寒地冻,一无房屋,二无床铺,连锅灶、用具也很不够。而且还是沼泽地,蚊子多得吓人,脚上、头上到处咬你。一九六〇年那一年,雨水特别多,从四月二十六号起,一直到国庆节,三天两头下,更增加了困难。不但生活方面这样艰苦,在生产方面条件也是很困难的。几十台大钻机,在草原上一字摆开了,设备不齐全、不配套,汽车、吊车很不足,没有公路,道路泥泞,供水、供电设备更不够。当时,工作条件很差,任务很重。特别是,转眼冬季就要到来,不说别的,就是几万人在草原上能否站住脚,也是个大问题。
>
> 在这种困难情况下,到底是打上去,还是退下来;到底是

坚持下去,硬啃下来,还是被困难吓住,躺下来?

大庆油田的同志们,硬是鼓足干劲,苦干、硬干,团结一致,千方百计打上去。[1]

石油工业部部长余秋里在战争年代被打断了一条胳膊。他在全国石油企事业单位电话会议上说:"我们要看到:干,有困难;不干,国家的困难更大。"他直接担负起大庆油田会战的指挥任务,迁往现场办公,并且同工人一起参加劳动。

讲大庆石油会战,不能不讲到"铁人"王进喜。他是甘肃玉门人,十五岁时(一九三八年)被拉工进了玉门油矿当工人。玉门解放后,他加入了中国共产党,担任玉门油矿的钻井队队长,创造了当时全国中型钻机的最高纪录。一九五九年九月底,作为石油工业战线的劳模代表出席全国群英会。在群英会期间,他在北京街头,看到来往的公共汽车背着一个鼓鼓囊囊的煤气包。他觉得石油工人没有搞到油,让国家作难,感到心中有愧。有的同志在北京沙滩附近,看见他蹲在马路边,一声不吭,愁眉苦脸,闷着头抽烟,就问他:"为什么愁眉苦脸的?"他说:"难受!""啥事难受?""你看嘛。"他指着街上背着煤气包的汽车说着,就流下了眼泪。大庆油田会战开始后,他在一九六〇年三月带领钻井队全队职工乘火车到达大庆。"下了火车,他一不问住,二不问吃,找到调度室先问了三句话:'我们的钻机到了没有?''我们的井位在哪里?''这里的钻井最高纪录是多少?'"第一夜,全队职工住在一个废弃的马厩里。王进喜没有地方睡,就裹着羊皮,露宿在井台边。钻机一

---

[1]《建国以来重要文献选编》第18册,第138—139页。

到，由于吊车少，不够用，他组织全队职工用人力卸车，把钻机和其他设备化整为零，搬运到井场，安装起来。"他和大家吃在井场，睡在井场，日夜不离井场，连续苦干。只用五天零四个小时，就打完了一口井，创造了当时的最高纪录。王进喜的英雄事迹，教育了全队，也感动了附近的老乡。有个老大娘看到他们白天黑夜拼命大干，提了一篮子鸡蛋去慰问他们。她见到钻工们就说：'你们的王队长，真是个铁人！快劝他回来，休息休息呀！'"[1]"铁人"的名字，就这样很快叫开了。

大庆石油会战，强调了高度的革命精神和严格的科学精神相结合。"强调树立'三老'、'四严'、'四个一样'的作风。'三老'就是中央领导同志经常指示的，当老实人，说老实话，做老实事。'四严'是：严格的要求，严密的组织，严肃的态度，严明的纪律。'四个一样'是：黑夜和白天干工作一个样；坏天气和好天气干工作一个样；领导不在场和领导在场干工作一个样；没有人检查和有人检查干工作一个样。""'三老'、'四严'、'四个一样'，一旦成为风气，就会产生巨大的物质力量，队伍就会变样子。"[2]

就拿头三年多的情况看，大庆油田从第一口井见油到探明油田面积的大概储量，只用了一年多时间，共打了一千多口一千多米深的油井；建成了年产原油几百万吨的油田和大型炼油厂的第一期工程，累计生产原油一千多万吨；进行了大量科学研究工作，解决了世界油田开发上几个重大技术难题；国家投资全部收回，并开始为国家积累资金。以后，又相继发现和建设了胜利油田、大港油田、辽河油田和冀中油田等。

---

[1]《余秋里回忆录》，解放军出版社1996年10月版，第647、648、650页。
[2]《建国以来重要文献选编》第18册，第192、193页。

农业方面大寨大队的经验，后来虽被人为地掺进一些不恰当的内容，但它当年战天斗地、艰苦创业的事迹是值得尊敬的。《当代中国的农业》一书写道：

> 山西省昔阳县大寨大队位于太行山区的虎头山下，是个不足百户的村庄，自然条件很差。全村耕地分散在七沟八梁一面坡上。在以陈永贵为书记的中共大寨党支部的领导下，大寨人坚持自力更生、艰苦创业的精神，从一九五二年就开始了修梯田、闸山沟、改良土壤等艰巨的农田基本建设。经过十一年的艰苦奋斗，搬掉了十几万立方米的石块，筑起了一百八十条石坝，把一块块瘦土田变成了肥沃的"海绵地"，使亩产不到一百斤的山坡地变成了旱涝保收的稳产高产田。一九六三年，大寨大队虽然遭到特大暴雨，山洪暴发，地基冲光，五分之一的田地颗粒无收，窑洞和房屋倒塌百分之八十。但他们硬是不要国家的救济，依靠集体力量，自力更生，艰苦奋斗，战胜了洪灾，使有收成的粮田取得了亩产七百斤的好收成。一九六四年，全大队粮田亩产达到九百三十斤，向国家交售粮食一百七十五万八千斤。[1]

讲大寨大队，同样不能不讲到它的领头人、大队党支部书记陈永贵。他"八岁上，因为穷得没活头，父亲把他母亲、姐姐、弟弟一齐卖给了人。后来父亲又被地主逼得吊死了。他曾给地主当了二十多年长工。地主动不动要他下跪，还往他脸上吐唾沫。他受尽

---

[1] 朱荣等主编：《当代中国的农业》，第 227—228 页。

了人间的苦难"。当大队决心挖山填沟造田时，有些人怀疑能不能实现。陈永贵说："山再大，沟再深，治了一山少一山，治了一沟少一沟，三年不行五年，五年不行十年。"在他带领下，五年内筑起总长十五里的一百八十多条大坝，修下两个水库，三千多个鱼鳞坑、蓄水池，把三百亩坡地垒成水平梯田，把四千七百多块地修成二千九百块，还新增了八十多亩好地。他接受县农业技术推广站的技术员的意见，推广新技术，包括选用良种、适度密植、合理施肥、防治病虫害等，但坚持必须经过试验，说："再好的技术，要让它在咱这地方服水土，都必须用自己的双手去试验。"一九六三年遭遇特大洪灾，庄稼都倒伏了，百分之八十的房窑塌了，百分之二十三的梯田的土层被冲光了，他说："人在就是大喜！山是人开的，房是人盖的，有了人，一切都会有。"[1]

大寨大队还有很可贵的一点，就是从各方面帮助后进的邻村井沟大队追赶自己。起初有些人对这样做想不通。陈永贵说："咱们爱集体，要爱自己的集体，也要爱别人的集体，更要爱社会主义的大集体，这才是真正的集体主义。要是全省全国的生产大队都办得比大寨好，国家还怕不富足？"他又说："一个先进大队，在周围的大队都比你落后的情况下，就可能停滞不前，因为，屁股后边没有人起嘛！一个先进单位要能帮自己周围一两个后进单位，别人能先进，自己就能更先进，支援别人也就是支援自己。"[2]

一九六三年十一月，中共山西省委号召全省农村向大寨大队学习。一九六四年二月十日，《人民日报》登载了介绍大寨大队的报道，并发表题为《用革命精神建设山区的好榜样》的社论。接着，

---

[1] 莎荫、范银怀：《大寨之路》，《人民日报》1964年2月10日。
[2] 陶鲁笳：《一个省委书记回忆毛主席》，第110、111页。

又开辟"学大寨精神,走大寨路,建设社会主义新农业"的专栏。从此,在全国范围内开始了"农业学大寨"的热潮。

在太行山另一侧的河南林县,原来是一个"光坡秃山头,沙石枯河沟"的穷地方。从农业合作化时起,他们在崇山峻岭之间将漳河水引入林县,穿过五十多处悬崖绝壁,闯过一百三十多处山头,凿通四十二个山洞,在太行山腰开出一道七十一公里的水渠,称为"红旗渠",使一向缺水的林县山区土地得到灌溉。一九六四年,全县粮食亩产量达到四百斤,林、牧、副业也有很大发展。

河南省兰考县委书记焦裕禄,为了战胜当地历来肆虐的内涝、风沙、盐碱三大自然灾害,在身患肝癌的情况下,拄着拐棍走遍全县所有公社,带领人民战胜灾害。一九六四年五月,只有四十二岁的焦裕禄逝世。这一年,兰考县初步实现了粮食自给,泡桐树种植面积发展到四十五万亩。焦裕禄的事迹传遍全国,成为中下层领导干部的楷模,极大地鼓舞了人们战胜困难的决心和信心。

沈阳军区工程兵某部运输连班长雷锋,用实际行动实践了自己"把有限的生命投入到无限的为人民服务中去"的誓言。他热爱祖国,关心集体,乐于助人,无私奉献,经常利用节假日到车站、码头、工地上帮忙,尽全力帮助周围有困难的人,做了好事也不留姓名,充分体现了共产主义的崇高理想和中国传统美德的统一,因公殉职时只有二十二岁。他的事迹深深感动了无数人。毛泽东写了"向雷锋同志学习"的题词。在雷锋精神的激励和带动下,社会上形成一股健康向上、全心全意为人民服务的良好道德风尚。

原来人口稀少而土地肥沃的东北,解放战争时期的一九四七年已有部队在这里创建了宁安、通北第一批国营农场。一九五八年,在王震率领下,解放军官兵八万一千人,连同随军家属等共十万人，齐集黑龙江密山县，从这里进入大片过去在地图上都没有名字的荒原，建立国营农场。"过去的北大荒，野兽成群，沼泽密布。冬天的寒风冻僵了土地，初来乍到的人们只能穴地为居，化雪作炊。为了过冬，官兵们盖起了一排排马架子和地窨子。小咬、牛虻、蚊子到处乱飞。"但战士们说："党和人民需要粮食，需要开发北大荒这座粮仓。北大荒那时是一无所有，可正因如此才派我们来啊。"[1] 从一九六三年到一九七六年，先后又有五十四万知识青年从全国各地来到这里。他们和当地民众一起，比较普遍地使用农业机械来进行耕种。使北大荒变成北大仓，成为全国重要的商品粮基地。

核武器和导弹试验成功，这两件大事都发生在六十年代初期。在当时那种极端困难的条件下，取得震惊世界的成就，几乎是人们难以想象的事情。它是许多优秀的科学家、技术人员、职工和解放军战士怀着高度的爱国热情和自我牺牲精神，在中央强有力领导下共同完成的。

新中国成立时，世界已进入核时代。西方核武器的威胁，曾经像一个巨大阴影那样笼罩在中国人的心头。聂荣臻在回忆录中写道："朝鲜战争停战以后，经常引起我们不安的是，在军事技术方面远远落后于我们当时的敌人。如何逐步改变这种状况，这是我们经常思考的问题。随着现代科学技术的迅速发展，这个问题也越来越显得突出了。我们国家很大，不可能靠购买武器来支撑国防，尤其从科学发展的趋势来看，技术越发展，保密也越强，别人即使给一些东西，也只能是性能次先进的技术，唯一的出路只有尽可能吸取国外先进成果，走自己研制的道路。"[2]

---

[1] 朱伟光、杨海娣、朱伟华：《当祖国需要时》（上），《光明日报》2007年8月15日。
[2] 《聂荣臻回忆录》（下），第787页。

一九四九年三月,新中国还没有诞生。周恩来就同意核物理学家钱三强的建议,委托他在出国参加第一次世界保卫和平大会时从法国购买一批原子核科学研究的仪器设备和图书资料。新中国成立后不久,一大批留学或执教海外的科学家回国。物理学家赵忠尧从美国带回二十箱器材,为中国安装出第一台静电加速器。一九五五年,著名科学家钱学森在周恩来直接干预下得以从美国回国。他回国后,立刻提出发展导弹的设想。一九五六年五月,中共中央作出建立和发展导弹事业的决定。

当时,首先需要做的是建立研究机构。一九五六年十月,导弹研究院(当时称国防部第五研究院)成立,钱学森任院长,陆续调集了任新民、屠守锷、黄纬禄、梁守槃、梁思礼等一批优秀科学家来院工作。不久,核武器研究院也成立了。从事核武器研发工作的优秀科学家,有钱三强、王淦昌、郭永怀、彭桓武、邓稼先、朱光亚、周光召、于敏等。

一九五八年四月,在甘肃酒泉开始建设导弹发射基地。核武器试验地经过多次选择,最后确定在新疆的罗布泊。

当时,核武器、导弹的研制是高度的机密。邓颖超曾讲到第一颗原子弹试验时,周恩来对她也是保密的。她说:"当时他向主管的负责人说,这次试验,全体工程技术人员都要绝对注意保守国家机密,有关工程、试验的种种情况,只准参加试验的人员知道,不能告诉其他同志,包括自己的家属和亲友。他说:邓颖超同志是我的爱人,党的中央委员,这件事同她的工作没有关系,我也没有必要跟她说。"[1]许多参加研制和试验的人员长期隐姓埋名,连家里人

---

[1] 邓颖超:《一个严格遵守保密纪律的共产党员》,《人民日报》1982年6月30日。

也只知道他有重要任务，不知道是什么事，也不知道他到了什么地方去。像首先发现荷电反超子的王淦昌这样世界知名的科学家，改名为"王京"，"家里人不知他到哪儿去了，'我有事，你们也甭问了，我出差，到时候我回来就回来，其他的你就甭管了'"。[1]他不再在国内外学术领域内露面，更不能去交流学术研究成果，达十七年之久。

基地很多在西部的沙漠或戈壁滩地区，生活条件极为艰苦。盛夏时地面温度高达六十多度。刮起风来，飞沙走石，狂风能把帐篷掀起，飞起的石头能将汽车的挡风玻璃打碎。水十分珍贵，早上的洗脸水留着下班时洗手，晚上洗脚，还用来洗衣服。一位研究和设计人员回忆道：

> 一些高出地面不到一米的地窖，这就是全部落区工作人员的住房。住在地窖里虽说不太冷，可是窖顶上不断地往下淌沙子。所以，在别处，床单是铺在身下用的，而在这里，床单却挂在空中，开始我还不太理解，但是住了一夜之后，深感其设置的奥妙，如不这样，睡一夜起来，恐怕七窍都要被沙子灌满了。在地窖里吃饭就更有意思了，谁的碗也不敢"对空暴露"，大家都是一个姿势，低着头，弓着腰，用上身遮挡饭碗，以防"空袭"。[2]

一九六〇年八月，苏联撤走在中国核工业系统工作的全部专

---

[1] 甘子玉（聂荣臻秘书）录像讲话，《大型电视文献纪录片〈新中国〉解说词》，中央文献出版社1999年9月版，第194页。
[2] 尚增雨：《沙漠中的日日夜夜》，《中国航天腾飞之路》，中国文史出版社1999年9月版，第180页。

家，并带走所有的图纸资料。当时又正在经济极端困难的时候。对导弹和核武器发生"下马"还是"上马"的争论。中国领导人下决心，一定要自力更生地把这些项目坚持下去，取得突破。聂荣臻回忆道："陈毅同志甚至表示，脱了裤子当当，也要把我国的尖端武器搞上去。他还多次对我风趣地说，我这个外交部长的腰杆现在还不太硬，你们把导弹、原子弹搞出来了，我的腰杆就硬了。"[1]这年十一月五日，中国自己制造的第一枚导弹"东风一号"发射成功。这虽然是初步的，却是中国人民解放军装备史上的一个重要转折点。

为了加强对"两弹"研究试验工作的领导，为了组织全国的大协作，中央在一九六二年十一月决定成立以周恩来为主任的中央专门委员会，集中全国有关力量，保证这项任务的胜利完成。周恩来对原子弹的爆炸先后作出"一次试验，全面收效"和"严肃认真，周到细致，稳妥可靠，万无一失"的指示。[2]一九六三年一月，他在一次讲话中又提出："我国过去的科学基础很差。我们要实现农业现代化、工业现代化、国防现代化和科学技术现代化，把我们祖国建设成为一个社会主义强国，关键在于实现科学技术的现代化。"[3]

一九六四年六月二十九日，中国修改设计的"东风二号"近程导弹飞行试验成功。九月十日，中国最早的地空导弹"红旗一号"定型飞行试验获得成功。

---

[1]《聂荣臻回忆录》（下），第812页。

[2] 刘西尧：《我国"两弹"研制决策过程追记》，《两弹一星》，九州出版社2001年8月版，第59、60页。

[3]《周恩来选集》下卷，第412页。

这年十月十六日，中国在西部的罗布泊爆炸了一颗原子弹，成功地实行了第一次核试验。同天，中华人民共和国政府发表声明：

> 一九六四年十月十六日十五时，中国爆炸了一颗原子弹，成功地进行了第一次核试验。这是中国人民在加强国防力量、反对美帝国主义核讹诈和核威胁政策的斗争中所取得的重大成就。
>
> 保护自己，是任何一个主权国家不可剥夺的权利。保卫世界和平，是一切爱好和平的国家的共同职责。面临着日益增长的美国的核威胁，中国不能坐视不动。中国进行核试验，发展核武器，是被迫而为的。
>
> 中国政府郑重宣布，中国在任何时候、任何情况下，都不会首先使用核武器。[1]

二十四年后，邓小平在一次讲话中说："如果六十年代以来中国没有原子弹、氢弹，没有发射卫星，中国就不能叫有重要影响的大国，就没有现在这样的国际地位。这些东西反映一个民族的能力，也是一个民族、一个国家兴旺发达的标志。"[2]

在航空工业方面，一九六五年研制成功了中国自行设计的第一架超音速喷气式强击机，用来大量装备部队，还获得国家科技进步特等奖。

这些可歌可泣的动人事迹和巨大成就，几乎都发生在中国经济极端困难的那段日子里。正是无数有骨气的中华优秀儿女，在农

---

[1]《我国第一颗原子弹爆炸成功》，《人民日报》1964年10月17日。
[2]《邓小平文选》第3卷，第279页。

业、工业、科学技术、国防各条战线上表现出中华民族自强不息的精神和勇于从困难中奋起的能力，始终咬紧牙关，顽强不屈地奋斗，保证了中国能够从如此严重的经济困难中走出来，并且向前发展。这是一种何等样的精神风貌，是中华民族的骄傲。没有他们，也不会有我们的今天。前人的艰苦努力和他们的业绩，后人将永远铭记，不会忘记的。

十年探索中两个发展趋向

从一九五六年建立起社会主义基本制度到一九六五年完成经济调整工作，中国的社会主义建设经历了十年的艰难探索。

如果把三年"大跃进"和五年调整这两个时期连起来看，如果把这八年中的成功和挫折放在一起算个总账，在中国大地上，国民经济的面貌究竟发生了怎样的变化？马洪、刘国光、杨坚白主编的《当代中国经济》把它归纳为五条，这里每一条成就的取得都极为不易。

第一，工业生产能力大幅度提高。从一九五八年到一九六五年期间，建成了五百三十一个大中型工业项目；新建扩建了一大批重要企业，如武汉、包头等十大钢铁公司，一批重要有色金属冶炼厂，几十个煤炭企业和发电厂，以及生产规模达到一千万吨的大庆油田等。一九六五年工业总产值比一九五七年增加近一倍。工业经济效益和技术经济指标有很大改善。

第二，从产业结构上看，中国已初步建成有相当规模和一定技术水平的工业体系。能源工业方面，电力工业已在全国大部分地区联结成网；煤炭工业逐步向现代化发展；石油消费在一九六五年达到自给。冶金工业方面：经过调整，钢品种在一九六四年达到九百个,钢材品种达到九千个,都比一九五七年增加一倍多;以前不能炼制的高温合金钢、精密合金钢、高纯金属、有色稀有金属,这时都能炼制了。机械工业方面:逐步形成了门类比较齐全的机械制造体系;中国主要机械设备自给率由一九五七年的百分之六十提高到百分之九十多;中国生产的纺织机械,不但能满足国内需要,还为三十多个国家和地区提供了成套设备。新兴的电子工业、原子能工业、航天工业也是在这八年内从无到有、从小到大逐步发展起来,成为中国的重要产业部门。一九六五年,中国已能生产雷达、广播电视发射设备、电视中心设备、原子射线仪、水声设备、电话交换机、电子计算机、电视机等。其他工业也增添了不少新的门类和产品。

第三,改善了工业的地理布局。原有的沿海工业基地得到进一步加强。广大内地和边疆地区都新建了不同规模的现代工业。内地工业的产值在全国工业产值中的比重,由一九五七年的百分之三十二点一,提高到一九六五年的百分之三十五。少数民族地区的现代工业已取得很大的发展。

第四,交通运输业的面貌有很大改变。在一九五八年至一九六五年期间,全国新增铁路通车里程七千二百多公里,有十二条干线建成或部分建成。在西北地区,包(头)兰(州)铁路、兰(州)青(海)铁路、兰(州)新(疆)铁路等相继全线通车,使西北五省(区)都能以铁路联结起来,并同华北和沿海地区接通。在西南地区,黔桂铁路、川黔铁路等全线通车,并和成渝铁路接通;成(都)昆(明)、贵(阳)昆(明)、湘桂、湘黔等铁路也先后开工并部分通车。这样,全国除西藏外,各省、直辖市、自治区都通了火车,运输情况大有改善。公路、航运和邮电通信事业也有很大发展。

第五,水利建设取得很大成绩,工业产品对农村的投入有了大幅度增加。一九五八年到一九六五年这八年，大中型的水利建设施工项目达二百九十多项，其中建成的有一百五十多项，除用于治理淮河外，还用于治理黄河、海河两大水系等。灌溉面积在全部耕地中的比重，从一九五七年的百分之二十四点四，上升到一九六五年的百分之三十二。机耕面积在耕地总面积中的比重由百分之二点四上升到百分之十五。机灌面积在灌溉总面积中的比重由百分之四点四上升到百分之二十四点五。每亩耕地的用电量和用化肥量，分别由零点一度上升到二点四度、由零点五斤上升到二点五斤。农村中植树造林、推广良种、改良土壤、控制水土流失、建立农业气象预报等方面，也都取得显著的成绩。

此外，科学和教育事业也取得很大进展。这八年，高等学校毕业生达到一百十九万五千人，是前八年的三点六倍。科学技术人员也成倍增加。[1]一九六五年，全国人口的城市化水平，已从一九五二年的百分之十二点六四，提高到百分之十七点九八。

中华民族是勤劳而勇敢的，在中国共产党领导下，尽管走过一条曲折的道路，社会主义基本制度建立起来后的这十年，仍是开始全面建设社会主义的十年。中华人民共和国的历史，首先是中国共产党领导全国各族人民建设一个新国家和新社会的历史。同旧中国留下的烂摊子相比，中国的面貌已经发生根本变化。经过五年调整，经济建设的发展越来越好。它为建立独立的、比较完整的工业体系和国民经济体系奠定了物质技术的初步基础，成为中华民族继续前进的出发点。这是十年间事情的主要方面，是全国各族人民共同努力的结果。

---

[1] 马洪、刘国光、杨坚白主编：《当代中国经济》，第364—368页。

这十年,在中国现代化的道路上跨出了前所未有的一大步。六十年代中期的中国,已经不再是一九四九年时的中国那样,从而为日后的改革开放做了重要准备。实行改革开放后,中共中央《关于建国以来党的若干历史问题的决议》中写下了一句很有分量的话:

> 总之,我们现在赖以进行现代化建设的物质技术基础,很大一部分是这个期间建设起来的;全国经济文化建设等方面的骨干力量和他们的工作经验,大部分也是在这个期间培养和积累起来的。

这个评价是合乎实际的。如果看不到这些,忘记了前人为此作出的可歌可泣的努力,那对中国这十年历史的了解是不全面不完整的。

当然,也要看到事情的另一方面。这十年又是在探索中发展的十年。情况十分复杂:正确和错误交织,取得成绩过程中又有许多曲折的经历,有些曲折是十分令人痛心的。怎样看待这种复杂的现象呢?胡绳作过这样的分析:

> 在这十年探索中间,党的指导思想有两个发展趋向。一个趋向是党在探索中国自己的建设社会主义道路的过程中形成的一些正确的和比较正确的理论观点和方针政策,积累的一些正确的和比较正确的实践经验;而另一个趋向是错误的趋向,这就是党在探索中国自己的建设社会主义道路的过程中形成的一些错误的理论观点、政策思想和实践经验。这两种趋向虽然许多时候是相互渗透和交织的,但确实是存在着两种趋向,后一种趋向直接引导到"文化大革命"这场灾难,而前一种即正确

的趋向,也正是"文革"以后十一届三中全会以来正确的路线方针的先导。从六十年代的情况来说,错误的趋向暂时压倒了正确的趋向;但从历史全局来看,正确的趋向终于战胜了错误的趋向,在一九七八年以后得到了广泛的发展。[1]

应该说,这个分析也是合乎实际的。

在中国这样一个古老的、世界上人口最多的东方农业大国,在既没有现成先例、又没有足够准备的条件下,在异常复杂的内外环境中,要独立地探索一条中国自己的建设社会主义的道路,闯出一条新路来,实在是一件极其艰难的事业。许多在事后看起来十分明白的事情,当时却未必能看得清楚。在大胆地摸索前进的过程中,既出现正确的或者比较正确的主张,又出现错误的主张,并且相互渗透和交织着,是并不奇怪的。有时正确的主张和错误的主张又表现在同一个人或同一群人身上。什么是正确的,什么是错误的,往往需要经过实践的反复检验,才能逐步判明。如果能够比较及时地发现和纠正错误,不使小的错误发展成大的错误,那是可以原谅的。遗憾的是,正如《关于建国以来党的若干历史问题的决议》指出的:

> 这个期间,毛泽东同志在关于社会主义社会阶级斗争的理论和实践上的错误发展得越来越严重,他的个人专断作风逐步损害党的民主集中制,个人崇拜现象逐步发展。党中央未能及时纠正这些错误。林彪、江青、康生这些野心家又别有用心地利用和助长了这些错误。这就导致了"文化大革命"的发动。

---

[1]《胡绳文集(1979—1994)》,中国社会科学出版社1994年12月版,第481—482页。

第二十二章 "文化大革命"的十年动乱（上）

一九六六年，是第三个五年计划的第一年。《人民日报》发表题为《迎接第三个五年计划的第一年——一九六六年》的元旦献词，写道："我国各族人民，满怀无限的喜悦，决心在这新的一年中争取社会主义革命和社会主义建设更加伟大的成就，使新的五年计划旗开得胜。"这个新的五年计划原来应该在一九六三年到一九六七年实行，它的编制工作早已开始。这年四月十七日，国家计委党组向中央提出一个《关于修改第三个五年计划的设想汇报提纲》，指出："经过一年多的实践证明，原设想的第三个五年计划，有可能提前两年实现。就建设来说，大小三线的许多重大项目，现在看，可以提前一年或两年建成。"[1]《提纲》提出修改第三个五年计划的草案的补充设想：一是大幅度增加钢铁、煤炭、有色金属、电力、石油、铁路的生产建设指标；二是大抓农业，解决南粮北调和吃进口粮的问题，把农业机械化搞上去，扶持社队工作，提高农民生活水平。三年严重经济困难已成过去。人们的主要注意力正集中在如何更好地完成第三个五年计划上。

这年上半年，国民经济在经过五年调整后迅速发展。与上年同期相比，全国工业总产值增长百分之二十点三，钢增长百分之二十

---

[1] 刘国光主编：《中国十个五年计划的研究报告》，第285页。

点七，原煤增长百分之十二点六，原油增长百分之二十八点四。发电量增长百分之三十点三，棉纱增长百分之十五点六，化肥增长百分之四十一点三。几乎所有工业产品的技术经济指标都在这个时期创出了建国以来的最高水平。[1]农业生产在上半年就表现出良好的增长势头。拿全年来说，全国农业总产值比上年增长百分之八点七，大大高于前两个五年计划的年平均增长速度，其中粮食增长百分之十，棉花增长百分之十一点四，生猪存栏头数增长百分之十五点八，水产品增长百分之四，植树造林面积增长百分之三十二点四。[2]社会主义建设的方方面面，都呈现出一派欣欣向荣的兴旺景象。

正当大家为国民经济渡过难关、重新出现大好发展势头而倍感兴奋的时候，一场绝大多数人根本没有想到的"文化大革命"的政治风暴突如其来地席卷全国，并且持续十年之久。它给中国人民带来深重的灾难，使中国的社会主义建设事业遭受前所未有的破坏和损害。这场政治风暴的性质，《关于建国以来党的若干历史问题的决议》中写道：

> "文化大革命"名义上是直接依靠群众，实际上既脱离了党的组织，又脱离了广大群众。运动开始后，党及各级组织普遍受到冲击并陷于瘫痪、半瘫痪状态，党的各级领导干部普遍受到批判和斗争，广大党员被停止了组织生活，党长期依靠的许多积极分子和基本群众受到排斥。"文化大革命"初期卷入运动的大多数人，是出于对毛泽东同志和党的信赖，但是除了

---

[1] 柳随年、吴群敢主编：《中国社会主义经济简史》，第346页。
[2] 朱荣等主编：《当代中国的农业》，第252页。

极少数极端分子以外,他们也不赞成对党的各级领导干部进行残酷斗争。后来,他们经过不同的曲折道路而提高觉悟之后,逐步对"文化大革命"采取怀疑观望以至抵制反对的态度,许多人因此也遭到了程度不同的打击。以上这些情况,不可避免地给一些投机分子、野心分子、阴谋分子以可乘之机,其中有不少人还被提拔到了重要的以至非常重要的地位。

历史已经判明,"文化大革命"是一场由领导者错误发动,被反革命集团利用,给党、国家和各族人民带来严重灾难的内乱。

尽管如此,在此期间中国的社会主义制度仍然保存着。广大工人、农民、解放军指战员、知识青年和许多领导干部的共同斗争,使"文化大革命"的破坏受到一定程度的限制。他们中的绝大多数人在极端困难的情况下,坚持在各自的工作岗位上顽强奋斗,使中国的国民经济虽然遭到巨大损失,仍然取得了进展。粮食生产保持了比较稳定的增长。工业交通、基本建设和科学技术方面取得了一批重要成就。在国家动乱的情况下,人民解放军仍然英勇地保卫着祖国的安全。对外工作取得巨大突破,打开了新的局面。当然,这一切绝不是"文化大革命"的成果;相反,如果没有"文化大革命",中国的社会主义建设事业会取得大得多的成就。

"文化大革命"为什么会发生

"文化大革命"是毛泽东发动和领导的。他为什么要那样做?这是许多人觉得难以理解的问题。

毛泽东一直把建设社会主义新中国作为自己奋斗的目标。他渴望在中国建立起一整套全新的社会制度，并且鉴于苏联的教训，力求找到一条适合中国特点的社会主义道路。但那时中国共产党对什么是社会主义、怎样建设社会主义的认识并不清楚。"毛泽东和中央主要领导人很自然地按照战争年代经验来设计社会主义的蓝图。一九五八年，毛泽东提出了以'一大二公'为特点的人民公社构想。政社合一，工农商学兵融为一体，生活集体化，农村城市化，城市农村化，劳动人民知识化，知识分子劳动化，限制资产阶级法权，毛泽东认为，这就是现时可以实行的社会制度。""'大跃进'失败后，他虽然纠正了一些具体措施中的错误，但对这种超越阶段的设想仍然没有放弃，真诚地坚持认为，自己设计的这一目标和手段是完全正确的，是可以实现的。"[1]这种很大程度上带有空想色彩的社会主义构想本来是行不通的，但对此持有怀疑或不赞同的主张却被他视为阶级斗争的表现。这就使矛盾发展得更加尖锐了。

中共八届十中全会以后，毛泽东越来越担心：中国以后会背离社会主义道路，走上资本主义道路，这就是他常说的"出修正主义"或"资本主义复辟"。他最忧虑几种现象：一是中央领导层中出现的重大分歧，特别是农村工作中"包产到户"的主张得到不少中央领导人支持，被他认为是离开社会主义道路、走资本主义道路的表现，引起他对这些领导人的严重不信任。二是社会主义社会中出现的黑暗面，特别是干部严重脱离群众的现象。他在一九六〇年初就讲过："所有制问题基本解决以后，最重要的问题是管理问题，即全民所有的企业如何管理的问题，集体所有的企业如何管理

---

[1] 刘国光主编：《中国十个五年计划研究报告》，第286页。

的问题,这也就是人与人的关系问题。""在劳动生产中人与人的关系,也是一种生产关系。在这里,例如领导人员以普通劳动者态度出现,以平等态度待人,改进规章制度,干部参加劳动,工人参加管理,领导人员、工人和技术人员三结合,等等,有很多文章可做。""这种关系是改变还是不改变,对于推进还是阻碍生产力的发展,都有直接的影响。"[1]一九六五年一月,他读了在洛阳拖拉机厂蹲点的第八机械工业部部长陈正人给薄一波的信。陈正人在信中说:经过蹲点,"开始发现了厂里从不知道的许多严重问题。这些问题,如果再让其继续发展,就一定会使一个社会主义的企业有蜕化为资本主义企业的危险"。"特别值得重视的是:一部分老干部在革命胜利有了政权以后,很容易脱离群众的监督,掌管了一个单位就往往利用自己的当权地位违反党的政策,以致发展到为所欲为。"薄一波在信旁批道:"这是个问题,所以成为问题,主要是由于我们多年来没有抓或很少抓阶级斗争的缘故。"毛泽东把这个问题看得很严重,在信上批示:"我也同意这种意见。官僚主义者阶级与工人阶级和贫下中农是两个尖锐对立的阶级。""如果管理人员不到车间、小组搞'三同',拜老师,学一门至几门手艺,那就一辈子会同工人阶级处于尖锐的阶级斗争状态中,最后必然要被工人阶级把他们当作资产阶级打倒。"[2]"四清"运动中被夸大地揭出的种种问题,使他认为干部蜕化变质的状况有着相当大的普遍性,更增强他那种紧迫感。三是他认为文化教育领域内,封建主义、资本主义的东西仍占着优势。前引他对文艺工作批示中所说"十五年来,基本上(不是一切人)不执行党的政策,做官当老爷,不去接近工

---

[1]《毛泽东文集》第8卷,第134、135页。
[2] 毛泽东在陈正人1964年12月4日给薄一波的信上的批注,1965年1月15日。

农兵，不去反映社会主义的革命和建设。最近几年，竟然跌到修正主义的边缘"，便是一个例子。"文化大革命"一开始，就把斗争重点指向"走资本主义道路的当权派"和"资产阶级的反动学术权威"，不是偶然的。

显然，毛泽东这时对国内阶级斗争形势的估计已十分严重。而主持中央"一线"工作的领导人和许多大区、省一级的领导人对此却没有作出相应的反应。这使毛泽东非常不满。他对身边的护士长吴旭君说过：

> 我多次提出主要问题，他们接受不了，阻力很大。我的话他们可以不听，这不是为我个人，是为将来这个国家、这个党，将来改变不改变颜色、走不走社会主义道路的问题。我很担心，这个班交给谁我能放心。我现在还活着呢，他们就这样！要是按照他们的作法，我以及许多先烈们毕生付出的精力就付诸东流了。
>
> 我没有私心，我想到中国的老百姓受苦受难，他们是想走社会主义道路的。所以我依靠群众，不能让他们再走回头路。
>
> 建立新中国死了多少人？有谁认真想过？我是想过这个问题的。[1]

他逐渐形成这样的想法：中国会不会放弃社会主义而走上资本主义道路，关键不在城乡基层，而是在上层，尤其是中央。如果在

---

[1] 访问吴旭君的谈话记录，2002年1月18日。

中国自上而下地出修正主义，它的危险比自下而上地出修正主义要大得多，改变颜色也快得多。只要把上面的问题解决了，下面的问题不难慢慢地收拾。他在一九六四年底讨论四清运动的中央工作会议上，借用"豺狼当道，安问狐狸"的成语说："先搞豺狼，后搞狐狸，这就抓到了问题。你不从当权派着手不行。"[1]

一九六六年那年，毛泽东七十三岁了。他的心情很焦躁，觉得要在有生之年，把他忧虑的这个问题解决好。五月五日，他会见谢胡率领的阿尔巴尼亚党政代表团时说："我的身体还可以，但是马克思总是要请我去的。""我们是黄昏时候了，所以，现在趁着还有一口气的时候，整一整这些资产阶级复辟。""要把两个可能放在心里：头一个可能是反革命专政、反革命复辟。把这个放在头一个可能，我们就有些着急了。不然就不着急，太平无事。如果你不着急，太平无事，就都好了？才不是这样。"[2]六月十日，他对越南领导人胡志明说："我们都是七十以上的人了，总有一天被马克思请去。接班人究竟是谁，是伯恩斯坦、考茨基，还是赫鲁晓夫，不得而知。要准备还来得及。总之，是一分为二，不要看现在都是喊'万岁'的。"[3]

毛泽东不是已在中共八届十中全会上重提阶级斗争、发动城乡社会主义教育运动、开展文化批判了吗？但他逐渐觉得那些还远远不够，只是抓了个别问题和个别人物，并没有全盘地抓起来。他不久后对阿尔巴尼亚的卡博和巴卢库说："这些都不能解决问题，就没有找出一种形式，一种方式，公开地、全面地、由下而上地来揭

---

[1] 毛泽东在中央工作会议上的插话记录，1964年12月20日。
[2] 毛泽东同阿尔巴尼亚党政代表团谈话记录，1966年5月5日。
[3] 毛泽东同胡志明谈话记录，1966年6月10日。

发我们的黑暗面。"[1]

毛泽东迫切地期望能实现并保持一个公正、平等、纯洁的社会。他认为现在中国的社会主义社会中依然存在许多"黑暗面",特别是在劳动生产中人与人的关系方面,一些问题还在不断发展。在他看来,这些问题只有依靠放手发动群众来解决,"文化大革命"正是他所想找到的那"一种形式,一种方式",一旦"公开地、全面地、由下而上地发动群众来揭发我们的黑暗面",就可以充分揭露并消除这些"黑暗面",实现他所理想的那样的社会。为了防止国家改变颜色,他觉得乱一阵也不怕,付出些重大代价也是值得的。这就是他所说:"天下大乱,达到天下大治。"

西方有些学者喜欢把毛泽东发动"文化大革命"的原因归结为"权力斗争"。这种看法,客气一点地说也只是主观臆测之词,并不符合实际:一来,当时没有也不可能有任何人向毛泽东的巨大威望和"权力"挑战;二来,毛泽东当时如果要打倒某个或某些人并不困难,根本用不着"公开地、全面地、由下而上地发动群众"进行这样一场"文化大革命"。

毛泽东的两个极为严重的错误在于:

第一,对社会主义社会中存在的"黑暗面"作了极端夸大的错误估计,甚至混淆了是非,混淆了敌我。长时期领导阶级斗争和群众性政治运动并取得巨大成效的经历,使毛泽东习惯于把社会上存在的种种问题都看成阶级斗争的表现,甚至把一些他所不同意的正当主张也看作"修正主义"或在"走资本主义道路"。中国共产党的各级干部大多有着同他类似的经历,易于接受这种观点。随着

---

[1] 毛泽东同卡博、巴卢库谈话记录,1967年2月3日。

"四清"运动的发展,毛泽东把问题看得越来越严重了。苏联发生的变化,更使他担心只要身边出现"赫鲁晓夫那样的人物",就会使党和国家改变颜色。社会主义社会中本来仍存在种种矛盾,特别是当权的干部和群众的矛盾,但把问题看得越来越严重,就越来越脱离了实际。到发动"文化大革命"时,他已认定:党中央已出现了修正主义,中国已面临资本主义复辟的现实危险。这个估计就完全错误、完全不符合实际情况了。

第二,对怎样消除社会主义社会中存在的"黑暗面",采取了极端错误的方法:不是从大力发展社会生产力下手,在前进过程中逐步解决存在的问题,而是强调"阶级斗争,一抓就灵",希望通过他所习惯的激烈的阶级斗争的办法,放手发动群众,把"走资本主义道路当权派"篡夺的权力重新夺回来,对存在的种种问题作一个总解决。他把"放手发动群众"看成可以不需要各级党组织的领导,群众要怎么做就怎么做。甚至说出这样的话来:"来一个放任自流。""全国的省委、大市委、中等市委,要垮一批。"[1]他认为,这些都没有什么了不起,最终都可以得到控制。但后来的事实证明:在"阶级斗争为纲"的错误思想指导下,一旦没有约束地采取自由放任的态度,一旦无政府主义泛滥起来,中国社会中十七年内积累起来的种种错综复杂的矛盾,包括自以为"不得志"的人同看起来被重用的人、在这件或那件事上心存不满的人以至各种个人间的恩恩怨怨等等矛盾,都在"革命造反"的漂亮口号下,以极端的甚至是无法无天的形式,来一个集中的大爆发。一些大大小小的野心分子更乘此活跃起来,浑水摸鱼,为所欲为。这就像打开潘多拉

---

[1] 八月二十九日常委扩大会纪要,1966年8月29日。

盒子那样失去控制，造成的恶果远远超出毛泽东原来的预料，说明他那些想法严重地背离了实际。这是一个沉重的教训。处于新的历史条件下，在中国已再不能用这种办法来解决社会矛盾。否则，就只会有"天下大乱"，而不能达到"天下大治"。

从这种错误认识出发，形成了他的"无产阶级专政下继续革命"的错误理论。这个理论既不符合马克思主义，也不符合中国实际。说它不符合马克思主义，因为它违反马克思主义关于生产关系必须适合生产力水平这个根本原理。说它不符合中国实际，因为它不符合中国还处于并将长期处在社会主义初级阶段这个最大的实际，并且对存在的问题作了错误的或极端夸大的估计。毛泽东却对这个理论充满自信，把发动"文化大革命"看作可以同建立新中国相提并论的两件大事之一。

由于当时对毛泽东的个人崇拜已达到狂热的程度，由于民主集中制和集体领导已遭到严重破坏，党的权力过分集中于个人，发展到个人专断。一些重要领导人对"文化大革命"提出强烈批评，受到压制和打击。为了发动"文化大革命"，毛泽东重用过林彪、江青等人。这为林彪、江青两个反革命集团提供了机会，使他们能够伪装起来，打着最"革命"的旗号，把"左"的错误推到极端，肆无忌惮地为所欲为，干尽祸国殃民的坏事，造成"打倒一切""全面内战"的全国范围的大动乱，造成国家政治生活中由他们少数人强制大多数人的极端反常的局面，给中国的社会主义建设事业带来前所未有的大破坏，给中国社会的各个方面留下严重的消极后果。这十年，正是世界经济和科学技术取得突飞猛进的十年，中国却陷于"文化大革命"的内乱中，从而更加拉大了中国在经济文化方面同发达国家之间本来存在的巨大差距。

这是我们永远不能忘记的沉痛教训。

"文化大革命"的开始

姚文元《评新编历史剧〈海瑞罢官〉》的发表，是"文化大革命"的导火线。

这篇文章是在江青的指使下写的，发表于一九六五年十一月十日的上海《文汇报》。它经过毛泽东批准（人们当时并不知道）。它的发表引起很大震动，因为文章指名批判了北京市副市长、历史学家吴晗，它的内容根本不是什么文学评论或学术讨论，而充满了浓重的政治性和火药味。它捕风捉影地抓住剧中"退田"和"平冤狱"的内容，写道：在我国已经建立人民公社的情况下，要人民公社"退田"吗？退给谁呢，是地主还是农民？我国是一个实现了无产阶级专政的国家，到底哪个阶级有"冤"，他们的"冤"怎么才能"平"？文章最后明白地点了题："大家知道，一九六一年，正是我国因为连续三年自然灾害而遇到暂时的经济困难的时候，在帝国主义、各国反动派和现代修正主义一再发动反华高潮的情况下，牛鬼蛇神们刮过一阵'单干风'、'翻案风'。"《海瑞罢官》就是这种阶级斗争的一种形式的反映。"[1]这段话清楚地说明了该文的政治意图所在，但实在太牵强了。《文汇报》编辑部收到大量来信来稿的反驳。吴晗也说："《海瑞罢官》是一九六〇年写的，我没有那么大的本领预见到一九六一年要'刮风'。"[2]于是，批判的调子又转到联系一九五九年庐山会议"罢"彭德怀的"官"，说："它的真正主题

---
[1]姚文元：《评新编历史剧〈海瑞罢官〉》，《文汇报》1965年11月10日。
[2]《光明日报情况简编》第362期，1965年11月15日。

是号召被人民'罢官'而去的右倾机会主义分子东山再起。"[1]这同样完全是牵强附会。

并不赞成这种看法的彭真在一九六六年二月三日主持文化革命五人小组开了一天会,向中央写出《关于当前学术讨论的汇报提纲》。它由中共中央在二月十二日转发,被称为"二月提纲"。《提纲》强调不要把学术问题和政治问题完全混同起来,力图把对《海瑞罢官》的批判约束在学术讨论的范围内进行。它写道:"学术争论问题是很复杂的,有些事短时间内不容易完全弄清楚。""要坚持实事求是、在真理面前人人平等的原则,要以理服人,不要像学阀一样武断和以势压人。""对于吴晗这样用资产阶级世界观对待历史和犯有政治错误的人,在报刊上的讨论不要局限于政治问题,要把涉及到各种学术理论的问题,充分展开讨论。如果最后还有不同意见,应当容许保留,以后继续讨论。""报刊上公开点名作重点批判要慎重,有的人要经过有关领导机构批准。"[2]

与"二月提纲"起草和发出同时,跟它唱对台戏的是江青受林彪委托在上海主持召开近二十天的"部队文艺工作座谈会",在三月间形成一个《座谈会纪要》。它耸人听闻地写道:文艺界在建国后十五年来,"被一条与毛主席思想相对立的反党反社会主义的黑线专了我们的政,这条黑线就是资产阶级的文艺思想、现代修正主义的文艺思想和所谓三十年代文艺的结合"。毛泽东在审阅《纪要》时又加了:"搞掉这条黑线之后,还会有将来的黑线,还得再斗争。"[3]这个《纪要》,最初没有下发,但在高层中已经传开。后

---

[1] 戚本禹:《〈海瑞骂皇帝〉和〈海瑞罢官〉的反动本质》,《人民日报》1966年4月2日。
[2] 中共中央批转《文化革命五人小组关于当前学术讨论的汇报提纲》,1966年2月12日。
[3] 《林彪同志委托江青同志召开的部队文艺工作座谈会纪要》,1966年3月。

来经毛泽东批准,在四月十日由中共中央转发。"'文艺黑线专政论'的出笼,不仅整个否定了建国以来文化艺术界的巨大成就,从文化领域打开了突破口,而且搅乱了全党和全国人民的思想,助长了'怀疑一切'的'左'倾思潮。所谓'黑线专政论'很快扩及其他各个领域,为整个否定建国后的十七年、进行一场所谓'一个阶级推翻一个阶级'的革命制造了'事实',给当时已经发展得十分严重的政治批判运动火上加油。"[1]以后盛行一时的到处批斗"黑线""黑帮"的提法,就是从这里来的。

一个《提纲》,一个《纪要》,是明显尖锐对立的两个文件。它实际上向全国公开了中央上层由来已久的意见分歧。

五月十日,上海的《解放日报》和《文汇报》又刊登姚文元所写的《评"三家村"》,指名批判中共北京市委书记处书记邓拓、市委统战部部长廖沫沙和吴晗在《前线》和《北京日报》连续刊登的《燕山夜话》和《三家村札记》,并且在最后写道:"不管是'大师',是'权威',是三家村或四家村,不管多么有名,多么有地位,是受到什么人指使,受到什么人的支持,受到多少次吹捧,全都揭露出来,批判他们,踏倒他们。"[2]谁看了都明白,这场政治批判并不止于邓拓、廖沫沙、吴晗这些人,在背后还有"指使"和"支持"他们的更大的人物,将被"全都揭露出来","踏倒他们"。这就造成了一种极为紧张的政治空气。

已是一片"山雨欲来风满楼"的肃杀气象,预示着一场更加猛烈的政治风暴很快就要到来。

一九六六年五月中共中央政治局扩大会议和同年八月中共八届

---

[1] 金春明:《"文化大革命"史稿》,第143页。
[2] 姚文元:《评"三家村"》,《解放日报》1966年5月10日。

十一中全会的召开,是"文化大革命"全面发动的标志。

那次中央政治局扩大会议,是五月四日至二十六日在北京举行的(此时毛泽东在杭州)。它继前一段已陆续召开的多次会议,进一步集中批判彭真、罗瑞卿、陆定一、杨尚昆。斗争显然已进一步升级,表明"修正主义"不只是出在文化领域内,而且也出在党、政、军的高层领导中。十六日,会议通过经毛泽东多次修改的《中共中央通知》(以后被称为"五一六通知"),决定撤销中央批转的《文化革命五人小组关于当前学术讨论的汇报提纲》,撤销文化革命五人小组,重新设立文化革命小组(以后被简称为"中央文革小组"),隶属政治局常委之下。《通知》对《汇报提纲》进行了极其尖锐的批判,说它在国内正面临一场伟大的无产阶级文化革命高潮时"力图把这个运动拉向右转","是彻头彻尾的修正主义"。更加令人震惊的是,毛泽东在《通知》中加写的两段话:

> 高举无产阶级文化革命的大旗,彻底揭露那些反党反社会主义的所谓"学术权威"的资产阶级反动立场,彻底批判学术界、教育界、新闻界、文艺界、出版界的资产阶级反动思想,夺取在这些文化领域中的领导权。而要做到这一点,必须同时批判混进党里、政府里、军队里和文化领域的各界里的资产阶级代表人物,清洗这些人,有些则要调动他们的职务。尤其不能信用这些人去做领导文化革命的工作,而过去和现在确有很多人在做这种工作,这是异常危险的。

> 混进党里、政府里、军队里和各种文化界的资产阶级代表人物,是一批反革命的修正主义分子,一旦时机成熟,他们就

会要夺取政权,由无产阶级专政变为资产阶级专政。这些人物,有些已被我们识破了,有些则还没有被识破,有些正在受到我们信用,被培养为我们的接班人,例如赫鲁晓夫那样的人物,他们现正睡在我们的身旁,各级党委必须充分注意这一点。[1]

这个《通知》集中反映了毛泽东对当时党和国家政治形势的错误判断。它骇人听闻地提出:在党内、政府内、军队内和各种文化界,已经混进一批反革命修正主义分子,一旦时机成熟,就会要夺取政权;这些人物,有些还没有被识破,甚至正受到我们的信用,被培养为我们的接班人,赫鲁晓夫那样的人物现在正睡在我们的身旁。问题从"走资本主义道路当权派"又升级为"一批反革命的修正主义分子"。这个说法根本没有事实根据,不但严重地混淆了是非,而且严重地混淆了敌我,人为地形成一种异乎寻常的紧张空气。毛泽东自己不出席这样重要的会议,而他加写的这些话在会上一字不改地得到通过,这进一步反映出中共中央的领导已由个人独断取代了集体领导。

十八日,林彪在会上更是杀气腾腾地讲了一篇"政变经"。他说:

最近有很多鬼事,鬼现象,要引起注意。可能发生反革命政变,要杀人,要篡夺政权,要搞资产阶级复辟,要把社会主义这一套搞掉。

罗瑞卿是掌军权的,彭真在中央书记处抓去了很多权。罗

---

[1]《中国共产党中央委员会通知》,1966年5月16日。

长子的手长，彭真的手更长。文化战线、思想战线的一个指挥官是陆定一。搞机要、情报、联络的是杨尚昆……笔杆子、枪杆子，夺取政权靠这两杆子。所以很值得我们注意，思想上不能麻痹，行动上要采取具体措施，才能防患于未然。

不要在千头万绪、日理万机的情况下，丧失警惕性。否则，一个晚上他们就要杀人，很多人头要落地，国家制度要改变，政权要变颜色，生产关系就会改变，由前进变成倒退。[1]

像这样来谈"政变"问题，新中国成立以来从不曾有过。林彪无中生有地描绘出一幅令人毛骨悚然的虚幻图景，仿佛人民共和国已处于生死存亡的关头，如果不愿坐以待毙，就必须断然采取越出常规的紧急行动。这自然使本来已十分紧张的气氛进一步升级。

林彪在讲话中鼓吹："毛主席的话，句句是真理，一句超过我们一万句。""他的话都是我们的行动准则。谁反对他，全党共诛之，全国共讨之。"这就使本已严重存在的个人崇拜狂热更加泛滥起来。

二十三日，会议决定停止彭真、陆定一、罗瑞卿、杨尚昆在中共中央书记处的职务，撤销彭真的北京市委第一书记和市长职务，撤销陆定一的中央宣传部部长职务。二十六日，会议结束。二十八日，中共中央发出通知：中央文化革命小组由陈伯达任组长，康生任顾问，江青、张春桥等任副组长，王力、关锋、戚本禹、姚文元等为组员。

这次会议，使"文化大革命"的"左"的方针在中共中央占据

---

[1] 林彪在中共中央政治局扩大会议上的讲话，1966年5月18日。

了支配地位，并且相应地在组织上做了调整，中央文革小组掌握了中央的很大部分权力，事实上成为"文化大革命"中煽动"打倒一切、全面内战"的指挥部。

六月一日，在陈伯达率领的工作组主持下，《人民日报》发表了一篇火药味十分浓的社论——《横扫一切牛鬼蛇神》。大家预感到一场凶猛的狂风暴雨就要来临了。

这时，毛泽东正在考虑：单靠发表一些政治批判文章（不管它写得怎样尖锐），单靠采取一些组织措施（不管它牵动到多么高的层面），都还远远不够。这些文章在知识界中震动很大，但社会上大多数人仍不那么注意，从事行政、经济工作的人也以为同自己关系不大，仍在忙各自的业务工作，没有形成全国性的大规模群众运动。在毛泽东看来，这样不足以形成一股势不可挡的巨大冲击力量，不足以解决他所深深忧虑的中国出不出"修正主义"的问题，关键是一定要自下而上地把群众放手发动起来，揭露旧体制中存在的一切"黑暗面"，创造出一个前所未有的、热气腾腾的、大风大浪的新局面来，而这依靠原有的机构、秩序和做法已不行了。

怎样才能做到这一点？它的突破口在哪里？毛泽东抓住了两个具有巨大冲击性的力量：一个是大字报，一个是红卫兵。

先说大字报。

就在《人民日报》发表《横扫一切牛鬼蛇神》社论的同一天，毛泽东看到北京大学哲学系党总支书记聂元梓等七人所写的《宋硕、陆平、彭珮云在文化革命中究竟干些什么？》的大字报。这张大字报事实上是在康生和他的妻子曹轶欧指使下写出来的。它写道："反击向党向社会主义向毛泽东思想猖狂进攻的黑帮，这是一场你死我活的阶级斗争，革命人民必须充分发动起来，轰轰烈烈、义愤声讨、开大会、出大字报就是最好的一种群众战斗形式。""打破修正主义的种种控制和一切阴谋鬼计，坚决、彻底、干净、全部地消灭一切牛鬼蛇神、一切赫鲁晓夫式的反革命的修正主义分子，把社会主义革命进行到底。"[1]毛泽东觉得，公开发表这张大字报，可以冲破原有的秩序，使群众放开手脚地行动起来。

根据毛泽东的批示，当晚中央人民广播电台播出了这张大字报，北京大学校园内立刻像开了锅一样，沸腾起来。第二天，《人民日报》又全文刊登这张大字报，并且发表了一篇由王力、关锋起草的《欢呼北大的一张大字报》的评论员文章。后来在中共八届十一中全会期间，毛泽东又给这篇评论员文章加了一条注："危害革命的错误领导，不应当无条件接受，而应该坚持抵制。"谁是"应该坚持抵制"的"错误领导"？可以各有各的理解和解释。这样一来，各级党委实际上就很难继续领导，他们的话没有人听了。

这件事在全国引起强烈反响，局面顿时大变。北京各大中学校里，学生纷纷起来"造修正主义的反"，校园里铺天盖地贴出矛头指向领导干部和教师的大字报，学校党组织陷于瘫痪，乱打乱斗的现象开始出现。

六月三日，刘少奇主持召开中央政治局常委扩大会议，周恩来、邓小平等参加，议出八条指示。"八条指示的主要内容是：一、大字报要贴在校内；二、开会不要妨碍工作、教学；三、游行不要上街；四、内外区别对待，不准外国人参观，外国留学生不参加运动；五、不准到被揪斗的人家里闹；六、注意保密；七、不准打

---

[1]《人民日报》1966年6月2日。

人、污蔑人；八、积极领导，坚持岗位。"[1]这些规定，自然同毛泽东的设想南辕北辙。同一天，中央在一线的领导人派出以河北省委书记处书记张承先为组长的工作组进驻北京大学，代行党委职权；并向各大中学校相继派出工作组。

工作组进入各校后，仍很难控制局面。十八日，北京大学一些学生自行设立"打鬼台"，四处揪人，并且有社会上的坏分子混入。张承先回忆道：

> 据当天下午汇总的情况统计，前后有六十多人被揪斗，多是一般干部，被斗者头上戴高帽，脸上涂黑墨，身上贴大字报，罚跪，揪头发，撕衣服，拳打脚踢，游斗。更加恶劣的是，还发生了多起污辱女同志的流氓行为。经查明，在这场乱揪乱斗事件中，有四个人行为恶劣。一个是庶务科工人刘佳宾，此人原是国民党党员，当过国民党部队的上尉连长，被我军俘虏后，隐瞒身份混入我们内部，上星期就曾带头打过三个人，这一次又是他第一个带头打人。还有一个人在三十八斋前参加乱打乱斗，我到场讲话后，其他人都表示要听"毛主席的话，按照党的政策办事"，并随即散去，而此人却在散会后两分钟不到，又揪来个女同志进行乱打乱斗……问他是哪个部门的，他说是北大附中的。经查附中并无此人。后查明，此人名叫修治才，一九六二年因偷窃被开除，现在没有正当职业。[2]

---

[1] 李雪峰：《回忆"文化大革命"初期的"五十天路线错误"》，《回首"文革"》（下），中共党史出版社2006年1月版，第657—658页。

[2] 《张承先回忆录》，人民教育出版社2003年6月版，第134—135页。

当晚，工作组召开全校师生员工广播大会，由张承先讲话。工作组还作出规定：进行全系批斗必须经系工作组批准；进行全校批斗必须经过校工作组领导批准；建立纠察队，维护斗争秩序；为防止坏人混入，对外校来声援者，安排专人热情接待，但禁止外校来人在北大揪斗人。二十日，在北京主持中央日常工作的刘少奇，把北大工作组关于这件事的简报批转全国。批语写道："现将《北京大学文化革命简报（第九号）》发给你们。中央认为北大工作组处理乱斗现象的办法是正确的、及时的。各单位如果发生这种现象，都可参照北大的办法办理。"

这时，北京一些高等学校中已经出现反对工作组的浪潮。"六月二十日，北京师范大学和北京地质学院发生了造反派赶工作组的'六二〇'事件。""二十一日，清华大学也发生反对工作组的事件。这天，工程化学系二十岁的学生蒯大富在一张大字报上写批语，大意是：现在，权在工作组手里，不代表我们，要再夺取。蒯大富在前几天就提出要赶走工作组，六月二十四日，清华造反派在工作组召开的群众大会上批判工作组。工作组长叶林讲话，指出：蒯大富要向工作组夺权，这是一种反革命行为。六月二十六日，广大师生员工在清华园举行了'拥护工作组'的示威游行。"[1]中共北京市委提出了"抓游鱼，反干扰"的口号，大力控制局势。

毛泽东离开北京已经半年多了。他对运动的看法和正在一线主持日常工作的刘少奇、邓小平根本不同（周恩来从六月十六日到七月一日出访罗马尼亚、阿尔巴尼亚、巴基斯坦，不在北京）。六月中旬，毛泽东离开杭州。他在湖南的长沙和韶山停留一段时间思考

---

[1] 穆欣：《关于工作组存废问题》，《回首"文革"》（下），第639页。

运动的发展趋向后,来到武汉。七月六日,他给江青写了一封长信,要正在武汉的周恩来、王任重看过后,送给江青。他在信中写道:

天下大乱,达到天下大治。

现在的任务是要在全党全国基本上(不可能全部)打倒右派,而且在七八年以后还要有一次横扫牛鬼蛇神的运动,尔后还要有多次扫除。

这次文化大革命,就是一次认真的演习。有些地区(例如北京市),根深蒂固,一朝覆亡。有些机关(例如北大、清华),盘根错节,顷刻瓦解。凡是右派越嚣张的地方,他们失败就越惨,左派就越起劲。[1]

这是毛泽东多日来对怎样看待"乱"的问题反复思考后得出的重要结论。在他看来,中国现在正处在坚持走社会主义道路还是走资本主义道路的紧要关头,形势极为严峻,这是涉及党和国家前途命运的头等大事,其他任何事都无法同它相比。只有下最大的决心,用非常的手段,把群众充分发动起来,形成巨大的冲击力量,甚至不惜以打乱党和国家正常秩序为代价,才能摧毁中国出修正主义的社会基础,建立起一种新的秩序。不如此,不足以解决问题。为了"达到天下大治",即使在"大乱"过程中造成种种损失,从全局来看,付出这样的代价是值得的。

---

[1] 毛泽东同中央文革小组成员等和各大区第一书记的谈话记录,1966年7月25日。

毛泽东的这种看法，自然同刘少奇、邓小平等派遣工作组以维护秩序的意图直接冲突。七月十八日，他回到北京，认为运动搞得冷冷清清，学生受到压制。二十五日，他在一次谈话中说："要改变派工作组的政策。不要工作组，要由革命师生自己搞革命，成立革命委员会，不那么革命的中间状态的人也参加一部分。""最近一个月，工作组是阻碍群众运动，阻碍革命势力，帮助反革命，帮助黑帮。他坐山观虎斗。"[1]二十六日，中央政治局召开扩大会议，决定撤销工作组。在毛泽东看来，派工作组不仅是领导运动的方式方法，而且是一个对待群众的立场和态度，是赞成还是反对搞"文化大革命"的问题。所以，他主张召开一次中央委员会全体会议，以中央的名义正式就"文化大革命"作出决定。

再说红卫兵那件事。

红卫兵首先是在中学里产生的。最早成立红卫兵组织的是清华大学附属中学。六月二十四日，他们贴出《无产阶级革命造反精神万岁》的大字报，写道："革命就是造反，毛泽东思想的灵魂就是造反。""不造反就是百分之一百的修正主义！""修正主义统治学校十七年了，现在不反，更待何时？""我们既然要造反，就由不得你们了！我们就是要把火药味搞得浓浓的。爆破筒、手榴弹一起投过去，来一场大搏斗、大厮杀。什么'人情'呀，什么'全面'呀，都滚一边去！"[2]七月四日，他们又贴出《再论无产阶级的革命造反精神万岁》的大字报。许多中学内也纷纷成立红卫兵组织。

毛泽东回到北京后，清华附中红卫兵把两张大字报寄给毛泽东。七月三十一日，毛泽东写了回信。信中说："两张大字报，说

---

[1] 毛泽东同中央文革小组成员等和各大区第一书记谈话记录，1966年7月25日。
[2] 清华大学附属中学红卫兵：《无产阶级的革命造反精神万岁》，《红旗》1966年第11期。

明对一切剥削工人、农民、革命知识分子和革命党派的地主阶级、资产阶级、帝国主义、修正主义和他们的走狗表示愤怒和申讨，说明对反动派造反有理，我向你们表示热烈的支持。"[1]这封信没有送出，但作为八届十一中全会文件印发了，社会上迅速传布开来。大、中学校中，红卫兵组织立刻风起云涌般普遍成立起来。"革命无罪，造反有理"，成为一时喊得最响亮的口号。不管怎么样的事情，包括不少无法无天的坏事，只要打起"革命造反"的旗号，仿佛就都是正常的，都可以任意去做。

毛泽东这样支持红卫兵，不仅因为他认为学生们年轻，受旧思想影响少，朝气蓬勃，有一股不可阻挡的闯劲，而且还有更深一层的考虑。他曾对身边工作人员说：

> 文革中这些群众主要是年轻人、学生，正是杜勒斯们寄托和平演变希望的最年轻的一代。让他们亲身体验斗争的严重性，让他们把自己取得的经验和认识再告诉他们将来的子孙后代，一代一代传下去，也可能使杜勒斯的预言在中国难以实现。
>
> 我考虑发动群众。我把批判的武器交给群众，让群众在运动中受到教育，锻炼他们的本领，让他们知道什么道路可以走，什么道路是不能走的。我想用这个办法试一试。我也准备它失败。现在看来群众是发动起来了，我很高兴。他们是同意我的做法的。[2]

中共八届十一中全会，八月一日至十二日在北京举行。会议听

---

[1] 毛泽东给清华大学附属中学红卫兵的信，1966年7月31日。
[2] 访问吴旭君谈话记录，2002年1月18日。

取刘少奇报告十中全会以来的中央工作后，着重讨论派工作组的问题。毛泽东批评在一线主持工作的中央领导人的话说得越来越重。八月七日，全会印发了毛泽东在五日所写《炮打司令部——我的一张大字报》。他写道：

> 全国第一张马列主义大字报和人民日报评论员的评论，写得何等好啊！请同志们重读一遍这张大字报和这个评论。可是在五十多天里，从中央到地方的某些领导同志，却反其道而行之，站在反动的资产阶级立场上，实行资产阶级专政，将无产阶级轰轰烈烈的文化大革命运动打下去，颠倒是非，混淆黑白，围剿革命派，压制不同意见，实行白色恐怖，自以为得意，长资产阶级的威风，灭无产阶级的志气，又何其毒也！联系到一九六二年的右倾和一九六四年形"左"而实右的错误倾向，岂不是可以发人深醒的吗？[1]

这段文字虽然没有点名，但谁都看得清楚，主要是指刘少奇，并且提出了中央另外存在一个"司令部"的问题。这是与会人员万万没有想到的。它表明毛泽东已经下了决心，要改变刘少奇的接班人地位。他考虑接替刘少奇位置的人是林彪。这不仅因为林彪比较年轻，更重要的是因为林彪主持中央军委工作以来，鼓吹"突出政治""四个第一"等，同他的想法一致。这次全会选出扩大到十一个人的中央政治局常委，林彪被列为第二位，刘少奇降到第八位。全会没有重新选举中央副主席，但以后只把林彪称为副主席，

---

[1]《人民日报》1967年8月5日。

不再提到刘少奇、周恩来、朱德、陈云的副主席职务。

八月八日，全会通过《关于无产阶级文化大革命的决定》（通常称为"十六条"）。《决定》写道："当前开展的无产阶级文化大革命，是一场触及人们灵魂的大革命，是我国社会主义革命发展到一个更深入、更广阔的新阶段。""在当前，我们的目的是斗垮走资本主义道路的当权派，批判资产阶级的反动学术'权威'，批判资产阶级和一切剥削阶级的意识形态，改革教育，改革文艺，改革一切不适应社会主义经济基础的上层建筑，以利于巩固和发展社会主义制度。"

对怎样进行"文化大革命"，《决定》强调要"'敢'字当头，放手发动群众"。它写道："要信任群众，依靠群众，尊重群众的首创精神。要去掉'怕'字。不要怕出乱子。毛主席经常告诉我们，革命不能那样雅致，那样文质彬彬，那样温良恭俭让。要让群众在这个大革命运动中，自己教育自己，去识别那些是对的，那些是错的，那些做法是正确的，那些做法是不正确的。要充分运用大字报、大辩论这些形式，进行大鸣大放，以便群众阐明正确的观点，批判错误的意见，揭露一切牛鬼蛇神。"[1]

同一天，林彪接见中央文革小组成员，说要弄得翻天覆地，轰轰烈烈，大风大浪，大搅大闹，这半年就要闹得资产阶级睡不着觉，无产阶级也睡不着觉。五天后，他又说：这次要罢一批人的官，升一批人的官，保一批人的官。

中共八届十一中全会，使中共中央在法定程序上确认了"文化大革命"的发动。一场史无前例的政治大动乱已不可避免了。

---

[1]《中国共产党中央委员会关于无产阶级文化大革命的决定》，1966年8月8日。

中共八届十一中全会结束后第六天,八月十八日,百万群众庆祝大会在北京天安门广场隆重举行。参加大会的主要是来自北京和全国各地的青年学生。这次大会的群众规模和热烈场面是建国以来所罕见的。毛泽东在新中国成立后第一次穿上绿军装,出席会议,在六个多小时内一直坚持在场。几万名戴着红袖章的红卫兵在大会上异常引人注目。在天安门城楼上,在东西两侧的观礼台上,站满了红卫兵的代表。天安门广场和广场两侧的东西长安街,都由红卫兵维持秩序。新华社报道说:"在大会进行中,师大女附中一个'红卫兵',登上天安门城楼给毛主席戴上'红卫兵'的袖章。毛主席和她亲切握手。"[1]这次大会把本已存在的个人崇拜发展到更加狂热的程度。

"八一八"大会是运动发展的一个重要转折点。会后,出现了两个重大变化,目的都是为了把"文化大革命"的火越烧越旺。

一个重大变化是:红卫兵开始冲出校园,走上街头,声势浩大地开展所谓"向一切旧思想、旧文化、旧风俗、旧习惯发动了猛烈攻击"的"破四旧"活动,把"革命造反"迅速扩展到全社会。

这些红卫兵中的大多数人,充满热情,认为自己所做的都是正当的"革命行动"。但他们政治上很幼稚,处于狂热状态,政策和法制观念十分淡薄,参加行动的人员又比较复杂,无政府主义思潮在他们中间迅速泛滥起来,做出许多荒唐的举动。他们到处发布通令,把许多传统的有影响的路名、商店名、医院名等斥为"封、资、修"而改换成有着浓厚政治色彩的新名称,在街上强行剪发,剪破他们认为的"奇装异服",在"破四旧"的名义下冲入居民住处抄家。

---

[1]《人民日报》1966年8月19日。

更令人痛心的是很多处发生严重破坏法制、任意打人致死事件。一些著名知识分子如老舍、傅雷因受到人格侮辱而自杀。不少人被强行遣送回乡。党政机关的各部门几乎都因派出过工作组而遭到红卫兵的猛烈冲击，许多负责人被野蛮地揪斗和毒打。

运动中出现的这些极端行为，同毛泽东的初衷并不相符。他通过《人民日报》社论提醒红卫兵用文斗，不用武斗。但从总体来说，他仍认为红卫兵行动的主流是好的，认为他们的激烈行动对破除旧思想和旧秩序、打开一个新局面是需要的，出现某些偏差并不奇怪，有问题也只能到以后再解决，决不能对他们泼冷水，更不能"压制"和"打击"。八月二十一日，他在中央政治局常委扩大会议上说："提倡文斗，不要武斗，这是今天要谈的第一个问题。"但又说："我们不干涉，乱他几个月。我们坚决相信多数人是好人，坏人只占百分之几。"[1]"来一个放任自流"，也是他在八月下旬说的。事实上，在"不干涉""放任自流"的情况下，什么事都会发生。红卫兵中许多严重破坏社会秩序、践踏民主和法制的不法行为，不但没有得到遏制，反而是火越烧越旺。

"八一八"大会后，另一个变化是：出现了红卫兵的全国"大串连"，把"革命造反"的火烧到全国去。

八月下旬起，红卫兵运动已形成全国性大串连的浪潮。北京学生分赴各地，向全国播撒"文化大革命"的火种。各地红卫兵也纷纷涌入北京"取经"。到八月二十八日，外地来京学生已达十四万人。三十一日，毛泽东第二次在天安门广场接见红卫兵。中共中央、国务院发出通知：参加大串连的学生一律免费乘坐火车，伙食

---

[1] 毛泽东在中共中央政治局常委扩大会议上的讲话记录，1966年8月21日。

和住宿由当地政府安排，费用由国家财政开支。这样，大串连更加如火如荼般开展起来。毛泽东在几乎每隔半个月就要接见一次来自全国各地的红卫兵。到这年十一月下旬止，他共八次接见北京和来京串连的红卫兵总共一千一百多万人次。这样的全国大串连，到年底才逐步停息下来。

红卫兵的全国大串连产生巨大的辐射作用。从北京开始的对党政机关的猛烈冲击迅速扩大到全国。中央到地方的各级党政领导机关纷纷被围攻，被"炮打"，被"横扫"。相当多的党政负责人因遭到红卫兵的攻击和责难，被迫没完没了地检讨，始终无法"过关"，有的被野蛮揪斗以至失去人身自由，实际上已无法正常工作。许多党政机关陷入瘫痪或半瘫痪，社会秩序处于失控的无序状态。全国局势日趋混乱。

这种状况不能不使相当多的一批高中级干部感到强烈的怀疑和不满。在基层干部和群众中，信任并支持多年来做过许多好事的各级领导干部的人仍占着大多数，被称为"保守派"。群众中的两派对立日益明显。红卫兵的过激行动受到来自各方面的抵制。怎样把"文化大革命"继续有力地推进下去，便成为毛泽东这时思考的中心问题。他对发动"文化大革命"是下了很大决心的，不惜付出巨大的代价，要通过"天下大乱，达到天下大治"。在他看来，这种来自各个方面，首先是高中级干部中的抵触情绪，同前此刘少奇、邓小平派工作组"打击""压制"群众运动的做法是一脉相承的，是运动前进的主要阻力。这便是提出批判"资产阶级反动路线"和在十月间召开中央工作会议的由来。

批判"资产阶级反动路线"，是在这年国庆时《红旗》杂志社论中提出来的。它写道："如果继续过去的错误路线，重复压制群众的错误,继续挑动学生斗争学生,不解放过去受打击的革命群众,等等,那就是对抗和破坏十六条。在这种情况下,怎么能够正确地进行斗批改呢?""要不要批判资产阶级反动路线,是能不能贯彻执行文化革命的十六条,能不能正确进行广泛的斗批改的关键。"[1]

对什么是"资产阶级反动路线",社论并没有作出明确的界说,但已指明它的主要表现是"压制群众"。这种模糊不清的提法,可以任意对它作出各种解释。这一来,对运动中出现的任何过激和不法行为都不能加以约束,否则就是"压制群众",就是"顽固坚持资产阶级反动路线",都会被围攻和揪斗。除了原来打倒"走资本主义道路当权派"的旗号外,又打出彻底批判"资产阶级反动路线"的旗号,使冲击面更大了。许多部门和地方的领导干部被任意揪走、关押,不知下落,有的甚至被毒打致死。各地还掀起"抓叛徒"的活动,制造出许多冤假错案。整个混乱局面更难收拾。

中央工作会议从十月九日至二十八日在北京举行。会议的主题是批判"资产阶级反动路线",目的是要打通中央各部门和各地方负责干部的思想。陈伯达、林彪在会上作了长篇讲话。林彪说:"几个月来文化大革命中的情况是两头的劲很大,中间就有一点劲头不足,中间甚至还有一点顶牛,局势一度有些紧张。毛主席看到这个形势以后,提议把大家找来谈谈。"他又说:"革命的群众运动,它天然是合理的。尽管群众有个别的部分、个别的人,有'左'有右的偏差,但群众运动的主流总是适合社会的发展的,总是合理的。"[2]这种"群众运动天然合理论",全盘肯定群众运动的自发性,

---

[1]《在毛泽东思想的大路上前进》(社论),《红旗》杂志1966年第13期。
[2] 林彪在中央工作会议上的讲话记录,1966年10月25日。

似乎一切可以由群众说了算，为他不久前提出的"踢开党委闹革命"和社会上正在恶性泛滥的无政府主义思潮进一步提供理论依据；也便于一些野心家假借"革命群众"的名义，为所欲为，浑水摸鱼，做尽坏事。

尽管如此，正遭受红卫兵猛烈冲击的各地、各部门负责人，大多仍思想不通，忧心忡忡。这时，不受任何约束的红卫兵普遍地对各党政机关进行打砸抢，到处刷出某某人罪责难逃、把某某人揪出来示众之类的大标语。不少干部挨批斗，被游街。造反派的队伍迅速扩大，成员也更加复杂。形形色色对社会现实存在不满的人纷纷加入到造反行列中来，在"革命造反"的旗号下，提出种种不合理的或过激的要求。各地党政机关已无法正常工作。这自然使各级干部对"文化大革命"更加抱着抵触态度。

在毛泽东看来，已很难依靠原有的各级党政机关来实现他发动"文化大革命"的预期目标。他已明显失去耐心。"全面夺权"的行动，正在酝酿中。

在这样的混乱局面下，一九六六年国民经济的状况是怎样的呢？

那时候，经济工作的各级领导机构已运转不灵，处于瘫痪半瘫痪状态；红卫兵全国大串连，给铁路运输造成极大压力和破坏，使生产建设必需的物资运输无法得到保证；一些企业中也已出现两派对立，生产处于停产半停产状态。毛泽东提出"抓革命，促生产"，以为抓了"革命"，提高了人的思想觉悟，就能促进生产的发展。林彪、江青等人只管所谓"抓革命"，把经济搞乱，却不负任何责任。作为国务院总理的周恩来，始终抱着对人民对国家高度负责的态度。他无法阻止这场灾难性的"革命"，只能既夜以继日地对红卫兵进行说服教育工作,要他们正确执行政策,不能"打倒一切",力求减少损失;又要在极端困难的环境中尽可能使生产少受损失,保持国民经济继续运行,不致全部瘫痪。这真是常人难以承受的重担。

中央工作会议前,周恩来在九月八日主持制定了《关于抓革命、促生产的通知》和《关于县以下农村文化大革命的规定》两个文件,经毛泽东批准后,在十四日以中共中央名义下发。前一个《通知》规定:各经济部门应当立刻加强或组成指挥机构,保证生产等工作正常进行;职工应当坚守岗位,外来串连的应当迅速返回原工作岗位;学校的红卫兵不要进入工矿企业、科学研究、设计事业单位去串连。后一个《规定》中要求:县以下各级文化大革命,仍按原"四清"的部署结合进行;红卫兵不到县以下各级机关和社、队去串连,县以下的干部和公社社员也不要外出串连;秋收大忙时,应集中力量搞好秋收秋种和秋购,"四清"运动可以暂时停下来。

周恩来对协助他抓经济工作的余秋里、谷牧谈到自己内心的焦虑:

> 你们可得帮我把住经济工作这个关啊!经济基础不乱,局面还能维持,经济基础一乱,局面就无法收拾了。所以,经济工作一定要紧紧抓住,生产绝不能停。生产停了,国家怎么办?不种田了,没有粮食吃,人民怎么能活下去?还能闹什么革命?[1]

---

[1] 谷牧:《回忆敬爱的周总理》,《我们的周总理》,中央文献出版社1990年1月版,第18—19页。

胡乔木曾经评论道："林彪也好，'四人帮'也好，他们的手基本上没有插到国务院里。国务院是个小岛，不管它工作怎么困难，也犯了多少错误，可是，维持这么个小岛是很不容易的。维持了一个国务院，这对全国人民，对中国这整个十年，关系是很大的。有了国务院，经济工作究竟还能够进行，还有领导，不管这个领导犯这个错误那个错误，这都是小事。"[1]

由于这一年上半年的经济形势是好的，由于周恩来等领导人和广大职工、农民在极困难情况下顽强坚持生产，由于各地的党政机构在"全面夺权"前还没有完全瘫痪，一九六六年的国内生产总值仍比上年增长百分之十点七，工业总产值增长百分之二十点九，农业总产值增长百分之八点六。其中，粮食产量比上年增长百分之十点零一，棉花增长百分之十一点三九，钢增长百分之二十五点二七，原煤增长百分之八点六二，原油增长百分之二十八点六五。

这些成绩的取得，是何等不易。

在"全面夺权"的日子里

一九六七年，"文化大革命"局势发生急剧变化，进入一个社会更加动荡、冲突更加激烈、范围更加扩大的新阶段。

这年第一天，《人民日报》《红旗》杂志共同发表元旦社论，发出非同寻常的信号：

一九六七年，将是全国全面展开阶级斗争的一年。

---

[1]《胡乔木文集》第2卷，第138页。

一九六七年，将是无产阶级联合其他革命群众，向党内一小撮走资本主义道路的当权派和社会上的牛鬼蛇神，展开总攻击的一年。

一九六七年，将是更加深入地批判资产阶级反动路线，清除它的影响的一年。

一九六七年，将是一斗、二批、三改取得决定性的胜利的一年。[1]

这篇社论引起极大震动，社会上本来就充满"山雨欲来风满楼"的紧张气氛。"全面展开阶级斗争"是怎么一回事？局势将怎样发展？答案很快就有了，那就是"全面夺权"。这是一个巨大变化：直到一九六六年底，各地造反派对党政机关主要是围攻、"炮打"和揪斗领导干部，还没有从下而上起来"夺权"。

"全面夺权"是从上海开始的。"夺权"的主力已不是学校的红卫兵，而是张春桥、姚文元控制下的工厂和机关干部中的造反派。

本来，中央规定工人要"坚守生产岗位，不要到厂外去串连"，不要成立跨行业的组织。一九六六年十一月初，国棉十七厂造反派头头王洪文等串连成立"上海工人革命造反总司令部"（简称"工总司"），中共上海市委不予承认。同月十日，王洪文等率领两千多名工人强行登上火车，赴京请愿。火车行到安亭车站受阻后，他们便卧轨拦车，造成沪宁铁路交通中断三十小时多，使上海站三十六趟列车无法发出，严重影响铁路交通运输秩序。中央文革副组长张春桥前去时，擅自签字，承认"工总司"是合法的革命组织。返回

---

[1]《把无产阶级文化大革命进行到底》（社论），《人民日报》1967年1月1日。

上海后,"工总司"又调集十万多人在康平路围攻上海另一全市性工人组织"赤卫队"的群众,酿成全国第一起大规模武斗,并把攻击矛头一直对准上海市委。十二月十八日,原上海市委写作组在张春桥指使下,成立"上海市委机关造反联络站",在文化广场召开炮打上海市委大会,揪斗陈丕显等市委和市政府负责人。

一九六七年一月四日,张春桥、姚文元以中央文革小组调查员的名义回到上海。当天,上海《文汇报》造反派宣布接管报社。第二天,上海市委机关报《解放日报》的造反派也宣布接管报社。六日,"工总司"等造反派组织在人民广场联合召开"彻底打倒以陈丕显、曹荻秋为首的上海市委大会"。会上批斗了陈丕显等人,并发出通令称:大会认为以陈丕显、曹荻秋为首的上海市委必须彻底打倒。会后,市委、市政府所有机构被迫停止办公,由造反派取代它们的职能,全市实际权力转移到张春桥、姚文元等人手中。

毛泽东对《文汇报》《解放日报》造反派的夺权很快加以肯定。他在一月八日说:"这是一个大革命,是一个阶级推翻另一个阶级的大革命。这件大事对于整个华东,对于全国各省市的无产阶级文化大革命的发展,必将起着巨大的推动作用。""两个报纸夺权,这是全国性的问题,我们要支持他们造反。""上海革命力量联合起来,全国就有希望。"[1]这次谈话的主要内容,在九日《人民日报》一篇编者按中加以公布。

这个论断是完全错误的。在社会主义社会中,虽然还有某种范围的阶级斗争,但已不存在整个社会的阶级对抗。当无产阶级已经

---

[1] 毛泽东谈话记录,1967年1月8日。

掌握政权的历史条件下，再谈"一个阶级推翻另一个阶级的大革命"，再要求"夺权"，并且把它说成"全国性的问题"，那就成了要求自己推翻自己的荒谬行为，并且便于许多野心家和投机分子乘机浑水摸鱼。它的后果极为严重。

根据毛泽东的要求，一月十二日《人民日报》发表了中共中央、国务院、中央军委、中央文革小组给上海"工总司"等三十二个造反派团体的贺电。贺电中说：

> 你们实行了无产阶级革命派组织的大联合，成为团结一切革命力量的核心，把无产阶级专政的命运，把无产阶级文化大革命的命运，把社会主义经济的命运，紧紧掌握在自己的手里。你们这一系列的革命行动，为全国工人阶级和劳动人民，为一切革命群众，树立了光辉的榜样。

一月十六日，《人民日报》转载《红旗》杂志评论员文章《无产阶级革命派联合起来》，用黑体字刊出毛泽东所说的："从党内一小撮走资本主义道路当权派手里夺权，是在无产阶级专政条件下，一个阶级推翻一个阶级的革命，即无产阶级消灭资产阶级的革命。"这篇评论员文章还写道："上海工人阶级，其他革命群众和革命干部的这一革命行动，标志着我国的无产阶级文化大革命开始了一个新的阶段。"

在这种情况下，各地造反派的夺权活动迅速蔓延。造反派的队伍也越来越复杂，许多对社会现状或个人处境不满的分子纷纷参加进来。在一月份内，山西、贵州、山东、黑龙江等地的造反派先后起来夺权。《人民日报》为此相继发表《西南的春雷》《东北的新曙光》等社论，《红旗》杂志也发表《论无产阶级革命派的夺权斗争》的社论，表明对这些地区夺权活动的支持，对全国产生越来越大的影响，整个局势陷入几乎难以收拾的大混乱局面。

夺权活动在全国范围内迅速展开，事情根本不是如毛泽东预期的那样在分清走社会主义道路还是走资本主义道路后朝着"大联合"的方向发展，更谈不上"达到天下大治"；相反，迅速陷入"打倒一切、全面内战"的混乱、破坏和倒退之中。

各地造反派组织在夺权中，很快形成山头林立的局面，无政府思潮泛滥，实际上是他们间的权力分配问题。许多造反派组织打着"革命"的旗号，以原来受"压制"的"革命群众"代表的面目出现，一旦自己有了点权，便要求"以我为核心"，拉帮结派，为所欲为，顺我者昌，逆我者亡。他们对其他组织采取排斥和打击的态度，争权抢权，相互指责辱骂，甚至争夺机关大印，抢劫秘密档案，派性武斗层出不穷，愈演愈烈。许多抱有野心、敢于冒险、具有很大破坏性的人物，在运动中异常活跃，成为造反派中的骨干力量。地方党政组织和公、检、法部门失去或几乎失去作用。工矿企业停产或半停产，交通严重堵塞，国民经济状况迅速恶化。大批党政军领导干部被造反派"定性"为所谓"走资派""叛徒""特务""黑帮分子"。许多人被任意批斗，戴高帽子，搞"喷气式"，遭到残酷的人身摧残，有的被迫害致死。中共山西省委第一书记卫恒、中共云南省委第一书记兼昆明军区第一政委阎红彦、煤炭工业部部长张霖之、东海舰队司令员陶勇等，相继被残酷揪斗而含冤身亡。整个局势几近失去控制。

这种局面的出现，是毛泽东原来没有料想到的。他在这一年说："有些事情，我们事先也没有想到。每个机关、每个地方都分成两派，搞大规模武斗，也没有想到。"[1]事实的发展已经无情地证明：毛泽东发动"文化大革命"的根本指导思想是违背客观实际的。但他仍没有那样看，只是想采取一些具体措施来加以补救。面对如此混乱的局势，怎么办？这时国内唯一有领导、有组织、能够在一片混乱中成为一股稳定力量的，只有中国人民解放军。

那时，军队自身同样处在严重混乱中。各地在一些军事院校造反派领头下，也在冲击领导机关，揪斗领导干部。一月十四日，中共中央发出《关于不得把斗争锋芒指向军队的通知》，规定：今后，任何人、任何组织都不得冲击人民解放军的机关。

在这前后，为了发挥军队在稳定局势中的作用，毛泽东和中共中央采取一系列重要措施：北京军区派出四千一百多名干部到北大、清华、北航、地质学院、矿业学院，对两万多名师生进行二十天的军政训练；要求军队帮助地方搞好春耕生产；全国绝大多数的省、市、自治区，中央、国务院各部委，一些重要的铁路枢纽站段，大型厂矿企业、港口码头、医院、银行等，都实行了军事管制（教育部、文化部由中央文革小组派人处理有关事宜）。到这年二月中旬，全国已有六千九百多个单位实行军管。这些措施，被总称为"三支两军"，即支左、支工、支农、军管、军训。

人民解放军执行"三支两军"任务，特别是军管和军训这两项措施，在那样混乱的局势下是必要的，对维护生产、稳定局势起了积极作用。当时没有任何其他力量能够代替它。解放军指战员在极其困难复杂的局面下，做了大量工作，努力维持社会秩序、工作秩序、学习秩序和生活秩序，减少了工农业生产和人民生命财产的损

---

[1] 毛泽东同阿中友好协会代表团的谈话记录，1967年12月18日。

失。但是，由于"文化大革命"的整个指导思想错了，"三支两军"工作是在局势极端混乱的情况下不得不采取的非常措施，实际上无法控制住整个动荡的局面；参加这项工作的指战员思想上又缺乏准备，不了解历史情况，缺乏地方工作经验，对生产和地方工作常常瞎指挥，更无法弄清谁该是"支左"的对象，在军队内部也出现严重分歧；加上有林彪、江青集团的插手、干扰、破坏，因而在"三支两军"工作中也产生许多缺点错误，带来消极后果。

随着一月"夺权"风暴席卷全国，整个社会陷于严重动荡中，多数党政军高级干部遭到"残酷斗争，无情打击"。在这种情况下，一批中共中央政治局委员、国务院副总理对"文化大革命"的错误做法，从最初的不理解发展到强烈不满。这种不满突出地表现在三个问题上："文化大革命"要不要党的领导，老干部是不是统统都要打倒，军队还要不要保持稳定。他们把这种强烈不满在中央会议上公开提出来。这是新中国成立以来不曾有过的。

一月十九日，中央军委在京西宾馆开碰头会，主要讨论军队搞不搞"四大"。叶剑英、徐向前、聂荣臻等坚决不同意。第二天继续开会。叶剑英拍了桌子，说：谁想搞乱军队，决不会有好下场。徐向前也说：我们搞了一辈子军队，人民的军队，难道就叫他们几个毁了吗？这件事，当时被称为"大闹京西宾馆"。

二月十六日，周恩来主持召开政治局常委会碰头会。这次会原来是准备讨论"抓革命，促生产"问题的。会议开始前，谭震林责问张春桥："什么群众，老是群众群众，还有党的领导哩！不要党的领导，一天到晚，老是群众自己解放自己，自己教育自己，自己闹革命。这是什么东西？这是形而上学。你们的目的，就是要整掉老干部，你们把老干部一个一个打光。""这一次，是党的历史上斗争最残酷的一次，超过历史上任何一次。"他站起来要走。陈毅说："不要走，要跟他们斗争。""这些家伙上台，就是他们搞修正主义。"他又说：延安整风时有些人拥护毛泽东思想最起劲，挨整的是我们这些人。"历史不是证明了到底谁是反对毛主席吗？以后还要看，还会证明。斯大林不是把班交给了赫鲁晓夫，搞修正主义吗？"李先念说："就是从《红旗》十三期社论开始，那样大规模在群众中进行两条路线斗争，还有什么大串连，老干部统统打掉了。"[1]周恩来也在会上问康生：《红旗》杂志第十三期社论，这么大的事，为什么不叫我们看看。这件事当时被称为"大闹怀仁堂"。

那天晚上，陈毅在中南海接见归国留学生代表，作了七个小时的发言。他说：

> 这样一个伟大的党，只有主席、林副主席、周总理、伯达、康生、江青是干净的，承蒙你们宽大，加上我们五位副总理。这样一个伟大的党，就只有十一个人是干净的？！如果只有这十一个是干净的，我陈毅不要这个干净！把我揪出去示众好了！一个共产党员，到了这个时候还不敢站出来讲话，一个铜板也不值！

> 我们已经老了，是要交班的。但是，绝不交给野心家、两面派！不能眼睁睁看着千百万烈士用自己宝贵生命换来的革命成果付之东流！[2]

也是在这天晚上，张春桥、姚文元、王力向毛泽东汇报"大闹

---

[1] 张春桥、王力、姚文元整理的《二月十六日怀仁堂会议》，1967年2月16日。
[2] 胡石言、吴克斌等：《陈毅传》，当代中国出版社1991年8月版，第610页。

怀仁堂"的情况,讲到陈毅提延安整风这件事,这涉及对延安整风的总体评价,激怒了毛泽东。二月十九日,毛泽东召集会议,发了大脾气,决定召开对陈毅、谭震林、徐向前三个人进行批评的生活会,要他们停职检查。

"大闹怀仁堂"这件事被称为"二月逆流"。在江青等指使下,社会上的造反派扬言反对"资产阶级复辟逆流",各地的无政府主义思潮进一步泛滥,情况更加恶化。这以后,中央政治局停止了活动,实际上由"中央文革"碰头会取代。

四月底,毛泽东同意让因"二月逆流"受到批判的几个人以及多次遭受批判的朱德、陈云等在"五一"节检阅游行队伍时登上天安门城楼,使他们的处境有所改善。但他们对"文化大革命"的态度,毛泽东仍是很不满意的。

局势的发展,也出乎毛泽东意料之外。他原来以为自己能完全控制局势,以为"文化大革命"到这年二、三、四月可以看出眉目,后来又加上一个五月份,而且采取了军事管制等一系列力度较大的措施,想把运动尽快引入他所预期的轨道。可是,动乱这个潘多拉魔盒一旦打开,事态的发展便不依哪个人的意志为转移了。各地派性武斗日趋严重,恶性事件不断发生,已在很大程度上失去控制。

五月间,毛泽东同一个外国军事代表团谈到事情的发展并不完全如他所设想的那样,这在以前还不曾有过。他说:

> 本来在一月风暴以后,中央就在着重大联合的问题,但未得奏效。后来发现各个阶级、各派政治势力还在顽强地表现自己。资产阶级、小资产阶级思想是没有任何力量的,捏成了还要分。所以现在中央的态度只是促,不再捏了。拔苗助长的办

法是不成的。这个阶级斗争的规律,是不以任何人主观意志为转移的。

本来想在知识分子中培养一些接班人,现在看来是很不理想。……批判资产阶级反动路线是知识分子和广大青年学生搞起来的,但一月风暴夺权、彻底革命就要靠时代的主人——广大的工农兵作主人去完成。知识分子从来是转变、察觉问题快,但受到本能的限制,缺乏彻底革命性,往往带有投机性。[1]

他所讲自己"本来"的两个想法:一个是"本来在一月风暴以后,中央就在着重大联合的问题";一个是"本来想在知识分子中(引者注:包括以青年学生为主的红卫兵)培养一些接班人"。结果事情的发展、这些人的所作所为都不是如他本来所想象的那样,使他深感失望。

六月下旬,《人民日报》在转载《文汇报》社论的编者按中,发表毛泽东的一段话:"必须善于把我们队伍中的小资产阶级思想引导到无产阶级革命的轨道,这是无产阶级文化大革命取得胜利的一个关键问题。"[2]这反映出他开始发觉运动的发展已脱离他预期的轨道。

可是,局势却在继续恶化。毛泽东期望的"大联合",是实行军队代表、革命干部代表和革命群众代表"三结合"。随着解放军越来越深地介入到"文化大革命"中,自身也就越来越深地陷入难以解脱的矛盾中。他们的任务是要"支左",但各地几乎都存在两派或几派自命为"革命左派"而又相互对立的群众组织,难以判明

---

[1] 毛泽东同一个外国军事代表团的谈话记录,1967年5月。
[2] 《人民日报》1967年6月25日。

应该支持的是哪一派。一旦支持了这一派,总是立刻引起另一派或几派的猛烈攻击。军队内部的意见也往往并不一致,有的部队支持这一派,有的部队却支持另一派。原有党政机关领导干部的处境更为困难:造反派组织各自选择几个领导干部作为"结合"对象,如果这一派把你作为"结合"对象,另一派就千方百计给你安上种种罪名,要把你打倒,日子比没有被"结合"前更难过。"大联合"在多数地方根本"捏"不起来,谁也不肯罢休,派性斗争只有更加激化。

六月以后,"文化大革命"中的突出现象是:各地的派性武斗大幅度升级。用"热兵器"搞武斗是从六月开始的。有些造反派组织抢军队的武器库,夺走机枪、冲锋枪、子弹、手榴弹等。有的实际上是支持这一派的军队"支左"人员听任他们抢的,甚至是悄悄送给他们的。四川、浙江、广西、江西、湖南、湖北、河南等省区都发生大规模的武斗流血事件,人员伤亡很大,铁路交通堵塞,工业产量迅速下降。

七月间,武汉发生了震动全国的"七二〇事件"。当时担任国务院副总理兼公安部部长的谢富治和"中央文革小组"成员王力,在武汉公开支持一派,称他们是"钢铁的无产阶级革命派",而指责另一派群众组织"百万雄师"是保守组织,引起他们极大愤怒。二十日,在武汉地区拥有多数群众的"百万雄师"和支持他们的一部分军人,冲入东湖宾馆(他们并不知道毛泽东和周恩来当时也住在那里)打伤王力,并把他揪走。林彪、江青等却把这个事件说成针对正在武汉的毛泽东的有计划"兵变",骇人听闻地称为"一个彻头彻尾的反革命事件",而把武汉军区司令员陈再道说成这个事件的"罪魁祸首",并由"中央文革小组"成员关锋执笔,在新华社新闻稿上提出"坚决打倒军内一小撮走资本主义道路的当权派"。七月二十二日,江青在接见河南省造反派代表时,公开支持他们提出的"文攻武卫"的口号。于是,各地武斗进一步升级。有些城市,不同派别各自划分地区,使用警报信号,出动坦克、大炮等重武器,一次武斗中就造成近百人死亡。

　　副总理兼公安部长谢富治在八月七日又提出"砸烂公检法"的荒谬口号。

　　王力回到北京后,在八月七日煽动外交部造反派夺权,说:"外交吓人嘛,别人不能干,了不起,把它神秘化,只有少数专家才能干。""红卫兵就不能干外交?""我看你们现在权没有掌握,有点权才有威风。"在王力的煽动下,外交部造反派冲砸了外交部,宣布"夺取"部党委的大权。二十二日晚,外事口造反派和北京一些红卫兵组织冲击并焚烧了英国驻华代办处,制造了一起建国以来最严重的涉外事件。

　　局势发展到几乎完全失控的地步。周恩来后来说过:"文化大革命运动的发展,如果仅仅是在青年中产生极左思潮,那是可以得到说服和纠正的。问题是有些坏人利用这个机会来操纵群众运动,分裂群众运动,破坏我们的对外关系。这种人只有在事情充分暴露以后才能发现。"[1]

　　八月二十五日凌晨,周恩来单独约见刚从上海毛泽东身边来到北京的代理总参谋长杨成武,向他谈了对近来一系列事件的看法,并把王力八月七日讲话记录交给他,要他送给毛泽东。当天上午,杨成武飞回上海,向毛泽东报告。毛泽东经过一天考虑,下了决

---

[1]《周恩来外交文选》,第483页。

心。他对杨成武说：王、关、戚是破坏文化大革命，不是好人。你只向总理一人报告，把他们抓起来，要总理负责处理。可以先解决王、关，戚暂时不动，以观后效。二十六日，杨成武赶回北京，单独向周恩来报告。周恩来表示：事不宜迟，立刻开会。当晚，宣布将王力、关锋隔离审查。第二年一月，根据毛泽东的指示，对戚本禹同样处理。这说明毛泽东已开始想采取措施制止那种极端混乱失控的局势继续发展。

王、关、戚三人在"文化大革命"开始后，到处煽风点火，不可一世，是许多重大恶性事件的策划者和指挥者。对他们实行隔离审查，对当时正在不断升级的大混乱和大破坏，起了一定的遏制作用。

毛泽东结束两个月零十天的南方之行后，在九月二十三日回到北京。十月七日，中共中央整理转发了《毛主席视察华北、中南和华东地区时的重要指示》。他在《指示》一开始仍对"文化大革命"的形势作了肯定，说："七、八、九三个月，形势发展很快。全国的无产阶级文化大革命形势大好，不是小好。整个形势比以往任何时候都好。形势大好的重要标志是人民群众充分发动起来了。从来的群众运动都没有像这次发动得这么广泛，这么深入。"而这个《指示》的重点是"大联合"问题，尤其是"正确地对待干部"的问题，把它看作解决当前严重混乱状况的关键。他说：

在工人阶级内部，没有根本的利害冲突。在无产阶级专政下的工人阶级内部，更没有理由一定要分裂成为势不两立的两大派组织。……只要两派都是革命的群众组织，就要在革命的原则下实现革命的大联合。

正确地对待干部，是实行革命三结合，巩固革命大联合，搞好本单位斗、批、改的关键问题，一定要解决好。……绝大多数干部是好的，不好的只是极少数。……我们的干部中，除了投敌、叛变、自首的以外，绝大多数在过去十几年、几十年里总做过一些好事！要团结干部的大多数。犯了错误的干部，包括犯了严重错误的干部，只要不是坚持不改、屡教不改的，都要团结教育他们。要扩大教育面，缩小打击面，运用"团结—批评和自我批评—团结"这个公式来解决我们内部的矛盾。在进行批判斗争时，要用文斗，不要搞武斗，也不要搞变相的武斗。有一些犯错误的同志一时想不通，要允许他们思想有反复，一时想通了，遇到一些事情又想不通，也可以等待。要允许干部犯错误，允许干部改正错误。不要一犯错误就打倒。犯了错误有什么要紧？改了就好。要解放一批干部，让干部站出来。

要告诉革命造反派的头头和红卫兵小将们，现在正是他们有可能犯错误的时候。[1]

尽管如此，在毛泽东看来，"文化大革命"形势大好仍是主流，严重的混乱局面只是支流，并不难解决。这样，实际上很难使问题得到解决，混乱仍在继续。

为了使"文化大革命"从理论上得到说明，以便把它的"成果"巩固下来，十一月六日，《人民日报》、《红旗》杂志、《解放军报》联合发表纪念苏联十月社会主义革命五十周年的编辑部文章，说毛

---

[1]《中共中央转发毛主席视察华北、中南和华东地区时的指示》，1967年10月7日。

泽东"创造性地提出了无产阶级专政下继续革命的伟大理论","完整地、彻底地解决了无产阶级专政下继续革命、防止资本主义复辟这一个当代最重大的课题"。并且归纳这个理论的要点是:(一)必须用马克思列宁主义的对立统一的规律来观察社会主义社会。(二)社会主义是一个相当长的历史阶段。在社会主义这个历史阶段中,还存在着阶级、阶级矛盾和阶级斗争,存在着社会主义同资本主义两条道路的斗争,存在着资本主义复辟的危险性。(三)无产阶级专政下的阶级斗争,在本质上,依然是政权的问题。(四)社会上的两个阶级、两条道路的斗争,必然会反映到党内来。党内一小撮走资本主义的当权派,就是资产阶级在党内的代表人物。(五)无产阶级专政下继续进行革命,最重要的,是要开展无产阶级文化大革命。(六)无产阶级文化大革命在思想领域中的根本纲领是"斗私、批修"。[1]

这篇编辑部文章,是陈伯达和姚文元主持起草的。它集中地反映了毛泽东晚年关于"文化大革命"的错误思想,并在发表前经毛泽东看过和同意。在社会主义社会的历史条件下继续发动"一个阶级推翻一个阶级"的"政治大革命"的这种理论,是根本错误的。"'文化大革命'的理论和方法不仅没有克服我们党和国家肌体中确实存在的阴暗面,反而由于对党和国家根本秩序、根本原则的破坏而造成条件,使这种阴暗面大大增长。"[2]"无产阶级专政下继续革命"理论的提出,使"文化大革命"的"左"的错误指导有了更完备的理论形态。

进入一九六八年,随着许多省的革命委员会相继成立,军队干

---

[1]《沿着十月社会主义革命开辟的道路前进》,《人民日报》1967年11月6日。
[2] 龚育之:《在历史的转折中》,第61页。

部一般占着主要地位,不少干部重新出来工作,社会秩序开始逐渐恢复,国内局势比一九六七年要稍稍平稳一些。但已经陷入严重动荡以致失去控制的局面是很难收拾的,何况还有大批造反派骨干进入各级领导机构。有些地区和有些部门,情况仍极混乱,甚至继续恶化。

问题最严重的是在铁路运输方面。二月二日,津浦铁路上两列客车遭到武装抢劫,乘务员数人被绑架,枪支等被抢走。这条铁路的几处路段被毁,通讯调度中断,几座铁路桥、公路桥被炸。四日,周恩来将铁道部军管会生产指挥部有关报告送给毛泽东,并且写了一封信说:这些破坏铁路、炸毁桥梁的行动已超出派性,完全是反革命行为,必须实行专政措施。毛泽东阅后批示:完全同意,退总理办。

这中间又出人意料地发生了"杨、余、傅事件"。杨成武当时是人民解放军代总参谋长,余立金是空军政治委员,傅崇碧是北京卫戍区司令员。这件事是林彪、江青联手发动的。他们把这三人看作异己力量,发动突然袭击,以莫须有的罪名把他们打倒。它的最重要后果,就是由黄永胜任总参谋长,建立由他主持的军委办事组,使林彪能直接控制军委的办事机构。后来,毛泽东在八大军区司令员对调时,对这件事作了自我批评:"所谓的'杨、余、傅事件'是林彪搞的,我听了一面之词,所以犯了错误。"[1]

对毛泽东来说,他这时关注的重点仍放在制止武斗、实现"三结合"的大联合上。但许多地方的大规模武斗不但仍在继续,而且十分激烈。这出乎毛泽东的意料之外。对它的原因,毛泽东没有也

---

[1] 毛泽东同出席军委扩大会议全体人员的讲话记录,1973年12月21日。

不可能认识到这是他自己发动"文化大革命"的错误理论和错误实践必然导致的结果；相反，却从他习惯的"以阶级斗争为纲"的思路出发，又一次作出错误判断，认为一定有阶级敌人，特别是国民党残余力量在背后操纵指挥。他曾说："这些事情，我们事先也没有想到。每个机关、每个地方都分成了两派，搞大规模武斗，也没有想过。等到事情出来以后，就看出了现象。""这绝不是偶然的事，是尖锐的斗争。解放后包下来的国民党、资产阶级、地主阶级、国民党特务、反革命——这些就是他们武斗的幕后指挥。"[1]

基于这种认识，四月十日，报上用黑体字刊出毛泽东对"文化大革命"性质的新判断，认为它又是"无产阶级和国民党反动派长期斗争的继续"。这使阶级斗争的扩大化进一步升级："文化大革命"初期冲击的对象，主要是党政领导干部和高级知识分子，这一下又要清查解放前同国民党有过这样那样关系的人，而社会上在全国解放前和国民党有过不同程度关系的人是很多很多的，这一下打击面就更广了。

"清理阶级队伍"就是在这种错误指导思想下开展起来的。五月十五日，先由北京市革命委员会全体会议通过并发出《关于清理阶级队伍工作中几个问题的通知》。接着，这个运动就在全国范围内迅猛展开。

尽管在中共中央文件中也一再强调要正确掌握政策，严禁逼供信，防止扩大打击面，实际生活中这些都没有做到。它的原因在于：对敌情作了过分严重的估计，又在"文化大革命"以来异常混乱的无政府状态和极为紧张的政治氛围中，采取"大民主"以至"群

---

[1] 毛泽东同阿中友好协会代表团的谈话记录，1967年12月18日。

众专政"等方式,结果,各地到处出现对被怀疑有历史问题或视为有现行反革命行为的人,任意扣押、侮辱、逼供信,还有坏人无中生有地挟嫌诬告的,导致不少人非正常死亡。它波及社会的方方面面,时间虽不长,造成的后果却很严重,是十分令人痛心的。

这时,各地的武斗仍在继续,在一些地区还出现一些恶性事件。中共中央感到,必须用更大的决心,采取更严厉的措施,来制止这种造成严重灾难的派性武斗。

在各地武斗中,广西的情况最为严重:一部分人破坏铁路交通,造成无法通车;他们连续冲击人民解放军机关和部队,抢夺武器装备,杀伤指战员,在柳州就抢了一千八百多万发子弹;两派还建筑工事,设立据点,在武斗中造成群众大量伤亡。六月十三日,中央发出特急电报,他们仍拒不执行。七月三日,经毛泽东批准,由中共中央、国务院、中央军委、中央文革发出布告,称为"七三布告",以严厉的措辞,责成他们立即停止上述行为,并且指出:"对于确有证据的杀人放火、破坏交通运输、冲击监狱、盗窃国家机密、私设电台等现行反革命分子,必须依法惩办。"[1]

但是,一些地区的武斗并没有因"七三布告"的发布而停止下来。在陕西又出现专业的武斗队,连续制造一系列极其严重的事件,包括:抢劫国家银行、仓库、商店;烧毁和炸毁国家仓库、公共建筑和人民房屋;抢劫车船,中断铁路、交通、邮电,私设电台;连续冲击人民解放军的机关部队,抢夺武器装备,杀伤指战员。七月二十四日,根据毛泽东的批示,中共中央、国务院、中央军委、中央文革再次发出《布告》,称为"七二四布告"。《布告》规定:

---

[1] 中共中央、国务院、中央军委、中央文革《布告》,1968年7月3日。

一、任何群众组织、团体和个人，都必须坚决、彻底、认真地执行伟大领袖毛主席亲自批准的"七三布告"，不得违抗。二、立刻停止武斗，解散一切专业武斗队，教育那些受蒙蔽的人回去生产。拆除工事、据点、关卡。三、抢去的现金、物资，必须迅速交回。四、中断的车船、交通、邮电，必须立即恢复。五、抢去人民解放军的武器装备，必须立即交回。六、对于确有证据的杀人放火、抢劫、破坏国家财物，中断交通通讯，私设电台，冲击监狱、劳改农场，私放劳改犯的现行反革命分子以及幕后操纵者，必须坚决实行无产阶级专政，依法惩办。[1]

"七三布告"和"七二四布告"的相继发表，在全国范围内产生了巨大的威慑作用，使国内紧张局势得到明显缓解。但在一些地区又发生把群众组织一些严重错误行动定为反革命事件，从而在这些地区造成严重后果。

紧接着，毛泽东又采取一项大行动：直接找北京高等学校造反派组织的头头谈话，对他们发出严厉警告。

"文化大革命"开始以来，得到江青和"中央文革小组"支持的北京高等学校造反派组织一直派人到全国各地串连，设联络站，煽风点火，兴风作浪，不少地区的恶性事件是在他们直接指挥下发生的；各地造反派组织也纷纷成立"驻京联络站"，在一九六七年达到数千人。这是武斗不止、造成严重伤亡的重要风源。它们的头面人物是：北京大学聂元梓、清华大学蒯大富、北京师范大学谭厚兰、北京航空学院韩爱晶、北京地质学院王大宾，当时号称"五大

---

[1] 中共中央、国务院、中央军委、中央文革《布告》，1968年7月24日。

领袖"。

那时候,北京高等学校多数师生已对这种无休无止、徒然造成严重破坏的派性武斗十分厌倦,做了"逍遥派"。但聂元梓、蒯大富等自恃"造反有功",又有中央文革做"后台",依然一意孤行,不仅插手各地,而且在学校内部制造流血事件,尤以清华大学最为严重。《北京市中级人民法院刑事判决书》写道:

> 一九六八年五月二十九日,被告人蒯大富召开"井冈山兵团文攻武卫总指挥部"头头会,决定五月三十日凌晨三时攻打在清华大学东区浴室楼的学生。蒯大富亲自下令拉闸断电,发出进攻信号,先后使用了偷袭、强攻、火攻等手段,造成学生卞雨林、许恭生、工人段洪水死亡。七月初,蒯大富又召开"文攻武卫总指挥部"头头会,决定武力"封锁"科学馆。按照蒯大富对进出科学馆的人可以开枪的决定,七月四日凌晨,张行(已判刑)开枪打死了学生朱育生;七月五日,胡远(已判刑)开枪打死了学生杨志军。为了武斗,在蒯大富主持的"总部"会议上,还决定制造、运输枪支弹药。
>
> 一九六八年七月二十七日上午,"工农毛泽东思想宣传队"进入清华大学,宣传制止武斗,收缴武器,拆除武斗工事。被告人蒯大富同"井冈山兵团文攻武卫总指挥部"头头任传仲等人紧急策划后,决定"抵抗、还击",不让工人进楼。这一决定,向各武斗据点作了传达。下午一时许,蒯大富在静斋楼道拔出手枪,叫嚷要和工人"拼了",并在离开静斋时把数千发手枪子弹交给了武斗队员。任传仲等按照蒯大富"抵抗、还击"的决定,带领人员手持长矛、枪支、手榴弹向赤手空拳的宣传队

员进行袭击,致使宣传队员王松林、张旭涛、潘志宏、韩忠现、李文元惨遭杀害,七百三十一人受伤。[1]

工人"宣传队"是毛泽东决定向清华园派出的。这件事使他极为愤怒。七月二十八日凌晨,毛泽东紧急召见聂元梓、蒯大富等五人。谈话持续达五小时。毛泽东严厉地说:"第一条我是讲你们脱离群众。这个群众就是不爱打内战。有些人讲,广西布告只适用于广西,不适用北京。那好啊,现在我们又发了一个陕西的。又会有人讲,只适用陕西。那么就发一个全国的通告。无论什么地方,凡有所列举的罪行之一者,都作为反革命分子处理。""个别的捉起来。如果成股反呀,打解放军啦,破坏交通啦,我看消灭它,这是土匪、国民党!""如果坚持不改,坚持要这么搞,那么抓起来,这是轻的。重的呀,拿重武器破坏交通呀,那要用兵去把它围剿!"

聂元梓、蒯大富等肆无忌惮的行动历来受到"中央文革小组"的指使和支持。毛泽东的严厉批评,使在场的江青十分尴尬。她推托地对那些人说:"我们一直是心疼你们的。怎么办?你们后头那个东西,我们也搞不清楚。你们当面听我的话,背后也不听。有的呢?也听一些。"毛泽东接着说:"现在我们采取了一个办法,就是工人伸出'黑手'。你们再搞,就是用工人来干涉。无产阶级专政!""现在是轮到一些小将犯错误的时候。"江青又对韩爱晶说:"我有错误,宠了你。""宠坏了,就是宠坏了。现在我看还是主席这个方法好。"韩爱晶说,"别的我不怕,我就怕中央文革对我们几

---

[1]《历史的审判》(下),群众出版社2000年10月版,第177—178页。

个不要了。"[1]谈话后，北京市由大专院校红代会出面召集四十四个大专院校代表进行传达。有武斗的六所院校停止武斗，拆除工事，收缴武器。聂元梓、蒯大富等在大会上作了检查。到八月底，首都五十九所高等院校全部有工人宣传队进驻。

八月十九日，毛泽东同中央文革碰头会成员谈话，作了一个重要判断："今年下半年，整顿、教育是差不多了，是时候了。""九月或十月要开个会"，"叫做工作会议或全会，全会到半数以上就可以。"[2]

局势发展得很快。八月十日至九月一日，云南、福建、广西、西藏、新疆相继成立革命委员会。至此，全国二十九个省、市、自治区都已成立革命委员会，当时称为"全国山河一片红"。其中，由军队领导干部担任革命委员会主任的有二十个。九月七日，《人民日报》和《解放军报》联合发表社论，宣称："全国除台湾省以外的省、市、自治区全部成立了革命委员会，全国山河一片红，这极其壮丽的一幕，是夺取文化大革命全面胜利进程中的重大事件，它标志着整个运动已在全国范围内进入了斗、批、改的阶段。""经过二十个月伟大的斗争，全国军民实现了毛主席发出的'无产阶级革命派联合起来，向党内一小撮走资本主义道路当权派夺权'的伟大号召，在全国范围内赢得了无产阶级文化大革命的决定性胜利。""搞好本单位、本部门的斗、批、改，是社会主义革命、社会主义建设的'基本功'，是防止资本主义复辟、巩固无产阶级专政的百年大计。"[3]在毛泽东看来，"斗批改"就是他所期望的经过"文

---

[1] 毛泽东等同聂元梓、蒯大富、谭厚兰、韩爱晶、王大宾谈话记录，1968年7月28日。
[2] 毛泽东同中央文革碰头会成员谈话记录，1968年8月19日。
[3] 《无产阶级文化大革命的全面胜利万岁》（社论），《人民日报》、《解放军报》1968年9月7日。

化大革命"而建立的新秩序。

十月十三日,中共八届扩大的十二中全会在北京召开。这次全会很不正常。出席全会的一百三十三人中,中央委员和候补中央委员只有五十九人,不足到会者的一半。八届中央委员原有九十七人,其中在"文化大革命"中被"打倒"或"靠边站"的有五十七人,只能从中央候补委员中确定十人递补已去世的中央委员的名额,使出席会议的中央委员达到五十人,稍稍超过法定最低人数。中央候补委员出席会议的只有九人。

八届十二中全会是为召开中共九大做准备。会议内容中最重要的是两件事:一件是要对怎样看待这场"文化大革命"统一认识,另一件是要批准中央专案小组对刘少奇的"审查报告"。

从十一中全会决定进行"文化大革命"以来,已经两年多了。随着"文化大革命"中各种问题的暴露和事态的发展,对它持有怀疑以至反对的人日益增多。毛泽东在开幕式上说:"究竟这个文化大革命要搞还是不要搞?搞的中间,是成绩太少了、问题太多了,还是成绩是主要的、错误有?我的意见,错误是有,而错误的主要责任在中央,在我,而不在地方,也不在军队。"在党的中央全会上,承认"文化大革命"中有错误,而且由自己承担主要责任,这还是第一次;但毛泽东的基本意图显然仍是要说明"文化大革命"的成绩是主要的。他说:

> 过去我们搞南征北战、解放战争,那种战争好打,容易打。那种战争,敌人清楚,就是那么几个,秋风落叶那么一扫,三年半也差不多。这回这个文化大革命,比那个战争困难得多。……问题就是把思想错误的,同敌我矛盾的,混合在一

起，一时搞不清楚。所以，有些问题拖长了，也只有一个问题一个问题、一个省一个省解决。

这个革命究竟能不能搞到底？这也是一个问题。现在不是讲进行到底吗？究竟什么叫到底呀？我们估计大概要三年，到明年夏季差不多了，就是包括建立革命委员会、大批判、清理阶级队伍、整党、精简机构、下放科室人员、改革一切不合理的规章制度。[1]

到十月三十一日，全会发表的《公报》断然地说："我们的伟大领袖毛泽东同志亲自发动、亲自领导的无产阶级文化大革命，是我国在无产阶级专政条件下，无产阶级反对资产阶级和一切剥削阶级的一次政治大革命。""实践证明，正如毛泽东同志所说的，这次无产阶级文化大革命，对于巩固无产阶级专政、防止资本主义复辟、建设社会主义，是完全必要的，是非常及时的。"[2] 这就以中共中央全会的名义，把造成巨大灾难的"文化大革命"全面肯定下来。

林彪还在全会上说："二月逆流"是十一中全会以后发生的一次最严重的反党事件，是资本主义复辟的预演。他是想乘此把这些副总理和老帅们完全打下去。毛泽东在闭幕会上没有肯定林彪这种讲法，说：他们有不同意见，要说嘛。他们也是公开出来讲的，没有什么秘密嘛。几个人在一起，又都是政治局委员，又是副总理，有些是军委副主席，我看也是党内生活许可的。[3]

十二中全会另一个重要议题，是批准中央专案小组诬陷刘少奇

---

[1] 毛泽东在中共八届扩大的十二中全会开幕会上的讲话记录，1968年10月13日。
[2]《中国共产党第八届扩大的十二次中央委员会全会公报》，《人民日报》1968年11月2日。
[3] 毛泽东在中共八届扩大的十二中全会闭幕会上的讲话记录，1968年10月31日。

的"审查报告"。

"文化大革命"初期,在八届十一中全会上,刘少奇虽然被剥夺了中央的领导工作,但仍作为党内的"路线错误"对待。毛泽东在一九六六年十月的中央工作会议上还说:"对少奇同志不能一笔抹煞。""刘、邓二人是搞公开的,不搞秘密的。""刘、邓要准许革命,准许改。说我和稀泥,我就是和稀泥。"[1]一九六七年一月十七日,他对一个外国党代表团讲到王明时说:"他现在还是中央委员。下次代表大会,他恐怕选不上了。刘、邓是不是能选上?我的意见还是应该选上。"[2]

变化的转折发生在一九六七年三月间,是由专案组审查刘少奇的所谓"历史问题"引起的。这项专案工作完全在江青直接控制下进行。担任专案组组长的谢富治曾明确批示:"大叛徒刘少奇一案,主要工作都是由江青同志亲自抓的。今后一切重要情况的报告和请示,都要直接先报告江青同志。"[3]专案组不择手段地采用刑讯逼供、断章取义、弄虚作假、扣押重要材料等极端卑劣的手段,制造出大批伪证材料,无中生有地把刘少奇说成"叛徒、内奸、工贼"。最高人民检察院特别检察厅以后在对林彪、江青反革命集团的起诉书中写道:

> 为了诬陷刘少奇是"叛徒",他们对一九二七年在武汉同刘少奇一起搞工人运动的丁觉群和一九二九年同刘少奇在沈阳同时被捕的孟用潜,进行逼供。一九六七年九月二十五日,丁

---

[1] 毛泽东在中央工作会议上的讲话记录,1966年10月24日。
[2] 毛泽东同一个外国党代表团的谈话记录,1967年1月17日。
[3] 谢富治对"刘少奇、王光美专案组"报告的批语,1968年2月26日。

觉群在狱中就申明，他被逼写的材料"是打破事实的框框写的"。孟用潜从一九六七年六月十五日至一九六九年三月十八日，在狱中先后二十次书面声明，他在逼供下写的关于刘少奇的材料，是"虚构编造的"，应该撤销。但丁觉群、孟用潜的更正、申辩材料，均被扣压，不许上报。[1]

十月三十一日，十二中全会的最后一天通过决议，批准中央专案审查小组十月十八日提交的《关于叛徒、内奸、工贼刘少奇罪行的审查报告》，宣布"把刘少奇永远开除出党，撤销其党内外的一切职务"（表决时，中央委员陈少敏没有举手）。刘少奇对《审查报告》的内容以及审案情况一无所知，被剥夺了申辩的权利。第二年十一月十二日，重病中的刘少奇在河南开封囚禁处含冤而死，终年七十一岁。这是中国共产党和人民共和国历史上最大的冤案。刘少奇作为中共中央副主席和国家主席，却在民主和法制遭受严重破坏的情况下，被非法隔离和批斗达三年之久，并完全剥夺申辩的权利，被诬陷为"叛徒、内奸、工贼"，含冤逝世。这是令人极为痛心的沉重教训。

在这个时期，还有两件社会影响面很广的大事：一件是知识青年上山下乡，一件是干部下放劳动。

知识青年上山下乡，到农村安家落户，参加集体生产劳动，在五十年代就已出现。有学者分析："当时，这是作为缓解城市就业压力、解决城镇部分中小学毕业生就业问题、以大量知识青年支援农村和边远落后地区的一项重要措施。在毛泽东的思考中，知识青

---

[1]《历史的审判》（上），第19—20页。

年下乡还包括着比就业更为重要的理论和政治意义,这就是推动青年知识分子与工农相结合,永远不要脱离群众,永远不要脱离实践。"[1]徐建春、邢燕子、侯隽、董加耕等就是五十年代到六十年代初上山下乡的知识青年的著名代表人物。

"文化大革命"爆发后,两个因素使这个问题更加突出了:一个是高等学校"停课闹革命",并且停止招生;另一个是社会大动荡中国民经济衰退,国内生产总值连续两年下降,使城市就业极为困难。一九六六、一九六七、一九六八这三年的高、初中毕业生(通常称为"老三届")有一千一百万人。他们既不能升学,又找不到工作,成为严重的社会问题。"文化大革命"期间的知识青年的上山下乡经历了一个过程。"最初并不是政府动员组织的结果,而是由首都北京的一些'老三届'中学生自发倡始的。""他们天真地认为,自己在发动一场'继续革命的新长征'。一九六八年夏季,随着六八届毕业生加入待分配的行列,上山下乡开始由少数学生自发组织、仅涉及个别城市的小型活动演变为一场由国家统一部署、各级革命委员会有步骤有组织地贯彻落实,迅速波及全国城乡的运动。"[2]

一九六八年七月中旬到十二月中旬,甘肃省会宁县六百八十八户城镇居民,有一百九十一户,九百九十五人,包括一批知识青年,分别到十三个公社的生产队安家落户。知识青年王庆一说:"我是个青年,蹲在城市里没事干,农村很需要劳动力,我决心到农村去,参加劳动,改造思想,建设社会主义新农村。"一个五十多岁的老大娘王秀兰也说:"我们也生有两只手,为什么一定要住在城

---

[1] 郑谦、张化:《毛泽东时代的中国》第3卷,中共党史出版社2003年11月版,第188页。
[2] 刘小萌:《中国知青史——大潮》,中国社会科学出版社1998年1月版,第106、107、133页。

里吃闲饭，靠别人养活？"[1]兰州一万八千多名初中、高中毕业生，到农村插队落户，武汉两万多名初中、高中毕业生也到农村安家落户，"接受贫下中农再教育，建设社会主义新农村"。《人民日报》在一九六八年十二月二十二日刊登这些报道，并且发表了毛泽东的语录：

> 知识青年到农村去，接受贫下中农的再教育，很有必要。要说服城里干部和其他人，把自己初中、高中、大学毕业的子女，送到乡下去，来一个动员。各地农村的同志应当欢迎他们去。

这个号召发出后，一九六九年就掀起一个席卷全国的知识青年上山下乡的巨大浪潮。各级组织，特别是街道组织层层动员，敲锣打鼓地欢送他们下去，大部分地方是整个年级统一安排下去，除下乡插队外，还有很多人被安排到黑龙江、内蒙古、云南等生产建设兵团去。单单这一年，上山下乡的知识青年就有二百六十七万三千六百人。"文化大革命"期间，上山下乡知识青年达到一千六百多万人。

上山下乡运动是在"到祖国最需要的地方去"的口号下展开的。许多知识青年到农村插队或到生产建设兵团去，特别是到边疆和偏僻多山地区去，在艰苦的环境中受到锻炼，并且对建设和开发农村落后地区作出了贡献。"文化大革命"结束后，从他们中间涌现出很大一批方方面面的骨干力量。但这场运动是在"左"的指导思想

---

[1]《会宁县部分城镇居民纷纷奔赴农业生产第一线》，《人民日报》1968年12月22日。

下进行的，带有明显的强制性。许多人在农村中生活长达八年至十年，中断了学校学习，有的失去继续接受正规教育的机会，造成各行各业人才的"断层"现象。"据统计，国家在'文革'期间少培养了一百多万大专毕业生和二百多万中专毕业生。许多知青文化基础单薄，回城后年龄偏大，难以胜任技术性工作的要求。"[1]而且，在短时间内送这样多知识青年到农村去，许多地方缺乏必要的准备和照顾，难以安排。在一些坏人掌权的地方更发生残害知识青年的问题。以后又出现许多"走后门"的现象，一部分有各种关系的人通过招工、招生、招兵、提干等多种方式回城，使其他人感到不平，丧失工作和生活的热情，败坏了社会风气。由于它涉及的社会面很广，对国家造成的损失是巨大的。

干部参加生产劳动，改变政府机关人浮于事的状况，本来是毛泽东的一贯主张。随着"斗、批、改"中"精简机构"的提出，这个问题更突出了。

一九六八年五月七日，黑龙江省革命委员会组织大批干部下放劳动，在庆安县柳河办了一所农场，定名"五七干校"。到这年十月，已有学员五百零四人，主要是原省直属机关干部和省革命委员会的工作人员，耕种三千多亩土地，还办了小型工厂。

这年十月五日，《人民日报》发表《柳河"五七"干校为机关革命化提供了新的经验》。在"编者按"中说："我们已经有了关于精简机构方面的经验，再加上关于干部下放劳动方面的经验，对如何实现机关革命化、干部革命化，认识就比较完整了。"报道中引用了一个学员的话："进了五七干校，有千个变化，万个变化，感

---

[1] 刘小萌：《中国知青史——大潮》，第851页。

受最深的是由干部到普通劳动者、由'官'到民这个变化。这个变化才真正触及了灵魂。不论你'官'有多高，锄头镰刀一拿，官架子就打掉一大半了。"同天报上，也发表了毛泽东的语录：

> 广大干部下放劳动，这对干部是一种重新学习的极好机会，除老弱病残者外都应这样做。在职干部也应分批下放劳动。

这以后，中央各部委和各地纷纷办起"五七干校"，大批干部（包括不少省部级领导干部和著名知识分子）下放干校或工厂、农村，从事连续数年的体力劳动。湖北咸宁的五七干校就集中了大批文化人。著名作家陈白尘回忆道："这是当时北京文化艺术界人士'荟萃之所'，据说总数应达一万人，实到的已有五六千人。单说作家，我就见到过冯雪峰、沈从文、张天翼、谢冰心、臧克家、楼适夷、严文井、李季、郭小川、孟超、韦君宜、侯金镜、冯牧，以及张光年、李又然等等不下百人。"[1]他们在那里一般生活了三年多，从事种植水稻等劳动。

由于干部下放"五七干校"同样是在"左"的指导思想下进行的，带来的消极作用很大。"在阶级斗争扩大化的氛围中，在派性的作用下，在很不正常的人际关系中，许多单位下放干部实际上成为排除异己、迫害知识分子、清除各种'有问题的人'的手段。在狂热的气氛中，把大批携老带幼的干部下放农村，他们的住房、口粮、医疗等方面存在着许多困难，他们的身体状况已不能适应农村

---

[1] 陈白尘：《忆云梦泽》，《咸宁文史资料》2000年第1辑，第4页。

繁重的体力劳动,他们的子女也因此失去了在城市学习、工作的机会。有的干部一家人被分别下放到不同省、区的农村,加之社会舆论方面无形的压力,多数下放干部思想沉重、顾虑重重。"[1]他们的工作经验和才华,在长时间内不能得到发挥,大批专业干部和有经验的管理人员的下放,又使领导机关的工作效率大大降低,有些重要工作被迫陷于停顿。这种做法显然是不恰当的,更不能持久的。

一九六七年和一九六八年,是"文化大革命"中局势最为混乱的两年,国民经济受到严重破坏。整个"文化大革命"十年间,国内生产总值下降的有三年,那就是一九六七年、一九六八年和一九七六年,而前面两年比后一年下降的幅度又要大得多。

一九六七年,国内生产总值比上年下降百分之五点七,工业总产值下降百分之十三点八,农业总产值增长百分之一点六,下降最多的钢产量下降百分之三十二点八三,原煤下降百分之十八点二五;一九六八年,国内生产总值比上年又下降百分之四点一,工业总产值下降百分之五,发电量下降百分之七点四九,但原油增长百分之十五点二,原煤增长百分之六点八,农业总产值比上年下降百分之二点五。一九六八年社会总产值的规模,只相当于一九六六年的百分之八十六。市场供应紧张,人民生活水平降低。

为什么这两年国内生产总值会有如此大幅度的下降?原因不难了解:第一,经济指挥和管理机构基本上瘫痪,国民经济实际上处于无政府状态。"全面夺权"后,原有的生产指挥机构全被打乱。原定的一九六七年国民经济计划无法执行。一九六八年连年度计划也无法制订,成为中国自第一个五年计划以来唯一没有国民经济计

---

[1] 郑谦、张化:《毛泽东时代的中国》第3卷,第192—193页。

划的一年。整个国民经济比例关系严重失调。第二，许多行之有效的经济政策和规章制度，被当作"修正主义"的"管、卡、压"而废除。企业管理紊乱，产品质量、成本无人顾问，劳动纪律松弛，出勤率和工时利用率都很低。第三，交通运输阻塞、煤炭生产下降。交通运输和煤炭工业是国民经济的先行部门。煤炭生产下降和难以运出，不仅使工业生产和人民生活用煤难以保证，还直接导致供电的严重不足。这就打乱了整个国民经济秩序，使它无法正常运转。第四，许多企业停工停产，设备能力不能充分发挥；大批工人离开生产岗位"闹革命"，生产第一线劳动力不足。武斗频繁，煤、电、运输紧张，使许多工矿企业和设备停工停产。[1]

国民经济这种严重状况，使作为国务院总理的周恩来忧心如焚，在极端困难的条件下做了常人难以想象的顽强努力。

那时周恩来的主要精力还得放在应付"文化大革命"的混乱状况上。初期，他忙于"救火"。"所谓的'救火'，主要是救干部，救档案。而这当中贯穿的主要工作则是苦口婆心、不厌其烦地与红卫兵讲道理，劝阻并制止他们的一些过火行为。"[2]从一九六八年四月起，他又投入不少精力，一个省一个省地帮助他们制止武斗，推进联合，建立革命委员会，使一些经历了长时期"内战"苦难的地方的社会秩序能相对稳定一些，并使一部分老干部重新站出来参加领导工作。

在这样极为紧张的局势下，他始终紧紧地抓住经济工作，使整个国民经济得以艰难地继续运行，没有发生大崩溃。他在国务院的助手们已相继被"打倒"或"靠边站"。一九六七年四月六日，周

---

[1] 柳随年、吴群敢主编：《中国社会主义经济简史》，第356—361页。
[2] 童小鹏：《风雨四十年》第2部，中央文献出版社1996年1月版，第401页。

恩来曾说，经济战线上现在抓工作的连我只有五个人。即周恩来、李富春、李先念、余秋里、谷牧。李富春身体不好，谷牧不久也被冲击而不能坚持工作了。协助周恩来的只剩下李先念和余秋里。李先念曾说，"总理抓我一个，秋里一个，帮他抓工作。"[1]国家的财政总收入，一九六七年比上年大幅度下降百分之二十四点九，一九六八年又继续下降百分之十三点九。要人没有人，要钱没有钱，在这种情况下指挥调度整个国民经济，其困难可想而知。

周恩来首先建立起一个经济工作的新管理机构，在国务院成立生产组，由余秋里负责，组织起精干的专门班子，在中南海办公，负责全国经济工作的指挥调度。当时担任生产组副组长的袁宝华在怀念余秋里的文章中写道：

> 当时工作非常困难，各地的告急电报不断，一会儿这个电厂没煤了，一会儿那个地方停产了。秋里同志无私无畏，敢抓敢管，不怕犯错误，不怕得罪人。他常说：你们大胆干，错了我负责。在煤炭、电力、原材料极度紧张的情况下，秋里同志提出，要重点保大城市（北京、天津、上海）、大企业，要稳住大局。有时上海来电说煤快用完了，面临停电的危险，我们就把运往别处的煤炭，中途改道运往上海。在那种极端困难复杂的情况下，保证国民经济的运转，没有出大问题，是非常不容易的。[2]

对关系全局的大企业和科学研究机构，实行了军事管制。当

---

[1] 雷厉：《历史风云中的余秋里》，中央文献出版社 2007 年 4 月版，第 114 页。
[2] 袁宝华：《非凡的胆略与气魄——深切怀念余秋里同志》，《人民日报》1999 年 8 月 7 日。

一九六七年一月的"全面夺权"刚一开始,就下决心对鞍山钢铁公司和大庆油田实行军管。周恩来一直亲自过问这些企业的重大问题。一九六八年下半年,"周恩来在取得毛泽东同意之后,于八月十五日起主持了几个关系国民经济命脉而又武斗、停产严重的部门(包括冶金部、煤炭部和几个军工生产部门)的重点企业军方代表和群众组织代表的会议(简称'八一五会议')。会议的目的是促进联合,停止武斗,恢复生产。周恩来亲自出面,一个一个企业做耐心的工作。工作艰巨,乱局很难收拾。会议持续了四个半月,一直开到年底。这是中国工业史上一次空前的'马拉松'会议,终于使武斗逐渐停息,生产逐步恢复。"[1]对大庆油田,他更始终密切关注,直接干预。

针对当时突出的交通运输阻塞、煤炭生产下降的问题,周恩来更花了大量精力。一九六七年十月二十九日,他向出席铁路系统工作会议的代表指出:如何把铁路运输搞上去,这个问题太大了。粮食生产、工业生产,回过头来还是铁路运输问题。"抓革命,促生产",铁路处于关键性的地位。现在,铁路运输量还没有回到水平线上。今年运输指挥再上不去,就会影响明年的发展。空喊"革命",不抓业务,"革命"就是空的。动不动就把机务段冻结起来,这无论如何不是革命的,这是破坏革命。第二年二月十七日,他接见越南客人时说:一年来,我都在管铁路运输工作,每星期都过问。抓煤炭生产,成效比铁路运输更明显。一九六七年八月十六日,经毛泽东批准,下发了《中共中央、国务院、中央军委、中央文革小组给煤炭工业战线职工的一封信》。二十一日,周恩来在接

---

[1] 周传典等主编:《当代中国的钢铁工业》,第100页。

见工交、财贸、农村口的军代表、业务负责人、群众代表时说：铁路交通与煤炭是摆在我们面前最迫切的问题。现在很多地方煤送不到，工业用煤、工业用电，甚至连生活用电都要停止了。首先解决铁路交通，同时要解决煤炭问题，这二者是相互影响的。李富春还组织了二十个宣传队分赴各重点矿区，宣讲《给煤炭战线职工的一封信》。

这封信唤起了煤炭工业职工的责任感和生产热情。大部分煤炭工业职工在这一艰难局面下努力坚持了生产，大多数矿区的生产不同程度地逐步恢复。有的矿区职工不怕挨打，甚至冒着生命危险，闯过武斗封锁线的枪林弹雨坚持下井生产。有的领导干部一面接受批判，一面坚持领导生产；白天参加批判会，晚上下井指挥生产。有的煤矿武斗严重，有的管理干部在枪林弹雨中拿着电话机，躲在桌子下面坚持调度，指挥生产。一九六八年，煤炭产量扭转了下降趋势，比一九六七年回升了一千三百八十九万吨。[1]

在农业方面，抓紧春耕生产、秋收秋种和农产品的征购工作，加强粮食的保管、调运和供应，在整个"文化大革命"期间，仍保证了人民吃饭穿衣的基本生活需要。

一九五九年动工的南京长江大桥在一九六七年因派性斗争曾一度停工。周恩来指示："不能停工，继续架设钢梁使铁路通车。"[2] 大桥的铁路桥和公路桥终于在一九六八年十月三十日和十二

---

[1] 张明理主编：《当代中国的煤炭工业》，中国社会科学出版社1988年7月版，第67页。

[2] 刘安军：《南京长江大桥建造记》，《共和国的记忆》，第535页。

月二十九日先后建成通车。这是中国第一座自行设计建造的长达六千七百多米的铁路和公路两用桥。

一九六七年的国民经济计划虽然制订出来，却没有能下达，一九六八年的计划根本没有订出来。一些还能坚持生产、建设的地区和企业，就以经中共中央和国务院同意而没有能提交全国人民代表大会批准的第三个五年计划为依据，指导各自的生产工作。一九六八年十一月，周恩来主持召开国务院业务组会议。他说：今年没有计划，如果下一年仍然没有一个计划总是不行的，无论如何也要搞一个计划。十二月初，召开全国计划会议，但因会上搞"大批判"，到二十六日闭幕时仍没有能把计划的盘子大体定下来。当晚，周恩来打电话要余秋里到他那里去。"余秋里赶到总理办公室，已是凌晨三点。周恩来显得很疲倦，面带忧虑地对余秋里说：今年只有五天了，明年的计划还没有搞出来。一些重要的生产资料和人民生活必需品安排哪里生产，往哪里调运，没有个计划怎么行呢？余秋里说：我找几个人先搞一个明年第一季度的计划，以便使工作有所安排。周恩来说：好！你赶快回去搞吧！余秋里回来顾不得休息，就找了几个人商量，搞出一个第一季度计划安排方案，只提了几个关系国计民生的指标，立即报给周恩来。周恩来审查同意后即报请毛泽东审批。毛泽东很快就批准了。这样，在一九六九年一开头，总算有了一个可供遵循的计划。"[1]

在极端混乱的时刻防止出现经济的全面崩溃，丝毫不比顺利时刻的加快建设不重要。为什么在一九六七年和一九六八年如此严重动荡的岁月，中国的国民经济并没有崩溃，仍能继续维持运行，并

---

[1] 雷厉：《历史风云中的余秋里》，第119—120页。

在随后的一年又能开始回升？林彪、江青集团和各部委、各地的造反派，对经济工作只有破坏，没有任何积极作用。如果一旦出现经济全面崩溃，再要收拾起来就很难很难了。在如此险恶的环境中以无私奉献的精神顽强不屈地坚守岗位、奋斗不息而且还常要受到错误批判的各级领导人和职工们的感人业绩是多么难能可贵。这些默默无闻的事迹，并不都为人所知。回顾起来，不禁令人肃然起敬。要讲"文化大革命"时期的历史，是决不能也不该把这一页忘掉的。

第二十三章 "文化大革命"的十年动乱（下）

毛泽东发动"文化大革命"时，没有想到它会延续达十年之久。但由于他对情况作了完全错误的估计，又采取完全错误的方法，一开头就错了，只能随着失去控制的局势一步步滑下去。

一九六六年八月，在举行"八一八"大会后十天，他说："文化大革命的时间，看来到年底还不行，先搞到春节再说。"[1]

十月的中央工作会议上，他对中央各部门和各地负责人说："这个运动才五个月，可能要搞两个五个月，或者还要多一点时间。"[2]

一九六七年一月，"全面夺权"开始，他说："现在两方的决战还没有完成，大概二、三、四这三个月是决胜负的时候。至于全部解决问题可能要到明年二、三、四月或者还要长。"[3]

"全面夺权"后，各地派性武斗越演越烈。他同阿尔巴尼亚两位专家说："我说过，三个月，即二、三、四月，可以看到眉目。现在的设想有些改变。经过四、五、六、七月，现在八月份了，有些地方搞得比较好，有一些地方不太好，时间要放长一些，从去年六月算起共三年。""这次运动打算搞三年，第一年发动，第二年基

---

[1] 毛泽东同唐平铸、胡痴的谈话记录，1966年8月28日。
[2] 毛泽东在中央工作会议上的讲话记录，1966年10月25日。
[3] 毛泽东同卡博、巴卢库的谈话记录，1967年2月3日。

本上取得胜利，第三年扫尾，所以不要着急。"[1] 十月，他接见另一批外宾时说："从九月下旬起，全国联合的多，不联合的少。大体上他们打够了，闹够了，我看工人、农民、学校机关有点不想干了。我们要全面解决还得几个月。""还有一个问题：大概明年或后年我们开党代表大会，把党重新建立起来。"[2]

一九六八年十月，他在中共八届十二中全会开幕式上，再次说，"文化大革命"大概要三年，到明年夏季差不多了。

在毛泽东看来，召开中共九大，将是从"天下大乱"走向"天下大治"的重要转折。一九六九年初，九大召开前夜，在讨论九大文件时，他说："中央文革不要加上了，是管文化革命的。文化革命快要结束了，用常委。"[3]

尽管他把失控局势下"文化大革命"的结束时间一延再延，事实上，到中共九大时仍远谈不上"文化大革命"的结束。

从九大到十大

一九六九年四月一日至二十四日，中国共产党第九次全国代表大会在北京举行。

毛泽东在大会开幕那天的讲话中说：九大"可以开成一个团结的大会，胜利的大会，大会以后，可以在全国取得更大的胜利"。[4] 他对前景充满着乐观。但是，由于他的指导思想依然是"左"的，

---

[1] 毛泽东同万捷尔·莫依修、缪非特·穆希的谈话记录，1967年8月16日。
[2] 毛泽东同阿尔巴尼亚党政代表团的谈话记录，1967年10月12日。
[3] 毛泽东同中央文革碰头会的谈话记录，1969年3月3日。
[4] 毛泽东在中共九大上的讲话记录，1969年4月1日。

他所期望的是要在九大肯定下来的"文化大革命"后的新格局基础上团结起来，取得更大的胜利，结果，既不可能达到"团结"，更谈不上"取得更大的胜利"。

同一天，林彪代表中央委员会作政治报告。这个报告，是张春桥、姚文元起草的。它的主旨，是要把指导"文化大革命"的错误的"无产阶级专政下继续革命的理论"在党的全国代表大会上肯定下来。他说：

> 这场无产阶级文化大革命，是在无产阶级专政条件下，由我们伟大领袖毛主席亲自发动和领导的一场政治大革命，是一场上层建筑里的大革命。我们的目的，是粉碎修正主义，夺回被资产阶级篡夺了的那一部分权力，在上层建筑包括各个文化领域实行全面的无产阶级专政，巩固和加强社会主义的经济基础，保证我国继续沿着社会主义道路大踏步前进。

> 这场上层建筑领域中的大革命，同一切革命一样，根本问题是政权问题，是领导权掌握在哪个阶级手里的问题。全国各省、市、自治区（除台湾省外）成立了革命委员会，标志着这个革命取得了伟大的、决定性的胜利。但是革命并没有结束。无产阶级需要继续前进，"认真搞好斗、批、改"，把上层建筑领域中的社会主义革命进行到底。[1]

九大另一项议程是修改《中国共产党章程》。它在总纲部分荒

---

[1] 林彪：《在中国共产党第九次全国代表大会上的报告》，《人民日报》1969年4月28日。

唐地写上:"林彪同志是毛泽东同志的亲密战友和接班人。"这是江青提出来的。当时担任中央警卫团团长的张耀祠回忆道:

> 一九六八年十月十七日中共八届十二中全会讨论党章时,江青提出,"林彪同志很有无产阶级革命家的风度。……他那样谦虚,就应该写在党章上。……作为接班人写进党章。"她进一步强调说:"一定要写!"一九六八年十月二十七日讨论党章时,江青"坚持要把林彪作为毛主席接班人这一条写入党章"。一九六九年四月中央讨论修改党章的会议上,江青说:"林彪的名字还是要写上,我们写上了,可以使别人没有觊觎之心,全国人民放心。"张春桥第一个赞成。……关于林彪的名字是否写进党章的问题,主席考虑了一个晚上,最后对"写作班子"说:"既然大多数同志都同意,那就把林彪写进去吧。"[1]

九大的最后一天,选举产生第九届中央委员会。四月二十八日,九届一中全会选举产生新的中央领导机构:毛泽东为中央委员会主席,副主席只有林彪一人,常委还有周恩来、康生、陈伯达。政治局委员二十四人:有一些老干部,如朱德、董必武、叶剑英、刘伯承、李先念等;林彪、江青两个集团的骨干分子几乎都在内,除了常委还有黄永胜、吴法宪、叶群、李作鹏、邱会作、江青、张春桥、姚文元、谢富治。

《关于建国以来党的若干历史问题的决议》写道:"党的九大使'文化大革命'的错误理论和实践合法化,加强了林彪、江青、康

---

[1]《张耀祠回忆毛泽东》,中共中央党校出版社1996年9月版,第113—115页。

生等人在党中央的地位。九大在思想上、政治上和组织上的指导方针都是错误的。"

毛泽东提出的"团结起来，争取更大的胜利"，被宣传为中共九大的路线。他希望局势能从近三年来的大动荡中逐步稳定下来。但"文化大革命"的动乱一旦发动起来，有如一块巨石从山巅滚下，一时已很难把它停止下来。何况，毛泽东依然充分肯定"文化大革命"，坚持"无产阶级专政下继续革命"的错误理论；"文化大革命"中迅速发展起来的林彪、江青两个反革命集团以及各地的造反派，把持着越来越大的权力，并且相互争夺。局势自然不可能稳定下来。新的政治风暴正在酝酿袭来。

九大结束后，国内局势一度曾稍趋缓和：各地在进行"整党建党"过程中，陆续建立或恢复了党的组织；全国范围内由于严重派性引起的大规模武斗基本平息，社会秩序相对稳定；国务院成立了业务组，以周恩来任组长，李先念、纪登奎为副组长；国民经济在连续两年严重下滑后，重新回升。

一九六九年，国民经济回升的幅度相当大。国内生产总值比上年增长百分之十六点九，工业总产值增长百分之三十四点一，农业总产值增长百分之一点一，总产值都超过了"文化大革命"前的一九六六年。其中增长最快的是：钢产量比上年增长百分之四十七点四六，原油增长百分之三十五点九六，发电量增长百分之三十一点二八，原煤增长百分之二十点九一，货运量增长百分之二十点零三。国家的财政总收入比上年增长百分之四十五点八。这些，虽带有恢复的性质，仍得来不易，包含了许多国家领导人、各级干部和广大职工在困难条件下的顽强努力。

它的下一年——一九七〇年，是第三个五年计划的最后一年。

各项主要经济指标大部分完成或超额完成了年度计划和整个第三个五年计划的规定。这年的国内生产总值比上年增长百分之十九点四，工业总产值增长百分之三十二点六，农业总产值增长百分之五点八。其中，粮食增长百分之十三点七四，棉花增长百分之九点五二，钢增长百分之三十三点四六，原煤增长百分之三十三点零八，原油增长百分之四十点九八，发电量增长百分之二十三点三，货运量增长百分之二十一点三。国家财政总收入比上年增长百分之二十五点八。

如果连同局势极端混乱、工农业产值大幅度下降的一九六七年和一九六八年放在一起计算，"'三五'期间（一九六六——一九七〇年）国内生产总值（年）平均增长速度百分之六点九。工业总产值平均增长百分之十二，农业总产值平均增长百分之二点九，财政总收入平均每年增长百分之七，财政总支出平均每年增长百分之六点八"。[1]

一九六九和一九七〇这两年内，许多重大建设项目，特别是三线建设项目重新启动。"因'文化大革命'干扰而未能完成的一批计划项目，多数都是在这一时期开工或建成的。以国防工业为其配套的一大批民用工业新建工程为主，包括：成昆、湘黔、襄渝、南疆、青藏（西宁至格尔木段）、阳安、京原、焦枝、枝柳铁路，湖北葛洲坝水利枢纽，秦岭火力发电厂，乌江渡水电站，渭北煤炭基地、湖北江汉油田、陕甘宁地区长宁油田、河南油田，湖北十堰第二汽车厂，四川西昌航天发射基地，西南核燃料生产基地，江西直升机基地，豫西鄂西湘西兵器工业基地，江西九江船舶工业基地，湖北宜昌船用动力工业基地，云南昆明鱼雷基地，等等。"[2]为了修

---

[1] 中央财经领导小组办公室编《中国经济发展五十年大事记》，第203页。

[2] 刘国光主编《中国十个五年计划研究报告》，第300页。

建这些铁路,在李先念、余秋里主持下,投入铁道兵十三万人、民兵四十五万人,全长一千零八十五点八公里的西南重要交通线——成(都)昆(明)铁路便是一九七〇年七月一日全线通车的。葛洲坝水利枢纽、第二汽车制造厂等工程的兴建,攀枝花钢铁基地第一座高炉建成出铁等,对国民经济的发展起了重要作用。

"两弹一星"的研制也取得重大突破。一九六七年六月十七日,氢弹爆炸试验成功,比预定计划提早近四个月。从中国第一颗原子弹爆炸到氢弹爆炸只用了两年多时间,这个速度比美国和苏联要快得多。地下核试验,在一九六六年曾经暂停,到一九六九年春又重新开始准备,同年九月二十三日在莫合尔山试验场首次取得成功。"至此,我国的核试验由大气层试验发展到地下试验,走上了一个新台阶,提高到了一个新水平。"[1]一九七〇年四月二十四日,中国又在酒泉发射场,用自行研制的"长征一号"运载火箭,成功发射第一颗自行研制的人造地球卫星,卫星重一百七十三公斤,运行轨道距地球最近点四百三十九公里,最远点三千三百八十四公里。它的发射成功,标志着中国在宇航技术研究方面,取得了历史性突破。这两项工作,都是在周恩来直接领导下进行的。

核潜艇的研制,一九六五年八月十五日由周恩来召开会议,批准研制计划,并决定先研制反潜鱼雷核潜艇,再搞导弹核潜艇。一九七〇年七月十八日,进行陆上模拟堆启堆试验。"周总理从试验开始,一连十多个小时守候在电话机旁,每隔一会儿就打一次电话询问试验情况。到八月二十八日,反应堆达到额定功率,核动力装置基本达到或超过原设计指标。"[2]十二月二十六日,第一艘核潜

---

[1] 张英:《我国首次地下核试验纪实》,《两弹一星》,第148页。
[2] 陈右铭:《中国第一代核潜艇诞生记》,《解放军报》1993年12月4日。

艇举行下水典礼。又经过水下和海上试验，在一九七四年八月一日举行首艇交接命名大会。以后，第一艘导弹核潜艇在一九八一年四月三十日举行下水典礼。

农业方面，在前两年大混乱的局面下，农业基础设施受到很大破坏，抗御自然灾害能力受到很大削弱；一些地方自行改变中央的农村政策，又搞起大队核算制、没收自留地、割"资本主义尾巴"等。一九六九年下半年起，国务院业务组采取了许多措施，抓了防汛抗灾，重申并坚持中央的各项农村政策，制止一些地方擅自作出变动，保护并调动农民的生产积极性。社队企业在这段时间内也有发展。

一九七〇年二月，召开全国计划会议。四月，制订出《一九七〇年和第四个五年国民经济计划纲要（草案）》。不久，经中共九届二中全会讨论通过。这个计划虽然存在着盲目追求高指标、高速度和过分强调用军事工业带动国家工业化的问题，但经历了几年严重无政府状态后有了这样一个国民经济发展计划，仍是一个不小的进步。

这两年的经济建设工作也存在不少问题：由于"斗、批、改"中强调以"大批判"开路，一些合理的行之有效的规章制度被指责为"管、卡、压"而继续受到破坏，正常的生产秩序在许多地方没有完全恢复起来；基本建设规模过大，使积累率过高，经济发展的速度虽然很快，但人民生活改善不多；中央所属企业和经济权力下放过多，破坏了管理工作的连续性，在有些地方出现盲目发展的现象；粮食虽然增产，但因人口增加过快，人均占有粮食的数量仍没有达到一九五七年的水平。

经济工作毕竟不可能离开整个大局孤立地进行。"毛泽东试图通过'斗、批、改',达到他的'天下大治'的设想,也含有结束'文化大革命'的意向。但是,'斗、批、改'本身就是'左'倾方针的表现。通过'斗、批、改',实际上是把'文化大革命'的'左'倾错误在各个领域里具体化。结果是党内矛盾和社会矛盾继续紧张,社会秩序和国家工作很难有多大的好转。"[1]

中共九大结束后,原来准备接着召开第四届全国人民代表大会,恢复国家的正常秩序。不料,在这段时间内又发生了震惊中外的"林彪事件",把原定的部署完全打乱了。

林彪集团的权势在九大后达到前所未有的高峰:林彪成了法定的"接班人";黄永胜、吴法宪、叶群、李作鹏、邱会作都成了政治局委员,陈伯达也转向林彪一边;黄永胜、吴法宪作为正副组长掌握了军委办事组,吴法宪、李作鹏、邱会作又被任命为副总参谋长,比过去任何时候都能更多和更直接地掌握军权,而在实行"三支两军"以来,军队在全国各地和各部门中处于举足轻重的地位。这使林彪集团的权力和野心空前膨胀起来。

这时,中共中央对战争危险的估计是比较严重的。一九六九年十月十四日,根据中央政治局会议的决定,为了防范苏联利用谈判之机进行军事袭击,决定加强战略,紧急疏散在京的领导人。十八日,在苏州的林彪向在北京的军委办事组发出一个"关于加强战备、防止敌人突然袭击的紧急指示",要求"立即组织精干的指挥班子,进入战时指挥位置","各级要加强首长值班,及时掌握情况"。军委办事组以《林副主席指示(第一个号令)》名义正式下达,全军

---

[1] 胡绳主编:《中国共产党的七十年》,第568页。

立刻进入紧急临战状态。这样的全局性行动，事前没有报告军委主席毛泽东，到第二天才用"电话记录"的方式告诉毛泽东。陪同毛泽东在武汉的汪东兴回忆道："我拿此急件送到主席住处，给主席看。毛主席看后，一脸不高兴的样子，对我说：'烧掉。'我以为主席是让我拿去烧了，还没等我反应过来，主席自己拿起火柴一划，把传阅件点着，给烧了。"[1]林彪自行以副主席身份发出这种"号令"，确是一件非同小可的事情。此例一开，就可以造成一种既成事实：副统帅能不经过统帅而在一夜之间调动全军进入临战状态或采取其他行动。

一九七〇年三月八日，毛泽东正式提出召开第四届全国人民代表大会和修改宪法的意见，并建议不设国家主席。林彪却在第二天让叶群转告黄永胜和吴法宪："林副主席赞成设国家主席。"尽管毛泽东一再表示不设国家主席，林彪仍坚持要设国家主席。这是"文化大革命"以来他第一次在重大问题上公开地坚持地表现出同毛泽东的分歧，显得很不正常。

林彪和江青这两个集团，在"文化大革命"初期互相勾结，尽管在有些问题上也曾发生矛盾，但总的说来是密切合作的。他们相互呼应，在动乱中夺取了党和国家很大一部分权力。九大以后，情况发生了微妙的变化：林彪担心江青、康生、张春桥等的势力有超越自己的可能，把它看作自己进一步掌握大权的主要对手。江青集团确也野心勃勃。双方之间的相互倾轧，愈演愈烈。

修改宪法，是四届人大准备工作中的一件大事。八月十三日，修改宪法工作小组讨论宪法草案稿。张春桥提出把毛泽东"天才地、

---

[1] 汪东兴：《毛泽东与林彪反革命集团的斗争》，当代中国出版社1997年11月版，第14页。

全面地、创造性地发展了马克思列宁主义"那句话的前面几个副词去掉。吴法宪不知道这是毛泽东本人的意见，以为这下可抓到张春桥的把柄了，进行激烈的反驳。

"天才"问题，设不设国家主席的问题，成了争论中的两个焦点。

八月二十三日，中共九届二中全会在江西庐山召开。周恩来宣布全会的三项议程：（一）讨论修改宪法；（二）讨论国民经济计划；（三）讨论战备问题。这个议程是中央在会前商量好的，主要为召开四届人大做准备。可以看出，毛泽东当时的意图是要在九大"团结""胜利"的旗帜下，通过召开四届人大，在全国范围内重建国家的正常秩序。但全会开幕那天，林彪临时提出要在大会上讲话。他在讲话中说：这次宪法修改草案要"肯定毛主席的伟大领袖、国家元首、最高统帅的这种地位"。他又说："我们说毛主席是天才，我还是坚持这个观点。"[1]当晚，陈伯达、吴法宪商议后整理出一份恩格斯、列宁、毛泽东、林彪论述"天才"的语录，分送给叶群、李作鹏、邱会作。这样集中地来谈"天才"问题，联系到吴法宪同张春桥的争论，显然有着明确的针对性。

第二天的小组会上，陈伯达、吴法宪、叶群、李作鹏、邱会作分别在华北、西南、中南、西南组同时发难，拥护林彪讲话，宣讲统一准备好的"语录"，要求设国家主席，并且说有人"反对"毛主席，煽动要"揪人"。六个组中，华北组最为激烈。二十五日，各组继续讨论。反映华北组讨论情况的全会第六号简报也发到各组。简报写道：大家听了陈伯达等发言后，"知道了我们党内竟有

---

[1] 林彪在中共九届二中全会开幕式上的讲话记录，1970年8月23日。

人妄图否认我们伟大领袖毛主席是当代最伟大的天才，表示了最大、最强烈的愤慨"。"这种人就是野心家、阴谋家，是极端的反动分子，是地地道道的反革命修正主义分子，是没有刘少奇的刘少奇反动路线的代理人，是帝修反的走狗，是坏蛋，是反革命分子，应该揪出来示众，应该开除党籍，应该斗倒斗臭，应该千刀万剐，全党共诛之，全国共讨之。"[1]绝大多数中央委员并不了解幕后的实情，也没有精神准备，全会的气氛顿时紧张起来。

这件事反映出来的问题极端严重：显然是一次有预谋、有计划、有组织的活动，瞒着毛泽东和多数常委，在党的中央全会上采取地下活动、突然袭击的方式，在各组同时发难，改变全会的原定日程，狂热地煽动揪人，毛泽东事先却一无所知。在中央全会上实行这样非同寻常的大动作，在中国共产党历史上从来不曾有过，是毛泽东绝对无法容忍的。用他不久后在吴法宪检查上批示中的话来说："由几个人发难，企图欺骗二百多个中央委员，有党以来，没有见过。"他十分震怒，立刻决定全会分组会停止讨论，收回第六号简报，责令陈伯达等检查。

庐山会议这场风波显然同林彪有密切关系，但鉴于林彪的特殊地位，对他必须采取慎重的态度；而且这场风波的幕后情况一时还有待进一步弄清，这不是几天内能够做到的。因此，最初把批评集中指向陈伯达。八月三十一日，毛泽东在陈伯达整理的那份论述"天才"的语录上批了一大段话，说陈伯达这一次"采取突然袭击，煽风点火，唯恐天下不乱，大有炸平庐山、停止地球转动之势"。[2]九月六日，九届二中全会举行闭幕式，并宣布对陈伯达进行审查。

---

[1] 中共九届二中全会第六号简报（华北组第二号简报），1970年8月25日。
[2] 毛泽东：《我的一点意见》，1970年8月31日。

这样一来,原定的准备召开第四届全国人民代表大会、恢复国家正常秩序的部署被完全打乱,又拖下去了。

"批陈整风"进行了整整一年。通过检查和揭发,林彪集团背着中央幕后活动的真相逐渐浮出水面,问题的严重性越来越明显。他们却始终抱成一团,拒绝帮助和挽救。林彪看到毛泽东下决心追查这件事,认为自身地位难保,便铤而走险。林彪的儿子林立果秘密组织的"联合舰队"的骨干分子在一九七一年三月制定了武装政变计划,代号为《"五七一"工程纪要》("五七一",是"武装起义"的谐音)。

毛泽东在八月十五日至九月十二日乘专列离北京南下,先后抵达湖北、湖南、江西、浙江、上海等地,同沿途各地负责人谈话。他说:

> 希望你们要搞马克思主义,不要搞修正主义;要团结,不要分裂;要光明正大,不要搞阴谋诡计。

> 一九七〇年庐山会议,他们搞突然袭击,搞地下活动,为什么不敢公开呢?可见心里有鬼。他们先搞隐瞒,后搞突然袭击,五个常委瞒着三个,也瞒着政治局的大多数同志,除了那几位大将以外。

> 我看他们的突然袭击,地下活动,是有计划、有组织、有纲领的。纲领就是设国家主席,就是"天才",就是反对"九大"路线,推翻九届二中全会的三项议程。有人急于想当国家主席,要分裂党,急于夺权。

> 这次保护林副主席,没有作个人结论,他当然要负一些责任。庐山这件事,还没有完,还没有解决。[1]

毛泽东还在巡视,有人已把他的谈话内容秘密向林彪报告。林彪集团决定提前采取谋杀毛泽东的行动。《中华人民共和国最高人民法院特别法庭判决书》写道:

> 九月五日和六日,林彪、叶群先后得到周宇驰、黄永胜的密报,获悉了毛泽东主席察觉林彪在密谋夺权的谈话,决定对在旅途中的毛泽东主席采取谋杀行动,发动武装政变。九月八日,林彪下达了武装政变手令:"盼照立果、宇驰同志传达的命令办",并由林立果、周宇驰对江腾蛟和空军司令部副参谋长王飞以及"联合舰队"的其他骨干分子进行具体部署。正当林彪反革命集团紧张地策动武装政变的时候,毛泽东主席对他们的阴谋有所察觉,突然改变行程,于九月十二日安全回到北京。[2]

这时,林彪十分惊慌。他图谋到广州,另立中央政府,分裂国家;并且在九月十二日晚将三叉戟专机秘密调往山海关机场,供在北戴河的林彪、叶群、林立果使用。当晚十时,周恩来得到消息,立刻追查这架专机为什么突然去山海关。林彪判断密谋已败露,南逃广州另立政府的计划已不可能实现,于十三日凌晨在极匆忙的情况下登机强行起飞,外逃叛国。途经蒙古温都尔汗附近,飞机坠

---

[1] 《毛主席在外地巡视期间同沿途各地负责同志的谈话纪要》,1971年8月中旬至9月12日。
[2] 《历史的审判》(上)第54—55页。

毁，机上人员全部死亡。一场武装政变的阴谋被彻底粉碎。中共中央在九月十八日发出《关于林彪叛国出逃的通知》。

"林彪事件"的发生，是绝大多数人根本没有想到的。对中共中央来说，他们策划武装政变的事实，也是在林彪外逃以后才一步步查明的。它像晴天霹雳一样，在全国引起极大的震动，使不少人对"文化大革命"以来曾经深信不疑的事情产生了怀疑，客观上宣告"文化大革命"的理论和实践的破产。

林彪问题解决后，周恩来在毛泽东支持下，主持中央日常工作。"斗、批、改"也很少再提及，各方面的工作有了转机。

一九七一年，国民经济的增长是比较快的：国内生产总值比上年增长百分之七，工业总产值增长百分之十四点七，农业总产值增长百分之三点二。但由于长期存在严重的无政府状态，存在的问题也不少。这年十二月五日，周恩来在听取国家计委汇报时指出：现在我们的企业乱得很，要整顿，批判林彪必须联系经济战线的实际，清除林彪一伙干扰破坏造成的恶果。这是"文化大革命"以来第一次对经济工作提出"整顿"的任务。十二月十六日至一九七二年二月十二日，国务院召开全国计划会议。会议指出目前经济工作中存在的问题：第一，基本建设战线长。有些部门和地方随意上计划外项目，造成国民经济比例失调，市场供应紧张。第二，职工增加过多，出现了"三突破"：一九七一年职工总数突破五千万，工资总额突破三百亿元，粮食售量总额突破八百亿斤。随之而来的是通货膨胀，货币发行量过多。这就使国民经济的发展难以为继。第三，许多企业管理混乱，不少产品质量下降，劳动生产率降低，事故不断发生。这些问题，是在相当长时间内积累下来的。其中，粮食和经济作物产量不能适应工业发展和人口增长的需要,尤其值得注意。

在周恩来主持下,一九七二年和一九七三年又进行了两年经济调整,取得了明显成效:庞大的基本建设规模被压缩,农、轻、重的比例关系有所调整,特别是提高了对轻工业的投资,加强了对农业的支援。国民经济计划完成得比较好,农业状况更有明显改善。在此前的一九七二年,国内生产总值虽比上年增长百分之三点八,工业总产值增长百分之六点九,但农业总产值却下降百分之一;而到一九七三年,这种状况得到扭转,国内生产总值比上年增长百分之七点九,工业总产值增长百分之九点五,农业总产值也增长百分之八点三,国有单位固定资产投资额增长百分之六点一三。"三个突破"基本上得到控制。工矿企业的经济管理,在经过整顿后得到改善。明确规定要恢复和健全岗位责任、考勤、技术操作规程、质量检验、设备管理和维修、安全生产、经济核算七项制度。强调要把产品质量放到第一位。由于粮食丰收,国家粮食库存增加,为以后的经济发展准备了较好基础。

这段时间内,在经济工作上还有一个有着开拓意义的重大突破,那就是抓住中美、中日关系改善和中华人民共和国恢复在联合国合法席位的有利时机,第一次较大规模地从西方国家引进成套的新技术设备。这是新中国成立以来不曾有过的。余秋里回忆道:

> 九一三事件以后,周恩来在抓经济整顿、调整的工作中及时指示我们,要根据新的情况对"四五"计划纲要进行必要的修改,压缩过大的基本建设投资规模,调整投资结构,降低一部分过高的生产指标;同时努力发展对外贸易,抓紧国际有利时机,在已经逐步打开的对西方国家的贸易中抓紧进行成套设

备和新技术的引进工作。这里特别应该提到的是，一九七二年根据周总理和李先念副总理的指示拟定的并由总理亲自审批的"四三"引进方案，即用四十三亿美金在三五年内引进一批国外的先进技术设备，其中包括：十三套大化肥设备，四套大化纤设备，三套石油化工设备，一个烷基苯厂，四十三套综合采煤机组，三个大电站，武钢的一点七米轧机，以及透平压缩机、燃汽轮机、工业汽轮机等的制造技术。这个方案，国家计委于一九七三年一月二日正式上报国务院，很快即由李先念副总理和周总理审查同意，并报毛主席批准了。[1]

为了能把技术先进、价格合理、适合中国国情的设备引进来，国务院还批准派出几十个团（组）到西欧、日本等发达国家考察。不久，又把进口先进成套设备的资金增加到五十一亿八千万美元，并且增加了电视彩色显像管生产装配线等新项目。这是以后实行对外开放的先导。

一九七二年七月，从江西回到北京参加"批林整风"会议的陈云致信毛泽东并中共中央说："请求中央根据我的身体情况，分配给我做些力所能及的工作。"[2]第二天，毛泽东在信上批示：我看都可以同意。不久，陈云就参加以周恩来为组长的国务院业务组，受周恩来委托，研究当时有迫切意义的国际经济形势和发展对外贸易问题，特别是扩大同西方国家贸易的问题，并主张利用国外交易所和期货市场，为国家进口粮食、棉花，节约和积累外汇。

陈云在接受周恩来委托研究对外贸易问题后，提出要研究当代

---

[1] 余秋里：《中流砥柱，力挽狂澜》，《我们的周总理》，第58页。
[2] 陈云致毛泽东并中共中央的信，1972年7月21日。

资本主义的问题。他说:"过去我们的对外贸易是百分之七十五面向苏联和东欧国家,百分之二十五对资本主义国家,现在改变为百分之七十五对资本主义国家,百分之二十五对苏联、东欧。""因此,我们对资本主义要很好地研究。""和资本主义打交道是大势已定。"[1]

在当时极左思潮泛滥、国家财政力量(特别是外汇)相当困难、这方面又十分缺乏经验的情况下,能够下如此大的决心从西方发达国家大规模引进成套的先进技术设备,需要有非凡的远见和胆略。江青等后来就把这称为"崇洋媚外""洋奴哲学"而大肆攻击。它在新中国经济史上值得大书一笔,为以后实行对外开放起了某些先导作用。

同林彪集团有牵连的人和事,中共中央决定由周恩来负责领导清查工作。这项工作在不长时间、较小范围内完成。在这期间,国内并没有发生政治动荡。

对林彪本人,周恩来也作了客观而冷静的分析。他在一九七二年八月一次外事工作会议上说:我们要历史地、辩证地、发展地看问题。因为一个人的思想是发展的,不能说林彪早先的思想和以后的思想是一样的,会有变化的。同样,我们对林彪的认识也有一个发展的过程。怎么会一下子就识破他呢?九大时还不可能识破他,否则,怎么会让他当副主席?林彪的欺骗性也就在这里。因此,对林彪要作具体分析,他也有一个从量变到质变的过程。不要以为说他坏,就从头到尾都是坏的。林彪取得接班人的地位是有历史原因的,是当时党内形势发展的结果。总之,对我们党来说,"林彪事件"的教训是深刻的。

---

[1]《陈云文选》第3卷,第217—219页。

他在这次讲话中鲜明地提出了"要批透极左思潮"这个极为重要的问题。他说:"极左思潮是有世界性的。中国也有极左思潮,在我们鼻子下面也有嘛。""实际上各单位的极左思潮都是林彪放纵起来的。""就是空洞,极端,形式主义,空喊无产阶级政治挂帅,很抽象,这是违反毛泽东思想的。""关于这个问题,如果我们不好好做工作,还要犯错误。"[1]十月间,《人民日报》《光明日报》根据周恩来的意见,用不少篇幅发表有关肃清极左思潮和无政府主义的报道、文章。

毛泽东过去也多次说过反对极左思想的话。他在一九六七年九月曾说:"形左实右,现在还是以极左面目出现,这是主要的。""现在要批评极左派思想——怀疑一切。"但他只是把这看作对"文化大革命"的干扰。周恩来要在"批林整风"中集中地批判极左思潮,使他担心会导致从根本上否定"文化大革命"。十二月中旬,他找周恩来、张春桥、姚文元谈话,说:"极左思潮少批一点吧。"林彪"是极左?是极右。修正主义,分裂,阴谋诡计,叛党叛国"。[2]这样,"批林整风"中对极左思潮的批判不能不中断。事实再次证明,毛泽东可以在某些具体问题上纠正已经造成严重后果的错误,包括调整若干重要的政策;但他不允许批评和纠正"文化大革命"的指导思想。这样,"文化大革命"的灾难便不可能根本消除,而仍继续下去。不久,张春桥、姚文元又趁机在文化、教育领域内掀起一场"反右倾回潮"运动,使稍有好转的形势又出现逆转。

尽管如此,在这前后,纠正"左"的错误仍收到一些成效。

---

[1]周恩来接见回国述职大使和外事单位负责同志的谈话纪要,1972年8月1、2日。
[2]毛泽东同周恩来、张春桥、姚文元等的谈话记录,1972年12月17日。

除经济工作的"整顿"外，首先是对"文化大革命"中一批遭受错误打击的老干部的"解放"。一九七一年十一月，毛泽东找成都地区负责人座谈时，叶剑英进来。毛泽东说："你们再不要讲他'二月逆流'了。'二月逆流'是什么性质？是他们对付林彪、陈伯达、王关戚。""老帅们就有气嘛，发点牢骚。他们是在党的会议上，公开的，大闹怀仁堂嘛！"[1]一九七二年一月六日，陈毅因患癌症去世。十日，举行追悼会，毛泽东临时在睡衣外套上大衣就赶去参加了，对陈毅的夫人张茜说："陈毅同志是个好同志。"这个包含有歉意的行动很有象征意义，表示广大老干部、包括对"文化大革命"有严重抵触情绪的干部是好的，应该适时给以解放。

最引人注目的是邓小平的恢复工作。邓小平在"文化大革命"一开始就作为"党内第二号走资本主义道路的当权派"被"打倒"，后来在江西新建县拖拉机修配厂劳动。一九七二年八月三日，他给毛泽东写信，要求工作。十四日，毛泽东在信上批示："应与刘少奇加以区别"，并且讲了他的四条优点。这年十二月，周恩来提出恢复邓小平国务院副总理职务的建议，得到毛泽东的同意。一九七三年三月，邓小平从江西回到北京，并由周恩来陪同见了毛泽东。二十九日，周恩来主持中央政治局会议商定：邓小平"正式参加国务院业务组工作，并以国务院副总理身份参加对外活动；有关重要政策问题，小平同志列席政治局会议参加讨论"。[2]四月十二日，周恩来主持欢迎柬埔寨国家元首西哈努克亲王的盛大国宴，邓小平公开露面，出席这次国宴，立刻在国内外引起很大轰动。

---

[1] 毛泽东同志接见参加成都地区座谈会人员的谈话记录，1971年11月14日。
[2] 周恩来关于中共中央政治局会议情况给毛泽东的报告，1973年3月20日。

在毛泽东、周恩来直接过问下，谭震林、王稼祥、廖汉生、杨勇、苏振华、林枫、吴冷西等一批干部陆续"解放"。但由于江青一伙在政治局内百般阻挠，还有许多干部仍未得到"解放"。一九七二年四月二十四日，《人民日报》发表经周恩来审阅修改的社论，指出：经过长期革命斗争锻炼的老干部是党的宝贵财富，并且强调：

> 要严格区分敌我矛盾和人民内部矛盾这两类不同性质的矛盾。除了极少数混进革命队伍的阶级敌人和屡教不改、不可救药的分子外，对一切犯错误的同志，不论老干部、新干部，党内的同志、党外的同志，都要按照"团结—批评—团结"的公式，采取教育为主的方针。……正如得过伤寒病可以产生免疫力一样，犯过错误的人，只要认真改正错误，善于从错误中吸取教训，有了免疫力，就有可能工作得更好。[1]

全国其他报刊也相继发表文章，论述落实干部政策问题，产生了很大影响。

干部问题，是"文化大革命"以来一直处在突出地位的问题。全国从上到下有大量干部被"打倒"或"靠边站"。因此，落实干部政策是纠正"文化大革命"中"左"的错误的重要内容。

其他工作领域，在周恩来主持下也对纠正"左"的错误作出许多努力。文艺界、科技界、教育界是"文化大革命"的重灾区。周恩来鼓励这些部门要排除干扰，尽快恢复正常工作。对文艺界，他在一九七二年四月九日观看广州的部队文艺演出时说："看来你们

---

[1]《惩前毖后　治病救人》（社论），《人民日报》1972年4月24日。

的极左思潮还没有肃清。极左思潮不肃清，破坏艺术质量的提高。你们的歌越唱越快，越唱越尖，越唱越高。革命激情要和革命抒情结合，要有点地方的色彩。"[1]对科技界：他在这年七月初会见美籍科学家杨振宁时说：你说我们基础科学理论太贫乏了，而且也不同国外交流，恐怕这话有道理，你是看到我们的毛病了。十四日，他叮嘱陪同他再次会见杨振宁的北京大学负责人周培源："要把北大的理科办好，把基础理论水平提高。有什么障碍要扫除，有什么钉子要拔掉。"[2]过了一星期，周培源写信给周恩来，反映许多知识分子对这个问题存在的顾虑。周恩来把这封信批告国务院科教组和中国科学院负责人，要他们"在科教组和科学院好好议一下，并要认真实施，不要如浮云一样，过了就忘了"。[3]对教育界：周恩来十月十四日在同美籍科学家李政道谈话时提出一个十分重要的意见：

> 对学习社会科学理论或自然科学理论有发展前途的青年，中学毕业后，不需要专门劳动两年，可以直接上大学，边学习，边劳动。[4]

由于江青集团的阻挠，特别是他们在文化、教育界发动的"反右倾回潮"，周恩来这些设想没有能完全实现。但这些富有远见而又切合实际的主张，在几年后终于变成现实。

---

[1]《周恩来选集》下卷，第471、472页。
[2] 周培源：《学习周总理的革命精神》，《人民的好总理》上册，人民出版社资料组1977年9月编印，第122页。
[3]《周恩来教育文选》，教育科学出版社1984年10月版，第236页。
[4]《周恩来选集》下卷，第473—474页。

第二十三章 "文化大革命"的十年动乱（下）

随着"林彪事件"以及有关人和事在两年内得到查清，随着国民经济的逐步恢复和发展，一九七三年八月二十四日至二十八日，中国共产党第十次全国代表大会由毛泽东主持在北京召开。

大会的政治报告是张春桥起草的。张春桥本来主张由王洪文宣读，后来中共中央还是决定由周恩来宣读。由于"林彪事件"后党内外对"文化大革命"的理论和实践都产生不少怀疑，报告中肯定九大的路线，写道："九大以来的革命实践，主要同林彪反党集团的斗争实践证明，九大的政治路线和组织路线都是正确的，以毛主席为首的党中央的领导是正确的。"对林彪集团及其活动，报告写道："林彪及其一小撮死党是一个'语录不离手，万岁不离口，当面说好话，背后下毒手'的反革命阴谋集团。他们推行的反革命修正主义路线的实质，他们发动反革命武装政变的罪恶目的，就是篡夺党和国家的最高权力，彻底背叛九大路线，从根本上改变党在整个社会主义历史阶段的基本路线和政策，使马克思列宁主义的中国共产党变为修正主义的法西斯党，颠覆无产阶级专政，复辟资本主义。"报告说："林彪反党集团的垮台，并不是党内两条路线斗争的结束。""有不少党委，埋头日常的具体的小事，而不注意大事，这是非常危险的。如果不改变，势必走到修正主义道路上去。希望全党同志特别是领导同志警惕这种倾向，认真地改变这种作风。"[1]这一段话，显然有所指，在相当程度上正是对着周恩来说的。

大会前调到中央工作的王洪文，在会上作了《关于修改党章的报告》。他说："修改草案和九大党章比较，主要是充实了两条路线

---

[1]《人民日报》1973年9月1日。

斗争经验的内容","我们一定要提高警惕,认识这种斗争的长期性和复杂性。要深入进行思想、政治、经济领域的社会主义革命,改革一切不适应社会主义经济基础的上层建筑,还要进行多次像无产阶级文化大革命这样的政治大革命,才能不断巩固无产阶级专政,夺取社会主义事业的新胜利。"[1]

大会选出第十届中央委员和中央候补委员。其中,包括一批被九大排除的老干部,如邓小平、谭震林、乌兰夫、李井泉、王稼祥等;也包括了不少"文化大革命"中靠造反起家的人物,增强了江青集团在中央委员会中的力量。

八月三十日,中共十届一中全会选出毛泽东为中央委员会主席,周恩来、王洪文、康生、叶剑英、李德生为副主席,张春桥也被选为政治局常委。对王洪文的任职是有争议的。十大前的政治局会议上,毛泽东的意见担任十大主席团主席、副主席的也就是第十届中央委员会的主席、副主席。政治局委员许世友提出:我看只要一个副主席就行了!他所说的"一个副主席",是指周恩来。而在毛泽东看来,王洪文年轻,做过农民,做过工人,当过兵,又是上海造反派头头,对他抱很大的希望,准备在实际工作中再加以培养和考察。

中共十大的指导方针和九大一样,是错误的。它进一步强调党内"两条路线斗争"的"长期性和复杂性",为江青一伙和各地造反派的继续兴风作浪提供理论依据。王洪文当了中共中央副主席,江青、张春桥、姚文元、王洪文在中央政治局内结成"四人帮",江青集团的势力得到加强。动乱仍将继续。

---

[1]《人民日报》1973年9月2日。

打开对外关系的新局面

从九大到十大期间,新中国的外交工作取得重大突破,作出一系列重大决策,形成了对外关系的新格局。

"文化大革命"最初几年,中国面对的国际局势十分严峻。美国侵越战争继续扩大,在南越的美军达到五十多万人。美国的飞机和军舰常常侵入中国的领空和领海,中国外交部发言人每次都提出警告。苏联政府以重兵集结在中苏和中蒙边境,多次对中国进行武装挑衅,对中国构成严重威胁。一九六八年八月,苏联武装入侵捷克斯洛伐克,在六小时内占领了这个社会主义国家。这件事给中国刺激很大,更使中国把苏联的军事威胁作为国家安全战略全局的重点来考虑。

就在中共九大召开前夜,发生了大规模边境武装冲突的珍宝岛事件。"珍宝岛从来就是中国的领土。它原不是一个岛,而是乌苏里江中国一侧江岸的一部分,后来因江水冲刷成为岛屿,枯水期和中国江岸相连。"[1]它历来都由黑龙江省虎林县管辖。一九六九年三月二日,大批苏联军人乘坐装甲车和汽车分两路侵入珍宝岛,突然袭击正在执行正常巡逻任务的中国边防人员,打死打伤多人。中国边防人员被迫进行自卫还击。十五日,苏联出动大批装甲车、坦克和武装部队,在飞机和远射程炮掩护下,再次侵入珍宝岛,并向中国境内纵深地区进行炮击。中国边防部队三次打退了对方的猛烈进攻。这件事震动了世界。

九大结束后不久,毛泽东委托长期"靠边站"的陈毅、叶剑英、

---

[1] 韩念龙主编:《当代中国外交》,中国社会科学出版社1988年3月版,第123页。

徐向前、聂荣臻四位老帅共同研究国际形势,由陈毅负责,向中央提出书面意见。当时,最迫切需要回答的问题:一是中美、中苏之间会不会发生大战?二是苏美两国比较起来,谁对中国安全的威胁更大?三是对打开这种局面有什么新的设想?

这四位老帅都是富有战略眼光的。他们从六月七日至七月十日进行了六次讨论,由熊向晖记录并整理出向中央报告的《对战争形势的初步估计》,经周恩来报送毛泽东。报告写道:"我们认为,在可以预见的时期内,美帝、苏修单独或联合发动大规模侵华战争的可能还不大。"它判断:"美帝不敢轻易进攻中国,主要理由是:(一)中美之间隔着辽阔的太平洋。美帝侵朝、侵越两次战争的失败,加深了它的内外困境,使它有了沉痛教训,申言不再参加朝鲜式或越南式的战争。中国不同于朝鲜、越南,美帝更不敢贸然动手。(二)美帝战略重点在西方。美帝长期陷于南越,已使它在西方的地位大为削弱。如与中国作战,需时更长,结局更惨。美帝尤其不愿单独和中国打,使苏修渔利。(三)美帝想把亚洲人推上反华第一线,特别想利用日本打先锋,但日本自己有侵华失败的切肤之痛。新中国远非昔比,日本反动派对中国不敢轻举妄动。"报告还作出一个重要判断:"苏修把中国当成主要敌人。它对我国安全的威胁比美帝大。""但真和中国大打,苏修还有很大顾虑和困难。"[1]

当时从国际关系的全局来看,这个阶段还有一个十分值得注意的新变化:"苏美两个超级大国的军事力量对比向着有利于苏联的方向发展。苏联凭借其迅速膨胀起来的军事力量到处伸手。而美国先是深陷于侵越的泥潭之中,后来又为侵越战争的'后遗症'所困

---

[1] 熊向晖:《历史的注脚》,中共中央党校出版社1995年7月版,第185、186页。

扰。苏美争霸出现了苏攻美守的态势。"[1]这种在一段时间内存在的新态势直接影响中国的周边状况。苏联当局确曾有过对中国实施突然核打击的设想,而美苏之间的矛盾超过了美中之间的矛盾。

陈毅等四人小组,在七月二十九日至九月十六日之间又进行了十次讨论,并向中央提出《对目前局势的看法》。熊向晖回忆当时讨论的情况:"四位老师还反复研究,万一苏修对我发动大规模战争,我们是否从战略上打'美国牌'。叶帅说,魏、蜀、吴三国鼎立,诸葛亮的战略方针是'东联孙吴,北拒曹魏',可以参考。陈总说,当年斯大林同希特勒签订互不侵犯条约,也可以参考。"他们在报告中写道:"国际阶级斗争错综复杂,中心是中、美、苏三大力量的斗争。目前压倒一切的问题是苏修会不会大举进攻我国。"他们认为:"苏修确有发动侵华战争的打算","但它下不了政治决心",因为"对华作战是有关生死存亡的大问题,苏修感到并无把握"。"苏修对侵华战争的决策,在很大程度上取决于美帝的态度。迄今美帝的态度不但未能使它放心,而且成为它最大的战略顾虑。"在这份报告写出后,陈毅还向周恩来口头汇报说:"现在情况发生变化,尼克松出于对付苏修的战略考虑,急于拉中国。我们要从战略上利用美、苏矛盾,有必要打开中美关系,这就必须采取相应的策略。"[2]

这时,美国对华政策也在酝酿重大调整。美国的力量正深陷在越南战争的泥潭中,同苏联的角逐又处在被动地位。珍宝岛冲突更加快了美国决策者调整对华政策的步伐。

一九六九年就任美国总统的尼克松在这方面采取了积极的态度。他在回忆录中写道:

---

[1] 韩念龙主编:《当代中国外交》,第214页。
[2] 熊向晖:《历史的注脚》,第192、195、197页。

> 我认为美国和共产党中国建立关系非常重要这一想法，是我在一九六七年为《外交季刊》写的文章中第一次提出的……对华主动行动的第一个认真的公开步骤是在一九七〇年二月采取的，那时我向国会提出了第一个外交报告。关于中国问题的那一段是这样开始的："中国人民是伟大的、富有生命力的人民，他们不应该继续孤立于国际大家庭之外。"

这年三月，美国国务院宣布放松对于去新中国旅行的大部分官方限制；四月，又宣布进一步放宽贸易限制。十月二十五日，巴基斯坦总统叶海亚·汗到美国去会见尼克松。尼克松告诉他：已经决定设法使对华关系正常化，要求他作为中介人提供助力。叶海亚允诺了。第二天，罗马尼亚总统齐奥塞斯库对美国进行国事访问。尼克松同样要求齐奥塞斯库把他的想法转达给北京。尼克松回忆道：

> 在欢迎他的宴会上祝酒时，我作为美国总统第一次有意地用正式名称称呼共产党中国，即称它为中华人民共和国，虽然我的外交政策报告还称它"共产党中国"。这是一个意味深长的外交信号。

十二月九日，周恩来要叶海亚总统传话说，欢迎我的代表到北京讨论台湾问题。他强调说明这不仅是他的口信，而且已得到毛主席和当时还有很大权力的林彪的批准。周恩来最后以其特有的精辟口吻说了句俏皮话。他说："过去我们通过不同的来源收到美国方面的口信，这次是第一次从一个首脑通过一个首脑给另一个首脑提出建议。"[1]

十二月十八日,毛泽东会见他的老朋友、美国记者埃德加·斯诺,对他说:

> 我说如果尼克松愿意来,我愿意和他谈,谈得成也行,谈不成也行,吵架也行,不吵架也行,当做旅行者来谈也行,当做总统来谈也行。总而言之,都行。我看我不会跟他吵架,批评是要批评他的。
>
> 中美两国总要建交的。中国和美国难道就一百年不建交啊?我们又没有占领你们那个长岛。[2]

毛泽东这些话,尼克松在几天后就知道了。一九七一年三月下旬到四月上旬在日本名古屋举行第三十一届世界乒乓球赛上,中国邀请美国乒乓球队访华。这是中美关系上一个重大突破,引起很大轰动,被称为"乒乓外交"。"乒乓外交",获得了"小球转动大球"的戏剧性效果。正如周恩来接见美国乒乓球队时所说:它打开了中美两国人民友好往来的大门。

七月九日,美国总统国家安全事务助理基辛格,在巴基斯坦政府的配合下,从伊斯兰堡秘密启程,飞往北京。三天内,周恩来、叶剑英等同他举行了六次会谈,着重就台湾问题以及尼克松访华安排进行磋商。尼克松在回忆录中写道:"使基辛格印象最深的是周恩来。他们在一起会谈和闲聊,相处了十七个小时。基辛格

---

[1][美]《尼克松回忆录》中册,商务印书馆1979年1月版,第229、231页。
[2]《毛泽东外交文选》,第593、594页。

发现'他对哲学的泛论、历史的分析、策略的试探和轻快的巧辩无不应用自如。他对事实的掌握，特别是对美国情况的了解，十分惊人'。"[1]

十六日，中美双方同时发表公告，称："获悉尼克松总统曾表示希望访问中华人民共和国，周恩来总理代表中华人民共和国政府邀请尼克松总统于一九七二年五月以前的适当时间访问中国。尼克松总统愉快地接受了这一邀请。中美两国领导人的会晤，是为了谋求两国关系的正常化，并就双方关心的问题交换意见。"[2]宣布长期相互尖锐敌对的中美两国突然走向和解的这条不足二百字的公告，是大多数人没有想到的，立刻强烈地冲击和震动了全世界。三个月后，基辛格再次来到北京。十月二十六日，双方就联合公报草案达成初步协议。

就在基辛格即将结束他第二次来华使命时，在纽约举行的第二十六届联合国大会，正为二十二个国家提出的要求恢复中华人民共和国在联合国的一切合法权利和立即把蒋介石代表从联合国的一切机构中驱逐出去的提案进行表决。从十月十八日开始，经过一星期的辩论，有约八十个代表在会上发言。二十五日晚进行表决，该提案以七十六票赞成、三十五票反对、十一票弃权的压倒多数得到通过。"据西方通讯社报道，'当电子计票牌上出现表决结果，表明美国的建议被击败时，大厅里立即沸腾起来'，'挤得满满的会议厅中发出了长时间的掌声'，'热烈掌声持续了两分钟之久'，对中国友好的各国代表'高声欢笑，歌唱，欢呼'，'还有一些人跳起舞

---

[1]［美］《尼克松回忆录》中册，第241页。
[2]《公告》，《人民日报》1971年7月16日。

来'。"[1]第二天，外交部代理部长姬鹏飞收到联合国秘书长吴丹发来的电文，告知二十五日联大通过的决议。毛泽东高兴地说：主要是第三世界兄弟把我们抬进去的。

一九七二年二月二十一日，尼克松总统和夫人、国务卿罗杰斯和总统助理基辛格一行抵达北京机场。周恩来、叶剑英等到机场欢迎。当天下午，毛泽东就会见了尼克松，对他说："来自美国片面的侵略，或者来自中国片面的侵略，这个问题比较小，也可以说不是大问题，因为现在不存在我们两个国家互相打仗的问题。你们想撤一部分兵回国，我们的兵也不出国。"[2]基辛格在回忆录中谈到对毛泽东的印象："他微笑着注视来客，眼光锐利而微带嘲讽，他的整个神态似乎在发出警告说，他是识透人的弱点和虚伪的专家，想要欺骗他未免是徒劳的。或许除了戴高乐以外，我从来没有遇见过一个人像他具有如此高度集中的、不加掩饰的意志力。""他成了凌驾整个房间的中心，而这不是靠大多数国家里那种用排场使领导人显出几分威严的办法，而是因为他身上发出一种几乎可以感觉得到的压倒一切的魄力。"[3]

在为期一周的访问中，尼克松同周恩来进行了五次会谈。"在台湾问题上，尼克松重申了美国的承诺，即美国承认只有一个中国，台湾是中国的一部分；美国不再说'台湾地位未定'，也不支持'台湾独立'；美国将谋求实现与中国关系正常化，并在四年内逐步从台湾撤军。"[4]罗杰斯和中国外交部长姬鹏飞讨论了两国关系

---

[1]《人民日报》1971年10月27日。
[2]《毛泽东外交文选》，第595页。
[3]［美］基辛格：《白宫岁月》第4册，世界知识出版社1980年11月版，第13页。
[4] 陶文钊主编：《中美关系史（1949—1972）》，上海人民出版社1999年11月版，第559页。

正常化、互设联系机构及互通贸易等问题。不久，双方就在北京和华盛顿互设联络处。

二月二十八日，双方在上海正式签订并发表了《联合公报》（通常称为"上海公报"）。这个公报的一个重要特点，是在许多重要问题上列举双方各自的观点。以台湾问题来说，中国重申了中华人民共和国政府是中国的唯一合法政府、台湾是中国的一个省、解放台湾是中国的内政的一贯立场；美国政府表示："美国认识到，在台湾海峡两边的所有中国人都认为只有一个中国，台湾是中国的一部分。美国政府对这一立场不提出异议。它重申它对由中国人自己和平解决台湾问题的关心。"公报也宣布双方达成的共同认识，如："中美两国关系走向正常化是符合所有国家的利益的"；"任何一方都不应该在亚洲—太平洋地区谋求霸权，每一方都反对任何其他国家或国家集团建立这种霸权的努力。"[1]

尼克松访华和《联合公报》的发表，在中美关系发展史上有着里程碑的意义。它标志着两国从长期尖锐对立开始走上关系正常化的道路，为以后两国关系的进一步改善和发展打下了基础。它的影响是十分深远的。

新中国恢复在联合国的合法席位，中美关系开始正常化，产生了巨大的连锁反应，迅速改变了中国对外关系的格局。日本政府在尼克松访华决定快要发布前才接到通知，感到十分震惊。尼克松访华半年后，日本首相田中角荣访华，中日正式恢复邦交，两国关系取得了重大突破。

田中角荣是一九七二年七月当选日本首相的。他在第一次内阁

---

[1]《人民日报》1972年2月28日。

会议上就表示：在外交方面，要加紧实现同中华人民共和国的邦交正常化。内阁会议后，大平正芳外相又对记者说：日中完全实现邦交正常化时，日台条约仍然存在就是不可想象的了。九月二十五日，田中首相偕大平外相和二阶堂进官房长官来中国访问。周恩来同田中角荣进行多次会谈。二十九日，两国政府首脑共同签署《联合声明》。《声明》说：

> 中日两国是一衣带水的邻邦，有着悠久的传统友好的历史，两国人民切望结束迄今存在于两国间的不正常状态。战争状态的结束，中日邦交的正常化，两国人民这种愿望的实现，将揭开两国关系史上新的一页。
>
> 日本方面痛感日本国过去由于战争给中国人民造成的重大损害的责任，表示深刻的反省。日本方面重申站在充分理解中华人民共和国政府提出的"复交三原则"的立场上，谋求实现日中邦交正常化这一见解。中国方面对此表示欢迎。
>
> 中日两国尽管社会制度不同，应该而且可以建立和平友好关系。两国邦交正常化，发展两国的睦邻友好关系，是符合两国人民利益的，也是对缓和亚洲紧张局势和维护世界和平的贡献。[1]

《声明》宣布日本国政府承认中华人民共和国政府是中国的唯一合法政府；两国自即日起建立外交关系；中国政府宣布，为了中日两国人民的友好，放弃对日本的战争赔偿要求。

---

[1]《人民日报》1972年9月30日。

中日邦交正常化，显然受到中美关系改善的重大影响；而它立刻宣布两国间建立正式外交关系，又走到中美关系的前面去了。

除了中美、中日关系的改善外，这段时间还是新中国外交大踏步前进的时期，出现了同遍及世界各大洲国家建交的高潮。在六十年代结束时，同新中国正式建立并保持外交关系的只有四十四个国家，除法国、北欧四国、瑞士外，都是社会主义国家和亚非国家。一九七〇年十月以后，同新中国建交的有加拿大、赤道几内亚、意大利、埃塞俄比亚、智利。一九七一年建交的有尼日利亚、科威特、喀麦隆、圣马利诺、奥地利、塞拉利昂、土耳其、伊朗、比利时、秘鲁、黎巴嫩、卢旺达、塞内加尔、冰岛、塞浦路斯。一九七二年建交的有马耳他、墨西哥、阿根廷、毛里求斯、希腊、圭亚那、多哥、日本、德意志联邦共和国、马尔代夫、马达加斯加、卢森堡、牙买加、乍得、澳大利亚、新西兰。英国、荷兰同新中国在一九五四年已互派代办，一九七二年升格为大使。原来曾中断外交关系而在一九七一年或一九七二年复交的有加纳、扎伊尔、布隆迪、突尼斯、中非、贝宁。[1]这样，到一九七二年底同中国建立正式外交关系的国家已有八十八个，同一九六九年底相比，三年内翻了一番。

这个时期内，同各国人民的友好往来也有很大发展。据新华社对一九七二年头九个月的统计，中国接待外国国家元首、政府首脑、外交部长及其他高级官员和政府代表团三十多起；访问中国的有来自世界五大洲九十多个国家和地区的五百多起各种代表团和各界人士，其中美国有五百多人，日本有三千七百多人；中国也派出很多

---

[1] 韩念龙主编：《当代中国外交》，第 476—481 页。

代表团分赴五十多个国家和地区进行友好访问。其中派出二十四起贸易代表团或代表访问了十一个国家和地区；同二十六个国家签订了贸易协定或议定书，贸易额比过去有很大增长。

可以看出，中国外交工作在这个时期取得的成就确实令世人瞩目。中国的国际地位和在国际事务中的影响空前提高。六十年代后期中国周边那种严峻局势已根本改观。对不同社会制度国家的友好交往日益密切。这是日后实行对外开放政策的极为重要的条件。

围绕四届人大的激烈斗争

一九七二年，是中国对内对外工作都异常繁忙的一年。但就在这一年，中国两位主要领导人毛泽东和周恩来的健康状况却突然恶化。

毛泽东在参加陈毅追悼会回来后，心情沉重，很久没有休息好。由于肺心病，在心律失常情况下严重缺氧，在二月十二日凌晨突然休克，脸色发紫，呼吸极其微弱，几乎摸不到脉，已完全昏迷。这次病情，暴发突然，来势凶猛，使人措手不及。经过二十多分钟抢救，才慢慢苏醒过来，但体温仍在三十八摄氏度以上。中央成立了毛泽东的医疗组，持续存在了一年多。这次重病后，毛泽东的健康状况，再也没有得到恢复。他离不开人了，常缺氧，随时需要吸氧，大多数时间躺在床上，有时闭着眼，不说话。这些状况，外界自然都毫不知情，仍以为一切重要活动都是"毛主席的伟大战略部署"。实际上，这一年内，毛泽东没有出席重要会议，没有长篇讲话，在文件上的批示也极少。这是"文化大革命"以来从来不曾有过的现象。

尼克松来华的日子，距离毛泽东那次突然休克只有九天，他的健康状况仍然处在极不稳定的状态，随时都有发生危险的可能。但由于中美关系改善这件事太重要，毛泽东坚持要会见尼克松。这使周围的人十分紧张。他的护士长吴旭君回忆说："我们要做好一切抢救准备，以防万一在接见过程中发生什么意外。所以在当时，我们就在这个地方，所有工作人员都在这个门后头，都在这儿等着"，"甚至于我们把给他用的强心剂都抽在了针管里头"，"因为要分秒必争啦，是处于临战状态"。[1]本来，外交部安排他只会见十五分钟，结果却谈了六十五分钟，这几乎全靠他的意志力量支撑着。

一九七三年八月，中共十大开幕那天，宣布散会时，毛泽东却怎么也站不起来了。代表们不知道他的健康状况，一直鼓掌欢呼，持续了十分钟，谁也没有退场。毛泽东只得说：你们不走，我也不好走。周恩来宣布：毛主席目送各位代表退场。这样才把这个场面对付过去。

周恩来的身体一直是很好的。"文化大革命"开始后，他实在过于劳累，心情又异常焦虑，犯了严重的心脏病。但他仍坚持没日没夜、有时是通宵达旦的工作，既要应对"文化大革命"中的种种揪心的难题，又要处理异常繁重的国内经济工作和对外工作。一九七二年五月，他被发现并确诊患有膀胱癌。但当时没有人能替代他的工作（邓小平是一九七三年三月回到北京并开始恢复国务院副总理工作的）。七十四岁高龄的周恩来，在身患癌症的情况下，依然担负着常人难以承受的极端繁重的工作，更不顾及医生规定的工作限额。他这时常说：我只有八个字——"鞠躬尽瘁，死而

---

[1] 吴旭君录像讲话，见《大型电视纪录片〈毛泽东〉》，人民出版社1995年3月版，第146页。

后已"。

中共十大后，因"林彪事件"而一再被推迟召开的第四届全国人民代表大会重新提上工作日程。一九七三年十月十六日，周恩来主持中央政治局会议，基本通过政府工作报告稿。各地、各单位出席四届人大的代表也陆续选出。四届人大似已召开在即。

江青等对国家最高权力觊觎已久。毛泽东病重，使他们这种野心更加膨胀，也更为迫切。在他们看来，最大的障碍就是周恩来，最需要集中力量攻击的对象也是周恩来。

周恩来在"文化大革命"中处境非常困难。他顾全大局，任劳任怨，为了党和国家的正常工作能够继续运转，为尽可能减少"文化大革命"造成的损失，为保护大批党内外干部，以常人难以想象的顽强毅力，做了坚韧不拔的努力。他有时不得不说一些违心的话，做一些违心的事，因为他深知在当时的复杂环境中，不这样做便无法发挥前面说的那些作用，而这对党和国家的命运至关重要，又没有其他任何人能够代替他的这种作用。这种做法对他来说十分痛苦，但舍此别无选择。陈云在"文化大革命"结束后不久曾这样说："没有周恩来同志，'文化大革命'的后果不堪设想。"[1]因此，他被江青集团看成主要障碍是很自然的。

江青和毛泽东之间关系的实际情况，人们几乎并不了解。江青是毛泽东的夫人，但自一九六六年九月毛泽东原住处丰泽园修理后，两人就分开居住。毛泽东迁往中南海游泳池住地，江青住在钓鱼台。"文化大革命"初期，从"天下大乱，达到天下大治"的指导思想出发，毛泽东对江青是信任和重用的。江青和"中央文革小组"

---

[1]《陈云文选》第3卷，第242页。

那几年能够到处兴风作浪,没有毛泽东的重用是不可能做到的。以后,江青的种种表现使毛泽东越来越不满,他认为江青在"文化大革命"中有"功",但不愿再多见她。毛泽东的机要秘书张玉凤写道:

> 七〇、七一年江青同主席见面的机会还多些,谈话时间也比较长。七二年春江青来主席处,主席发过几次脾气,还给我们规定了:没有他的同意,江青不能随便到他的住处来,来了要挡。这以后,主席即使有时同意江青来,有些情况也同过去不一样了,以往江青见主席的笑容也不见了。到了七三年,江青打电话要求见主席,主席总是推脱,不见。江青要当面向主席反映什么情况是很难的,只有通过信件或请能见到主席的人把她的意见反映给主席。[1]

一九七三年下半年,毛泽东曾几次谈到"评法批儒"的问题。他的着眼点是针对那些怀疑以至否定"文化大革命"的看法,提倡"社会要向前发展,反对倒退",并没有要发动一场大规模的"批林批孔"运动。中共十大前夕召开的一次中央政治局会议上,江青曾主张将"儒法斗争"的内容写进十大政治报告,主持会议的周恩来以这个问题"还需要消化一段时间"为理由,没有采纳。这年十一月中旬,毛泽东听了不正确的汇报,认为周恩来、叶剑英在同基辛格会谈时态度软了,提出严厉的批评。江青等认为这正是可以借"批孔"的题目攻击周恩来的机会。

当时的中央政治局委员吴德回忆道:"'批林批孔'实际搞成

---

[1] 张玉凤:《回忆毛主席去世前的一些情况》,未刊稿。

'批周公',即批周总理。政治局对'批林批孔'运动的方针、步骤都没有讨论过。事后证明,毛主席对他们的具体活动也不完全清楚。"[1]

一九七四年一月,也就是春节前后,江青背着中央政治局和中央军委,以个人名义向一些部队和机关送去"批林批孔"的信件和材料。一月二十五日,在江青策动下,召开有一万多人参加的中共中央和国务院直属机关"批林批孔"动员大会。周恩来到当天近中午时才得知开会的消息。大会上,迟群等发表长篇讲话。江青、姚文元等频繁插话,说:"要反对折衷主义""凡是主张中庸之道的人,其实是很毒辣的"。他们说的"折衷主义""中庸之道",历来是指周恩来的。在报刊上,也接连发表文章,借"批林批孔"之名,含沙射影,攻击矛头直指周恩来。江青又在北京、天津到处讲话,说:现在文章很少提到现代的儒,现在有很大的儒,儒法斗争影响到现在,继续到现在。

随着"批林批孔"运动的开展,全国各地的局势再度动荡。造反派又活跃起来,重新拉起山头,成立各种组织,兴风作浪。他们在工矿企业散布"不为错误路线生产",煽动停工停产。在一些机关和事业单位,鼓吹"矛头向上",张贴大字报,制造事端。在文化教育领域内开展"大批判",接连批判《园丁之歌》《三上桃峰》等地方戏曲,吹捧"白卷英雄",发表"一个小学生的日记"等,造成相当紧张的气氛。有些地区,如浙江等,又出现冲击省委、抢夺武器和严重武斗事件。

本来,国民经济自一九六九年起每年都有较快的增长,五年中

---

[1]吴德口述:《十年风雨纪事》,当代中国出版社2004年版,第157页。

工业总产值最低的一年也比上年增长百分之六点九，但到一九七四年，在"批林批孔"运动冲击下，随着政治局势的动荡，经济立刻出现严重滑坡。"一九七四年前五个月，山东、湖南、贵州、内蒙、江西、浙江、安徽、山西、湖北、新疆、四川等十一个省区工业产值比去年同期下降。""虽然中共中央于七月一日发布《关于抓革命促生产的通知》，混乱局面有所控制，但终难改变许多企业的半瘫痪状况。'批林批孔'运动造成的经济损失十分巨大。一九七四年全国没有完成工业生产计划，主要工农业产品，除原油、粮食增长外，其他全都减产。"[1]全年国内生产总值比上年只增长百分之二点三，其中工业总产值只增长百分之零点六，可以说停滞不前。

毛泽东那时的身体很不好，一个月发两次烧，说话也不太清楚。"一二五"大会那些天，他正在高烧中，只吃流汁，对开这个会事先并不知道。江青这样一再越过中央政治局擅自行动，毛泽东十分不满。二月六日，江青将一批"批林批孔"的材料送给毛泽东，并再次求见。三天后，毛泽东在信封上批示："除少数外大都未看。近日体温升高两度，是一场大病！一切人不见，现在恢复中。你有事应找政治局。"[2]十五日，毛泽东在给叶剑英的信中写道："现在，形而上学猖獗，片面性。"他这些话是批评江青的。江青不得不写信给毛泽东说："我做蠢事，对不起主席！""今后当努力学习，克服形而上学、片面性。"[3]又多次要求见毛泽东。三月二十日，毛泽东复信：

---

[1] 程中原、夏杏珍：《历史转折的前奏：邓小平在1975》，中国青年出版社2003年8月版，第5页。

[2] 毛泽东对江青来信及所附材料的批语，1974年2月9日。

[3] 江青给毛泽东的信，1974年2月18日。

不见还好些。过去多年同你谈的，你有好些不执行，多见何益？有马列书在，有我的书在，你就是不研究。我重病在身，八十一了，也不体谅。你有特权，我死了，看你怎么办？你也是个大事不讨论、小事天天送的人。请你考虑。[1]

周恩来确诊患有癌症而且病情不断恶化后，谁能承担起治国的责任？在毛泽东看来，只有邓小平。这年三月中旬，开始酝酿出席四月召开的联合国大会第六届特别会议的中国代表团团长人选。这是很受国际和国内瞩目的事情。毛泽东要外交部部长助理王海容转告周恩来：由邓小平担任团长好，但暂不要讲我的意见，先由外交部写请示报告。果然，江青在政治局会议上和会后竭力反对。二十七日，毛泽东写信警告江青："邓小平同志出国是我的意见，你不要反对为好，小心谨慎，不要反对我的提议。"[2]四月六日，邓小平在联大特别会议上发言，系统地阐述"三个世界"的思想，提出正确处理国与国关系的主张，引起世界各国普遍关注。

周恩来的病情这时已日趋危急，每天尿血，每星期输血两次。医疗组认为必须住院进行手术治疗。但在当时江青等不断发难的情况下，邓小平又不在国内，周恩来无法放心。他置病体于不顾，继续超负荷地工作。"一月至五月，据有关记录统计，周恩来在五个月内共计一百三十九天的实际工作量为：每天工作十二至十四小时有九天，十四至十八小时有七十四天，十九至二十三小时有三十八天，连续工作二十四小时有五天，只有十三天的工作是在十二小时

---

[1] 毛泽东给江青的信，1974年3月20日。
[2] 毛泽东给江青的信，1974年3月27日。

以内。"[1]坚持到邓小平从国外归来,他才在六月一日住进医院,当天就做了大手术。

六月中旬,毛泽东的健康状况再度出现明显问题,第二次成立专门的医疗组。七月中旬,身患多种疾病的毛泽东准备赴南方易地休养。因为这次离开北京的时间可能比较长,他在临行前召集在京的中央政治局成员谈话,刚做手术不久的周恩来也赶来参加。谈话中,毛泽东说:"江青同志,你要注意呢!别人对你有意见,又不好对你讲,你也不知道。不要设两个工厂,一个叫钢铁工厂,一个叫帽子工厂,动不动就给人戴大帽子,不好呢,要注意呢。"又说:"你也是难改呢。"他还指着江青、王洪文、张春桥、姚文元向在场的政治局成员说:"她算上海帮呢!你们要注意呢,不要搞成四人小宗派呢!"由于江青常自称代表毛泽东说话,许多人也误以为江青所有言论和行动都是秉承毛泽东的意旨去做的,所以,毛泽东在那些谈话中两次声明:"她并不代表我,她代表她自己。""总而言之,她代表她自己。"[2]

毛泽东到武汉后,在八月间提出:"无产阶级文化大革命,已经八年。现在以安定为好。全党全军要团结。"国庆节刚过,他向周恩来住院后主持中央日常工作的王洪文催问四届人大能不能在本年内召开,并且提议由邓小平出任国务院第一副总理,要王洪文向政治局传达这个意见。在周恩来病势日重的情况下,这个意见对正力图夺取国家最高权力的江青集团来说,无疑是一个沉重的打击。

十月十八日,王洪文背着周恩来和中央政治局多数成员飞往长沙,去见刚到那里几天的毛泽东。他说:我这次来湖南没有告诉总

---

[1] 力平、马芷荪主编:《周恩来年谱(1949—1976)》下卷,中央文献出版社1997年5月版,第670页。
[2] 毛泽东召集在京中央政治局成员的谈话记录,1974年7月17日。

理和政治局其他同志，是我们四个人（春桥、江青、文元和我）开了一夜会，商定让我向主席汇报。我是冒着危险来的。北京现在大有一九七〇年庐山会议的味道。周总理虽然有病，但还昼夜忙着找人谈话，经常去总理那里的有邓小平、叶剑英、李先念等。他们频繁来往，一定和四届人大的人事安排有关。毛泽东听后，对江青等这种极不正常的举动十分不满。他严厉地批评王洪文说：有意见当面谈，这么搞不好！要跟小平同志搞好团结。又说：你回去要多找总理和剑英同志谈，不要跟江青搞在一起，你要注意她。碰了壁的王洪文当晚便返回北京。

十一月十二日，毛泽东在江青写给他的信上批道："不要多露面，不要批文件，不要由你组阁（当后台老板）。你积怨甚多，要团结多数。至嘱。""人贵有自知之明，又及。"[1] 十九日，江青又给毛泽东写信说："自九大以后，我基本上是闲人，没有分配我什么工作，目前更甚。在路线斗争起伏时我做过一些工作。"[2] 第二天，毛泽东在这封信上批道："你的职务就是研究国内外动态，这已经是大任务了。此事我对你说了多次，不要说没有工作。至嘱。"江青又托人向毛泽东转达：她提名王洪文当全国人大常委会副委员长。毛泽东一针见血地说："江青有野心。她是想叫王洪文作委员长，她自己作党的主席。"[3]

人事安排，是四届人大筹备工作中斗争的焦点。毛泽东提出：周恩来仍是总理，人大常委会主要领导人朱德、董必武之后要安排

---

[1] 毛泽东对江青来信的批语，1974年11月12日。
[2] 江青给毛泽东的信，1974年11月19日。
[3] 毛泽东同王海容、唐闻生的谈话，引自《中共中央关于王洪文、张春桥、江青、姚文元反党集团事件的通知》，1976年10月18日。

宋庆龄、邓小平、张春桥、李先念等可任国务院副总理,其他人事安排由周恩来主持商定。周恩来在动了两次手术后身体很虚弱。他在医院里分别找人谈话,反复征求意见,最后形成一个准备在四届人大上提出的委员长、副委员长和总理、副总理、各部部长的名单,是周恩来亲笔写的。根据中央政治局的意见,周恩来、王洪文带着名单飞长沙,向毛泽东当面汇报。

这是一个关键时刻,尽管医务人员认为周恩来的健康状况已不宜再做这样的远行,周恩来仍强撑病体,在十二月二十三日坐飞机抵达长沙。鉴于江青变本加厉地大搞帮派活动,毛泽东再次警告王洪文:"'四人帮'不要搞了,中央就这么多人,要团结","不要搞宗派,搞宗派要摔跤的"。这是第一次提出"四人帮"这个名称。他又称赞邓小平"政治思想强""人才难得",还采纳周恩来的建议,在四届人大前召开的中共十届二中全会上补选邓小平为中央政治局常委、副主席。

在解决了这个问题后,毛泽东又在十二月二十六日晚上同周恩来作了彻夜长谈。它的全部内容已无从知晓。在周恩来后来整理并经中共中央印发的谈话要点中看来,毛泽东放心不下的仍是他认为具有根本意义的"反修防修"问题。他说:

> 我同丹麦首相谈过社会主义制度。我国现在实行的是商品制度,工资制度也不平等,有八级工资制,等等。这只能在无产阶级专政下加以限制。
>
> 所以,林彪一类如上台,搞资本主义很容易。因此,要多看点马列主义的书。
>
> 列宁说:"小生产是经常地、每日每时地、自发地和大批

地产生资本主义和资产阶级的。"工人阶级一部分,党员一部分,也有这种情况。

无产阶级中,机关人员中,都有发生资产阶级生活作风的。[1]

毛泽东的这些谈话,反映了他对社会主义的认识。打破等级制度和特权思想,避免贫富悬殊、两极分化的社会现象,一直是他力图实现的理想目标。怎样实现这个目标?他担心商品制度、工资制度不平等等,会成为滋生资本主义和资产阶级的土壤和条件,这些想法违背社会发展的客观规律和中国实际国情,是行不通的。但它只是议论,没有也不可能付诸实施,没有在经济政策上作什么改变。

一九七五年一月一日,中共中央发出经毛泽东圈阅的一号文件,任命邓小平为中共中央军委副主席兼中国人民解放军总参谋长,张春桥为中国人民解放军总政治部主任。八日,由周恩来主持,召开中共十届二中全会。会议讨论了四届人大的各项准备工作,选举邓小平为中共中央副主席、中央政治局常委。全会在十日闭幕时,周恩来在讲话中传达了毛泽东"还是安定团结为好"的意见。

一月十三日至十七日,中华人民共和国第四届全国人民代表大会第一次会议在北京隆重举行。这是"文化大革命"以来第一次召开的全国人民代表大会。它自一九六五年一月的三届人大第一次会议以来,已经停开了十年。周恩来在大会第一天所作的政府工作报告中重申了要向四个现代化的宏伟目标前进。他说:

---

[1] 毛泽东关于理论问题同周恩来谈话记录,1974年12月26日。

遵照毛主席的指示，三届人大的政府工作报告曾经提出，从第三个五年计划开始，我国国民经济的发展，可以按两步来设想：第一步，用十五年时间，即在一九八〇年以前，建成一个独立的比较完整的工业体系和国民经济体系；第二步，在本世纪内，全面实现农业、工业、国防和科学技术的现代化，使我国国民经济走在世界的前列。

我们要在一九七五年完成和超额完成第四个五年计划，这样就可以为在一九八〇年以前实现上述的第一步设想打下更牢固的基础。从国内国际的形势看，今后的十年，是实现上述两步设想的关键的十年。在这个时期内，我们不仅要建成一个独立的比较完整的工业体系和国民经济体系，而且要向实现第二步设想的宏伟目标前进。[1]

由于经历了那么多年"文化大革命"的折腾，重申"四个现代化"的宏伟目标对人们是极大的鼓舞，使人们在内心中燃起新的希望。

这次代表大会产生了以朱德为委员长的全国人大常委会和以周恩来为总理的国务院，一大批富有治国经验的老干部重新走上领导岗位。江青一伙夺取国家最高权力的企图完全失败。四届人大闭幕以后，周恩来先后在第一次国务院常务会议和全体会议上宣布：今后国务院的工作由小平同志主持。从这时起，邓小平作为列名第一的副总理，开始代替重病的周恩来主持国务院的工作。

---

[1]《周恩来选集》下卷，第479页。

邓小平主持的全面整顿

邓小平在被"打倒"的六年多时间内,一直密切关注着国内局势的发展,回顾新中国成立以来的历程,特别是"文化大革命"以来的种种教训,重新思考中国社会主义建设中的许多根本问题。四届人大一次会议后,他担任着中共中央副主席和政治局常委,主持国务院工作的副总理,中央军委副主席兼总参谋长,立刻大刀阔斧地对各方面工作进行整顿。

这个整顿,是以周恩来在四届人大上提出的"四个现代化"为目标,在"三项指示为纲"名义下进行的。他说:现在有一个大局,全党要多讲。大局是什么?就是三届人大和四届人大提出的发展国民经济的两步设想,要实现"四个现代化"。全党全国都要为实现这个目标而奋斗,这就是大局。什么是"三项指示为纲"?他说:

> 前一个时期,毛泽东同志有三条重要指示:第一,要学习理论,反修防修;第二,要安定团结;第三,要把国民经济搞上去。这三条指示互相联系,是个整体,不能丢掉任何一条。这是我们这一时期工作的纲。[1]

这"三项指示"是毛泽东在不同时间说的。"学习理论,反修防修"是当时邓小平不能不说的,并且把它放在第一条。但他的着重点是在"要安定团结"和"把国民经济搞上去"。也就是要在政治上和经济上实现稳定,恢复秩序,扭转一九七四年"批林批孔"

---

[1]《邓小平文选》第2卷,第12页。

运动造成的新的动荡，并进而结束"文化大革命"的动乱局面。对饱受已经持续九年的"文化大革命"之苦的社会上绝大多数人来说，这是普遍的愿望，因而是深得人心的。

邓小平历来作风果断，办事雷厉风行，对问题只要抓住了，决不放松，一定抓到底。那时候，"文化大革命"在社会各方面的恶果已成积重难返之势。江青集团操纵下的造反派，成为遍布全国的一股恶势力。他们有恃无恐地煽动派性，拉帮结派，各霸一方，无法无天，什么坏事都干得出来。不把这股恶势力打下去，安定团结也好，把国民经济搞上去也好，都难以做到。邓小平响亮地提出"反对派性"，把它作为解决当前种种问题的关键。这实际上是针对那些靠造反起家、不断兴风作浪的帮派势力来讲的，决心捅这个马蜂窝。他斩钉截铁地指出：

> 现在闹派性已经严重地妨碍我们的大局。要把这个问题摆到全体职工面前，要讲清楚这是大是大非问题。这个问题不解决，光解决具体问题不行。对闹派性的人要再教育，要反对闹派性的头头。大概有这样两种情况：一种是被派性迷了心窍的人，打几年派仗打昏了头，马克思主义不见了，毛泽东思想不见了，共产党也不见了。要对他们进行教育，教育过来，既往不咎，再不转变，严肃处理。另外一种是少数坏人，各行各业、各个省市都有那么一些，他们利用派性混水摸鱼，破坏社会主义秩序，破坏国家经济建设，在混乱中搞投机倒把，升官发财。对这样的人，不处理不行。

> 对于派性，领导上要有个明确的态度，就是要坚决反对。

有的人把党的事业闹得乌天黑地，你还等他觉悟，你能等得及吗？要敢字当头。对坚持闹派性的人，该调的就调，该批的就批，该斗的就斗，不能慢吞吞的，总是等待。对于派性，还要号召群众、发动群众起来共同反对。[1]

他在国务院办公会议上直截了当地说："现在，干部中的一个主要问题，就是怕字当头，不敢摸老虎的屁股。我们一定支持你们，也允许你们犯错误。要找那些敢于坚持党的原则、有不怕被打倒的精神、敢于负责、敢于斗争的人进领导班子。"为了消除一些干部中存在的"怕被打倒"的顾虑，他以自己为例说："我是维吾尔族姑娘，辫子多，一抓一大把。"他鼓励干部："要敢字当头。毛主席讲矫枉必须过正，解决老大难问题不过正就不能矫枉。"[2]

邓小平这些话，讲得切中要害，痛快淋漓，使人听后觉得耳目一新，热血沸腾，使人们经历了长期的苦闷后看到希望。邓小平一复出，立刻得到绝大多数中国人的拥护和支持，不是偶然的。

要对各方面的工作进行大刀阔斧的整顿，该从哪里下手？邓小平在提出整顿军队的要求后，选择铁路作为扭转混乱局面的突破口。

铁路是国民经济的大动脉，跨越省区，贯通全国，各个环节紧密联系。铁路运输的问题不解决，制约了钢铁、煤炭、电力等工业的发展，制约了全国人民生活必需品的及时供应，拖了国民经济的后腿，严重影响全国人民的正常生活。铁路又是国防建设的重要组成部分，带有半军事性质，当时的援越军事物资主要就靠铁路来运

---

[1]《邓小平文选》第2卷，第6、9页。
[2] 冷溶、汪作玲主编：《邓小平年谱（1975—1997）》（上），中央文献出版社2004年7月版，第47、48页。

输。因此，这方面的问题非解决不可。铁路又是"文化大革命"以来的重灾区，存在的问题十分严重。四届人大后担任铁道部部长的万里说：

> 铁路运输是国民经济中的一个突出薄弱环节，主要表现在以下几个方面：一是生产下降。这些年来，全路的职工增加很多，机车、车辆、线路等装备也都有增加，可是生产反而大幅度下降。按现有的实际运输能力，日均装车可以达五万五千辆以上，现在每天装车只有四万辆左右，有时还不到此数。二是事故惊人。去年一年全路共发生行车重大事故和大事故七百五十多起，为十年前（一九六四年）的八十八起的八倍多。三是规章制度不严，劳动纪律松弛。许多责任事故（包括由于机车车辆维修方面的问题而发生的事故）是由于不遵守规章制度引起的。去年全国铁路机车完好率不到百分之七十，大部分机车不能按期维修，不少是带病作业。四是堵塞严重，大部分列车不能正点行驶。[1]

邓小平下决心从这个关系全局的老大难问题下手，来抓经济工作的整顿。当时担任国家计委革命委员会副主任兼生产组组长的袁宝华回忆："一九七五年二月中旬，小平同志找谷牧、万里同志和我谈整顿铁路的问题。他说，怎样把国民经济搞上去是件大事。当前的薄弱环节是铁路。铁路运输问题不解决，生产部署打乱了，整个计划都会落空。小平同志指出，铁路是国民经济的命脉，特别是

---

[1]《万里文选》，人民出版社1995年9月版，第73页。

'高、大、半',就是高度集中,大规模动作,半军事化。所以,解决铁路的办法,就是要加强集中统一,建立必要的规章制度,增强组织纪律性,坚决反对严重妨碍大局的派性。"[1]三月五日,中共中央作出《关于加强铁路工作的决定》,下发各地、各部门执行。主管交通的副总理王震向中央保证:一个月内见效。

在全国铁路工作中,徐州的问题异常突出。那里战略地位重要,是津浦铁路和陇海铁路两大干线的会合点,直接关系南北和东西交通运输能否畅通。"文化大革命"以来,徐州派性冲突严重,运输多次中断,并且经过多次反复,全国各地经过徐州区段的货物被迫长期停装或限装,严重影响工农业生产和人民生活。因此,整顿铁路首先要解决徐州问题,保证津浦、陇海两大铁路干线畅通。

三月九日,万里和江苏省委分管工业的常委到达徐州。他们逮捕了作恶多端的帮派头头顾炳华;召开多次群众大会,宣讲中共中央《关于加强铁路工作的决定》,发动群众,要求消除派性,在三月份内改变局面;落实政策,为受到错误批判和处理的干部、群众平反,促进团结,调动各方面的积极性;并对领导班子作了调整。经过十二天的整顿,效果明显。"徐州铁路分局二十一个月没有完成国家计划,四月份提前三天完成了国家计划。"事实证明:"所谓老大难问题,真正解决起来也不是难的不得了。"[2]

徐州首战告捷,使人们受到极大鼓舞,增强了解决问题的信心。万里又率领工作组先后到太原、郑州、南昌、长沙、昆明,解

---

[1] 袁宝华:《千秋功业,永世流芳》,《回忆邓小平》(上),中央文献研究室1998年2月版,第266页。

[2] 《中共江苏省委关于徐海地区贯彻执行中央九号文件的情况给中共中央、国务院的报告》,《党的文献》1999年第6期。

决那里的铁路问题。全国铁路形势在四个月内改观：津浦、京广、陇海、浙赣等主要干线做到畅通，运输堵塞情况基本消除；客运和货运量大幅度提高；铁路治安秩序有所好转；基础工作有所加强。七月八日，万里在全国铁路工作会议上进一步要求：在下半年要"使铁路运输达到'安全正点，畅通无阻，四通八达，当好先行'"。他特别强调："必须集中力量狠抓安全正点。""一定要抓住这个关键环节，把各方面的工作带动起来。"[1]"文化大革命"以来已经多少年没有见到的"铁路正点"居然在短时间内得到实现，在全国引起巨大反响。

铁路整顿的成功，有力地带动其他方面工作的整顿，其中比较突出的是钢铁工业。三月二十五日，邓小平在听万里汇报徐州铁路分局情况时插话说："铁路一通，就会暴露出冶金、电力、各行各业的问题。各部都要自己打算打算，怎样工作，解决老大难。下一步中心是要解决钢的问题。"[2]

钢铁工业在整个工业生产中一直处于举足轻重的地位。"文化大革命"开始的一九六六年，全国钢产量是一千五百三十二万吨。受到两年的大破坏后，一九六八年竟下降到九百零四万吨。经过周恩来等努力，在极端困难的条件下，一九六九年开始回升，当年达到一千三百三十三万吨，一九七〇年达到一千七百七十九万吨，开始超过一九六六年的产量。以后三年继续增长。"一九七三年又上升为二千五百二十一点九万吨，达到历史最高水平。毛泽东看到这种情况很高兴，在一九七四年一月的一次汇报会上指出：'钢铁工业总在一千万吨到一千八百万吨之间来回徘徊，徘徊了十

---

[1]《万里文选》，第85、91页。
[2]《邓小平在万里向国务院汇报徐州铁路局情况时的插话》，《党的文献》1999年第6期。

年之久上不去，现在上来了，已到二千五百万吨了。'"但一九七四年的"批林批孔"运动又把钢铁战线搞乱了，而且情况很严重。"这一年，钢产量由一九七三年的二千五百二十一点九万吨猛跌为二千一百十一点九万吨，下降了四百十万吨，比一九七四年计划二千六百万吨少产了近五百万吨钢。'批林批孔'的高潮，带来了生产的猛烈下降。"[1]这就是邓小平下决心整顿钢铁工业时面对的状况。

邓小平提出"下一步中心是要解决钢的问题"后，国务院从五月八日起召开钢铁工业座谈会。会议由主管建设和工业的副总理谷牧主持，分析钢铁欠产的情况，研究把钢铁促上去的措施。李先念在会上痛心地说："钢铁工业虽有起色，但不能令人满意，不是在还账，而是在继续欠账，这样不行。""到底问题在哪里？我看关键在领导。少数人在捣乱，工人在着急，但那里的领导却软弱无力，不敢碰。""我们决不能让这些现象继续存在下去，要进行整顿，做事的留下，不做事的调开。""钢铁上不去，什么都被拖住，农业机械化、国防建设、基本建设统统都谈不上。"[2]

钢铁工业和铁路部门的情况，既相同又有不同：派性的破坏，当时哪里都存在，对生产起着破坏作用；但钢铁部门的帮派势力没有铁路部门那么大，那么猖狂，所以领导班子的软弱无力和管理工作的混乱，在钢铁部门相对说来显得更突出。邓小平在五月二十一日的国务院办公会议讨论钢铁工业座谈会文件时说："现在，干部中的一个主要问题，就是怕字当头，不敢摸老虎屁股，我看这是第一位的，资产阶级派性是第二位的。""领导鞍钢这样大的企业，那

---

[1] 周传典等主编：《当代中国的钢铁工业》，第107、108页。
[2] 《李先念文选》，第308、309、310页。

么复杂，没有懂行的，没有一个强有力的指挥机构，不打乱仗才是怪事哩！"[1]

五月二十九日，邓小平来到钢铁工业座谈会讲话。他讲了四条意见，把"必须建立一个坚强的领导班子"作为第一条。他单刀直入地指出："钢铁生产搞不好，关键是领导班子问题，是领导班子软、懒、散。冶金部的班子就是软的，当然还不能说是懒的、散的。"他又说："现在，在干部中有一个主要问题，就是怕，不敢摸老虎屁股。一个部门、一个企业的领导，不能怕这怕那。""因此，我们首先强调要把领导班子的问题解决好。不光是冶金部，各个公司、厂矿、车间的领导班子，包括职能机构，都要加强。要使班子一不软，二不懒，三不散，说了话大家都能听，都能指挥得动，都能领导起来。"他讲的第二条是必须坚决同派性作斗争，这是他在这个时期一再讲的问题。第三条是必须认真落实政策。他说："清查'五一六'，徐州市搞了六千多人，这是很吓人的数字。搞了那么多人，不给他们落实政策，能把群众的积极性调动起来吗？"第四条是必须建立必要的规章制度。他说："一定要建立和健全必要的规章制度。有的工厂纪律很松弛，职工可以上班，也可以不上班，制度可以执行，也可以不执行。要讲清楚，对这些现象，过去的还可以原谅，现在就不许可再存在了。哪能随便不上班、马马虎虎呢？不上班就不发工资，不干工作就叫他离开嘛！你既然不愿意工作，国家为什么还要照发工资呢？执行规章制度宁可要求严一些，不严就建立不起来。"[2]

钢铁工业座谈会结束没有几天，中共中央在六月五日发出经毛

---

[1] 程中原、夏杏珍：《历史转折的前奏：邓小平在1975》，第150页。

[2] 《邓小平文选》第2卷，第8—11页。

泽东圈阅的《关于努力完成今年钢铁生产计划的批示》。为了落实这个文件，国务院成立了钢铁工业领导小组，由副总理谷牧任组长，副组长除冶金部部长陈绍昆外，还有长期领导过钢铁工作的吕东和袁宝华。各有关部门也加强协调和支持。

经过这样的认真整顿，钢铁工业的形势开始好转。在这以前，一至四月，全国钢铁产量比计划少产一百九十五万吨，其中鞍钢、武钢、包钢、太钢等大型钢厂亏产严重。而六月份，全国钢的平均日产量就超过全年计划平均日产量的水平，开始补还亏产部分。由于前几个月亏产过于严重，一九七五年全年产钢两千三百九十点三万吨，没有达到计划规定的水平，但比一九七四年增产二百八十万吨钢，增长百分之十三点一六。整顿工作取得明显成效。[1]

在抓铁路工作和钢铁工业整顿的同时，国防尖端科技的整顿也取得突出的成就。一九七五年三月八日，由叶剑英主持工作的中央军委任命张爱萍为国防科委主任。张爱萍上任当天，就率工作组到负责生产导弹而在"文化大革命"中派性破坏严重、帮派势力横行的七机部下属的老大难单位去。他一面尖锐地批判派性，一面狠抓科研和生产，尽快恢复正常的政治和生产秩序。六月三十日，中共中央和毛泽东批发了国防科委《关于解决七机部问题的报告》。七月二日，国务院、中央军委决定成立导弹工业总局。十一月二十六日，在甘肃酒泉发射场成功地将第一颗返回式卫星送入预定轨道，运行三天后按原计划返回地面。中国成为继美、苏两国后第三个掌握卫星回收技术和航天遥感技术的国家。

---

[1] 周传典等主编：《当代中国的钢铁工业》，第109页。

邓小平在九、十月间说："现在问题相当多，要解决，没有一股劲不行。要敢字当头。这半年来，我讲了多次话，中心是讲敢字当头。有个'老大难'单位，过去就是老虎屁股摸不得。后来下了决心，管你是谁，六十岁的老虎屁股也好，四十岁的老虎屁股也好，二三十岁的老虎屁股也好，都得摸。一摸，就见效了。"[1]

对外贸易也有了明显增长。随着世界集装箱运输的飞速发展。天津港第三港池集装箱专用码头在一九七五年破土动工，主体工程在当年年底竣工。这是中国第一座集装箱码头。

一九七五年这一年，国内生产总值比上年增长百分之八点七，其中工业总产值增长百分之十五点五，农业总产值增长百分之三点一。

一九七五年是第四个五年计划的最后一年。这五年内，经过周恩来主持的一九七二、一九七三两年的经济调整和邓小平主持的一九七五年的整顿，第四个五年计划基本完成。一九七五年同一九七〇年相比，工农业总产值实际增长百分之四十二点七，其中工业总产值增长百分之五十四点八，农业总产值增长百分之二十一点五。[2]"'四五'时期（一九七一——一九七五年），国内生产总值（年）平均增长速度百分之五点九，工业总产值平均每年增长百分之九点三，农业总产值平均每年增长百分之三点四，财政总收入平均每年增长百分之四点二，财政总支出平均每年增长百分之四点八。"[3]想一想这是在多么困难的条件下取得的，就会深感它的不易。这为十一届三中全会后国民经济的发展准备了重要条件。

---

[1]《邓小平文选》第2卷，第35页。
[2] 刘国光主编：《中国十个五年计划研究报告》，第332页。
[3] 中央财经领导小组办公室编：《中国经济发展五十年大事记》，第278页。

邓小平这次复出，不仅以最大的决心应对和清理当前严重阻碍"安定团结"和"把国民经济搞上去"的种种拦路虎，像他在整顿铁路工作、钢铁工业和国防尖端科技时所做的那样；而且以更长远的眼光注视并思考中国今后的发展。许多问题，他在幽居江西等地时早已反复想过，但那时他被迫脱离了实际工作，这种思索不能不受到一定局限；如今他回到实际工作中，并且处在全局的中心地位，他的视野更加广阔，他的思考也更加深入了。

一九七五年五月十二日至十七日，也就是他正在处理钢铁工业和七机部整顿工作期间，他到法国进行了五天访问。法国是他青年时代生活过五年多的地方。一九七四年他出席联合国大会特别会议时曾经途经巴黎，但那只是途经而已。这次五天的访法中，他不仅同法国多位领导人会谈，而且参观了巴黎郊区奥比尼村的一个农场、里昂郊区的贝里埃汽车厂，还到加尔省的马库尔参观在那里的核中心，观看了凤凰核电站的铀冷却快中子超再生反应堆。"它又一次给了邓小平亲身感受发达国家的机会，使他看到了外部世界的变化，比较全面地了解到什么叫先进的生产力，什么是社会化大生产和专业化大协作，发达国家人民的生活状况怎样。这一次出访使邓小平得以用开阔的眼界，从世界格局的大环境中，认识中国与世界发达国家的差距，重新审视中国目前的发展阶段和所处的国际地位，思考中国面临的主要任务以及迎头赶上的必要措施。"[1]

为了实现四届人大提出的分两步实现"四个现代化"的目标，邓小平在近期抓的是整顿，更远的是考虑要制订国民经济发展的长远规划。从法国归来后不久，他在六月间提议召开长期规划务虚

---

[1] 张化：《邓小平与1975年的中国》，中共党史出版社2004年4月版，第137页。

会,说:前一段解决铁路问题、钢铁问题,都是一个一个地解决,光这样不行,要通盘地研究。

六月十六日至八月十一日,国务院由李先念、谷牧主持,召开计划工作务虚会,研究经济发展的长远规划和进一步改善经济管理体制的意见。八月十八日,邓小平在国务院讨论国家计委起草的《关于加快工业发展的若干问题》时,提出了七点从长远考虑的战略性意见。第一条是:"确立以农业为基础、为农业服务的思想。工业支援农业,促进农业现代化,是工业的重大任务。工业区、工业城市要带动附近农村,帮助农村发展小型工业,搞好农业生产并且把这一点纳入自己的计划。"第二条是:"引进新技术、新设备,扩大进出口。"他以煤炭为例,提出一个大胆的设想:"煤炭也要考虑出口,还可以考虑同外国签订长期合同,引进他们的技术装备开采煤矿,用煤炭偿付。这样做好处很多:一可增加出口,二可带动煤炭工业技术改造,三可容纳劳动力。这是一个大政策,等中央批准了再办。总之,要争取多出口一点东西,换点高、精、尖的技术和设备回来,加速工业技术改造,提高劳动生产率。"第三条是:"加强企业的科学研究工作。这是多快好省地发展工业的一个重要途径。随着工业的发展,企业的科技人员数量应当越来越多,在全部职工中所占的比例应当越来越大。大厂要有自己独立的科研机构;小厂的科研可以由市里综合办,也可以由几个厂联合在一起搞。"第四至六条是:整顿企业管理的秩序,抓好产品质量,恢复和健全规章制度。这些是针对当时工矿企业管理混乱、产品质量滑坡来说的,也有着长远的意义。第七条是:"坚持按劳分配的原则,这在社会主义建设中始终是一个很大的问题,大家都要动脑筋想一想。所谓物质鼓励,过去并不多。人的贡献不同,在待遇上是否应当有差别？同样是工人，但有的技术水平比别人高，要不要提高他的级别、待遇？技术人员的待遇是否也要提高？如果不管贡献大小、技术高低、能力强弱、劳动轻重，工资都是四五十块钱，表面上看来似乎大家是平等的，但实际上是不符合按劳分配原则的，这怎么能调动人们的积极性？"[1]这里，不是已经包含着他在以后改革开放中许多重要思想的萌芽吗？

根据邓小平这个讲话的精神，由李先念主持，谷牧、胡乔木等参加，在九月二日形成《关于加快工业发展的若干问题》讨论稿。它写道："农业是国民经济的基础，没有农业的大发展，就不可能有工业的大发展，所有工业部门，都要牢固树立以农业为基础的思想，更好地为农业服务，巩固工农联盟。""世界上工业落后的国家赶上工业先进的国家，都是靠采用最先进的技术，我们也要这样做。每个部门，每个行业都要了解世界上的先进水平，订出赶超的规划和措施。""对于引进的外国的先进技术，要培训必要的技术力量，迅速地把它掌握起来。要根据'一用二批三改四创'的原则，在用中熟悉它，改造它，发展它，要反对一概照抄照搬，也要反对没有学会就乱改乱动。""在工资问题上，我们党的一贯政策是，既反对高低悬殊，也反对平均主义。"[2]这个讨论稿，不久在"批邓、反击右倾翻案风"中，被"四人帮"称为"三株大毒草"之一（另两篇是《关于科学技术工作的几个问题》和《论全党全国各项工作的总纲》）而进行猛烈的攻击。

"文化大革命"以来，林彪和江青两个集团鼓吹极左思潮，一直在批判所谓"唯生产力论""利润挂帅""物质刺激""崇洋媚外"

---

[1]《邓小平文选》第2卷，第28—31页。
[2]《评〈关于加快工业发展的若干问题〉》，人民出版社1976年8月版，附录，第46、50、51、52页。

等等，扣大帽子，把它们斥为修正主义思潮，造成人们思想混乱，经济工作陷入困境。邓小平的讲话和那个讨论稿，对如何进行社会主义经济建设初步理出一条比较清楚而合理的思路，受到广大群众的热烈欢迎。

邓小平还以比较大的力量来抓科学和教育工作。七月十八日，中央派长期担任团中央第一书记的胡耀邦领导中国科学院的工作。他上任后的第一件大事，就是领导起草《科学院工作汇报提纲》（也就是《关于科技工作的几个问题》）。教育部门是关系如何培养青年一代的重要阵地。"四人帮"想让迟群当教育部部长。周恩来考虑"组阁"名单时提出以原国务院秘书长周荣鑫任教育部部长，得到毛泽东同意。周荣鑫对教育工作情况进行调查研究后，指出不能不加分析地批判"智育第一""知识私有"，并着手根据邓小平讲话精神起草《教育工作汇报提纲》。在思想理论工作方面，七月初，成立了以胡乔木为首的国务院政治研究室。

当听取中国科学院负责人汇报《关于科技工作的几个问题》（汇报提纲）时，邓小平在插话中谈了科学研究和教育工作的问题。他说："我在大寨会上说，农业搞不好就要拖工业的后腿。如果我们的科学研究工作不走在前面，就要拖整个国家建设的后腿。"他又说："要后继有人，这是对教育部门提出的问题。""我们有个危机，可能发生在教育部门，把整个现代化水平拖住了。比如我们提高工厂自动化水平，要增加科技人员，这就要靠教育。""要解决教师地位问题。几百万教员，只是挨骂，怎么调动他们的积极性？"[1]

可以清楚地看到，主持国务院工作大半年后，特别是整顿工作

---

[1]《邓小平文选》第2卷，第32—34页。

取得明显成效，积累了那么多实践经验，邓小平已经考虑得更深更远，在思考和探索中国社会主义现代化建设的道路应该怎样走。他在多年后说："其实，拨乱反正在一九七五年就开始了。"他又说："说到改革，其实在一九七四年到一九七五年我们已经试验过一段。""那时的改革，用的名称是整顿，强调把经济搞上去，首先是恢复生产秩序。凡是这样做的地方都见效。"[1]

邓小平主持的一系列整顿措施，实际上是同"文化大革命"唱反调，深深触怒了"四人帮"。他们自然不会善罢甘休，而要疯狂反扑。但在一九七五年的大半年内，毛泽东支持邓小平，并对"四人帮"继续提出批评。

四届人大第一次会议刚结束，江青就不顾毛泽东月初"不要来看我"的批示，在一月下旬独自飞往长沙。毛泽东见到江青时对她说："你的意见我已写信告诉你了。"接着，他重复了过去批评她的话："不要随便，要有纪律，要谨慎，不要个人自作主张，有意见要跟政治局讨论。人要有自知之明。"[2]江青一无收获而回。

从二月底到四月中旬，现存档案中没有一件毛泽东的谈话记录或写有批语的文件。这种状况在以往是罕见的，可以看出这段时间内他的健康状况很差。就在这时，控制着全国舆论宣传工具的"四人帮"，借宣传"学习理论"的名义，掀起了一阵声势很大的反对"经验主义"的浪潮。

三月一日，张春桥在全军各大单位政治部主任座谈会上讲话，大谈要警惕"经验主义"的危险。同一天，姚文元在《红旗》杂志上发表《论林彪反党集团的社会基础》一文，也歪曲引用毛泽东

---

[1]《邓小平文选》第 3 卷，第 81、255 页。
[2]《张耀祠回忆毛泽东》，第 152 页。

一九五九年所说"主要危险是经验主义",并且毫无根据地称:"这十多年来,毛主席多次重复了这个意见。"四月上旬,江青也在多处说:"现在我们的主要危险不是教条主义,而是经验主义";"经验主义是修正主义的帮凶,是当前的大敌"。报刊上更发表了不少批判"经验主义"的文章。

他们在这个时候突出地提出批判"经验主义",矛头明显地对着周恩来,并且可以进而层层抓"经验主义"的代表人物,把局势搞乱,乱中夺权。这是他们在"文化大革命"以来惯用的手法。

重病中的毛泽东在四月十四日结束他的南方之行,回到北京。这时他走路已十分困难,只能在工作人员搀扶下缓缓而行。回北京后,邓小平向他反映了江青等大批"经验主义"的情况,表示不同意这种做法。毛泽东赞同邓小平的意见。二十三日,他在姚文元转送的一份报告上批示:"提法似应提反对修正主义,包括反对经验主义和教条主义,二者都是修正马列主义的,不要只提一项,放过另一项。""我党真懂马列的不多,有些人自以为懂了,其实不大懂,自以为是,动不动就训人,这也是不懂马列的一种表现。"[1]这里说的"有些人",显然是指江青等人。毛泽东要求将这个问题在政治局中"一议"。因此,政治局在四月二十九日召开会议,邓小平、叶剑英列举事实对江青等人进行了批评。

江青等人毫不收敛,竭力反扑。五月三日深夜,毛泽东亲自召集在京的中央政治局委员开会,周恩来也抱病出席会议。毛泽东在会上说明召开这个会议的原因:

---

[1] 毛泽东对姚文元报送的新华社《关于报道学习无产阶级专政理论问题的请示报告》的批语,1975年4月23日。

> 有一个问题,我与你们商量。一些人思想不一致,个别的人。我自己也犯了错误,春桥那篇文章(引者注:应为姚文元那篇讲反对"经验主义"的文章),我没有看出来,只听了一遍,我是没有看,我也不能看书,讲了经验主义的问题我放过了。
>
> 现在我们的一部分同志犯了错误要批评。
>
> 不要搞"四人帮",你们不要搞了,为什么照样搞呀?为什么不和二百多个中央委员搞团结?搞少数人不好,历来不好。这次犯错误,还是自我批评。
>
> 我看批判经验主义的人,自己就是经验主义……我看江青就是一个小小的经验主义者。[1]

这是毛泽东最后一次参加政治局会议。他在这样的会议上,公开点江青的名,点出"四人帮"的问题,并且说"我自己也犯了错误","讲了经验主义的问题我放过了"。这自然很不寻常,是对周恩来、邓小平等的很大支持。

会后,由邓小平主持开了三次政治局会议,批评以江青为首的"四人帮"。六月二十八日,江青被迫向毛泽东和中央政治局写了书面检查,并且承认确实存在着"四人帮"。王洪文担任中共中央副主席后,对他原来并没有多少了解的毛泽东一直在留心观察。王洪文的表现使毛泽东深感失望,在六月下旬把王洪文调出去,派他到浙江、上

---

[1] 毛泽东在中共中央政治局会议上的讲话记录,1975年5月3日。

海"帮助工作"。经毛泽东同意，从七月二日起，中共中央的日常工作改由邓小平主持。这以后，王洪文再也没有主持过中央工作。

在这个回合的斗争中，江青为首的"四人帮"遭受了沉重失败，以致平时趾高气扬、不可一世的江青有很长时间没有公开露面。"中央开会批评江青"的传闻在社会上不胫而走，群情振奋，人心大快。这对以后一举粉碎"四人帮"的顺利实现，在精神上做了一定准备。

文艺领域自"文化大革命"以来一直由江青一伙把持着，作品经常受到无限上纲的批判，甚至给作者带来横祸，弄到百花凋零、人人自危的地步。一九七五年七月十四日，毛泽东同江青谈话时批评了这种现象，指出：

> 党的文艺政策应当调整一下，一年、两年、三年，逐步逐步扩大文艺节目。缺少诗歌，缺少小说，缺少散文，缺少文艺评论。
>
> 对于作家，要惩前毖后、治病救人，如果不是暗藏的有严重反革命行为的反革命分子，就要帮助。[1]

紧接着，引起更强烈反响的，是七月二十五日毛泽东对电影《创业》问题的批示。

《创业》是以大庆油田为背景、在银幕上塑造石油工人战天斗地形象的作品。因为很久没有这样的好影片了，上映后受到观众的热烈欢迎。但立刻受到江青一伙的严厉打击。七月十八日，编剧张天民给毛泽东和邓小平写信道："就在上映的第二天，有关领导做出几项决定：不继续印制拷贝；报纸上不发表评介文章；不出国；

---

[1]《毛泽东文集》第8卷，第443页。

电视电台停止广播。并通知了全国各地。不久，北影负责人传达了中央负责同志的指示，指出影片在政治上、艺术上都有严重错误，政治上美化刘少奇，艺术上写真人真事，公式化概念化。要求查一查背景，并写批评性的评论文章。这使文艺界受到极大的震动，思想上比较混乱，我本人也感到压力很大。直到四月八日，文化部核心组'经过仔细认真地讨论'，提出了十条批评意见。"

由"四人帮"控制的文化部是怎样替《创业》罗织十条罪名的？怎么能说影片是在美化刘少奇呢？当时担任文化部副部长的"四人帮"亲信刘庆棠在传达文化部核心小组对《创业》的十条意见时竟这样说："影片中三次笼统地提到党中央和中央首长，如毛主席著作'是党中央派专机从北京送来的'、'帐篷是中央从上海特调的'、'中央首长和全国人民期望着我们'。这些显然有意无意地起了给刘少奇、薄一波之流涂脂抹粉的作用。"其他指责大体与此类似。这在"四人帮"等人进行的"大批判"中是很有代表性的。

张天民的信经过邓小平送到毛泽东那里，是七月二十五日。毛泽东因为严重的白内障无法自己阅读，由机要秘书张玉凤读给他听。据张玉凤回忆："主席在听我读的过程中非常生气。听完后，即刻作了批示，并对我说了多遍：'江青这个人不懂事，尽办些蠢事。'这一天，主席一直不高兴，不愿吃饭，也没有睡觉，一直无法休息。"[1]他歪歪斜斜地写下的批示，全文如下：

> 此片无大错，建议通过发行。不要求全责备。而且罪名有十条之多，太过分了，不利调整党的文艺政策。此信增发文

---

[1] 张玉凤的揭发材料，1976年10月20日。

部及来信人所在单位。[1]

毛泽东的批示，态度鲜明，措辞严厉。《创业》事件当时正是社会上的热点话题。这个批示立刻广泛传布，使长期以来备受"四人帮"压抑的文艺界广大知识分子受到极大鼓舞，增强对江青一伙斗争的勇气和信心。

那时，毛泽东因为目力不好，请北京大学教师芦荻给他读一些中国古典文学作品。八月十四日，芦荻问他对《水浒》的看法。毛泽东回答："《水浒》这部书，好就好在投降。做反面教材，使人民都知道投降派。"这本来是毛泽东一向对《水浒》的看法，以前也说过，并不是这时突然提出来的。已经沉寂了很久的姚文元看到芦荻的记录稿后，却认为这是一个机会，大有"借题发挥"的文章可作。于是，在报刊上发表大量评《水浒》的文章。八月二十一日，邓小平到国务院研究室去讨论《毛泽东选集》第五卷的篇目。"在胡乔木问前不久毛泽东评《水浒》的指示是针对什么、是不是特别有所指时，（邓小平）说：就是文艺评论，没有别的意思。是主席用三个月的时间听读《水浒》后的看法，要人整理出来的意见。绝不是指着当前党内斗争的实际。"[2]

九月十五日至十月十九日，中共中央先在大寨大队所在的山西省昔阳县、后在北京召开全国农业大寨会议。邓小平在九月十五日大会开幕那天讲话。他说：

为了完成周总理在四届人大上重申的实现"四个现代化"

---

[1] 毛泽东对张天民来信的批语，1975年7月25日。
[2] 冷溶、汪作玲主编：《邓小平年谱（1975—1997）》（上），第85页。

的宏伟目标,我们必须保持清醒的头脑,正视目前落后的现状,并下大力气解决农业现代化的问题。

从明年起,二十五年,我们赌了咒,发了誓,要干这么一件伟大的工作,这真正够得上是雄心壮志。

现在全国存在各方面要整顿的问题。毛主席讲过,军队要整顿,地方要整顿。地方整顿又有好多方面,工业要整顿,农业要整顿,商业也要整顿,文化教育也要整顿,科学技术队伍也要整顿。文艺,毛主席叫调整,实际上调整也就是整顿。[1]

十七日,本来同大寨会议不相干的江青,也在大寨群众大会上并在大寨同文艺界、新闻界一些人讲了一番话,主要是讲评《水浒》。她说:"评《水浒》要联系实际。评《水浒》是有所指的。宋江架空晁盖,现在有没有人架空毛主席呀?我看是有的。""宋江上山以后,马上就把晁盖架空了。怎么架空的呢?他把河北的大地主卢俊义——那是反对梁山泊的,千方百计地弄了去,把一些大官、大的将军、武官、文吏,统统弄到梁山上去,都占据了领导岗位。"江青这些话的意思讲得十分露骨,是说周恩来、邓小平"架空"了毛泽东,四届人大使一批老干部"占据了领导岗位",煽动人们起来打倒邓小平,让她把权力再夺过来。

九月二十四日,邓小平陪同毛泽东会见越南劳动党第一书记黎笋后,向他谈了江青在大寨会议上谈评《水浒》的情况。毛泽东很生气,说:"放屁!文不对题。那是学农业,她搞评《水浒》。这个人不懂事,没有多少人信她的。"[2]这以前,毛泽东在华国锋请示说

---

[1] 邓小平在全国农业学大寨会议开幕会上的讲话记录,1975年9月15日。
[2] 毛泽东同邓小平的谈话记录,1975年9月24日。

江青要求在全国农业学大寨会议上放她的讲话录音时,明确表示:稿子不要发,录音不要放,讲话不要印。二十五日,邓小平将他在会议开幕那天的讲话稿送给毛泽东审阅。第二天,经毛泽东批准,讲话稿印发会议代表。

毛泽东的态度,表明他这时仍然信任邓小平并继续支持他的整顿工作。这些消息在社会上很快传出。人们普遍抱着热切的期待。出人意料的是,这种很好的局势却在短时间内陡然逆转。

这时,毛泽东的健康状况已严重恶化。在这场逆转中起重要作用的是毛远新。

毛远新是毛泽东的大弟弟毛泽民的儿子。抗战期间,毛泽民被新疆军阀盛世才杀害。毛远新小时候住在毛泽东家里,是毛泽东下一代亲属中比较受他喜爱的一个。"文化大革命"开始时,他刚从哈尔滨军事工程学院毕业,参加造反派,后来担任中共辽宁省委书记、省革委会副主任、沈阳军区政委。一九七五年九月下旬,他因为参加祝贺新疆维吾尔自治区成立二十周年的活动,路过北京。十月十日回来时就留在北京,成为病势越来越重的毛泽东同中央政治局之间非正式的"联络员"。

那时,毛泽东接触的人很少。毛远新同江青等在思想观点、政治倾向上是一致的。由于毛泽东不愿意见江青,而毛远新可以经常见到毛泽东,他在许多问题上起了"四人帮"想起而不能起的作用。

九月二十七日和十一月二日,毛远新两次向毛泽东汇报辽宁省情况时说:"自己感到社会上有股风,就是对文化大革命怎么看,是肯定还是否定,成绩是七个指头还是错误是七个指头,有分歧。"他特别提出:这股风"似乎比七二年批极左还凶些"。"我很注意小平同志的讲话,我感到一个问题,他很少讲文化大革命的成绩,很少批刘少奇的修正主义路线","担心中央,怕出反复"。[1]

毛远新这些话,引起一直担心"文化大革命"被否定的毛泽东的重视。他那时接触实际很少。在他看来,毛远新在地方工作,比较接近实际。何况,他对毛远新还有一份特殊的亲情。

此时,又发生另一件事:清华大学党委副书记刘冰等在八月间和十月间给毛泽东两次写信,揭发迟群和谢静宜的工作作风和思想意识等方面存在的严重问题。信是通过邓小平转送的。这件事引起毛泽东很大的不满,认为刘冰等的意见代表了相当一批对"文化大革命"不满甚至要算账的人。

它触动了毛泽东晚年最敏感的问题。毛泽东曾多次说过:这一生中就做了两件事,一件是把蒋介石赶到那个小岛上,另一件是发动了文化大革命。他后来也看到"文化大革命"中出现他原来没有想到的问题,一个是"打倒一切",一个是"全面内战",而且"文化大革命"已经进行九年了,所以他提出"要安定团结""把国民经济搞上去",支持邓小平主持的整顿工作,并且批评江青等人;但他仍坚持认为"文化大革命"是反修防修、巩固社会主义制度所必需的,异常关注人们从总体上怎样看待这场"文化大革命",更不能容忍有人要算"文化大革命"的账。随着他的健康状况严重恶化,这种不安和担心也越来越强烈。毛远新的话,刘冰等的信,恰好触动他内心这个根本问题,这就是所以会突然发生逆转的原因所在。

十月十九日,毛泽东在会见外宾后同李先念、汪东兴等谈话说:"现在有一股风,说我批了江青。批是批了,但江青不觉悟。

---

[1] 毛远新笔记,1975年9月11日。

清华大学刘冰等人来信告迟群和小谢。他们信中的矛头是对着我的。迟群是反革命吗?有错误,批评是要批评的,一批评就要打倒,一棍子打死?"他所说的"矛头是对着我的",指他认为刘冰等是对"文化大革命"不满,要算"文化大革命"的账。他又说:"我在北京,写信为什么不直接写给我,还要经小平转。你们告诉小平注意,不要上当。小平偏袒刘冰。"[1]

毛泽东要求由几个人开会"帮助"邓小平。他对毛远新说:"不是打倒,而是改正错误,团结起来,搞好工作。我批评江青也是这样。"他还交代毛远新:会议的情况"不要告诉江青,什么也不讲"。[2]

可以看出,毛泽东这时对邓小平的态度,在内心充满矛盾:不是要打倒邓小平,而是为了统一对"文化大革命"的认识,求得在路线上一致起来;对"文化大革命"不是不能批评,但一定要肯定它是基本正确,有所不足,七分成绩,三分错误。他要邓小平主持政治局对文化大革命"做个决议"。这样,既可以用来统一认识,使其他对"文化大革命"不满的人难以再唱反调;又可以给邓小平一个台阶,使他"有个转弯"的机会,但邓小平却以"我是桃花源中人(指他被打倒六年,脱离运动),不了解"为词,委婉地拒绝主持作这个决议。这使毛泽东十分失望。邓小平的女儿邓榕写道:"邓小平这种完全不让步的态度,使毛泽东下决心进行'批邓'。在毛泽东政治生命的最后关头,他要坚定不移地捍卫'文化大革命',他不容许任何人对此存有非议,更不容许任何人翻'文革'的案。这是他所坚持的最后原则。"[3]

---

[1] 毛泽东同李先念、汪东兴等谈话记录,1975年10月19日。

[2] 毛泽东听取毛远新汇报时的插话(毛远新笔记),1975年11月4日。

[3] 毛毛:《我的父亲邓小平(文革岁月)》,中央文献出版社2000年6月版,第427页。

这样,"批邓"就从开"打招呼"会开始,一步一步开展起来。在经毛泽东审阅批准的《打招呼的讲话要点》中写道:"清华大学出现的问题绝不是孤立的,是当前两个阶级、两条道路、两条路线斗争的反映。这是一股右倾翻案风";"有些人总是对这次文化大革命不满意,总是要算文化大革命的账,总是要翻案";"要向一些同志打个招呼,以免这些同志犯新的错误"。但是,邓小平一年来主持的整顿工作深得人心,各地、各单位的绝大多数人对这场"批邓、反击右倾翻案风"抱着不满和应付的态度,邓小平在人们心目中的地位更高了。值得注意的是,邓小平原来是在王洪文离开北京去浙江和上海的情况下接替他主持中央工作的,这时王洪文回到北京,邓小平在十一月十五日向毛泽东写报告,提出仍由王洪文主持工作。毛泽东当天批示:"暂时仍由小平同志主持,过一会再说。"[1]"批邓、反击右倾翻案风"已经开始,但中央日常工作以至批判邓小平的会议仍由邓小平主持,这实在是很少见的事情。可见,毛泽东此刻的心情仍陷于难以摆脱的矛盾之中,而且对王洪文已经失望,不愿将权力交到他和"四人帮"手中。

一举粉碎"四人帮"

历史进入一九七六年时,中国人的心情是沉重和痛苦的。

一月八日,周恩来总理逝世。噩耗传来,全中国笼罩在极度的悲痛中。当天,法新社记者乔治·比昂尼克报道:"当法新社记者把消息告诉了开电梯的年轻姑娘时,她放声哭泣。""预计全中国

---

[1] 毛泽东对邓小平报告的批语,1975年11月15日。

人民都将表现出巨大的沉痛,就像今天清晨听到这个悲伤的消息的那位中国少女所表现出的沉痛那样。"美联社转发《东京新闻》驻北京记者的报告:"我是同一位中国官员乘火车旅行时听到扩音器广播这一消息的。这节车厢坐满了中国军人,当这一消息开始播送时,车厢里立即死一般的沉寂,接着这些军人悲痛地捶胸痛哭。""甚至连这位通常不爱动感情的陪同我们的外交部官员也开始抽泣了。"他们急忙赶回北京。"在中小学里,眼含热泪的教师对学生们说,尽管总理去世了,我们要继续建设我们的国家。所有的教室都充满悲哀和沉痛的气氛,看来是无法照常上课了。"十一日,周恩来的遗体从北京医院送往八宝山火化。灵车缓缓经过长安街时,百万民众自发地在一月的凛冽寒风中集结在十里长街两旁,戴着黑纱和白花,为周恩来送别。正在北京的日本众议院议员久野忠治写道:

> 在这三个小时以前,几万名市民就在沿途的道路上挤得满满的,在灵车通过的一瞬间,几乎都放声痛哭了。这些人中有很多人都拎着手提包和扛着装满东西的旅行袋,据说,集聚的人群是为了向周总理告别而自发地从各地赶来的。人们始终站立在尽管是穿着厚厚的棉大衣还是严寒彻骨的大街上,使人们爆发这样悲痛感情的场面,我还没有见过。[1]

在人民大会堂举行的追悼大会上,由邓小平致悼词。联合国总部下了半旗,各会员国的国旗没有升起,联合国安全理事会开会时

---

[1] 朱佳木、安建设主编:《震撼世界的20天——外国记者笔下的周恩来逝世》,中央文献出版社1999年2月版,第1、2、10、27、28页。

默哀一分钟。在这样举国悲痛的日子里,"四人帮"却公开采用各种手段阻挠群众的悼念活动。他们提出:不准设灵堂,不准戴黑纱,不准送花圈。追悼大会举行的上一天,"四人帮"控制的《人民日报》竟在头版头条刊载一篇题为《大辩论带来的大变化》的长篇报道,说"近来全国人民都在关心着清华大学关于教育革命的大辩论"。这种愚蠢的倒行逆施,更激起民众对"四人帮"的强烈反感和愤慨。人们相聚在一起时,普遍毫不掩饰地痛骂"四人帮"。

毛泽东进入这一年时,健康状况也迅速恶化,吃药吃饭都需要靠人喂,每天只能吃一二两饭,行走更是困难。这种状况,人们一般都不知道。

周恩来逝世后,中外瞩目的重大话题是谁来接替中国总理的职务。本来,早已主持国务院工作的邓小平是当然的人选。但是"批邓"已持续两个月,这种选择已无法实现。如果按副总理排名次序,下一个是张春桥。江青一伙也渴望取得这个职位。这是左右全局的关键问题。

对这个关键问题,重病中的毛泽东仍保持着清醒的头脑。张玉凤回忆:"一月中旬,毛远新来见主席。他问主席对总理人选有什么考虑。主席考虑了一下说:要告诉王洪文,张春桥让一下。然后主席扳着手指数政治局同志的名字,最后说,还是华国锋比较好些。毛远新点头说是。就这样,主席提议华任代总理,主持政治局工作。"[1]毛泽东还说:"就请华国锋带个头,他自认为是政治水平不高的人;小平专管外事。"[2]这样,主持政治局的工作没有交给王洪文,主持国务院的工作没有交给张春桥。这是一个关系重大的决

---

[1] 张玉凤:《回忆毛主席去世前的一些情况》,未刊稿。
[2] 毛泽东听取毛远新关于中央政治局会议情况汇报的谈话(毛远新笔记),1976年1月21日。

定。二月二日，中共中央发出通知：经毛主席提议，中央政治局一致通过，由华国锋任国务院代总理。

华国锋这年五十五岁，一九三八年参加中国共产党。"文化大革命"前任湖南省委书记处书记。一九七一年调国务院业务组工作，后来任中共中央政治局委员、国务院副总理兼公安部部长。由他出任国务院代总理是许多人没有想到的。在这样险象环生的关键时刻，毛泽东经过深思熟虑，没有让"四人帮"取得最高领导权，这对日后能够顺利地粉碎"四人帮"起了至关重要的作用。

这时，"批邓、反击右倾翻案风"的运动在全国范围内继续展开。邓小平始终没有改变自己的态度。毛泽东在半年多时间里曾支持邓小平为改变"文化大革命"中混乱现象而进行的整顿工作，但他不能容忍邓小平系统地纠正"文化大革命"的错误。三月三日，中共中央印发毛泽东在一九七五年十月至一九七六年一月听取毛远新汇报时的多次讲话，称为《毛主席重要指示》。

关于社会主义时期的阶级斗争，毛泽东说"社会主义有没有阶级斗争？什么'三项指示为纲'，安定团结不是不要阶级斗争，阶级斗争是纲，其余都是目。""文化大革命是干什么的？是阶级斗争嘛。""旧的资产阶级不是还存在吗？大量的小资产阶级不是大家都看见了吗？大量未改造好的知识分子不是都在吗？小生产的影响、贪污腐化、投机倒把不是到处有吗？刘、林等反党集团不是令人惊心动魄吗？"

他为什么认为有些人对社会主义社会中的矛盾看不清楚了？毛泽东这样说："问题是自己属于小资产阶级，思想容易右。自己代表资产阶级，却说阶级矛盾看不清楚了。一些同志，主要是老同志思想还停止在资产阶级民主革命阶段，对社会主义革命不理解、有抵触，甚至反对。""民主革命后，工人、贫下中农没有停止，他们要革命。而一部分党员却不想前进了，有些人后退了，反对革命了。为什么呢？作了大官了，要保护大官的利益。""搞社会主义革命，不知道资产阶级在哪里，就在共产党内，党内走资本主义道路的当权派，走资派还在走。"

在《指示》中，毛泽东错误地指名批评邓小平，说"他这个人是不抓阶级斗争的，历来不提这个纲"，"代表资产阶级"；又说："他还是人民内部问题"，"要帮助他，批他的错误就是帮助，顺着不好。批是要批的，但不应一棍子打死"。

利用这个机会，"四人帮"便变本加厉地煽风点火，向邓小平和他领导的全面整顿大肆反扑。他们把持下的宣传舆论工具，将"三项指示为纲"说成"翻案复辟的政治纲领"，将"实现四个现代化"说是在鼓吹"阶级斗争熄灭论"和"唯生产力论"，给邓小平扣上"党内最大的不肯改悔的走资本主义道路的当权派""右倾翻案风"等罪名。许多地区和单位的帮派势力层层揪"死不改悔的走资派"的"代理人"。一些在全面整顿中被撤下去的帮派头头重新登上领导岗位。生产和社会秩序又陷入混乱之中。

这时，民众中对"四人帮"的愤恨已到了不可遏制的地步。人们在周恩来去世时表现出来的巨大悲痛，也包含对国家前途命运的深切忧虑在内。邓小平领导整顿工作的成效是大家都看到的，"批邓"无法为广大民众所接受，处处受到有形无形的抵制。人民的怒火终于大爆发了。

一九七六年四月四日是传统的清明节。从三月底开始，北京的学生、工人、机关干部、各界群众，前后超过一百万人次，不顾"四人帮"的阻挠，纷纷走向天安门广场的人民英雄纪念碑周围,献花圈,张贴或朗诵诗词,发表讲演,悼念周总理,痛斥"四人帮"。当时担任中共中央政治局委员、北京市委第一书记的吴德,四月四日在政治局会议上汇报:"送到纪念碑前的花圈有二千零七十三个,共有一千四百多个单位。""四月三日到广场的人数大约是二十万,五百零七个单位送花圈八百多个;四月四日到广场的有八万多人,四百二十个单位送了四百五十个花圈。""花圈最大的直径有六米。"[1]

张贴的诗词,很快就被民众自发地抄录和传布。它的内容大部分是悼念周恩来的,如:"人民的总理人民爱,人民的总理爱人民。总理和人民同甘苦,人民和总理心连心。""清明每到泪纷纷,天下几家哭断魂。惟有今年不同处,举国都是心酸人。"也有一些直斥"四人帮"的,如:"欲悲闻鬼叫,我哭豺狼笑。洒泪祭雄杰,扬眉剑出鞘。"有一首《向总理请示》:"黄浦江上有座桥,江桥腐朽已动摇。江桥摇,眼看要垮掉,请指示,是拆还是烧?"中国科学院一〇九厂的职工前往天安门广场的队伍,高举木牌行进,上面写着:"红心已结胜利果,碧血再开革命花,倘若魔怪喷毒火,自有擒妖打鬼人。"[2]

四月四日,华国锋召开中央政治局会议(叶剑英、李先念没有参加,毛远新列席)。会议在江青等左右下,把天安门广场的事态定为反革命事件,决定当晚清理天安门广场的花圈、诗词、标语等。第二天凌晨,群众见到花圈等都被撤走,极为气愤,同一部分民兵、警察和战士发生冲突。毛泽东当时病情更重,动不了,呼吸困难,每天要吸氧,连讲话的力气也没有。他听了毛远新汇报后,提议两

---

[1] 吴德口述:《十年风雨纪事》,第207页。
[2] 《天安门革命诗文选》,北京第二外国语学院董怀周1977年9月编印,第27、47、262页。

点：（一）任命华国锋为党中央第一副主席、国务院总理；（二）撤销邓小平党内外一切职务，保留党籍，以观后效。这两点提议，经中央政治局通过后，在四月七日晚由中央人民广播电台向全国广播。

中共中央《关于建国以来党的若干历史问题的决议》中写道："四月间，在全国范围内掀起了以天安门事件为代表的悼念周总理、反对'四人帮'的强大抗议运动。这个运动实际上是拥护以邓小平同志为代表的党的正确领导，它为后来粉碎江青反革命集团奠定了伟大的群众基础。"

六月初，毛泽东突患心肌梗死，经抢救后才脱险。七月六日，德高望重的朱德委员长病逝，享年九十岁。七月二十八日，河北唐山发生七点八级的大地震，全城成为一片废墟，死难者达二十四万二千余人，这是人类历史上前所未有的自然灾难。政府集中力量投入救灾工作。

九月九日凌晨，一生为中国的革命和建设作出其他人难以替代的卓越贡献的毛泽东逝世。他的逝世，使全党全军和全国各族人民沉浸在巨大的悲痛中。九月十八日，首都各界群众一百万人在北京天安门广场以最隆重的仪式举行追悼大会。华国锋在大会上致悼词。他说："几天来，全党全军和全国各族人民，都为毛泽东主席逝世感到无限的悲痛。伟大领袖毛主席毕生的事业，是同广大人民群众血肉相连的。长期受压迫受剥削的中国人民，是在毛主席领导下翻身作了主人。灾难深重的中华民族，是在毛主席的领导下站立起来了。中国人民衷心地爱戴毛主席，信赖毛主席，崇敬毛主席。国际无产阶级和进步人类，都为毛主席的逝世而深切哀悼。"[1]

---

[1]《人民日报》1976年9月19日。

联合国总部在毛泽东逝世当天下半旗志哀。九月二十一日,联合国第三十一届大会开幕式上,与会一百四十多个国家的代表起立为他默哀。

邓小平在四年后对意大利记者法拉奇谈到毛泽东时,深情地说:"他多次从危机中把党和国家挽救过来。没有毛主席,至少我们中国人民还要在黑暗中摸索更长的时间。""拿他的功和过来说,错误毕竟是第二位的。他为中国人民做的事情是不能抹杀的。从我们中国人民的感情来说,我们永远把他作为我们党和国家的缔造者来纪念。"[1]

毛泽东逝世后,在"四人帮"看来,周恩来已不在,邓小平已"打倒",许多老革命家已"靠边",华国锋不被他们放在眼里,更加咄咄逼人地急于夺取最高权力,出现了许多非同寻常的怪现象。风声越来越紧。

但他们过高地估计了自己的力量。事实上,"四人帮"多年来坏事做尽,早已到了天怒人怨的地步,在人民群众中极端孤立。人民解放军,他们更无法控制。跟他们走的,只有极少数在"文化大革命"中追随他们造反起家的人、帮派思想严重的人和打砸抢分子。

毛泽东病情加重时,深深忧虑国家前途命运的叶剑英等已不动声色地考虑到:如果只用通常党内斗争的途径,而不对"四人帮"采取断然措施,是解决不了问题的。毛泽东逝世后,江青等人在政治局内不断闹事,步步进逼,强索权力。中共中央第一副主席、国务院总理华国锋也看到:必须清除这个毒害。九月二十四日,"李先念转达华国锋的意见:请叶帅考虑什么时间、以什么方式解决'四

---

[1]《邓小平文选》第2卷,第344、345页。

人帮'问题。叶剑英对李先念说:'我们同他们的斗争是你死我活的斗争,只有你死,才能我活,没有调和的余地'"。[1]十月二日,在华国锋、叶剑英共同商议下,决定以召开会议的方式,宣布对"四人帮"实行"隔离审查"。

十月六日晚,华国锋以召开政治局常委会的名义,通知王洪文、张春桥前来参加;并说这次会议将讨论《毛泽东选集》第五卷的编辑工作,通知姚文元列席。当他们先后到达中南海怀仁堂会议地点时,便宣布对他们"隔离审查"。对江青,由中央办公厅负责人带领警卫人员到她的住处,宣读"隔离审查"的决定。当天深夜,中央政治局召开会议,商讨粉碎"四人帮"后各种重大问题。会议通过由华国锋任中共中央主席、中央军委主席。这个决定后来由十届三中全会追认。

上海是"四人帮"自"一月夺权"以来长期控制的最重要的据点。他们在上海的党羽得到江青等被隔离审查的消息后,曾密谋发动武装暴乱。但这些人在上海同样失尽人心,没有多少人愿意跟他们走下去。中央又采取得力措施,迅速控制了局势,得到上海干部和群众的热烈支持。"四人帮"在上海的势力顷刻瓦解。

对其他各地的"四人帮"骨干分子,中央也采取了撤换、清查等果断措施,保证了全国政治局势的稳定。

粉碎"四人帮"这样的重大政治行动,在全国范围内没有流血、没有出现重大动荡,便顺利解决了。这反映出人心所向,一切已水到渠成。

十月十四日,中共中央正式公布粉碎"四人帮"的消息。经历

---

[1] 刘继贤主编:《叶剑英年谱》(下),中央文献出版社2007年4月版,第1111页。

了十年动乱苦难的人们兴高采烈。各地军民都举行了盛大的庆祝集会和游行。北京大小商店的瓶酒销售一空。这时，正是金秋时节，许多人吃螃蟹指定要三公一母。郭沫若在二十一日写了一首词，上阕是："大快人心事，揪出'四人帮'。政治流氓，文痞，狗头军师张。还有精生白骨，自比则天武后，铁帚扫而光。篡党夺权者，一枕梦黄粱。"[1]这首词传诵一时，虽然写得很直白，却如实地反映出当时人们那种难以抑制的兴奋之情。

"文化大革命"是新中国成立以来"左"的错误思想在中央占主导地位时间最长的时期。在持续十年的大动乱中，民主和法制遭到严重破坏，人民生命财产的安全失去保障，大批干部和群众遭受残酷迫害，造成众多令人痛心的悲剧；社会经济屡经挫折，拉大了中国同世界发达国家之间的差距；极端严重的思想混乱，导致社会风气和人们道德水准显著下降。它所造成的恶果，影响深远。

尽管如此，中国社会主义制度的基础和国家的统一依然保持着；无数干部和群众不仅在极端困难的条件下仍坚持在各自岗位上辛勤工作，并且始终以不同形式进行着抗争；在对外关系上打开了新的局面。这就为最后结束"文化大革命"的灾难、进入新时期创造了必不可少的条件。

这场"文化大革命"是毛泽东发动和领导的。怎样看待犯了这样严重错误的毛泽东？中共中央在《关于建国以来党的若干历史问题的决议》中写道：

> 对于"文化大革命"这一全局性的、长时间的"左"倾严

---

[1] 郭沫若：《水调歌头》，《解放军报》1976年11月1日。

重错误，毛泽东同志负有主要责任。但是，毛泽东同志的错误终究是一个伟大的无产阶级革命家所犯的错误。毛泽东同志是经常注意要克服我们党内和国家生活中存在的缺点的，但他晚年对许多问题不仅没有能够加以正确的分析，而且在"文化大革命"中混淆了是非和敌我。他在犯严重错误的时候，还多次要求全党认真学习马克思、恩格斯、列宁的著作，还始终认为自己的理论和实践是马克思主义的，是为巩固无产阶级专政所必需的，这是他的悲剧所在。

"文化大革命"动乱的结束和"左"的错误的纠正，完全是依靠中国共产党和中国人民自己的力量取得的。一个党、一个国家蕴藏的内在力量如何，不仅看它在顺利发展时的表现，而且需要看它在遭受严重挫折时，当别人看来它似乎已陷入绝境时，能不能临危不乱，从自己的错误所付出的沉重代价中汲取足够教训，在极端困难的境遇中坚决地扭转局面，医治好身上的创伤，重新站立起来，同全国绝大多数人民在一起，继续迈开大步前进。这需要有大智大勇，是极不容易做到的。

事实有力地证明：中国共产党和中国人民当国家和民族处在危难中时，显示出何等巨大而顽强的生命力，这是任何其他力量永远无法将它摧毁的。

"文化大革命"结束了。中华民族进入了新的历史发展时期。